LES RÉPONSES JUDICIAIRES AUX CRIMES INTERNATIONAUX

Collection « Études africaines »

dirigée par Denis Pryen et son équipe

Forte de plus de mille titres publiés à ce jour, la collection « Études africaines » fait peau neuve. Elle présentera toujours les essais généraux qui ont fait son succès, mais se déclinera désormais également par séries thématiques : droit, économie, politique, sociologie, etc.

Dernières parutions

Joël IPARA MOTEMA, *Maladie et quête de sante en République démocratique du Congo,* 2021.
Julien IRUMU AGOZIA-KARIO, *Spiritualité logo au contact de la colonisation*, 2021.
NIAMKEY-KOFFI, *La notion de système philosophique. Spinoza et Nietzsche*, 2021.
Mylène DANGLADES, Babou DIÈNE et Denis Assane DIOUF (dir.), *L'esclavage en mots/maux et en images,* 2021.
Benjamin KAGINA SENGA, *Quelle protection pour les enfants déplacés et refugies non accompagnés en République démocratique du Congo ?,* 2021.
Christian ROCHE, *Les pionniers des indépendances africaines face à leur destin. Colonies françaises d'Afrique noire et territoires de l'océan Indien,* 2021.
Emmanuel KABONGO MALU, *La critique de la raison scientifique égypto-africaine chez Cheikh Anta Diop*, 2021.
NIAMKEY-KOFFI, *Philosophie, culture et développement. De l'esthétique nègre à l'impensé philosophique des langues*, 2021.
Amadou Lamine NDIAYE, *Julius Nyerere et l'édification d'une nation africaine. Ujamaa : panafricanisme et socialisme*, 2021
César MAWANZI NDOMBE, *Jean-Marc Ela. L'humanisme de la raison critique au coeur d'une pensée politique*, 2021.
Moustapha SOUMAHORO (dir.), *Agriculture, pêche et développement local en Afrique subsaharienne*, 2021.
Simon NGONO, *Médias audiovisuels et tolérance administrative au Cameroun. Enjeux communicationnels et logique d'acteur*, 2021.

Mamadou Doudou Senghor

LES RÉPONSES JUDICIAIRES AUX CRIMES INTERNATIONAUX

L'Harmattan

***

5-7, rue de l'École-Polytechnique – 75005 Paris
www.editions-harmattan.fr
ISBN : 978-2-343-24138-8
EAN : 9782343241388

SIGLES ET ABRÉVIATIONS

Ann. : Annuaire.
ACDI : Annuaire de la Commission du Droit International.
ADI : Actualité et Droit International.
AFDI : Annuaire Français de Droit International.
AFRI : Annuaire Français de Relations Internationales.
AJIL : American Journal of International Law.
AJLS : African Journal of Legal Studies.
AJP : Actualité Juridique Pénale.
ASIL : American Society of International Law.
ATPDH : Association Tchadienne pour la Promotion et la Défense des Droits de l'Homme.
ATNUTO : Administration Transitoire des Nations Unies au Timor Oriental.
AU : African Union.
AVCRP : Association des Victimes des Crimes et Répressions Politiques au Tchad.
AYIL/ AADI : African Yearbook of International Law / Annuaire Africain de Droit International.
BSIR : Brigade Spéciale d'Intervention Rapide.
Bull. crim : Bulletin Criminel.
BYIL : British Yearbook of International Law.
CC : Conseil Constitutionnel.
C.Ass : Cour d'Assises.
CA : Cour d'appel.
CADHP : Cour Africaine des Droits de l'Homme et des Peuples.
CAE : Chambres Africaines Extraordinaires au sein des juridictions sénégalaises.
CAJDH : Cour Africaine de Justice et des Droits de l'Homme.
CAMES/ SJP : Revue semestrielle de publication en Sciences Juridiques et Politiques du Conseil Africain et Malgache pour l'Enseignement Supérieur.
Cass. : Cour de cassation.
CDI : Commission du Droit International.
CE : Conseil d'État.
CE Ass : Conseil d'État, Assemblée du contentieux.
CECA : Communauté Européenne du Charbon et de l'Acier.
CEDEAO : Communauté Économique Des États de l'Afrique de l'Ouest.
CEE : Communauté économique européenne.
CEEA ou Euratom : La Communauté européenne de l'énergie atomique.

CEMGA : Chef d'État-Major Général des Armées.
CESDH : Convention Européenne de Sauvegarde des Droits de l'Homme.
CEDH : Cour Européenne des Droits de l'Homme.
CEDIN : Centre de Droit International de l'Université Paris Ouest – Nanterre.
CERDIN : Centre d'Études et de Recherches en Droit International.
CETC : Chambres Extraordinaires au sein des Tribunaux Cambodgiens.
CFA : Communauté Financière d'Afrique.
Ch. : Chambre.
Chron. : Chronique.
CICR : Comité International de la Croix Rouge.
CIDH : Cour Interaméricaine des Droits de l'Homme.
CIJ : Cour Internationale de Justice.
CIISE : Commission Internationale de l'Intervention et de la Souveraineté des États.
Civ. : Chambre civile.
CJCEDEAO : Cour de Justice de la CEDEAO.
CJCE : Cour de Justice des Communautés Européennes.
CJUA : Cour de Justice de l'Union Africaine.
CJUE : Cour de Justice de l'Union Européenne.
CODOS : Commandos du Sud.
Coll. : Collection.
Com. : Commentaire.
CP : Code Pénal.
CPJI : Cour Permanente de Justice Internationale.
CPI : Cour Pénale Internationale.
CPP : Code de Procédure Pénale.
CREDHO : Centre de Recherches et d'Études sur les Droits de l'Homme et le Droit Humanitaire.
Crim. : Chambre criminelle.
CS : Cour suprême.
CSM : Conseil Supérieur de la Magistrature.
CUADI : Commission de l'Union Africaine sur le Droit International.
DDHC : Déclaration des Droits de l'Homme et du Citoyen.
DDS : Direction de la Documentation et de la Sécurité.
DES : Diplôme d'études supérieures.
DIH : Droit International Humanitaire.
Dir. : Sous la direction de.
Doc. : Document.
DUDH : Déclaration Universelle des Droits de l'Homme.
ECCHR : European Center for Constitutionnal and Human Rights.
éd. : Édition.
EFAI : Éditions Francophones d'Amnesty International.
EJIL : European Journal of International Law.

FIDH : Fédération Internationale des Droits de l'Homme.
FSJP : Faculté des Sciences Juridiques et Politiques.
GP : Garde Présidentielle.
GUNT : Gouvernement d'Union Nationale Transitoire.
HHRJ : Harvard Human Rights Journal.
HR : Human Rights.
HRLJ : Human Rights Law Journal.
HRLR : Human Rights Law Review.
HRW : Human Rights Watch.
HS : Hors-série.
Ibid. : Ibidem.
ICLR : International Criminal Law Review.
IDI : Institut de Droit International.
IRIN : Integrated Regional Information Networks.
JDI : Journal de Droit International.
JEDI : Journal Européen de Droit International.
JICJ : Journal of International Criminal Justice.
JOCE : Journal officiel des Communautés européennes.
JORF : Journal Officiel de la République Française.
JORS : Journal Officiel de la République du Sénégal.
LGDJ : Librairie Générale de Droit et de Jurisprudence.
LJIL : Leiden Journal of International Law.
LSDH : Ligue Sénégalaise des Droits de l'Homme.
LTDH : Ligue Tchadienne des Droits de l'Homme.
MINUK : Mission d'administration Intérimaire des Nations Unies au Kosovo.
MP : Ministère Public
MPS : Mouvement Patriotique du Salut.
MUEJL : Murdoch University Electronic Journal of Law.
OIT : Organisation Internationale du Travail.
ONDH : Organisation Nationale des Droits de l'Homme.
ONG : Organisation Non Gouvernementale.
ONU : Organisation des Nations Unies.
ONUDC : Office des Nations Unies contre la Drogue et le Crime.
OUA : Organisation de l'Unité Africaine.
OUP : Oxford University Press.
PIL : Public Interest Lawyers.
PULIM : Presses Universitaires de Limoges.
PUF : Presses Universitaires de France.
RADDHO : Rencontre Africaine pour la Défense des Droits de l'Homme.
RADHT : Réseau des Associations des Droits de l'Homme du Tchad.
RBDI : Revue Belge de Droit International.
RCADI : Recueil des Cours de l'Académie de Droit International de La Haye.

RDIDC : Revue de Droit International et de Droit Comparé.
RDISDP : Revue de Droit International, de Sciences Diplomatiques et Politiques.
RDPC : Revue de Droit Pénal et de Criminologie.
RDULB : Revue de Droit de l'Université Libre de Bruxelles.
Rec. : Recueil.
réed. : Réédition.
REI : Revue Études Internationales.
RG : Renseignements Généraux.
RGDIP : Revue Générale de Droit International Public.
RICR : Revue Internationale de la Croix-Rouge.
RIDC : Revue Internationale de Droit Comparé.
RIDP : Revue Internationale de Droit Pénal.
RIEJ : Revue interdisciplinaire d'études juridiques.
RQDI : Revue Québécoise de Droit International.
RSCDPC : Revue de Science Criminelle et de Droit Pénal Comparé.
RSDIDE : Revue Suisse de Droit International et de Droit Européen.
RTDH : Revue Trimestrielle des Droits de l'Homme.
RUDH : Revue Universelle des Droits de l'Homme.
Sciences Po : Institut d'études politiques de Paris.
SIP : Service d'Investigation Présidentielle.
SJP : Sciences Juridiques et Politiques.
SP : Sécurité Présidentielle.
SLC : Société de Législation Comparée.
Soc. : Chambre sociale.
TC : Tribunal des Conflits.
TMI : Tribunal Militaire International ou Tribunaux Militaires Internationaux.
TPI : Tribunal Pénal International ou Tribunaux Pénaux Internationaux.
TPIR : Tribunal Pénal International pour le Rwanda.
TPIY : Tribunal Pénal International pour l'ex Yougoslavie.
Trad. : Traduction de.
TSL : Tribunal Spécial pour le Liban.
TSSL : Tribunal Spécial pour la Sierra Leone.
UA : Union Africaine.
UCAD : Université Cheikh Anta Diop de Dakar.
UE : Union européenne.
UFR : Unité de Formation et de Recherches.
ULB : Université Libre de Bruxelles.
UNIR : Union Nationale pour l'Indépendance et la Révolution.
URSS : Union des Républiques Socialistes Soviétiques.
Vol. : Volume.
YJIL : Yale Journal of International Law.

SOMMAIRE

Introduction générale

« Nulle part, ou presque, le Chef de l'État n'est un justiciable comme les autres »[1]. Cette assertion des parlementaires français, qui sonne comme un aveu d'impuissance, est une réalité incontournable. Premiers représentants du principal sujet de droit international, les chefs d'État jouissent d'un statut singulier. Leur position leur confère de nombreux privilèges et leurs actions sont lourdes de conséquences. Ces conséquences sont décuplées lorsqu'ils adoptent une attitude criminelle.

À cause de ce « potentiel criminel »[2] démesuré décelé en eux, les chefs d'État peuvent se retrouver au cœur d'actes constitutifs de crimes internationaux. Leur position dans la hiérarchie civile et militaire ainsi que l'appareil d'État qui est largement à leur disposition, les mettent souvent au-devant de scènes horrifiques.

Malgré les progrès considérables réalisés dans la lutte contre l'impunité de ces personnages spéciaux, grâce notamment au développement du droit international pénal, leur traduction en justice demeure toujours une préoccupation majeure pour la communauté internationale.

L'appréhension qui entoure leur déferement devant les juridictions pénales, surtout après leur perte du pouvoir, a une résonance particulière et transcende la sphère étatique. C'est qu' « en châtiant les chefs d'État et les autorités souveraines qui permettent de commettre ou laissent commettre des infractions aux lois internationales, et aussi ceux qui les exécutent, on ne donne pas seulement satisfaction à l'idée de justice, on prend la mesure la plus propre pour que des faits de cette nature ne puissent se renouveler »[3].

---

[1] Assemblée nationale française, Rapport de la Commission de réflexion sur le statut pénal du Président de la république, décembre 2002, p. 6. Disponible sur https://www.ladocumentationfrancaise.fr/var/storage/rapports-publics/024000635.pdf

[2] Propos de Remy PROUVEZ, lors d'une conférence tenue le 22 janvier 2015 sur le thème « Les chefs d'État sont-ils intouchables ? » à l'Université de Limoges. Disponible sur http://fondation.unilim.fr/chaire-gcac/2015/01/22/conference-chefs-État

[3] Paul FAUCHILLE cité par Jean GRAVEN, « Le difficile progrès du règne de la justice et de la paix internationales par le droit. Des origines à la Société des Nations », in *Jura hominis ac civis,* René Cassin Amicorum Disciplorumque Liber, II, Paris, Pedone, 1970, p. 550. Disponible sur https://www.unilim.fr/iirco/2015/01/22/conference-chefs-État/

Le cas de Monsieur Hissein HABRE[4] en est une illustration. Celui-ci est né le 13 août 1942 à Faya-Largeau, au nord du Tchad. Il est issu de l'ethnie Gorane aussi appelée Toubou, et est membre du clan des Anakazas.

Dès son jeune âge, il s'est vu confier des responsabilités. C'est ainsi que dès après l'obtention de son certificat d'études primaires, il a été pointeur au Service du Matériel et du Bâtiment des troupes françaises à Faya-Largeau. À l'âge de 17 ans, il a été nommé Sous-préfet adjoint du Borkou à Faya-Largeau, et trois années plus tard, il a été affecté à Mao, dans le Kanem, comme Sous-préfet par intérim. Quelques mois avaient suffi pour qu'il soit titularisé en qualité de Sous-préfet à Moussoro au Centre Ouest. Cependant, il n'était pas resté longtemps à ce poste puisqu'il était parti en France, à la faveur d'une bourse d'études, pour intégrer l'Institut des Hautes Etudes d'Outre-Mer de Paris.

À son retour au Tchad avec son diplôme d'administrateur civil, Monsieur Hissein HABRE a été nommé à un poste de direction au Ministère des Affaires étrangères. Cependant en 1967, soit deux années plus tard, il était retourné en France pour poursuivre ses études à l'Institut de Droit public et à « Sciences Po ». Ces études avaient été sanctionnées par une licence en droit, un diplôme de « Sciences Po » et un Diplôme d'études supérieures (DES) en droit public.

En 1971, le président de la République du Tchad, François TOMBALBAYE, l'avait fait revenir au pays pour le charger d'une mission en Libye, afin de mettre fin à la rébellion ; c'est le début des « aventures » de Habré.

En effet, cette incursion dans un monde de lutte armée permanente pour la prise et le contrôle du pouvoir, allait littéralement transformer le juriste en chef de guerre. À travers diverses alliances, Habré allait progressivement dominer la vie politique tchadienne et devenir incontournable. C'est ainsi que le 29 août 1978 et suite aux accords de paix de Khartoum[5], il était devenu le Premier ministre du nouveau Président tchadien, Félix MALLOUM, qui avait renversé Tombalbaye trois années auparavant. Incapable de conserver le pouvoir face au tonitruant Habré, le Général Malloum avait abdiqué en l'espace d'une année de cohabitation. La Conférence de réconciliation de Lagos d'août 1979, qui avait permis de former un gouvernement d'Union Nationale Transitoire (GUNT) présidé par Lol Mahamat CHOUA puis par Goukouni OUEDDEI, avec Habré comme ministre de la Défense, n'avait pas

---

[4] Dans ses documents officiels, le prénom de l'ancien Chef d'État est bien « Hissein », comme mentionné dans les actes des Chambres africaines extraordinaires, et non « Hissène », comme écrivent différents auteurs depuis le début de ses déboires judiciaires. Ainsi, dans nos développements, nous utiliserons le nom officiel. Cependant, nous conserverons l'orthographe « Hissène » dans les citations des différents auteurs.

[5] Les Accords de Khartoum sont relatifs aux pourparlers menés du 02 au 16 septembre 1977 dans la capitale soudanaise, entre le gouvernement tchadien et les forces de Habré. La Charte fondamentale de la République du 22 janvier 1978, issue de ces accords, avait permis à Monsieur Habré d'accéder à la Primature.

empêché ce dernier de mobiliser à nouveau ses troupes, le 21 mars 1980, pour attaquer les autres membres du GUNT et en l'espace de deux années, il était parvenu à prendre le pouvoir.

Monsieur Hissein HABRE avait ainsi accédé à la tête de l'État tchadien le 7 juin 1982. Le 21 octobre de la même année, il était officiellement devenu le président de la République de ce pays africain. Il était resté en fonction pendant huit années. Ce règne, marqué par de nombreuses exactions dont l'unique but était la conservation du pouvoir, a fortement marqué l'histoire politique de ce vaste pays situé au cœur de l'Afrique. Il n'a pris fin que le 1er décembre 1990. En effet, le Mouvement Patriotique du Salut (MPS), dirigé par l'actuel Président du Tchad, Idriss DEBY ITNO avait réussi à contraindre Habré à l'exil[6].

Après une escale au Cameroun, Monsieur Hissein HABRE avait pu obtenir l'asile politique au Sénégal en 1991. À cette époque, le Président sénégalais Abdou DIOUF avait accueilli son ancien homologue avec les membres de sa famille et certains de ses proches qui l'avaient suivi dans sa fuite[7]. Installé dans un quartier résidentiel de Dakar, Habré envisageait sans doute de bien profiter de la « *téranga* » sénégalaise, loin des tumultes de la vie politique tchadienne, d'autant plus qu'il avait réussi à s'exiler avec plusieurs milliards retirés du Trésor public[8].

Cependant et contrairement à ses attentes, sa « retraite » n'a pas été de tout repos. Elle a été rythmée par plus d'une décennie de péripéties judiciaires nationales et internationales.

En fait, l'affaire Hissein HABRE est un cas juridico-judiciaire tentaculaire.

Les ennuis judiciaires de l'ancien Président du Tchad avaient commencé suite à la découverte d'archives témoignant de nombreuses exactions commises dans ce pays de 1982 à 1990. Ces huit années, durant lesquelles il l'avait dirigé d'une main de fer, avaient été marquées par de graves violations des droits de l'Homme et du droit international humanitaire. Les témoignages de rescapés du régime, corroborés par les archives de la Direction de la

---

[6] Le MPS avait été fondé le 11 mars 1990 par Idriss DEBY ITNO. Auparavant, après l'échec d'un premier coup d'État contre Habré, en avril 1989, Déby s'était réfugié au Soudan où il avait réorganisé son mouvement. Cela lui avait ensuite permis de marcher sur Ndjamena en fin novembre et début décembre 1990.

[7] Le Président Abdou Diouf a raconté, dans ses Mémoires, que « tout commença par un coup de fil du Président Paul Biya un soir à 23 heures, qui m'informa de l'arrivée au Cameroun comme refugié du Président Hissène Habré du Tchad, mis en déroute par les troupes d'Idriss Deby. Biya me fit part de l'impossibilité de garder Habré en territoire camerounais, en raison du voisinage entre les deux pays. (…) Biya a pris contact avec moi, pour me demander d'accorder l'asile politique » à Habré. (Abdou DIOUF, Mémoires, Paris, Seuil, 2014, p. 221).

[8] Dans le rapport de la Commission d'enquête nationale tchadienne mise en place après la chute de Habré, il est mentionné que celui-ci avait effectivement emporté, au dernier jour de son règne, une somme approximative de quatre milliards de francs CFA (Rapport de la Commission d'Enquête Nationale du Ministère tchadien de la Justice, Les Crimes et détournements de l'ex-Président Habré et de ses complices, Paris, L'Harmattan, 1992, p. 239).

Documentation et de la Sécurité (DDS), appareil de répression, avaient révélé des milliers d'assassinats politiques, d'enlèvements suivis de disparitions, d'exécutions sommaires, de tortures et de détentions arbitraires dans des conditions inhumaines et dégradantes.

Ces évènements, qui avaient précipité sa destitution et la prise forcée du pouvoir par Idriss DEBY ITNO, avaient été à l'origine de la création, par décret du 29 décembre 1990, d'une commission nationale d'enquête tchadienne dirigée par le Magistrat Mahamat Hassan ABAKAR. Après plus d'une année de travaux, celle-ci avait publié, en mai 1992, un rapport relatant « *les crimes et détournements de l'ex Président Habré et de ses complices* ». Elle avait fait remarquer que ses activités, qui n'avaient porté que sur 10 % des faits reprochés à l'ancien Chef d'État, avaient pourtant révélé un lourd bilan, à savoir plus de 40 000 victimes, plus de 80 000 orphelins, plus de 30 000 veuves et plus de 200 000 personnes démunies[9].

Cette structure avait aussi fait de nombreuses recommandations au nouveau gouvernement tchadien, en leur demandant, entre autres, d' « engager sans délai des poursuites judiciaires contre les auteurs de cet horrible génocide, coupables de crimes contre l'humanité »[10].

Parallèlement, les victimes s'étaient organisées pour mettre sur pied, en 1991, l'association des victimes des crimes et répressions politiques au Tchad (AVCRP) dont l'activisme leur avait ouvert des perspectives judiciaires.

Malgré tout, ce n'est que près d'une décennie plus tard que les contours judiciaires de l'affaire Habré allaient commencer à se dessiner avec des actions effectives en justice.

Si la nécessité de porter le cas de l'ancien Chef d'État, présumé responsable de nombreux crimes internationaux, devant une instance judiciaire, pouvait faire l'unanimité, le lieu, le moment et la manière restaient en suspens. Les victimes, épaulées par des organisations non gouvernementales, avaient, à travers leur activisme, permis de maintenir le problème permanemment en surface. En plus d'une intense bataille médiatique, elles avaient placé leur espoir dans une éventuelle action pénale au niveau interne au Tchad, pays d'origine du mis en cause, ou au Sénégal, pays d'accueil de celui-ci.

La poursuite et le jugement des auteurs des infractions pénales, y compris les chefs d'État, relèvent, en principe, de l'exercice de la souveraineté nationale et donc de la compétence des juridictions pénales internes. Ce mythe s'effrite toutefois lorsqu'il s'agit de crimes internationaux, à savoir des infractions graves qui sont attentatoires aux valeurs communes à toute

---

[9] Rapport de la Commission d'Enquête Nationale du Ministère tchadien de la Justice, Op. cit., p. 97.

[10] Rapport de la Commission d'Enquête Nationale du Ministère Tchadien de la Justice, Op. cit., p. 98.

l'humanité et « intrinsèques à la condition humaine »[11]. C'est pour cette raison qu'en plus des tribunaux internes, les juridictions internationales s'installent de plus en plus pour connaître de ces crimes. « La catégorie des crimes internationaux et le régime juridique qui leur est associé restent (cependant) largement en construction »[12]. C'est qu'en fait, « face aux crimes internationaux, il s'agit moins de restaurer un ordre mondial qui n'existe pas que de contribuer à l'instauration d'un ordre futur qui se cherche encore »[13].

Cette situation avait déteint sur le cas de Monsieur Hissein HABRE. L'identification du juge le plus indiqué, qu'il relève de l'ordre interne ou de l'ordre international, et son aptitude à connaître des crimes internationaux commis durant le règne de l'ancien Chef d'État, était une question fondamentale.

Il est vrai que depuis la Seconde Guerre mondiale, avec l'instauration des tribunaux militaires internationaux (TMI) de Nuremberg et de Tokyo, beaucoup ont l'impression que les juridictions internationales sont plus aptes à juger les crimes internationaux qui touchent l'humanité dans son ensemble, quel que soit leur lieu de commission. Ce sentiment est renforcé par la création des tribunaux pénaux internationaux (TPI) pour l'ex Yougoslavie[14] et pour le Rwanda[15], ainsi que par l'installation de juridictions pénales internationalisées en Sierra Léone[16], au Cambodge[17], au Kosovo[18], en Bosnie-Herzégovine[19], au

---

[11] Henri D. BOSLY, « Juridictions pénales et crimes internationaux », in *RDIDC*, n° 2, 2010, p. 191.

[12] Hervé ASCENSIO, « note bibliographique », « Crimes internationaux et juridictions nationales », in *RIDC*, Antonio CASSESES et Mireille DELMAS-MARTY (Dir.), Vol. 55, n° 2, Avril-juin 2003. p. 455.

[13] Antonio CASSESES et Mireille DELMAS-MARTY, « Crimes internationaux et juridictions nationales », Paris, PUF, 2002, p. 3.

[14] Le Tribunal pénal international pour l'ex-Yougoslavie (TPIY) a été mis en place par le Conseil de sécurité des Nations unies, à travers la Résolution 827 (1993) du 25 mai 1993.

[15] Le Tribunal pénal international pour le Rwanda (TPIR) a été institué par la Résolution 955 (1994) du 8 novembre 1994.

[16] Le Tribunal Spécial pour la Sierra Leone (TSSL) est né de la Résolution 1315 (2000) du 14 août 2000.

[17] C'est l'Accord entre l'Organisation des Nations unies (ONU) et le Gouvernement Royal du Cambodge du 6 juin 2003 qui a permis de créer les Chambres extraordinaires au sein des tribunaux cambodgiens (CETC).

[18] L'établissement des Chambres 64 du Kosovo s'est fait à travers le Règlement 2000/ 64 de la Mission d'administration Intérimaire des Nations unies au Kosovo (MINUK). Les représentants spéciaux du Secrétaire général de l'ONU ont été investis de la totalité des prérogatives de puissance publique par le Conseil de Sécurité, sur la base du chapitre VII, pour une période limitée.

[19] Pour le cas de la Bosnie-Herzégovine, une chambre spéciale chargée de juger les crimes de guerre a été créée en 2005, suite à un accord conclu entre le Haut-Représentant des Nations unies, le TPIY et les autorités nationales.

Timor oriental[20] et au Liban[21]. La Cour Pénale Internationale (CPI), dont le statut est entré en vigueur le 1er juillet 2002[22], a davantage conforté cette perception. Cependant, les tribunaux internes ne se sont jamais départis du jugement des auteurs de crimes de droit international, et ce, bien avant la globalisation de la compétence universelle.

En effet, parallèlement aux TMI, des juridictions internes avaient poursuivi et jugé des auteurs de crimes de guerre commis durant la Seconde Guerre mondiale. À titre d'exemple, la loi du Conseil de contrôle allié n° 10 du 20 décembre 1945 avait autorisé les tribunaux allemands à juger les crimes commis pendant cette guerre par des citoyens allemands autres que ceux déférés devant le TMI de Nuremberg[23]. Par la suite, la République fédérale d'Allemagne, la République démocratique allemande et l'Allemagne réunifiée ont organisé, au total, des milliers de procès contre d'anciens nazis pour lesdits crimes[24].

Les tribunaux d'autres États ont également eu à statuer sur des cas similaires, comme en Union des Républiques Socialistes Soviétiques

---

[20] Au Timor oriental, l'Administration Transitoire des Nations unies au Timor Oriental (ATNUTO) y a établi les Panels pour crimes graves à la Cour du district de Dili, à travers le Règlement 2000/15 du 06 mars 2000. Cela a fait suite à la demande du Conseil de Sécurité de traduire en justice les responsables des violences perpétrées, après le scrutin d'autodétermination de 1999, par des milices pro-indonésiennes soutenues par l'armée indonésienne.

[21] C'est le Conseil de sécurité des Nations unies qui a institué le Tribunal spécial pour le Liban (TSL), à travers la Résolution 1757 (2007) du 30 mai 2007.

[22] Le Statut de Rome de la CPI est entré en vigueur trois mois après sa ratification par soixante États. Ce quorum a été atteint le 11 avril 2002.

[23] Cette loi a permis de conférer une base juridique aux poursuites internes menées, dans les différentes zones d'occupation. Ainsi, 1.814 personnes ont été condamnées dans la partie américaine, 1.085 personnes dans celle britannique, 2.107 personnes dans celle française et entre 26.000 et 45.000 personnes dans celle soviétique. (David COHEN, « Transitional Justice in Divided Germany after 1945 », in *Retribution and Reparation in the Transition to Democracy*, John ELSTER (éd.), New York, Cambridge University Press, 2006, pp. 63-67).

[24] David COHEN, Op. Cit., pp. 68 et s.

(URSS)[25], en France[26], en Italie[27], en Israël[28], en Pologne[29], en Slovaquie[30], en Hongrie[31], en Roumanie[32], au Canada[33] …

Après ces retentissants procès d'après-guerre, différentes juridictions nationales ont traité d'affaires liées à des crimes internationaux, principalement sur la base de la compétence universelle ou de la compétence personnelle passive. Ces procédures judiciaires, initiées dans différents pays

---

[25] En 1949, les « Procès de Khabarovsk » ont été organisés pour le jugement de douze criminels de guerre japonais, anciens membres de l'Armée japonaise du Guandong, lesquels avaient utilisé des armes biologiques contre la population de la région de Changde, en Chine, durant la seconde guerre mondiale.

[26] Les procès, en France, ont principalement concerné Klaus BARBIE, Maurice PAPON et Paul TOUVIER. Les deux premiers nommés ont respectivement été condamnés à la peine perpétuelle pour crimes contre l'humanité le 4 juillet 1987 et à dix ans de réclusion pour complicité de ce chef le 2 avril 1998. Quant à Touvier, il a été condamné à mort par contumace une première fois le 10 septembre 1946, par la Cour de justice de Lyon. La Cour de justice de Chambéry l'avait également condamné à la même peine le 4 mars 1947. Arrêté le 3 juillet 1947, il s'était évadé. Après avoir réussi à obtenir une grâce présidentielle en 1971, il a fait l'objet d'une procédure d'instruction basée sur l'imprescriptibilité des crimes contre l'humanité. L'information judiciaire a débuté en 1979, mais Touvier n'a été arrêté que le 24 mai 1989. Après quelques péripéties judiciaires, il a été condamné à la réclusion criminelle à perpétuité le 20 avril 1994.

[27] L'Italie a organisé les procès d'Erich PRIEBKE et de Karl HASS, et ceux-ci ont été condamnés à la prison à vie, le 9 mars 1998, pour crimes contre l'humanité.

[28] Adolf EICHMANN a été jugé et condamné à mort par la justice israélienne le 11 avril 1961, notamment pour crimes contre l'humanité et crimes de guerre. Il a ensuite été exécuté (Cf. infra).

[29] Rudolf HOESS a été condamné à mort et exécuté en avril 1947. Plusieurs fonctionnaires d'Auschwitz ont été condamnés, comme le commandant Arthur LIEBEHENSCHEL.

[30] La Slovaquie a organisé le procès de Laszlo CSATARI qui n'a toutefois pas été mené jusqu'à son terme, à cause du décès de l'accusé.

[31] En Hongrie, des milliers de personnes ont été condamnés pour crimes de guerre et crimes contre l'humanité. Au 1er mars 1948, il y avait eu 322 condamnations à mort, avec plus d'une centaine d'exécutions. Le procès de Sandor KEPIRO, intervenu bien après, est toutefois le plus célèbre. Il a eu lieu en 2011, mais l'accusé a finalement bénéficié d'un acquittement.

[32] Après la seconde guerre, le tribunal de Bucarest a rendu plusieurs décisions de condamnations à l'encontre de centaines d'individus accusés de crimes commis durant cette guerre. Les procès ont continué jusque dans les années 60.

[33] Le 18 août 1988, le Canada a poursuivi Imre FINTA pour des crimes de guerre commis durant la seconde guerre mondiale, mais celui-ci a été acquitté le 25 mai 1990.

notamment occidentaux, comme la Belgique[34], l'Allemagne[35], la Suisse[36], la France[37], l'Espagne[38] ou le Canada[39], ont connu différents sorts. Elles

---

[34] En Belgique, il y a eu les informations judiciaires ouvertes contre Augusto PINOCHET en 1998, Abdoulaye Yerodia NDOMBASI en 1999 et Hissein HABRE en 2001. Il y a aussi les procès relatifs au génocide rwandais, à savoir celui des « quatre de Butare » en juin 2001 (il s'agit de Vincent NTEZIMANA, d'Alphonse HIGANIRO, de Consolata MUKANGANGO et de Julienne MUKABUTERA), celui d'Etienne NZABONIMANA et de Samuel NDASHYKIRWA en juin 2005, celui de Bernard NTUYAHAGA en juillet 2007 et d'autres affaires en cours (Ernest GAKWAYA, Emmanuel NKUNZUWIMYE, Jean-Marie Vianney NDAHIMANA, Mathias BUSHISHI, Fabien NERETSE et Thaddée KWITONDA). Il y a enfin les procédures initiées en 2011 et en 2012 contre d'anciens collaborateurs de Charles TAYLOR, à savoir Michel DESAEDELEER ET Martina JOHNSON.

[35] En Allemagne, des dossiers liés aux crimes commis en ex-Yougoslavie ont été ouverts. À ce propos, Nikola JORGIC, Novislav DJADJIC, Djuradj KUSLJIC et Maksim SOKOLOVIC ont été jugés et condamnés respectivement le 26 septembre 1997 à la peine perpétuelle, le 23 mai 1997 à cinq ans d'emprisonnement, le 15 décembre 1999 à la peine perpétuelle et le 29 novembre 1999 à neuf ans d'emprisonnement. Il y aussi les affaires des Rwandais Ignace MURWANASHYAKA et Straton MUSONI, inculpés le 8 décembre 2010 pour les chefs de crimes contre l'humanité, de crimes de guerre et de terrorisme et dont le procès devrait reprendre après une annulation partielle de la condamnation prononcée le 28 septembre 2015.

[36] La Suisse a initié des procédures relativement aux crimes commis en ex-Yougoslavie et au Rwanda. On peut relever, à ce propos, les cas du rwandais Fulgence NIYONTEZE (condamné le 30 avril 1999 à la réclusion à vie) et du serbe Goran GRABEZ (acquitté le 18 avril 1997).

[37] Une information judiciaire a été ouverte en France, le 25 juillet 1995, contre le rwandais Wenceslas MUNYESHYAKA, pour génocide, crimes contre l'humanité et participation à un groupement formé ou à une entente établie en vue de la préparation de ces crimes perpétrés lors du génocide rwandais. Cette affaire a été jointe à celle ouverte le 30 mai 2000 contre Laurent BUCYIBARUTA à cause des liens de connexité. D'autres procédures liées au génocide rwandais ont été enclenchées dans ce pays, à savoir les affaires contre Sosthène MUNYEMANA en avril 2007, contre Agathe KANZIGA HABYARIMANA en novembre 2007, contre Eugène RWAMUCYO en février 2008. Des condamnations ont eu lieu contre Pascal SIMBIKANGWA (peine de 25 ans de réclusion criminelle prononcée le 14 mars 2014) et contre Octavien NGENZI et Tito BARAHIRA (perpétuité prononcée le 6 juillet 2016). Il y a aussi les dossiers du mauritanien Ely Ould DAH, poursuivi pour torture en 1999 et condamné le 1er juillet 2005 par contumace à dix ans réclusion criminelle, du tunisien Khaled Ben SAID, poursuivi pour le même chef en 2002 et condamné le 24 septembre 2010 par contumace à 12 années de réclusion criminelle, et du congolais Norbert DABIRA, inculpé pour crimes contre l'humanité en 2002, procédure annulée et reprise en 2013.

[38] L'Espagne a été à l'origine de la célèbre affaire Pinochet, lorsque les juges Manuel GARCIA-CASTELLON et Baltazar GARZON REAL ont émis un mandat d'arrêt international contre l'ancien Président chilien en 1998. Le juge Garzon a aussi ouvert une procédure contre plus d'une centaine de personnes, dont le Général Jorge Rafael VIDELA et l'Amiral Emilio MASSERA, pour les chefs de génocide, de torture et de terrorisme commis en Argentine durant les années 70 et 80. Certains d'entre eux, comme Adolfo SCILINGO, ont été jugés et condamnés. Quant aux crimes de génocide et de torture commis au Guatemala entre 1978 et 1986, une procédure a été ouverte en 2006 et a visé huit personnes dont l'ancien Président Kjell Eugenio Laugerud GARCIA, l'ancien ministre de la Défense Romeo Lucas GARCIA, l'ancien Ministre de l'Intérieur Donaldo Alvarez RUIZ et le Général Efrain Rios MONTT. Concernant le génocide rwandais et les guerres civiles congolaises, quarante mandats d'arrêt ont été émis le 6 février 2008. La justice espagnole a aussi ouvert une procédure pour les chefs de génocide, de crimes contre l'humanité, de torture et de terrorisme à l'encontre de sept hauts responsables chinois impliqués dans la répression menée au Tibet de 1970 à 1990, mais aussi en 2008. Parmi

témoignent cependant du fait que l'implication des tribunaux de droit commun a toujours eu lieu, même si elle a moins attiré l'attention que celle des juridictions internationales.

Comprenant sans doute cette réalité et étant conscientes que « les crimes internationaux (transcendent) la dualité des ordres juridiques internes et internationaux »[40], les victimes du régime de Habré n'ont pas manifesté de lassitude pour trouver la solution adéquate au cas spécifique de l'ancien Chef d'État. Le dénouement de l'affaire ne pouvait néanmoins avoir lieu sans l'implication des États, à travers les conventions internationales et les mécanismes institutionnels qu'ils ont mis en place.

Mettre un terme à la situation d'impunité de l'ancien Président se posait de plus en plus avec acuité et il fallait trouver une issue : ce sont les réponses judiciaires aux crimes internationaux, singulièrement ceux reprochés à Monsieur Hissein HABRE.

Dans le dictionnaire, le mot « réponse » renvoie, entre autres, à « solution, explication, éclaircissement apportés à une question, à un point obscur »[41]. La solution désigne « la résolution d'une difficulté »[42]. Étymologiquement, « solution » est un mot français apparu au XIVe siècle et venant du verbe latin « *solvo* »[43] auquel on a adjoint le suffixe « tion ». Le mot « *solutus* »[44] est le participe passé de « *solvo* » qui signifie, entre autres « défaire, décorder, dénouer, détacher, déficeler, délier, libérer, ouvrir »[45].

Le terme « judiciaire », du latin « *iudicialis* »[46], se rapporte à la justice et à son administration. Le qualificatif « judiciaire » a comme racine le mot « justice » (« *iustitia* »[47]), au même titre que les termes « juridique » et « juridictionnel » qui renvoient respectivement à ce qui est relatif au droit[48] et à ce qui a un rapport avec les juridictions, au fait de juger. Toutefois, il se

---

les mis en cause, figurent l'ancien Président Jiang ZEMIN, l'ancien Premier ministre Li PENG, l'ancien Ministre du planning familial Deng DEYUN, l'ancien Chef de la Sécurité et de la Police armée populaire Qiao SHI, et les secrétaires du Parti communiste chinois, Ren RONG, Yin FATANG et Chen KUIYAN.

[39] Le Canada a engagé des poursuites contre le rwandais Désiré MUNYANEZA en 1997 pour les chefs de génocide, de crimes contre l'humanité et de crimes de guerre. Le 22 mai 2009, ce dernier a été condamné à la peine d'emprisonnement à perpétuité. Il y a aussi l'affaire menée en 2009 contre un autre rwandais, Jacques MUNGWARERE, et dont le procès a démarré le 28 mai 2012.

[40] Hervé ASCENSIO, « note bibliographique », Op. cit.

[41] Le Petit Larousse illustré, Le dictionnaire de référence pour toute la famille, Collectif Larousse, 2007, p. 922.

[42] Le Petit Larousse illustré, Op. cit., p. 994.

[43] www.grand-dictionnaire-latin.com

[44] Ibid.

[45] Ibid.

[46] Ibid.

[47] Ibid.

[48] Lexique des termes juridiques, Guillen, 14e éd., Dalloz, Broché, 2003, p. 342.

distingue de ces derniers (dérivés de « *iuris* »[49]) par son champ restreint puisqu'il désigne surtout l'action de juger (*iudicium*), c'est-à-dire « procédure judiciaire, poursuite judiciaire, procès, jugement, arrêt, litige »[50].

Les « réponses judiciaires » sont ainsi les solutions apportées en justice à un problème donné.

S'agissant des « crimes », ils constituent la catégorie la plus grave des infractions. Les lois les punissent de peines afflictives ou infamantes[51]. Dans la division tripartite classique des infractions, ils sont placés à côté des délits et des contraventions qui caractérisent une délinquance d'intensité moindre[52]. Les pénalistes français classiques utilisaient le mot dans un sens large (incluant toutes les infractions), mais la tendance moderne consiste à le réserver aux infractions les plus graves.

À l'origine, le crime, du latin « *crimen* »[53] faisait plus référence à l'acte de juger, ou décision judiciaire, qu'à l'action socialement nuisible. Le mot latin renvoyait donc à « accusation, inculpation, incrimination »[54] alors que l'infraction en tant que telle était désignée par le mot « *scelus* »[55] (« délit, crime, méfait, méchanceté, impiété »)[56].

L'adjectif « international », formé à partir du préfixe « inter » signifiant « entre » et de l'adjectif « national », est utilisé lorsqu'une chose concerne plusieurs nations. Le mot a été intégré dans la langue française grâce à la traduction faite par Étienne DUMONT de l'ouvrage de Jeremy BENTHAM, publié en 1780 et intitulé « *An introduction to the principles of morals and legislation* » (« Introduction aux principes de morale et de législation »). C'est dans cet ouvrage qu'apparaît effectivement pour la première fois, le syntagme « droit international »[57]. Il y avait substitué l'expression anglaise « *law of nations* » par celle d'« *international law* », censée mieux rendre compte de son objet. Selon Armand GUILLOT, ce terme est plus expressif puisqu'il permet de faire remarquer que « le droit en question ne concerne pas l'organisation interne des nations, mais uniquement leurs relations »[58].

---

49 www.grand-dictionnaire-latin.com

50 Ibid.

51 Avant la modification introduite par la Loi n° 2020-05 du 10 janvier 2020 (J.O 7257 du 13 janvier 2020), les articles 7 et 8 du Code pénal sénégalais prévoyaient que « les peines afflictives et infamantes sont : les travaux forcés à perpétuité ; les travaux forcés à temps ; la détention criminelle ». « La peine seulement infamante est la dégradation civique ».

52 Le Code pénal associe sévérité de la peine et classe d'infraction. Ainsi, le législateur a apprécié la gravité de l'acte avant d'en déterminer la peine.

53 www.grand-dictionnaire-latin.com

54 Ibid.

55 Ibid.

56 Ibid.

57 Jeremy BENTHAM, Introduction aux principes de morale et de législation, trad. Centre Bentham, Coll. Analyse et philosophie, Paris, Vrin, 2011, p. 339.

58 Armand GUILLOT, « Bentham et le droit international », in *Bentham juriste, l'utilitarisme juridique en question*, Malik BOZZO-REY et Guillaume TUSSEAU (Dir.), Coll. Etudes Juridiques, Paris, Economica, 2011, p. 213.

Les crimes internationaux sont des infractions internationales par nature ou par la forme. Les premières sont déterminées selon un critère matériel. Elles sont relatives aux normes pénales prévues, soit par la coutume, soit par les traités internationaux. Elles « sont internationales par nécessité parce qu'ayant en vue la défense de la société internationale elle-même »[59]. À cet effet, « elles ne peuvent être édictées que par cette société »[60]. Elles relèvent donc substantiellement de l'ordre public international et consistent en une violation d'une norme de comportement préalablement prévue par le droit international public. Généralement, le droit international pénal en détermine les éléments constitutifs et prévoit en outre la procédure allant des poursuites au jugement des auteurs. Rentrent dans cette catégorie le génocide, les crimes contre l'humanité, les crimes de guerre et les crimes d'agression.

Les secondes sont déterminées par un critère formel et visent la criminalité transfrontalière organisée. Elles relèvent de l'ordre public interétatique, c'est-à-dire des « intérêts que (des) États ont en commun »[61]. Ce sont des infractions dont l'incrimination révèle un besoin de coopération interétatique, suite à une convergence d'ordres publics nationaux. Ce besoin se traduit par une harmonisation de la qualification pénale et/ ou du mode de répression d'une infraction pour une meilleure protection d'une valeur commune. Pour Claude LOMBOIS, il s'agit d'une internationalisation « par accident parce que les besoins spécifiques de la répression d'une infraction particulière ont conduit à l'élaboration d'une norme répressive internationale »[62]. Les infractions qui répondent à ce critère sont, entre autres, la piraterie aérienne ou maritime, le terrorisme, le blanchiment de capitaux, le faux monnayage, le trafic illicite de stupéfiants ou de substances psychotropes et les pollutions maritimes, fluviales ou nucléaires.

Ces deux catégories d'infractions internationales se distinguent aussi par leur degré d'intensité, bien qu'elles relèvent d'ordres publics supranationaux. La première catégorie, qui nous intéresse le plus, regroupe des incriminations visant à protéger des valeurs fondamentales dont le respect assure la survie du genre humain. C'est l'aspect répressif du droit international humanitaire et du droit international du maintien de la paix.

En ce qui concerne les crimes internationaux reprochés à Monsieur Hissein HABRE, diverses réponses judiciaires ont été apportées à différents niveaux, mais seules les plus pertinentes retiendront notre attention.

Ainsi, sont d'abord concernées toutes les procédures judiciaires nationales sénégalaise et belge initiées sur le fondement des normes internationales prévoyant les crimes de droit international, à savoir les crimes de guerre, les

---

[59] Aurélien-Thibault LEMASSON, « Justice internationale pénale : institutions », in *Répertoire de droit pénal et de procédure pénale*, Dalloz, juin 2012. Disponible sur https://www.dalloz.fr/

[60] Ibid.

[61] Claude LOMBOIS, Droit pénal international, 2e éd., 1979, Dalloz, p. 2, par. 2 s.

[62] Claude LOMBOIS, Op. cit., p. 11, par. 13.

crimes contre l'humanité et la torture. Sont ensuite inclus les recours exercés devant des instances juridictionnelles ou politiques relativement à l'application desdites normes au niveau des tribunaux internes. Ces différentes procédures ont permis de donner à certains principes juridiques internationaux un contour pragmatique. Est enfin comprise dans ce thème la procédure-dénouement menée jusqu'à son terme au Sénégal, « au nom de l'Afrique ».

Par contre, les actions en justice, qui ont été menées sur le fondement des normes de droit interne, comme le jugement par contumace du sieur Habré pour « atteinte à l'ordre constitutionnel, à l'intégrité et à la sécurité du territoire »[63], nous semblent être en dehors du champ de notre thème. D'ailleurs, cette décision du 15 août 2008, rendue par la Cour criminelle de N'Djamena, n'a pas eu l'autorité de la chose jugée sur les procédures ultérieures et n'a pas été un obstacle aux différentes poursuites entreprises devant les juridictions internes ou devant le « tribunal *ad hoc* à caractère international » mis postérieurement en place au Sénégal par l'Union africaine.

Il n'est pas inutile de préciser que le principe de l'autorité de la chose jugée au pénal, dont le versant est le principe de « *ne bis in idem* »[64], obéit à des règles strictes. Il postule qu'une personne ne peut être poursuivie, jugée ou condamnée à deux reprises pour les mêmes faits. Il est basé sur l'identité de qualification[65] (comme dans le système de « *Common Law*[66] ») ou sur l'identité de comportement[67] (comme en droit romano-germanique[68]). Cette dernière assure mieux la protection de l'individu, puisque quelle que soit la qualification juridique choisie[69], un nouveau procès ne peut avoir lieu pour les mêmes faits.

---

[63] https://trialinternational.org/fr/latest-post/hissene-habre/

[64] « *Non bis in idem* » ou « *ne bis in idem* » est une locution latine qui renvoie au principe de l'autorité de la chose jugée au pénal sur le pénal.

[65] En l'espèce, on dit que le principe est appliqué « *in abstracto* » (Gerard CONWAY, « Ne bis in idem in international law », in *ICLR*, Vol. 3, n°. 3, 2003, p. 227).

[66] « *Common law* » signifie littéralement « droit commun ». Cependant, comme l'a relevé le Professeur Etienne PICARD, une telle traduction gommerait « l'irrécusable spécificité de la notion anglaise et prêterait à de graves confusions ». Il est donc préférable d'utiliser en français la formule anglaise (Etienne PICARD, « Common law », in *Dictionnaire de la culture juridique*, Denis ALLAND et Stéphane RIALS (Dir.), Paris, PUF, 2003, p. 239). Ce système est en vigueur au sein des pays du « *Commonwealth* ». (Yves-Marie MORISSETTE, « Les caractéristiques classiquement attribuées à la Common Law », in *RIDC*, Vol. 65, n° 3, 2013, pp. 622 et s.).

[67] Lorsque le principe « *ne bis in idem* » est basé sur l'identité de comportement, on dit qu'il est appliqué « *in concreto* » (Gerard CONWAY, Op. cit.).

[68] Le droit romano-germanique ou « tradition de droit continental », ou encore « tradition des pays de droit civil » a son berceau en Europe continentale. Il est appliqué dans plusieurs États, notamment en Afrique francophone.

[69] La qualification est l' « opération intellectuelle consistant en la détermination du texte qui s'applique au comportement reproché au prévenu ». (Brigitte PESQUIE, « La qualification des faits par le Tribunal Pénal International pour le Rwanda », in *La justice pénale internationale dans les décisions des tribunaux ad hoc, Etudes des Law clinics en droit pénal*

Ainsi, au-delà du fait que « *bis repetita non placent* », le principe « *ne bis in idem* » est principalement destiné à protéger l'individu contre « toute forme de harcèlement judiciaire » [70]. Cette protection constitue traditionnellement sa « première *ratio* »[71], mais en droit international, il tend surtout à « articuler les compétences concurremment détenues par différentes juridictions »[72]. Cela est dû au fait que « la signification d'une règle dépend (...) d'abord du contexte dans lequel elle se trouve prise et de ses interactions avec d'autres règles qui lui confèrent sa véritable valeur au sein de ce système. Il est ainsi illusoire de penser qu'une règle demeure "la même" en changeant de système »[73]. À ce propos, l'universitaire israélien Yuval SHANY a indiqué que l'autorité de la chose jugée est conçue en fonction des relations entre juridictions nationales et internationales[74].

En effet, entre tribunaux internes ou entre juridictions internationales, elle s'applique pleinement. Cela est aussi valable entre une juridiction internationale et un tribunal interne, dans l'application descendante (« *top down* » ou « *downward* »[75]) du principe[76]. S'agissant de l'application ascendante (« *bottom-up* » ou « *upward* »[77]), d'une juridiction nationale vers un tribunal international, la règle ne s'applique pas, surtout si le premier jugement, comme celle rendue par la Cour criminelle de N'Djamena contre Monsieur Hissein HABRE, porte sur des crimes de droit commun et non sur des crimes internationaux[78]. Même si cette première décision portait sur les mêmes faits et a été rendue suivant les standards internationaux[79], elle n'aurait

---

international, Emanuela FRONZA et Stefano MANACORDA (Dir.), Paris/Milan, Dalloz/Giuffrè, 2003, p. 59).

[70] Bernard DIANE, Juger et juger encore les crimes internationaux. Etude du principe ne bis in idem, Préface de Damien VANDERMEERSCH Bruxelles, Bruylant, 2014, p. 7.

[71] Ibid.

[72] Ibid.

[73] Eric WYLER et Alain PAPAUX, « Extranéité de valeurs et de systèmes en droit international privé et en droit international public », in *L'extranéité ou le dépassement de l'ordre juridique étatique*, Alain PAPAUX et Eric WYLER (Dir.), Paris, Pedone, 1999, p. 295.

[74] Yuval SHANY, Regulating jurisdictional relations between national and international courts, Oxford, OUP, 2007, p. 160.

[75] Dionysios SPINELLIS, « Global report the ne bis in idem principle in "global" instruments », in *RIDP*, Vol. 73, n° 3, 2002, p. 1155.

[76] Cela est aussi lié à la primauté des juridictions internationales sur les tribunaux internes.

[77] Dionysios SPINELLIS, Op. cit.

[78] Le jugement de la Cour criminelle de Ndjamena concerne une supposée implication de Monsieur Hissein HABRE dans la tentative de coup d'État menée par des mouvements rebelles en février 2008 au Tchad. Les 2 et 3 février de cette année, ceux-ci ont quitté leurs bases arrières soudanaises et ont atteint Ndjamena en moins d'une semaine. Idriss DEBY ITNO n'a dû son salut qu'au soutien de l'armée française qui a fourni des munitions et protégé l'aéroport de la capitale. Les rebelles avaient repris leurs offensives en avril et juin de la même année sans succès.

[79] Trois éléments sont essentiels pour que le procès national qui a donné lieu à une décision soit acceptée au niveau international, à savoir l'intention de traduire l'intéressé en

eu autorité que si elle reflétait leur gravité. Cette posture est compréhensible car « bien que le risque d'impunité soit écarté puisqu'il s'agit de (personne condamnée), le soupçon de (la) voir échapper aux qualifications suprêmes justifie l'entorse à la règle *non bis in idem* »[80]. Cette exception, légitime pour la communauté internationale, est également indispensable[81].

Au regard de cette précision, le « tribunal *ad hoc* à caractère international » sus-indiqué semble avoir eu le champ libre. Installé au Sénégal et majoritairement composé de magistrats sénégalais, il a été appelé à clore le long feuilleton Habré.

Avant de voir ce dossier lui revenir à son terme, le juge sénégalais a été le premier à en connaître. En effet, en 2000, les victimes avaient saisi le Doyen des juges d'instruction du Tribunal régional hors classe de Dakar d'une plainte avec constitution de partie civile contre l'ancien président de la République tchadienne pour diverses infractions de droit international. Ce magistrat africain ne s'est ensuite presque jamais départi de cette affaire jusqu'à son épilogue. Néanmoins, la procédure dont il a connu au départ s'était tôt heurtée à des questions juridiques relevant d'un domaine spécifique, à savoir le droit international pénal qui, lui-même, se meut dans le droit international public aux contours particuliers.

Le droit international pénal est une matière juridique qui régit les crimes comportant un élément d'internationalité par leur nature même ou par leur forme et est relatif à la communauté internationale. Une nuance est généralement établie avec le droit pénal international qui désigne les aspects internationaux du droit interne, à savoir le droit « extra-national » de chaque État. Ces deux notions sont toutefois très souvent utilisées indifféremment dans la doctrine et la confusion terminologique entretient leur ambivalence intrinsèque. Cet amalgame est aussi entretenu dans la pratique juridictionnelle internationale, ce qui assoit leur interdépendance, même si les normes substantielles auxquelles ils font référence sont juridiquement dissemblables. La position de l'adjectif « international » au niveau des juridictions universelles et régionales, laisse évidemment perdurer la situation. Et bien que cet adjectif se situe à l'arrière dans « Cour pénale internationale », « Tribunaux pénaux internationaux » et « Tribunaux militaires internationaux », ces juridictions sont d'abord internationales par leur nature puis pénales par leur objet, et non pas l'inverse. Selon Claude LOMBOIS, « le déplacement de l'épithète, (montre) que le caractère international tient ou à la nature de la règle ou seulement à son objet »[82], et que « c'est peut-être attacher

---

justice, l'indépendance et l'impartialité des juges et la tenue d'un procès équitable. Le jugement de la Cour de Ndjamena ne semble pas remplir toutes ces conditions.

[80] Brigitte PESQUIE, Op. cit. p. 68.

[81] Rapport du Secrétaire Général établi conformément au paragraphe 2 de la Résolution 808 (1993) du Conseil de Sécurité, 3 mai 1993, S/25704, par. 66.

[82] Claude LOMBOIS, Op. cit., par. 17.

trop d'importance à la seule place d'un mot et, au surplus, contrairement à nos habitudes »[83].

À la suite du juge sénégalais, le juge belge, saisi de l'affaire Habré, avait aussi été confronté à des obstacles. Il s'agissait toutefois d'obstacles plus politiques que juridiques car la mise en œuvre des principes du droit international ne lui était pas inconnue comme pour son collègue sénégalais. Cependant, la procédure belge souffrait de la non-présence de l'accusé et de l'impossibilité d'obtenir son extradition, malgré plusieurs demandes adressées au Sénégal pays hôte de l'ancien Chef d'État.

Cette situation avait ensuite provoqué l'exportation de l'affaire au niveau des instances supranationales. C'est ainsi que des organes de l'Union africaine et de l'ONU avaient eu à se pencher sur le cas de l'ancien Président tchadien et à rendre des décisions dont les portées avaient été différentes. Elles avaient néanmoins, d'une manière convergente, favorisé le dénouement de l'affaire à travers la mise sur pied d'un tribunal spécial chargé d'en connaître. Cette juridiction, que sont les Chambres africaines extraordinaires, a permis de sonner le glas d'une longue situation d'impunité.

Ces péripéties judiciaires ont mis en exergue la lancinante question de la capacité des juridictions du for et la justice internationale de juger un ancien Chef d'État étranger, en l'occurrence Monsieur Hissein HABRE, pour des crimes internationaux commis antérieurement à l'entrée en vigueur du Statut de Rome.

C'est le défi que le Sénégal a relevé pour la première fois de l'histoire, après avoir été le premier État à ratifier ledit Statut[84], grâce à l'institution des Chambres africaines extraordinaires incorporées au sein des juridictions sénégalaises.

Ces chambres sont l'épilogue d'un long parcours marqué par plusieurs velléités de répression qui se sont soldées par des échecs. C'est pour cette raison que le thème regorge d'intérêts.

Sur le plan théorique, de nombreux écrits ont été consacrés à des sujets aussi importants que la compétence universelle et l'immunité d'un ancien Chef d'État devant les juridictions nationales étrangères, lesquels s'étaient posé lors des procédures initiées devant les juridictions internes contre Monsieur Hissein HABRE.

La littérature relative à l'exercice de la compétence universelle est abondante, mais des obstacles de nature juridique et politique continuent à entraver sa mise en œuvre. Ce qui avait été à l'avantage de l'ancien Chef d'État qui avait ainsi pu prolonger son « repos »[85].

---

[83] Ibid.

[84] Le Sénégal a procédé à la signature du Statut de Rome le 18 juillet 1998 et a déposé son instrument de ratification le 02 février 1999.

[85] Nous allons revenir, dans la première partie de notre étude, sur la notion de la compétence universelle.

L'immunité d'un ancien Chef d'État devant les juridictions nationales étrangères a aussi été largement traitée par la doctrine qui en a déterminé les fondements, le contenu et les limites, mais l'application du principe démontre que la question n'est pas totalement épuisée[86].

En dehors de la controverse doctrinale sur ces questions, beaucoup de travaux scientifiques ont été consacrés aux procédures judiciaires internes menées contre Habré. Cependant, elles rendent compte d'un épisode précis de ce feuilleton juridico-politique ou défendent une opinion favorable ou défavorable à l'ancien Chef d'État. Parmi les premiers écrits consacrés à la question, figurent « *The Pinochet Precedent in Africa : Prosecution of Hissène Habré* » d'Inbal SANSANI. L'auteur y étalait déjà, en 2001, la problématique de l'application de la compétence universelle à travers les péripéties de l'affaire Habré depuis la saisine du Juge d'instruction jusqu'à l'arrêt de la Cour de cassation sénégalaise annulant les poursuites. Par la suite et d'une manière fréquente, les doctrinaires ont traité le cas Habré d'une manière parcellaire.

À côté de ces juristes, les victimes ont abordé la question sous forme de récit du « régime de fer » de l'ancien Chef d'État ou des sévices subis ou à eux rapportés par d'autres victimes. Il en est par exemple ainsi de l'ouvrage « *Prisonnier de Hissène Habré, L'expérience d'un survivant des geôles tchadiennes et sa quête de justice* » de Souleymane GUENGUENG.

En ce qui concerne les articles de presse consacrés à « l'équation Habré », ils foisonnent, mais ne permettent pas d'en saisir exactement les relents juridiques, tant dans ses aspects nationaux qu'internationaux. Cela est d'autant plus compréhensible que les auteurs sont généralement des journalistes avec une faible culture juridique, voire sans culture juridique, et plus enclins au « sensationnel », comme la plupart de leurs lecteurs.

En ce qui concerne les recours devant les institutions supranationales, des principes juridiques de haute importance ont été mis en exergue, comme l'obligation internationale pour un État partie à un traité de respecter ses engagements internationaux, ou encore la pertinence de la création d'une juridiction *ad hoc* à caractère international pour juger de faits limités dans le temps et l'espace.

L'obligation internationale pour un État partie à un traité de respecter ses engagements internationaux est une règle coutumière codifiée par la Convention de Vienne en son article 26. Cet article dispose que « tout traité en vigueur lie les parties et doit être exécuté par elles de bonne foi ». Ce principe de « *pacta sunt servanda* » a deux conséquences que sont l'unicité de l'État au regard du traité et le défaut d'opposabilité du droit interne. Ainsi, l'État lié par un traité international s'oblige à le respecter et s'engage à le faire respecter par ses pouvoirs exécutif, législatif et judiciaire, et par ses démembrements et ressortissants. Il doit l'exécuter de bonne foi. Toute

[86] Un pan de la première partie de notre thème y est consacré.

violation de sa part engage, en principe, sa responsabilité internationale. En effet, comme l'État forme une entité unique, chaque organe doit, dans sa sphère de compétence, participer à l'exécution du traité. Ainsi par exemple, si l'exécution du traité nécessite une adaptation législative, le Parlement doit adopter les lois nécessaires pour ce faire. D'ailleurs, il est classiquement admis, comme étant un principe général de droit international, qu'un État ne peut invoquer son droit interne pour se délier des obligations d'un traité.

Quant à la création de juridictions *ad hoc* à caractère international, cela constitue très souvent une concrétisation d'une volonté spécifique de la communauté internationale de juger de faits géographiquement ou matériellement délimités. On pensait avoir atteint le sommet de la juridictionnalisation du droit international avec la création de la CPI, mais cette nouvelle catégorie de tribunaux internationaux a fait irruption dans le champ de la répression pénale internationale et a tendance à se développer.

Pour certains auteurs, cette « prolifération (...) menace l'unité du droit international »[87], alors que pour d'autres, c'est un « facteur nécessaire d'une meilleure ''justiciabilité'' du droit international »[88]. En effet, pour les premiers, la pertinence de la création d'une juridiction internationale *ad hoc* est discutable et ils y voient plutôt un phénomène pathologique présentant un risque de fragmentation du droit international. Les autres leur opposent généralement l'argument selon lequel la création de ce type de tribunaux répond à un besoin pressant de l'ordre juridique international et que par conséquent, cela devrait être perçu comme bénéfique et dynamique[89]. Ces juridictions « sont dans l'air du temps »[90]. C'est dans ce cadre que les chercheurs Fouret et Prost ont parlé « d'une évolution dynamique de la société internationale »[91].

Au-delà des développements juridiques qui ont permis de cerner ces problèmes, les instances supranationales saisies de l'affaire Habré ont rendu des décisions qui ont suscité des réactions intéressantes de la part des jurisconsultes. Ceux-ci ont disséqué et commenté les différentes parties de ces décisions, surtout celles juridictionnelles (Cour internationale de justice[92] et

---

[87] Julien FOURET et Mario PROST, « La multiplication des juridictions internationales : de la nécessité de remettre quelques pendules à l'heure », in *RQDI*, Vol. 15, n° 2, 2002. pp. 117-118.

[88] Julien FOURET et Mario PROST, Op. cit., p. 118.

[89] Stephen M. SCHWEBEL, « Reflections on the Role of the International Court of Justice » ?, in *Washington Law Review*, Seattle, 1986, p. 1070.

[90] Jean-Marc SOREL, « Les tribunaux pénaux internationaux. Ombre et lumière d'une récente grande ambition », in *Revue Tiers Monde*, n° 205, 2011, p. 45.

[91] Julien FOURET et Mario PROST, Op. cit.

[92] Voir par exemple : Joe VERHOEVEN, « Belgique contre Sénégal ou quel intérêt pour se plaindre d'autrui ? Cour internationale de Justice, 20 juillet 2012, Questions concernant l'obligation de poursuivre ou d'extrader », in *AFDI*, Vol. 59, 2013, pp. 3-16 ; Raphaël VAN STEENBERGHE, « L'arrêt de la Cour internationale de justice dans l'affaire Belgique contre Sénégal ou du principe aut dedere aut iudicare », in *RBDI*, Vol. 2, Bruxelles, Bruylant, 2012, pp. 664-705.

Cour de justice de la Communauté économique des États de l'Afrique de l'Ouest[93]), qui ont été d'une contribution non négligeable au développement du droit international.

Par ailleurs, d'aucuns se sont aussi intéressés à d'autres questions qui ont marqué le cours de l'affaire Habré, comme la régionalisation du droit pénal international et plus singulièrement l'africanisation de cette matière juridique. En l'espèce, des auteurs comme Abdoulaye SOMA[94], Mutoy MUBIALA[95], Abdoul Kader BITIE[96], Abdoul Wahab MOUSSA[97], Augustin NGEFEU[98], Patrick Laurent BADUGUE[99], ... ont fait des contributions remarquables qui ont permis de mieux cerner ce nouveau champ du droit pénal international. La justice pénale africaine est en formation et la mise en œuvre de ce principe de « compétence régionale par l'Afrique comporte aussi bien des opportunités que des dangers »[100].

---

93 Voir par exemple Valentina SPIGA, « Non-retroactivity of Criminal Law : A New Chapter in the Hissène Habré Saga », in *JICJ*, Vol. 9, n° 1, OUP, March 2011, pp. 5-23 ; Alain Didier OLINGA, « Les droits de l'Homme peuvent-ils soustraire un ex-dictateur à la justice ? L'affaire Hissène HABRE devant la Cour de justice de la Communauté économique des États de l'Afrique de l'Ouest, Hissène Habré c. Sénégal, 18 novembre 2010 », in *RTDH*, n° 87, 01er juillet 2011, pp. 735-746 ; Williams SCHABAS, Bizarre ruling on non-retroactivity from the ECOWAS Court, 2010, p. 1. Disponible sur http://humanrightsdoctorate.blogspot.com; Jan Arno HESSBUREGGE, « Ecowas court judgment in Habré v. Senegal complicates prosecution in the name of Africa », in *ASIL Insights*, Vol. 15, n° 3, 3 février 2010. Disponible sur http://www.asil.org

94 Abdoulaye SOMA, « La justification théorique du régionalisme africain en droit international pénal », in *Revue Burkinabè de Droit*, n° 53, 2017, pp. 95-124 ; Abdoulaye SOMA, « Le régionalisme africain en droit international pénal », in *RGDIP*, Tome 120, n° 3, 2016, pp. 515-544 ; Abdoulaye SOMA, « L'africanisation du droit international pénal », in *L'Afrique et le droit international pénal*, Colloque de la SADI, Paris, Pedone, 2015, pp. 7-35.

95 Mutoy MUBIALA, « Chronique de droit pénal de l'Union africaine. Vers une justice pénale régionale en Afrique », in *RIDP*, Vol. 83, n° 3-4, 2012, pp. 547-557 ; Mutoy MUBIALA, « L'élargissement du mandat de la Cour africaine de Justice et des droits de l'homme aux affaires de droit international pénal » in *RIDP*, Vol. 85, n° 3, 2014, pp. 749-758.

96 Abdoul Kader BITIE, « L'africanisation de la justice pénale internationale entre motivations politiques et juridiques », in *Etudes de certains grands enjeux de la justice internationale pénale*, in *RQDI*, Vol. 1, n° 1, 2017, pp. 143-165.

97 Abdoul Wahab MOUSSA, « Opérations de maintien de la paix et droit pénal international : Histoire d'une convergence ou concours de circonstance ? » in *L'Afrique et le droit international pénal*, Colloque de la SADI, Paris, Pedone, 2015, pp. 51-60.

98 Augustin NGUEFEU, « Les chambres africaines extraordinaires pour la répression des crimes internationaux : embryon d'une instance juridictionnelle pénale africaine ? », in *L'Afrique et le droit international pénal*, Colloque de la SADI, Paris, Pedone, 2015, pp. 129-144.

99 Patrick Laurent BADUGUE, « L'institution d'une section du droit international pénal dans le cadre de la Cour Africaine de Justice et des Droits de l'Homme : Quelle alternative à la CPI pour quelle contribution à la justice internationale ». Disponible sur http://www.penal.org/

100 Mutoy MUBIALA, « Chronique de droit pénal de l'Union africaine. Vers une justice pénale régionale en Afrique », Op. cit., p. 749.

Ce régionalisme africain en droit international a été une conséquence logique du rejet de l'impérialisme judiciaire[101] occidental et a facilité la mise en place des Chambres africaines extraordinaires. Cette juridiction *ad hoc* internationalisée, qui « est un jalon important dans le développement d'une justice pénale régionale pour lutter contre l'impunité en Afrique »[102], a permis d'actualiser certains principes juridiques internationaux aussi captivants que la responsabilité pénale individuelle du Chef d'État et la responsabilité du supérieur hiérarchique, lesquels alimentent encore une bonne partie des débats doctrinaux en droit international pénal[103].

Sur le plan pratique, d'un côté, les velléités de répression des crimes imputables à Monsieur Hissein HABRE ont permis de jauger la capacité des juges nationaux à mettre en œuvre le droit international pénal. L'interprétation différenciée de certains principes juridiques sus-évoqués a varié d'une juridiction à une autre, ce qui a permis de constater que cette matière juridique ne fait pas encore l'objet d'une application uniforme au niveau interne.

D'un autre côté, la juxtaposition des ordres juridiques interne et international ainsi que de juges nationaux et internationaux a démontré son efficacité pour mettre fin à des situations d'impunité. Cela a aussi concrètement permis de contourner les limitations à caractère idéologique et politique dont souffre la CPI, laquelle ne peut, en principe, s'appliquer qu'à l'égard des États parties[104], sans possibilité de rétroagir pour saisir des faits antérieurs à son entrée en vigueur. Contrairement à cette juridiction à vocation universelle, cette combinaison présente toutes les garanties de célérité, d'effectivité et d'exemplarité dans la répression de crimes internationaux commis dans un territoire donné. La formule hybride a aussi pallié le problème lié au manque de force de police internationale pour arrêter des suspects, réunir des preuves et procéder à une enquête. En outre, le principe de non-ingérence, qui constitue un sérieux obstacle à l'action de certaines juridictions, a été aisément surmonté.

Cet engouement n'empêche cependant pas d'être conscient, à l'instar du Professeur Jean-Marc SOREL, que « si le juriste se réjouit souvent de l'apparition d'un tribunal, en ce qu'il concrétise un contentieux (et alimente une jurisprudence qui sera le terreau d'une pratique et d'études futures), il ne faut jamais oublier que tout tribunal, surtout dans le contexte international, est

---

[101] Expression employée par les Chefs d'État africains pour qualifier l'exercice de la compétence universelle par les juridictions internes occidentales.

[102] Ibid.

[103] Nous allons largement revenir sur ces principes juridiques de droit international dans la seconde partie de notre étude.

[104] Le Statut de Rome ne s'applique qu'à l'égard des États parties. Cependant, le Conseil de Sécurité peut, en vertu d'une résolution sous le Chapitre VII de la Charte, saisir la CPI à l'encontre d'un État qui n'a pas ratifié le statut. En guise d'exemple, le Président soudanais Omar AL BASHIR a fait l'objet de deux mandats d'arrêt de la CPI, suite à sa saisine par ledit Conseil de sécurité, alors que le Soudan n'est pas partie au Traité de Rome.

la conséquence d'un échec ». Le Professeur Sorel ajoute que « le contentieux en tant que tel – pour reprendre une expression du Doyen Carbonnier – est une "pathologie du droit", ce qui signifie que la création d'un tribunal dans un champ juridique est aussi et surtout la révélation de dysfonctionnements juridiques »[105].

Sur le plan prospectif, la procédure contre Monsieur Hissein HABRE, qui a été menée à son terme et qui a abouti à sa condamnation à la peine d'emprisonnement à perpétuité, suscite beaucoup d'espoir. Les Chambres africaines extraordinaires, qui ont rendu cette décision, sont une alternative aux carences de la répression pénale des crimes internationaux commis en Afrique. Elles constituent également un modèle attractif de répression pénale internationale dont l'objectif est fort justement de combiner le meilleur des deux ordres juridiques interne et international dans la répression des crimes internationaux, et de transcender leurs défauts respectifs.

Selon le Professeur Lemasson, ce type de « procès internationaux pénaux remplissent avant tout une fonction qui consiste à être exemplaires au sens plein. Dissuasifs. Édifiants. Mais équitables ». Il précise ainsi que « partout dans le monde, les dictateurs en puissance savent quel sort leur sera réservé si leurs mains trempent dans le sang innocent, et les responsables craignent désormais le glaive de la justice internationale. Ils rejoindront les coupables condamnés définitivement, mais dans le respect de formes équitables, à Nuremberg, à Tokyo, à La Haye par le TPIY, à Arusha, en Sierra Leone, au Timor Oriental et au Cambodge »[106].

Au demeurant, l'affaire Habré, dont les premier et dernier actes ont été joués au Sénégal, mérite d'être analysée tant au regard du droit interne qu'au regard du droit international.

Une première démarche sera l'occasion d'aborder les procédures judiciaires nationales sénégalaise et belge ainsi que les recours devant les institutions supranationales. Cette approche nous permettra de cerner les fondements et obstacles des poursuites entreprises contre l'ancien Chef d'État et d'analyser la saisine des instances internationales et régionales, mais aussi de mesurer leurs effets sur ce dossier.

Par un second élan, nous allons nous pencher sur l'avènement des Chambres africaines extraordinaires et sur le procès de Monsieur Hissein HABRE pour les crimes internationaux qui lui ont été reprochés. À travers ce cheminement, nous pourrons traiter du contexte de création des Chambres africaines extraordinaires et de la structure de cette juridiction internationalisée. Nous pourrons aussi examiner les fondements juridiques de la responsabilité pénale de Monsieur Hissein HABRE et analyser l'essence et la portée de sa condamnation.

---

[105] Jean-Marc SOREL, Op. cit., p. 31

[106] Aurélien-Thibault LEMASSON, Op. cit.

Ainsi, il semble judicieux de consacrer la première partie de notre étude aux velléités de répression des crimes internationaux reprochés à Monsieur Hissein HABRE (**Première Partie**).

Par la suite, le travail va s'appesantir sur la répression effective des crimes internationaux reprochés à celui-ci (**Seconde Partie**).

Première partie :

La volonté manifestée de répression des crimes internationaux reprochés à Monsieur Hissein HABRE

La chute du Président Hissein HABRE avait permis de mettre en lumière les nombreuses exactions commises au Tchad durant son magistère de 1982 à 1990. Les archives de la Direction de la Documentation et de la Sécurité (DDS) avaient révélé la commission de graves violations des droits de l'Homme et du droit international humanitaire. La DDS, appareil de répression, était en effet impliquée dans des milliers d'assassinats politiques, d'enlèvements suivis de disparitions, d'exécutions sommaires, de tortures et de détentions arbitraires dans des conditions inhumaines et dégradantes[107].

Au lendemain de sa prise forcée du pouvoir, Idriss DEBY ITNO avait mis sur pied une commission nationale d'enquête pilotée par le Ministère de la Justice. Après plus d'une année de travaux, celle-ci avait recommandé au nouveau régime, dans son rapport relatant « *les crimes et détournements de l'ex-président Habré et de ses complices* », d' « engager sans délai des poursuites judiciaires contre les auteurs de cet horrible génocide, coupables de crimes contre l'humanité ».

Toutefois, les autorités tchadiennes n'avaient pas manifesté de volonté réelle de juger les auteurs désignés. Ces derniers avaient connu des fortunes diverses : un groupe continuait à occuper des postes stratégiques au sein de l'appareil d'État, tandis qu'un autre avait suivi Monsieur Hissein HABRE dans sa fuite. Ce dernier, bénéficiant de l'asile politique au Sénégal, espérait y jouir d'une paisible retraite, mais c'était sans compter avec les nombreuses victimes qui avaient commencé à s'organiser pour faire juger leurs « bourreaux ».

En effet, dès l'année 1991, l'AVCRP avait manifesté sa ferme intention d'ester en justice. Cela ne s'était toutefois concrétisé qu'une décennie plus tard, grâce notamment au contexte international favorable[108].

---

[107] Rapport de la Commission d'Enquête Nationale du Ministère tchadien de la Justice, Op. cit., p. 10 et s.

[108] À la fin des années 90 et au début des années 2000, beaucoup de hauts responsables étatiques ont fait l'objet de procédures judiciaires (le Général Pinochet du Chili, le ministre Yerodia de la République Démocratique du Congo, le Général Dabira du Congo, ...).

En effet, fort du précédent Pinochet[109] et avec l'espoir en bandoulière, certaines victimes, soutenues par de nombreuses Organisations Non Gouvernementales (ONG)[110], avaient saisi les juridictions sénégalaise et belge (**Titre I**). Leur saisine avait suscité des questions juridiques aussi fondamentales que la compétence universelle et l'immunité d'un ancien Chef d'État.

Les péripéties judiciaires au niveau interne avaient ensuite poussé les victimes à porter leur combat à un niveau supérieur. C'est ainsi que l'affaire Habré s'était retrouvée devant les instances internationales, lesquelles n'avaient pas hésité à se prononcer de façon décisive (**Titre II**).

---

[109] L'arrestation, le 16 octobre 1998 à Londres, du General Augusto PINOCHET, Président du Chili de 1973 à 1990, suite à un mandat d'arrêt international délivré par les juges espagnols Manuel GARCIA-CASTELLON et Baltazar GARZON REAL, a marqué une ère nouvelle dans la répression des violations graves du droit international humanitaire, dans la mesure où les dignitaires d'un État ne peuvent plus compter sur une immunité assurée pour jouir d'une retraite paisible, à l'étranger ou dans leur pays. Pinochet, qui était inculpé en Espagne pour des crimes de torture, de génocide, et autres, commis au Chili et en Argentine, pendant ses dix-sept ans de règne, avait également fait l'objet de demandes d'extradition de la Belgique, de la France et de la Suisse. Il avait essayé de se tirer d'affaires en invoquant son immunité d'ancien Chef d'État et de Sénateur à vie, mais la Chambre des Lords, plus haute juridiction du Royaume-Uni, avait rejeté l'exception d'immunité. Sa libération pour des raisons médicales « n'affaiblit en rien le précédent », selon le Professeur Theodor MERON (Disponible sur https://www.nouvelobs.com/monde/20000302.OBS2567/l-affaire-pinochet-un-tournant-dans-le-droit-international.html), d'autant plus qu'il avait été ultérieurement inculpé au Chili, avant son décès.

[110] Ce sont notamment Human Rights Watch (HRW), l'Association Tchadienne pour la Promotion et la Défense des Droits de l'Homme (ATPDH), la Fédération Internationale des Ligues de Droits de l'Homme (FIDH), la Ligue Tchadienne des Droits de l'Homme (LTDH), la Rencontre Africaine des Droits de l'Homme (RADDHO), l'Organisation Nationale Sénégalaise des Droits de l'Homme (ONDH), l'organisation londonienne Interights et l'organisation française Agir Ensemble pour les droits de l'homme. Ces organisations avaient institué le Comité International pour le jugement de Monsieur Hissein HABRE lors du dépôt de la plainte.

Titre I : Les procédures judiciaires nationales sénégalaise et belge

Les actions en justice, à l'encontre de Monsieur Hissein HABRE, avaient commencé le 26 janvier 2000 par la saisine du Doyen des Juges d'instruction du Tribunal régional hors classe de Dakar. En effet, sept victimes tchadiennes ainsi que l'Association des victimes de crimes et répressions politiques du Tchad, avaient déposé une plainte avec constitution de partie civile[111], suivies en cela, au mois de mai de la même année, par cinquante-trois autres victimes tchadiennes et une Française dont le mari tchadien avait été assassiné en 1984.

Suite à cette plainte, le magistrat n'avait pas tardé à inculper Monsieur Hissein HABRE pour les chefs de complicité de crimes contre l'humanité, d'actes de torture et de barbarie et à le placer en résidence surveillée. Cette première inculpation d'un ancien Chef d'État étranger par un juge d'instruction sénégalais, pour des crimes internationaux commis à l'étranger sur des étrangers, avait donné beaucoup d'espoir aux victimes.

Mais l'enthousiasme du début de l'instruction[112] allait vite céder au scepticisme, après le recours en annulation introduit par les avocats de l'ancien Président devant la Chambre d'accusation de la Cour d'appel de Dakar[113].

Le désarroi des victimes était d'autant plus justifié que le Parquet de Dakar s'était signalé par un revirement inattendu. En effet, le Ministère public, qui avait pris un réquisitoire aux fins d'informer, quelques mois auparavant, avait demandé l'annulation des poursuites en mai 2000.

Quant à la Chambre d'accusation, elle avait retenu l'incompétence des juridictions sénégalaises pour les faits de torture et le manque de base légale pour l'incrimination de crimes contre l'humanité[114].

---

[111] Le choix de la plainte avec constitution de partie civile s'expliquait, selon l'avocat américain Reed BRODY, par l'imprévisibilité de la position des autorités sénégalaises sur le cas de Habré, d'une part, et pour éviter que ce présumé auteur de crimes graves ne puisse se soustraire à l'action de la justice en se réfugiant dans un autre pays. (Reed BRODY, Les poursuites contre Hissène Habré, Un « Pinochet africain ». Disponible sur http://www.sos-attentats.org/publications/brody.pdf).

[112] Après la communication de la plainte par le Juge d'instruction, le Procureur de la République avait pris un réquisitoire aux fins d'informer en deux jours. Dans un aussi court délai, au mois de mai, le juge avait entendu six victimes et des témoins. Il avait également envoyé des commissions rogatoires en France et au Tchad.

[113] Les conseils de Habré avaient introduit ladite requête le 18 février 2000.

[114] La Chambre d'accusation avait vidé son délibéré le 04 juillet 2000.

Cette décision d'annulation des poursuites avait été confirmée par la Cour de cassation, après le pourvoi des parties civiles. La Haute juridiction sénégalaise avait ainsi pris position, le 20 mars 2001, sur une question controversée, en jugeant qu'aucun texte interne ne reconnaissait une compétence universelle aux juridictions sénégalaises[115].

Peu avant l'arrêt de cette Haute Cour, les tergiversations judiciaires de l'affaire Habré et les soupçons d'interférence politique avaient conduit les victimes à se tourner vers un autre pays, en l'occurrence la Belgique.

En effet, entre le 30 novembre 2000 et le 11 décembre 2001, un ressortissant belge d'origine tchadienne et plusieurs ressortissants tchadiens avaient saisi la justice belge d'une plainte contre Monsieur Hissein HABRE pour crimes contre l'humanité, torture, arrestations arbitraires et enlèvements. Dans le cadre de l'instruction, le juge belge avait adressé plusieurs commissions rogatoires à son collègue sénégalais, avant de délivrer, le 29 septembre 2005, un mandat d'arrêt international à l'encontre de Monsieur Hissein HABRE.

Toutefois, cette procédure allait connaître un coup d'arrêt avec la décision d'incompétence rendue le 24 novembre 2005 par la Chambre d'accusation de la Cour d'appel de Dakar, au motif que le mandat d'arrêt visait des faits commis par un chef d'État « dans l'exercice de ses fonctions »[116].

Ainsi, la répression judiciaire des crimes internationaux reprochés à Monsieur Hissein HABRE était tributaire de la conception que la justice sénégalaise et celle belge avaient de la compétence universelle et de l'immunité présidentielle.

À la lumière de ces principes, qui ont fait l'objet d'une littérature abondante, nous traiterons, de prime abord, les fondements et obstacles aux poursuites contre Monsieur Hissein HABRE **(Chapitre I)**. Nous verrons, par la suite, que ces questions ont suscité des réactions judiciaires à géométrie variable **(Chapitre II)**.

---

[115] Cour de cassation (Sénégal), 20 mars 2001, MP c. Hissein HABRE.

[116] D'autres décisions ont été ultérieurement rendues par la Chambre d'accusation, suite à d'autres demandes d'extradition du juge d'instruction belge. Aucune de ces requêtes n'a pu prospérer.

Chapitre I : Les fondements et obstacles aux poursuites

Les poursuites à l'encontre de Monsieur Hissein HABRE étaient fondées sur des principes juridiques largement débattus. L'accusation ne pouvait nullement être articulée autour des principes classiques de compétence (*ratione materiae, personae, loci*) admis en matière pénale, eu égard à la nature des infractions, aux circonstances de leur commission et à la personnalité du principal mis en cause.

En effet, dans leur plainte avec constitution de partie civile introduite au Sénégal, les victimes avaient visé les infractions de torture et de crimes contre l'humanité et avaient invoqué, d'une part, la Convention des Nations unies du 10 décembre 1984 contre la torture et autres peines ou traitements cruels, inhumains ou dégradants, ratifiée par le Sénégal à travers la Loi n° 86-26 du 16 juin 1986, et d'autre part, le droit international coutumier en vertu duquel pèse sur le Sénégal une obligation de poursuivre les auteurs de crimes contre l'humanité.

Leur argumentaire avait emporté la conviction du Magistrat instructeur qui avait, sur cette base, inculpé l'ancien président de la République du Tchad. Mais cela avait été battu en brèche par les avocats de l'ancien Chef d'État, lesquels avaient, dans leur recours en annulation, soulevé trois exceptions, à savoir l'incompétence des juridictions sénégalaises pour connaître de crimes commis par des Tchadiens au Tchad, la non-rétroactivité des textes relatifs à la torture ratifiés par le Sénégal en 1986[117] et incorporés dans le Code pénal en 1996, alors que les faits reprochés au sieur Habré étaient antérieurs, et la prescription s'attachant à des faits remontant à plus de dix ans[118]. Rejoints par le Ministère public, ils avaient aussi précisé que le Sénégal n'avait pas étendu la compétence de ses tribunaux à des crimes commis à l'étranger. La Défense avait ajouté que cette loi de 1996 ne saurait rétroagir.

Devant la Chambre d'accusation, les avocats des victimes avaient approfondi les arguments à la base de leur plainte en indiquant que les articles 5 et 7 de la Convention contre la torture posent l'obligation de juger

---

[117] Le Sénégal a signé la Convention de New York le 4 février 1985 et l'a ratifiée le 21 août 1986. Mais, ce traité est entré en vigueur le 26 juin 1987.

[118] Suivant les articles 7, 8 et 9 du Code pénal sénégalais, « en matière de crime, l'action publique se prescrit par dix années révolues à compter du jour où le crime a été commis », « en matière de délit, la prescription de l'action publique est de trois années révolues », « en matière de contravention, la prescription de l'action publique est d'une année révolue », le tout sous réserve de quelques infractions spécifiques dont les délais sont allongés (terrorisme ou détournement de deniers publics par exemple) ou réduits (diffamation par exemple).

ou d'extrader, et que l'article 79 de la Constitution sénégalaise dispose que « les traités ou accords régulièrement ratifiés ou approuvés ont, dès leur publication, une autorité supérieure à celle des lois ». Par ailleurs, ils faisaient remarquer que la prescription décennale, soulevée par la Défense, ne pouvait courir qu'à compter de décembre 1990, date de la destitution du sieur Habré, et qu'elle ne saurait prospérer puisque la plainte avait été introduite en janvier 2000.

À l'instar des poursuites lancées au Sénégal, celles entamées en Belgique s'appuyaient principalement sur la compétence universelle intégrée dans la législation belge en 1993.

Néanmoins, à cette question, allait s'ajouter celle du statut d'ancien Chef d'État de Monsieur Hissein HABRE, puisque le mandat d'arrêt belge, suivi d'une demande d'extradition, avait buté sur une décision d'incompétence de la justice sénégalaise, laquelle reconnaissait le bénéfice de l'immunité à l'ancien Président tchadien.

Ces deux questions de la compétence universelle des juridictions nationales (**Section I**) et de l'immunité d'un ancien Chef d'État devant les juridictions nationales étrangères (**Section II**) avaient donc été au cœur de l'affaire Habré. Bien qu'elles soient intimement liées, la question de la compétence d'une juridiction est préalable à celle de l'immunité du justiciable. « On ne peut en d'autres termes bénéficier de l'immunité de juridiction que s'il y a juridiction »[119]. C'est pourquoi nous les aborderons successivement dans cet ordre.

Section I : La compétence universelle des juridictions nationales

La compétence judiciaire a longtemps reposé sur trois critères : le lieu du délit, la nationalité de l'auteur et la nécessaire protection des intérêts de l'État. Le critère de territorialité (*ratione loci*) a traditionnellement prédominé car l'objet premier du droit pénal est de maintenir l'ordre social en réprimant les crimes et délits commis sur le territoire national. Cette considération géographique est importante car le rassemblement des preuves, l'organisation du procès et l'exécution de la sentence nécessitent des moyens humains et matériels que l'État ne peut efficacement mettre en œuvre que dans ses limites territoriales. Les effets de la poursuite et de la sanction ne peuvent être véritablement perçus que dans ce périmètre. C'est à cet effet que dès 1927, la Cour Permanente de Justice Internationale (CPJI) avait relevé que « le

[119] CIJ, 14 février 2002, Affaire relative au mandat d'arrêt du 11 avril 2000, République Démocratique du Congo c. Belgique, Opinion individuelle du juge Gilbert GUILLAUME, par. 4.

principe de la territorialité du droit pénal est à la base de toutes les législations »[120].

Malgré leurs avantages, les compétences territoriale, personnelle et réelle ont montré leurs limites quant à la répression effective de certaines infractions à caractère international. Aussi, la question de la compétence extraterritoriale pour laquelle la CPJI n'avait pas manqué d'apporter des éclaircissements (cf. infra), était récurrente. Depuis ses balbutiements à nos jours, ce principe a beaucoup évolué.

L'idée de la répression universelle a germé avant de progressivement pénétrer les législations nationales. Elle s'est muée dans le principe de la compétence universelle, laquelle est diversement définie, selon qu'elle est envisagée dans une conception restrictive ou extensive[121]. Dans une résolution de 2005, l'Institut de Droit International (IDI) a relevé que ce principe, « en tant que titre additionnel de la compétence, comprend la compétence d'un État de poursuivre tout suspect et de le punir s'il est reconnu coupable, indépendamment du lieu de commission des crimes et sans avoir égard à un lien de nationalité active ou passive, ou à d'autres fondements de compétence reconnus par le droit international »[122]. Cette définition *lato sensu* permet de distinguer ce principe des autres critères de compétence classiques sus-évoqués.

La compétence universelle des juridictions nationales a pour objet de juger les auteurs des crimes de droit international, quels que soient la nationalité de ceux-ci ou le lieu de commission de ces infractions. Elle vise principalement à lutter contre l'impunité, par une sorte de « mondialisation du droit pénal »[123], laquelle entraîne la mondialisation des juges nationaux[124].

En droit international, l'exercice, par les États, de la compétence universelle en matière pénale repose sur certains fondements (**Paragraphe 1**). Toutefois, la mise en œuvre de ladite compétence se heurte très souvent à des obstacles tant juridiques que politiques (**Paragraphe 2**).

---

120 CPJI, 7 septembre 1927, Affaire du Lotus, France c. Turquie, série A n° 10, p. 20.

121 Il y a deux types de compétence universelle : la compétence universelle absolue ou compétence universelle *in absentia*, et la compétence universelle relative. Pour la première qui fait application de la conception large, la présence de l'auteur présumé des crimes sur le territoire de l'État qui compte engager des poursuites n'est pas exigée ; alors que dans la seconde qui fait appel à la conception étroite, privilégiée par la majorité des États, les poursuites ne peuvent être engagées que s'il existe un lien de rattachement entre l'État poursuivant et l'auteur du crime, ce dernier se trouvant sur son territoire.

122 Institut de Droit International, dix-septième commission, La compétence universelle en matière pénale à l'égard du crime de génocide, des crimes contre l'humanité et des crimes de guerre, Cracovie, 26 août 2005, p. 2.

123 Jean PRADEL, « Vers la mondialisation du droit pénal », in *Mélanges Jean-Claude Soyer, L'honnête homme et le droit*, Paris, LGDJ, 2000, p. 317.

124 Mireille DELMAS-MARTY, « Le droit pénal comme éthique de la mondialisation », in *RSC*, n° 1, janvier/mars 2004, p. 1.

Paragraphe 1 : L'exercice de la compétence universelle

Les pères fondateurs du droit international ont été à l'origine du principe de compétence universelle. Hugo GROTIUS, l'un des plus éminents théoriciens, défendait l'idée selon laquelle il appartient à tous de poursuivre les infractions au droit des gens qui affectent la société internationale dans son ensemble[125]. Emmerich De VATTEL prônait une exception au principe de territorialité en ce qui concerne les « ennemis du genre humain »[126].

La compétence universelle s'est progressivement imposée à la communauté internationale, après que la CPJI a relevé, en 1927, dans l'affaire du Lotus, que le droit international, « loin de défendre d'une manière générale aux États d'étendre leurs lois et leur juridiction à des personnes, des biens et des actes hors du territoire, (...) leur laisse à cet égard une large liberté qui n'est limitée que dans quelques cas par des règles prohibitives »[127].

Son exercice repose sur plusieurs fondements. Certains relèvent du droit international conventionnel et coutumier (**A**). D'autres procèdent du droit interne (**B**).

A. Les bases conventionnelles et coutumières

Face à la commission de crimes particulièrement odieux qui fait de leurs auteurs des « *hostis humani generis* »[128], la répression par tous les États s'est trouvée justifiée ou requise, dans l'intérêt de l'ordre public international.

L'exercice de la compétence universelle a été théorisé depuis le XVIe siècle par des auteurs comme Diego de COVARRUVIAS et Hugo GROTIUS, qui ont soutenu qu'il était inconcevable qu'un malfaiteur étranger puisse savourer les fruits de ses crimes sur le territoire d'un État. Ils ont ainsi préconisé, en cas de commission de crimes particulièrement graves, la mise en œuvre de poursuites, tant sur le territoire de l'État où le crime a été commis que sur celui où l'auteur a trouvé refuge.

À partir du XIXe siècle, les États ont commencé à mettre sur pied un dispositif juridique universaliste capable de réprimer efficacement certaines infractions attentatoires à la conscience universelle.

---

125 Hugo GROTIUS, De jure belli ac pacis, Le droit de la guerre et de la paix, traduit par Jean BARBEYRAC, Amsterdam, P. de Coup, 1729, Vol. II, Livre II, Chap. XX, p. 103. Disponible sur https://books.google.sn.

126 Emmerich De VATTEL Le droit des gens ou les principes de la loi naturelle, appliquée à la conduite et aux affaires des nations et des souverains, traduit par Paul ROYER-COLLARD, Tome 1, Paris, J-P. Aillaud, 1830, p. 238. Disponible sur https://books.google.sn.

127 CPJI, Op. cit., pp. 18-19.

128 Cette locution juridique latine, issue du droit maritime signifie « ennemi de l'humanité »

La compétence universelle a d'abord été appliquée à la piraterie[129]. L'exercice de ce type de compétence sur les pirates était fondé, d'une part, sur le fait que le forfait était très souvent commis en haute mer dans une zone qui ne relève d'aucun État (*terra nullius*), et d'autre part, sur le fait que les individus poursuivis n'étaient pas sous la protection d'un État ou étaient tout simplement apatrides. Son application n'entraînait donc aucun conflit avec toute autre prétention d'un État.

La mise en œuvre de la compétence universelle a certes franchi un palier avec la Convention internationale pour la répression du faux monnayage du 20 avril 1929 qui offrait la possibilité aux États de poursuivre, sous certaines conditions, « les étrangers qui ont commis à l'étranger » une infraction relative au faux monnayage[130]. Mais c'est surtout avec la signature des quatre Conventions de Genève et des Protocoles additionnels qu'elle a marqué un pas décisif. En effet, en prévoyant la compétence universelle des juridictions nationales, ces conventions ont donné aux États signataires des moyens juridiques essentiels pour poursuivre et condamner les auteurs des violations graves du droit international humanitaire.

Entrés en vigueur en 1950, ces textes ont été d'application immédiate dans certains pays où les traités font automatiquement partie du droit national (Allemagne, Autriche, Danemark, Espagne, Russie, Suisse…) ; tandis que dans d'autres, il a fallu les incorporer dans le corpus juridique national[131].

Les quatre Conventions de Genève du 12 août 1949[132] relatives aux crimes internationaux, ainsi que le premier Protocole additionnel du 8 juin 1977 relatif à la protection des victimes des conflits armés internationaux, prévoient expressément l'obligation de poursuivre les auteurs de telles infractions.

---

[129] Aux termes de l'article 101 de la Convention des Nations unies sur le droit de la mer du 10 décembre 1982, la piraterie renvoie notamment à « a) tout acte illicite de violence ou de détention ou toute déprédation commis par l'équipage ou des passagers d'un navire ou d'un aéronef privé, agissant à des fins privées, et dirigé : i) contre un autre navire ou aéronef, ou contre des personnes ou des biens à leur bord, en haute mer, ii) contre un navire ou aéronef, des personnes ou des biens, dans un lieu ne relevant de la juridiction d'aucun État ».

[130] Suivant l'article 9 de ladite convention, « Les étrangers qui ont commis à l'étranger des faits prévus à l'article 3 et qui se trouvent sur le territoire d'un pays dont la législation interne admet, comme règle générale, le principe de la poursuite d'infractions commises à l'étranger, doivent être punis de la même manière que si le fait avait été commis sur le territoire de ce pays. L'obligation de la poursuite est subordonnée à la condition que l'extradition ait été demandée et que le pays requis ne puisse livrer l'inculpé pour une raison sans rapport avec le fait ».

[131] Il se pose ici la question du caractère « *self-executing* » des conventions internationales prévoyant une compétence universelle pour les juridictions nationales. Le juge français a considéré que les Conventions de Genève n'étaient pas applicables en l'absence d'un texte national d'incorporation.

[132] Ce sont successivement la Convention pour l'amélioration du sort des blessés et des malades dans les forces armées en campagne (qui est le prolongement de celle du 22 août 1964), la Convention pour l'amélioration du sort des blessés, des malades et des naufragés des forces armées sur mer (qui est une actualisation de celle du 06 juillet 1906), la Convention relative au traitement des prisonniers de guerre (qui est une reprise de celle du 27 juillet 1929) et la Convention relative à la protection des personnes civiles en temps de guerre.

Lesdits textes, à la rédaction quasi identique, prévoient que « chaque partie contractante aura l'obligation de rechercher les personnes prévenues d'avoir commis, ou d'avoir ordonné de commettre, l'une ou l'autre de ces infractions graves, et elle devra les déférer à ses propres tribunaux quelle que soit leur nationalité. Elle pourra aussi, si elle le préfère, et selon les conditions prévues par sa propre législation, les remettre pour jugement à une autre partie contractante intéressée à la poursuite (...) »[133].

À la différence de certains instruments internationaux qui l'ont précédé et qui comportent le principe « *aut judicare aut dedere* »[134] sans obliger les États à l'appliquer[135], ce texte de Genève est contraignant. Il est vrai que depuis Grotius, ce principe était présent dans la doctrine, mais cette codification prévoyait non seulement l'exercice de la compétence, mais aussi l'obligation de poursuivre.

Cette compétence universelle obligatoire[136] a ensuite été rééditée dans de nombreuses conventions, notamment la Convention unique sur les stupéfiants du 30 mars 1961 (article 36-2), celle de La Haye du 16 décembre 1970 pour la répression de la capture illicite d'aéronefs (article 7), celle des Nations unies du 21 février 1971 sur les substances psychotropes (article 22-2), celle de Montréal du 23 septembre 1971 pour la répression d'actes illicites dirigés contre la sécurité de l'aviation civile (article 7), celle de New York du 14 décembre 1973 sur la prévention et la répression des infractions contre les personnes jouissant d'une protection internationale, y compris les agents diplomatiques (article 7), celle de New York du 17 décembre 1979 contre la prise d'otages (article 8), celle de Vienne du 3 mars 1980 sur la protection physique des matières nucléaires (article 10), celle de New York du 10 décembre 1984 contre la torture et autres peines ou traitements cruels, inhumains ou dégradants (article 7), celle de Rome du 10 mars 1988 pour la répression d'actes illicites contre la sécurité de la navigation maritime (article 10-1), celle de Vienne du 20 décembre 1988 contre le trafic illicite des stupéfiants et des substances psychotropes (article 4-2), celle de New York du

---

133 Ce sont respectivement l'article 49 de la première Convention relative à l'amélioration du sort des blessés et des malades dans les forces armées en campagne, l'article 50 de la deuxième Convention relative à l'amélioration du sort des blessés, des malades et des naufragés des forces armées sur mer, l'article 129 de la troisième Convention relative au traitement des prisonniers de guerre et l'article 146 de la quatrième Convention relative la protection des personnes civiles en temps de guerre.

134 Selon Anne-Marie La ROSA, « cette obligation a été nuancée tant en ce qui concerne l'extradition (*aut dedere*) que pour ce qui est de l'obligation sinon de punir (*aut punire*), du moins de juger (*aut judicare*) ou de poursuivre (*aut prosequi*) ». (Anne-Marie La ROSA, Dictionnaire de droit international pénal, Paris, PUF, 1998, p. 1.).

135 La Convention de 1929 sur le faux monnayage, par exemple, prévoyait, en son article 9 sus cité, la faculté pour les États d'appliquer ce principe.

136 Une compétence universelle facultative a été prévue dans certains traités comme la Convention de Genève sur la haute mer du 29 avril 1958 (article 105) et la Convention de Montego Bay du 10 décembre 1982 (article 19).

15 décembre 1997 pour la répression des attentats terroristes à l'explosif (article 8) et celle de New York du 9 décembre 1999 pour la répression du financement du terrorisme (article 10).

Certaines de ces conventions, comme celle de 1970 pour la répression de la capture illicite d'aéronefs et celle de 1984 contre la torture, ont dissocié le principe « *aut judicare aut dedere* », en réglementant d'abord la compétence et ensuite l'obligation de poursuivre, contrairement aux Conventions de Genève de 1949 et leurs protocoles additionnels de 1977.

Avant leur codification, les sources étaient principalement coutumières. Il en a ainsi été de la piraterie et des crimes de guerre avant qu'ils ne soient incriminés dans des conventions internationales. Par contre, aucun principe de compétence universelle n'est expressément prévu pour le crime contre l'humanité et le génocide. Néanmoins, il est largement admis en droit international que l'exercice de la compétence universelle, à l'encontre de ce type d'infractions[137], découle de la coutume ainsi que de la jurisprudence internationales.

Par ailleurs, les normes à la base de la compétence universelle sont généralement de *jus cogens*[138]. Toutefois, bien qu'il impose aux États l'obligation de poursuivre, cet arsenal juridique n'a pas explicitement prévu une compétence juridictionnelle des États pour connaître d'infractions commises à l'étranger par des étrangers à l'encontre d'étrangers, lorsque l'auteur de ces infractions ne se trouve pas sur le territoire de l'État intéressé.

Au sillage, il est aisé de relever, à l'instar des principes de Princeton[139], du Caire[140] et du rapport Kamminga[141], que la *ratio legis* de la compétence universelle repose sur la réprobation internationale des crimes particulièrement graves. C'est ainsi que de nombreux États ont légiféré afin de se donner une compétence extraterritoriale à l'encontre de certaines de ces infractions, ou d'incorporer les conventions internationales dans leur droit interne.

---

137 Dans la Convention pour la prévention et la répression du crime de génocide du 9 décembre 1948, la compétence territoriale est évoquée. Mais comme pour le crime contre l'humanité, la coutume et la jurisprudence internationales ont comblé la lacune.

138 L'article 53 de la Convention de Vienne sur le droit des traités de 1969 le définit comme étant « une norme acceptée et reconnue par la communauté internationale des États dans son ensemble en tant que norme à laquelle aucune dérogation n'est permise ».

139 Né en janvier 2000, le Projet de Princeton, qui réunit principalement les membres de la Commission internationale de juristes, a pour but de formuler des principes permettant de clarifier et de rationaliser le principe de la compétence universelle.

140 Les principes du Caire sont une résolution du XIIIe Congrès International de Droit Pénal (1er au 7 octobre 1984) préconisant l'adoption, par les États, de mesures en vue de l'exercice de la compétence universelle pour réprimer les infractions les plus graves.

141 Dans son rapport final sur l'exercice de la compétence universelle de 2000 dénommé « rapport Kamminga », l'Association du Droit International incite les États à poursuivre les auteurs de certains crimes graves présents sur leurs territoires, en application du principe de la compétence universelle.

B. Les sources juridiques nationales

Dans le rapport de l'ONU du 20 juin 2011 sur la portée et l'application du principe de compétence universelle, on remarque que beaucoup de législations nationales ont prévu des dispositions qui leur permettent d'appliquer le principe de l'universalité[142] et de juger les auteurs de crimes internationaux[143].

Comme il n'y a pas une acception commune de la compétence universelle dans le droit international conventionnel ou coutumier, les États ont différemment intégré ce principe dans leurs corpus juridiques nationaux.

En ce qui concerne le Sénégal et la Belgique, les textes intervenus en la matière ont été diversement élaborés.

Avant l'intervention des lois de 2007 et 2008 (cf. infra), aucun texte interne autonome ne prévoyait une compétence universelle des juridictions sénégalaises.

Le Code pénal et le Code de procédure pénale contenaient des dispositions qui restreignaient la compétence des tribunaux sénégalais à des cas limitativement énumérés. L'ancienne rédaction de l'article 669 du Code de procédure pénale prévoyait par exemple la possibilité de poursuivre des étrangers au Sénégal pour des infractions commises en dehors du territoire national, lorsqu'il s'agit de crimes et délits attentatoires à la sûreté de l'État, de contrefaçon du sceau de l'État et de monnaies nationales ayant cours légal.

En dehors de la torture, certaines infractions prévues par le droit international conventionnel et coutumier n'avaient pas été transposées, comme les crimes de guerre et les crimes contre l'humanité.

Jusqu'en 1996, le texte appliqué pour poursuivre des actes de torture était l'article 288 du Code pénal, lequel ne prévoyait toutefois cette infraction que comme une circonstance aggravante de certains crimes contre les personnes. C'est la Loi n° 96-16 du 28 août 1996 qui, en insérant un nouvel article 295-1 dans le Code pénal, l'a érigée en infraction autonome assortie de peines spécifiques[144].

---

[142] Les expressions compétence universelle et principe de l'universalité sont indifféremment utilisés dans la doctrine.

[143] A titre d'exemples, en Espagne, c'est la Loi n° 6/1985 du 1er juillet 1985 modifiée par la Loi n° 11/99 du 30 avril 1999 ; en France, ce sont les articles 689 et 689-1 du Code de procédure pénale ; en Angleterre ce sont les lois de 1991 sur les crimes de guerre, de 1996 sur les armes chimiques, de 2000 sur le terrorisme et de 2001 sur la Cour pénale internationale ; aux États-Unis, ce sont des lois de 1987 sur le génocide et certains crimes. La loi américaine « Alien Torts Claim Act » de 1789 s'applique en matière civile.

[144] Suivant cet article 295-1, « constituent des tortures, les blessures, coups, violences physiques ou mentales ou autres voies de fait volontairement exercés par un agent de la fonction publique ou par toute autre personne agissant à titre officiel ou à son instigation ou avec consentement express ou tacite, soit dans le but d'obtenir des renseignements ou des aveux, de faire subir des représailles, ou de procéder à des actes d'intimidation, soit dans un but de discrimination quelconque. Les personnes visées au premier alinéa coupables de torture ou de tentative seront punis d'un emprisonnement de cinq à dix ans et d'une amende de 100.000 à 500.000 F. Aucune

Ce texte fait suite à la ratification de la Convention des Nations unies du 10 décembre 1984 contre la torture et autres peines ou traitements inhumains, cruels ou dégradants, intervenue à travers la Loi n° 86-26 du 16 juin 1986 publiée au Journal Officiel de la République du Sénégal (JORS) du 8 août 1986. Ladite convention, en son article 4, oblige les États signataires à veiller à ce que tous les actes de torture constituent des infractions au regard de leur droit pénal, de même que la tentative et les actes de complicité de torture et d'assortir ces infractions de peines appropriées qui prennent en considération leur gravité.

L'état de la législation sénégalaise dans le domaine de la compétence universelle, lors de la première inculpation de Monsieur Hissein HABRE, n'offrait ainsi pas une certaine lisibilité, ce qui avait d'ailleurs été à l'origine de controverses judiciaires et académiques.

La Belgique, à la différence du Sénégal, a une législation fournie en la matière. La compétence universelle a d'abord été incorporée dans le droit interne au fur et à mesure que des conventions ratifiées le prévoyaient, soit dans la loi d'approbation à la convention[145], soit dans une loi spéciale[146]. En 1993, une innovation était intervenue avec un texte autonome adopté, pour la première fois, en dehors de toute obligation internationale[147].

En transposant la compétence universelle dans son droit interne par la loi du 16 juin 1993 sur la répression des violations graves du droit international humanitaire, la Belgique avait retenu un champ d'application plus large que ce qui était prévu dans les Conventions de Genève du 12 août 1949 et les protocoles additionnels I et II du 8 juin 1977. Elle incluait ainsi, en plus des crimes de guerre durant les conflits armés internationaux, ceux commis durant les conflits armés non internationaux[148]. En sus, les poursuites pouvaient être menées autant contre un individu présent sur le territoire belge que contre une personne établie à l'étranger[149].

---

circonstance exceptionnelle quelle qu'elle soit, qu'il s'agisse de l'état de guerre ou de menace de guerre, d'instabilité politique intérieure ou de tout acte d'exception, ne pourra être invoquée pour justifier le doute. L'ordre d'un supérieur ou d'une autorité publique ne pourra être invoqué pour justifier la torture ».

[145] On peut donner ici l'exemple de l'article 2 de la Loi du 9 mai 1973 portant approbation de la Convention pour la répression de la capture illicite d'aéronef du 16 décembre 1970.

[146] La Loi du 16 juin 1993 en est le parfait exemple.

[147] Loi du 16 juin 1993 relative à la répression des infractions graves aux Conventions internationales de Genève du 12 août 1949 et aux Protocoles I et II du 8 juin 1977 (Moniteur belge, 5 août 1993).

[148] Le droit international humanitaire distingue deux types de conflits armés : le conflit armé international, qui oppose deux États ou plus, et le conflit armé non international, qui oppose les forces gouvernementales à des groupes armés non gouvernementaux, ou des groupes armés entre eux. La distinction est aussi faite suivant les dispositions des articles 3 commun aux Conventions de Genève de 1949 (conflit armé non international) et de l'article 1 du Protocole additionnel II (conflit armé international).

[149] Cette faculté n'est pas expressément mentionnée dans la loi de 1993. Elle est néanmoins visée dans les travaux parlementaires du Sénat du 30 avril 1991.

En 1999, la compétence universelle des tribunaux belges avait été étendue aux crimes de génocide et contre l'humanité[150]. En plus, grâce à cette révision législative du 10 février 1999, les auteurs des infractions incriminées ne pouvaient plus se prévaloir d'une quelconque immunité devant les juridictions belges.

L'arrêt de la Cour Internationale de Justice (CIJ) du 14 février 2002 relatif à l'affaire Abdoulaye Yerodia NDOMBASI et les pressions internationales menées par les États-Unis ont obligé les autorités belges à adopter la Loi du 23 avril 2003 qui circonscrit la compétence universelle[151]. Dorénavant, les poursuites sont limitées aux infractions commises à l'étranger sur des victimes belges ou sur des personnes ayant leur résidence principale en Belgique, ou encore sur des individus ayant acquis la nationalité belge depuis au moins trois ans. Cette compétence universelle restreinte était dès lors similaire à celle en vigueur dans d'autres pays européens (Suède, Suisse, Danemark, Royaume-Uni, ...). Cela n'avait toutefois pas rassuré des pays comme les États-Unis[152] dont les pressions persistantes avaient poussé la Belgique à abroger la loi de 1993. En lieu et place, la Loi abrogative du 5 août 2003 a ajouté un titre supplémentaire dans le Code pénal belge en intégrant les infractions visées par la loi de 1993[153]. L'exercice de la compétence universelle est désormais sujet à certaines conditions, principalement un lien de rattachement avec la Belgique.

Malgré l'arsenal juridique d'ordre national et international dont disposent les États pour mettre en œuvre la compétence universelle, celle-ci achoppe souvent sur des obstacles quasi infranchissables.

Paragraphe 2 : Les obstacles à la mise en œuvre de la compétence universelle

L'exercice de la compétence universelle vise à permettre la répression effective des violations des crimes particulièrement graves, afin que leurs auteurs ne puissent trouver refuge nulle part. L'application du principe aboutit, en pratique, à rendre compétent le juge désigné par le hasard de l'arrestation.

---

[150] Loi du 10 février 1999 relative à la répression des violations graves du droit international humanitaire (Moniteur belge, 23 mars 1999).

[151] Loi du 23 avril 2003 modifiant la loi du 16 juin 1993 relative à la répression des violations graves du droit international humanitaire (Moniteur belge, 7 mai 2003).

[152] Des plaintes avaient été déposées devant la justice belge contre le Président George BUSH, le Secrétaire d'État Colin POWELL, le Général Tommy FRANKS et d'autres responsables politiques et militaires américains, relativement aux exactions commises en Irak. Des menaces de déménagement du siège de l'OTAN avaient été agitées en vue de tordre la main à la Belgique.

[153] Loi du 5 août 2003 relative aux violations graves du droit international humanitaire (Moniteur belge, 7 août 2003).

Ce juge n'a pas toujours le champ libre et la compétence universelle qu'il entend mettre en œuvre se heurte souvent à des barrières de toutes sortes.

Ces obstacles peuvent être économiques, comme le coût exorbitant de la procédure, ou techniques, comme la difficulté à rassembler des preuves pour un crime commis à l'étranger par un étranger. Mais, ce sont surtout les obstacles d'ordre juridique (**A**) et politique (**B**) qui ont les effets les plus rémanents.

A. Les entraves juridiques

La mise en œuvre de la compétence universelle peut se heurter à des obstacles juridiques quasi insurmontables, dont les plus dirimants sont l'amnistie et la prescription. L'immunité, qui est tout aussi étanche, sera l'objet de la section II du présent chapitre.

L'amnistie est « une mesure législative exceptionnelle qui dépouille rétroactivement de leur caractère délictueux certains faits »[154]. En d'autres termes, c'est une « défense de se souvenir ou, à l'inverse, obligation d'oublier »[155]. Elle intervient pour apaiser les rapports conflictuels qui ont prévalu, pendant une période, entre États, entre États et individus ou entre individus eux-mêmes. Elle peut avoir un soubassement politique, mais ses effets sont de nature juridique. Elle entraîne l'extinction de l'action publique ou l'interruption de l'exécution d'une peine déjà prononcée.

À l'opposé de la doctrine et de la jurisprudence internationales, l'amnistie n'est pas mentionnée dans les conventions internationales relatives aux crimes internationaux. Aucune disposition n'écarte une telle mesure en tant qu'obstacle à l'exercice de l'action pénale ni n'interdit expressément aux États de prendre une mesure dans ce sens. Pourtant, les lois d'amnistie les plus fréquentes concernent des infractions qui peuvent être qualifiées de crimes de droit international. Les poursuites de telles infractions sont généralement mises en échec lorsque ce type de mesure est pris par un État[156]. Quant aux

---

[154] Jean PRADEL, Droit pénal général, 11e éd., Paris, Cujas, 1996, p. 419.

[155] Hélène RUIZ FABRI, Gabriele DELLA MORTE, Elisabeth LAMBERT ABDELGAWAD et Kathia MARTIN-CHENUT (Dir.), La clémence saisie par le droit : amnistie, prescription et grâce en droit international et comparé, Paris, SLC, 2007, p. 60.

[156] A titre d'illustration, les lois argentines du « Point final » du 12 décembre 1986 et du « Devoir d'obéissance due » du 04 juin 1987 ont respectivement empêché de nouvelles poursuites contre les auteurs de crimes graves commis durant le régime militaire de 1976 à 1983 et contre les officiers subalternes jusqu'au grade de Lieutenant-colonel. La loi uruguayenne dite « loi de caducité de l'action punitive de l'État » n° 15848 du 22 décembre 1986 a écarté toutes poursuites visant les infractions commises par les responsables militaires et policiers du régime de 1973 à 1985. Le décret-loi chilien n° 21191 du 18 avril 1978 a eu les mêmes effets à l'égard des crimes commis durant la période du 11 septembre 1973 au 10 mars 1978, de même que la loi mauritanienne du 14 juin 1993 portant amnistie de tous les crimes commis entre 1989 et 1993 et la loi brésilienne n° 6683 du 28 août 1979 amnistiant les crimes commis par les militaires durant leur règne de 1964 à 1985. Au Salvador, le décret n° 805 du 27 octobre 1987

mesures d'amnistie intervenant après le jugement, elles parviennent à interrompre l'exécution de la sanction pénale et à permettre à des auteurs de graves violations du droit international de se retrouver libres[157].

Même si cet oubli et ce pardon semblent inadmissibles à l'égard de certains crimes odieux, cette mesure peut faire échec à l'exercice de la compétence universelle. Ainsi, les auteurs des infractions de droit international parviennent à se soustraire de leur responsabilité pénale par le jeu de ladite mesure qui fait disparaître ou réduit ladite responsabilité. Ceux-ci peuvent valablement invoquer l'irrecevabilité de toute procédure entreprise à leur encontre. En France par exemple, un juge d'instruction a rendu une ordonnance de refus d'informer à propos d'une procédure dirigée contre le Général Paul AUSSARESSES, au motif que les faits étaient amnistiés. Dans le même registre, la Chambre d'accusation de la Cour d'appel de Paris avait considéré, dans l'affaire Georges BOUDAREL[158], poursuivi pour crimes contre l'humanité commis au Vietnam entre 1952 et 1954, que la procédure ne pouvait prospérer, eu égard à la Loi d'amnistie du 18 juin 1966. Dans son arrêt du 1er avril 1993, la Cour de cassation française l'a confirmé, en énonçant qu' « aucun principe constitutionnel, ni aucun principe de droit international, ne permet d'affirmer qu'une catégorie d'infractions seraient, par nature, soustraite au pouvoir d'amnistie du législateur national »[159]. La Haute Cour estime que l'ampleur et les modalités d'une loi d'amnistie sont laissées à la discrétion du législateur, lequel « peut choisir d'effacer des infractions vénielles, comme les contraventions, mais encore les infractions les plus graves, comme les crimes, et même les crimes contre l'humanité »[160]. Cette solution a été reprise dans les affaires Mohamed LAKHDAR-TOUMI et Abdelkader YACOUB[161], victimes de crimes contre l'humanité, avant que

---

et la loi du 23 janvier 1992 ont eu pour objet d'amnistier les crimes commis au cours du conflit armé interne de 1980 à 1992. Le décret-loi guatémaltèque n° 886 du 10 janvier 1986 a bloqué les poursuites contre les crimes commis durant le régime militaire et le conflit armé interne, du 23 mars 1982 au 14 janvier 1986. Au Honduras, des lois de 1987, 1990 et 1991 ont amnistié les exactions commises durant les années de plomb.

[157] Il en était par exemple ainsi en Algérie avec la loi de « Concorde civile » du 13 juillet 1999, en Uruguay avec la loi d'avril 1985 en faveur des anciens « guérilleros tupamaros » et au Bangladesh avec la loi du 30 novembre 1973.

[158] Cour d'appel de Paris (France), Chambre d'accusation, 20 décembre 1991, Wladislaw SOBANSKI c. Georges BOUDAREL.

[159] Cour de cassation (France), Crim, 1er avril 1993, Wladislaw SOBANSKI c. Georges BOUDAREL.

[160] Ibid.

[161] Les veuves de Mohamed LAKHDAR-TOUMI et d'Abdelkader YACOUB avaient saisi la justice française de plaintes, relativement aux crimes commis par des militaires et policiers français durant la guerre d'Algérie de 1954 à 1962. Des ordonnances de non-lieu avaient été rendues les 29 juin 1962 (affaire Lakhdar-Toumi) et 21 mai 1963 (affaire Yacoub), fondées sur les décrets d'amnistie n° 62-327 et n° 62-328 du 22 mars 1962 et les ordonnances d'application n° 62-427 et n° 62-428 du 14 avril 1962. Les lois d'amnistie n° 66-396 du 17 juin 1966 (article 3) et n° 68-697 du 31 juillet 1968 (article 1er) étaient également intervenues dans ce cadre. Des

n'intervienne l'arrêt Ely Ould DAH du 23 octobre 2002[162], lequel est considéré comme un revirement jurisprudentiel. La Cour de cassation française a estimé que « la loi mauritanienne du 14 juin 1993 portant amnistie ne saurait recevoir application sous peine de priver de toute portée le principe de la compétence universelle »[163].

Cette dernière position du juge français est partagée par son homologue argentin qui, dans une décision du 6 mars 2001, a déclaré nulles et non avenues les lois d'amnistie des 12 décembre 1986 et 4 juin 1987, pour violation des obligations internationales de l'Argentine. Les juridictions et les instances internationales ont une position similaire[164], dans la mesure où elles considèrent qu'il est incompréhensible que l'amnistie, qui est une mesure de pardon et d'oubli, puisse s'appliquer à des crimes que l'ensemble de l'ordre juridique international a reconnus comme étant imprescriptibles.

Cette notion de prescription présente deux aspects différents : elle peut s'appliquer à l'action publique ou à la peine. Elle est absente de la plupart des conventions relatives à la répression des crimes internationaux. Cette notion n'était pas non plus présente dans les statuts des tribunaux militaires de Nuremberg et de Tokyo[165], encore moins dans la Convention pour la prévention et la répression du crime de génocide de 1948 et les Principes de Nuremberg adoptés par la Commission du Droit International (CDI) en 1950.

C'est la Convention sur l'imprescriptibilité des crimes de guerre et des crimes contre l'humanité, adoptée en 1968 par l'Assemblée générale des Nations unies, qui a remédié à cette situation. Mais malgré son importance, beaucoup de pays ne l'ont pas ratifiée, car elle entendait rétroagir par rapport aux crimes commis avant son entrée en vigueur. D'ailleurs, en dehors de la

---

ordonnances de refus d'informer avaient ensuite été rendues suite à leurs nouvelles plaintes des 20 juin 1984 et 18 juillet 1985 pour cause d'amnistie. La Chambre d'accusation de la Cour d'appel de Paris puis la Cour de cassation avaient confirmé ces ordonnances.

[162] Arrêté en France le 2 juillet 1999 lors d'un stage, l'officier mauritanien Ely Ould Dah était visé par une plainte pour des faits de torture commis en 1990 à l'encontre de militaires négro-mauritaniens soupçonnés de complot.

[163] Cour de cassation (France), Crim, 23 octobre 2002, Ely Ould DAH.

[164] La jurisprudence et la doctrine internationales n'ont pas manqué de rejeter l'amnistie portant sur des crimes de droit international. Par exemple, en 2001, dans l'affaire Chumbipuna AGUIRRE contre Pérou dite affaire Barrios Altos (massacre de quinze individus, le 3 novembre 1991 à Lima au Pérou, par des membres des Forces armées péruviennes), la Cour interaméricaine a jugé que les lois amnistiant les faits étaient « inadmissibles » et violaient les droits inaliénables reconnus par le droit international des droits de l'homme. Dans sa décision du 13 mars 2004, le TSSL a dénié tout effet à l'amnistie générale décrétée par l'Accord de paix de Lomé de juillet 1999, relativement aux crimes internationaux, notamment les crimes contre l'humanité et les crimes de guerre. Certaines instances internationales ont exprimé une position sans équivoque de rejet des lois nationales amnistiant des crimes de droit international (Comité des Droits de l'Homme de l'ONU, Commission interaméricaine des droits de l'homme, Conférence mondiale de Vienne sur les droits humains de 1993 ...).

[165] Il faut néanmoins souligner que la Loi n° 10 du Conseil de contrôle allié du 20 décembre 1945 prévoyait une règle suspendant la prescription des crimes commis par les Nazis du 30 janvier 1933 au 1er juillet 1945.

Convention européenne sur l'imprescriptibilité des crimes de guerre et des crimes contre l'humanité de 1974 et de la Convention interaméricaine contre les disparitions forcées de 1994 (article 7), la plupart des textes internationaux postérieurs n'ont pas abordé la question de la prescription. Il n'existe effectivement pas de dispositions relatives à cette question ni dans les Protocoles additionnels aux quatre Conventions de Genève de 1977, ni dans la Convention contre le crime d'apartheid de 1973, ni dans la Convention contre la torture et autres peines ou traitements cruels, inhumains ou dégradants de 1984, ni dans le projet de Code des crimes contre la paix et la sécurité de l'humanité adopté par la CDI en 1996[166], ni même dans les statuts des deux Tribunaux pénaux internationaux pour l'ex-Yougoslavie et le Rwanda[167]. Cette carence a prévalu jusqu'en 2002, avec l'adoption du Statut de Rome, lequel a prévu l'imprescriptibilité des crimes internationaux les plus graves[168].

Dans les différents systèmes internes, il n'y a, d'une part, pas une position unanime sur le principe de l'imprescriptibilité des crimes internationaux les plus graves[169], et d'autre part, certains États n'ont pas incorporé dans leurs législations les dispositions conventionnelles internationales sur l'imprescriptibilité.

En Belgique, les crimes de génocide, les crimes contre l'humanité et les crimes de guerre sont imprescriptibles[170], tandis qu'en France, l'imprescriptibilité n'est prévue que pour les crimes de génocide et les crimes contre l'humanité[171].

Au Sénégal, c'est en incorporant, en 2007, les crimes de guerre et les crimes contre l'humanité dans le dispositif interne que le législateur a prévu leur imprescriptibilité[172].

---

166 La règle sur l'imprescriptibilité, retenue en première lecture en 1991, a été enlevée du Projet adopté en deuxième lecture. La CDI considérait que la règle n'était pas applicable à toutes les catégories de crimes prévus, mais seulement aux crimes contre l'humanité.

167 C'est la jurisprudence qui a comblé cette lacune. Dans l'arrêt Furundzija du 10 décembre 1998 par exemple, le TPIY a jugé que le crime de torture est imprescriptible.

168 L'article 29 du Statut de la CPI de 2002 dispose que « les crimes relevant de la compétence de la Cour ne se prescrivent pas ».

169 En Hongrie, la Cour Constitutionnelle a décidé, à propos d'une loi nationale de 1993 sur l'imprescriptibilité des crimes de guerre et des crimes contre l'humanité, qu'elle pouvait valablement s'appliquer à des faits commis dans un passé lointain. Au Mexique, dans l'affaire Ricardo Miguel CAVALLO visé par une demande d'extradition espagnole pour les crimes de génocide, de torture et de terrorisme, le juge avait retenu que suivant le droit national, le crime de torture était prescrit et que seuls le génocide et le terrorisme pouvaient donner lieu à un avis favorable.

170 Cela est prévu par les articles 21 du titre préliminaire du Code de procédure pénale et 91 du Code pénal.

171 Cela ressort de la Loi n° 64-1326 du 26 décembre 1964.

172 La Loi n° 2007-02 du 12 février 2007 a intégré le crime de génocide, les crimes de guerre et les crimes contre l'humanité dans le code pénal. La Loi n° 2007-05 du 12 février 2007 a prévu l'imprescriptibilité de ces crimes et l'exercice de la compétence universelle.

La prescription, ainsi que l'amnistie et l'immunité, ne constituent pas les seuls obstacles juridiques à l'exercice de la compétence universelle.

En effet, la rédaction confuse de certaines conventions sur la compétence universelle peut être source de difficultés. En laissant libre cours à des interprétations diverses, une telle convention pourrait favoriser l'impunité de certains auteurs de crimes graves qui n'hésitent pas à développer des arguments juridiques pour échapper à l'action de la justice.

Dans le même registre, il y a le problème de la prééminence de certaines règles de *jus cogens* sur celles qui régissent la compétence universelle, comme l'immunité de juridiction pénale et l'inviolabilité du Chef d'État[173] et du ministre des Affaires étrangères[174] en exercice. Par ailleurs, certains États sont peu enclins à intégrer la compétence universelle dans leur droit interne.

En dehors des entraves juridiques, la compétence universelle est souvent confrontée à des obstacles de nature politique.

B. Les écueils politiques

Certains obstacles qui entravent l'exercice de la compétence universelle sont de nature politique, en totalité ou en partie.

En effet, en plus de l'extradition qui a un caractère hybride, juridique et politique, d'autres facteurs qui relèvent de l'autorité politique peuvent entrer en jeu dans la mise en œuvre de ce principe.

L'extradition est la remise par un État (l'État requis) d'un individu qui se trouve sur son territoire à un autre État (l'État requérant), dans le cadre d'une procédure judiciaire, soit que cet individu est poursuivi, soit qu'il a été condamné. Elle est distincte des notions voisines tels que l'expulsion[175], le refoulement[176], le rapatriement[177], le transfert[178] et la remise[179].

L'extradition est une procédure prévue par le droit international et le droit interne. Elle peut en effet avoir pour sources les traités bilatéraux d'extradition, les conventions multilatérales d'extradition[180], ou les

---

[173] Dans l'arrêt Kadhafi du 13 mars 2001, la Cour de cassation française a confirmé ce principe.

[174] La CIJ, dans l'affaire Yerodia, a rappelé l'existence d'une coutume internationale consacrant ce principe à l'égard du ministre des affaires étrangères.

[175] L'expulsion est une procédure administrative interne par laquelle un État oblige un individu à quitter son territoire.

[176] Le refoulement consiste, pour un État, à refuser à un individu l'accès à son territoire.

[177] Le rapatriement est une procédure par laquelle un individu se trouvant dans un État étranger est contraint de rentrer dans son pays pour divers motifs (guerre, calamité, ...).

[178] Le transfert est une procédure permettant de livrer une personne, initialement poursuivie par une juridiction nationale, à une juridiction d'un autre ordre, comme un tribunal pénal international ou la cour pénale internationale.

[179] La remise est une procédure simplifiée consistant à livrer un individu à un État poursuivant.

[180] Il en existe plusieurs, comme la Convention d'extradition de la Communauté économique des États de l'Afrique de l'Ouest, la Convention européenne d'extradition, la Commonwealth

conventions internationales qui, sans être des conventions d'extradition, comportent des dispositions en ce sens[181]. En dehors des conventions, la courtoisie internationale basée sur la réciprocité peut faire office de fondement. Dans le cadre du droit interne, il s'agit principalement des règles régissant la procédure d'extradition.

Le droit de l'extradition repose sur six principes fondamentaux.

Le premier est que l'État peut refuser d'extrader ses nationaux, pourvu qu'il s'engage à les juger. C'est la traduction de l'adage « *aut tradere aut judicare* ».

Ensuite, la nature de l'infraction est déterminante. En droit international, les infractions politiques ne peuvent donner lieu à extradition[182]. Les anciennes conventions comportaient une nomenclature des infractions pouvant donner lieu à extradition, mais les récentes se bornent à définir les infractions extradables en termes généraux en fonction de leur gravité et de la peine encourue.

Le principe de la double incrimination est aussi pris en compte. Ainsi, l'infraction pour laquelle l'extradition est sollicitée doit être prévue et punie autant par l'État requérant que par l'État requis. Ce principe est toutefois de plus en plus écarté.

L'extradition est, en outre, soumise au principe « *ne bis in idem* ». En application de ce principe, un individu jugé ne peut faire l'objet d'une extradition portant sur des faits présentant une triple identité de personne, d'objet et de cause avec les faits pour lesquels il a déjà comparu devant une juridiction.

Il y a, par ailleurs, le principe de spécialité qui a pour principale conséquence de ne faire juger l'individu extradé que pour les faits qui ont motivé l'extradition, et sous la qualification qui leur a été donnée, ou pour des faits qui sont postérieurs à l'extradition. Si celui-ci a été extradé suivant une décision de condamnation, il ne va purger que la peine prononcée par ladite décision ou une condamnation postérieure. Par conséquent, l'État requérant qui entre en possession d'éléments sur des faits antérieurs, postérieurement à l'extradition, doit solliciter de l'État requis l'autorisation de poursuivre ces faits nouveaux.

Il y a, enfin, le fait que l'État requis peut refuser d'extrader si l'individu encourt la peine capitale, alors que cette sanction n'est pas prévue dans sa législation ou bien n'est pas appliquée. L'extradition peut toutefois intervenir

---

Scheme for the Rendition of Fugitive Offenders, la Convention interaméricaine d'extradition (Convention de la Havane).

[181] En guise d'exemple, on peut citer les conventions de La Haye de 1970 pour la répression de la capture illicite d'aéronefs et de Strasbourg de 1977 sur le terrorisme, et également la Convention d'application de l'accord de Schengen du 19 juin 1990, dont le chapitre IV du titre III est intitulé « Extradition ».

[182] L'infraction politique n'a pas été définie en droit international. Il revient à l'État requis de déterminer si les faits visés sont de nature politique.

lorsque l'État requérant fournit des assurances suffisantes pouvant convaincre l'État requis que cette peine ne sera pas appliquée ou exécutée.

Une fois que ces principes sont respectés, la procédure peut être mise en œuvre. Ainsi, toute personne est susceptible d'être extradée vers l'État requérant, sauf, dans une certaine mesure, les nationaux de l'État requis et les réfugiés[183]. Même si la procédure varie d'un pays à un autre, la phase judiciaire précède toujours la phase politique. Le juge ne donne cependant qu'un avis, après avoir vérifié que la procédure est conforme aux prescriptions légales[184]. Néanmoins, l'avis négatif empêche, en principe, l'extradition. En cas d'avis positif, il reviendra au Gouvernement de donner une suite favorable ou non à la demande d'extradition. C'est par un décret motivé que la décision est prise, laquelle est souvent assortie de réserves et de conditions, sans préjuger de la responsabilité pénale de l'individu à extrader.

Comme la mesure d'extradition est laissée à la discrétion du pouvoir politique, celui-ci tient compte de plusieurs facteurs autres que juridiques. Ces éléments extra-juridiques peuvent mener à un refus d'extrader et nombreux en sont les cas. En guise d'illustration, malgré les demandes d'extradition les concernant, le Kaiser allemand Guillaume II et l'Empereur japonais Hiro-Hito n'ont pas été livrés, respectivement par la Hollande et les États-Unis, aux Alliés pour être jugés ; l'Empereur éthiopien Mengistu Haïlé MARIAM, condamné par contumace, n'a pas été remis à son pays ni par le Mozambique où il vit en exil, ni par l'Afrique du Sud où il était parti en 1999 pour des soins ; le Général chilien Augusto Pinochet n'a pas été extradé par la Grande-Bretagne vers les pays européens qui le réclamaient. Le même constat est valable pour l'ancien Président tchadien Hissein HABRE qui n'a pas été remis à la Belgique qui le réclamait (cf. infra).

Certains États sont allés plus loin dans leur dessein de mettre en échec d'éventuelles demandes d'extradition concernant leurs ressortissants. Les États-Unis en sont un parfait exemple. Après avoir édicté l'*American Service Member's Protection Act*[185] et fait adopter, par le Conseil de sécurité de l'ONU, la Résolution 1422 du 12 juillet 2002[186], cette grande puissance a

[183] La Convention de Genève du 28 juillet 1951 interdit l'extradition de réfugiés. La CIJ a jugé en ce sens, dans l'arrêt Victor Raul Haya De La TORRE du 13 juin 1951, malgré le silence de la Convention de la Havane. Cela a permis à la Colombie de ne pas extrader De La Torre vers le Pérou qui le poursuivait pour rébellion, après le coup d'État, alors qu'il s'était réfugié à l'Ambassade de Colombie à Lima au Pérou.

[184] Dans les pays de tradition civiliste, l'examen est formel et se limite à la vérification des conditions de l'extradition. Dans le système anglo-saxon, l'examen est matériel, puisque la vérification porte sur les preuves et leur bien fondé.

[185] Ce texte du 2 août 2002 permet, entre autres, aux États-Unis de s'assurer de ce qu'aucun de ses ressortissants, même à l'étranger, ne soit livré à la CPI.

[186] Cette résolution entend soustraire les ressortissants américains de la CPI.

entendu se fonder sur l'article 98 du Statut de Rome[187] pour signer des accords d'immunité bilatéraux avec de nombreux États pour la non remise de ses ressortissants à la CPI.

En dehors de l'extradition qui est un domaine où le pouvoir politique pèse de tout son poids, il y a également d'autres facteurs politiques qui peuvent entraver l'exercice de la compétence universelle.

Les individus visés par la mise en œuvre de ce type de compétence occupent ou ont occupé des postes stratégiques au sein de l'État. Intouchables dans leurs propres pays, ils bénéficient très souvent d'une protection qui leur assure une certaine impunité.

Les autorités judiciaires de l'État du for sont souvent confrontées à des réticences de la part du pouvoir politique soucieux de préserver ses relations avec les autres États. Aussi, l'organisation d'un jugement contre ce type d'individus est très hypothétique.

D'ailleurs, les coûts d'un tel procès sont exorbitants au point que l'État du for, qui n'y voit aucun intérêt national, rechigne à l'organiser. Concernant par exemple l'organisation du procès de Monsieur Hissein HABRE, la République du Sénégal avait décidé de ne pas contribuer financièrement au budget de près de 19 milliards de francs CFA retenu au départ, après que le Président Wade a même avancé le chiffre de 43 milliards de francs CFA. Après de longues négociations, le montant a été ramené à près de 6 milliards de francs CFA, sans pour autant qu'un accord sur ce point ne soit entériné. Il a fallu un changement de régime pour que les discussions à ce sujet puissent réellement avancer et que le budget final de 4,8 milliards de francs CFA soit retenu, essentiellement constitué de contributions de pays occidentaux et du Tchad.

Ces tractations ont révélé la nolonté de l'État du Sénégal d'organiser un procès coûteux et cela a longtemps bloqué le jugement de l'ancien Président tchadien.

En plus, les États qui acceptent de poursuivre et de juger sont généralement confrontés aux difficultés liées au rassemblement des preuves et à l'audition des victimes et des témoins. Ces éléments et ces individus sont très souvent situés dans le pays où les faits se sont déroulés, dans un environnement et une culture différents, et l'État du for n'est pas en mesure de s'assurer de la collaboration transparente des autorités sur place. À titre illustratif, dans le cadre de l'information judiciaire ouverte en Belgique contre Monsieur Hissein HABRE, le juge d'instruction belge a dû effectuer un transport au Tchad, en compagnie d'enquêteurs et d'un magistrat du parquet, pour collecter des éléments. Des magistrats et enquêteurs sénégalais ont également effectué, plus

---

[187] Suivant cet article, la Cour ne peut formuler de demande d'assistance ou de remise qui pousse un État à « agir de façon incompatible avec les obligations qui lui incombent en droit international en matière d'immunité ».

tard, un voyage similaire aux mêmes fins, dans le cadre de l'instruction du dossier par une juridiction spéciale (cf. infra).

Ces écueils sont difficilement surmontables et peuvent définitivement entraver la mise en œuvre de la compétence universelle. Si par ailleurs l'individu visé a occupé la plus haute fonction d'un État, parvenir à son jugement dans un État étranger relève d'une véritable gageure.

En effet, en pareille occurrence, il faudra nécessairement tenir compte de son statut d'ancien Chef d'État qui lui confère des privilèges et des immunités reconnus à la fois par le droit international et le droit interne.

Toutefois, ces privilèges et immunités ne constituent pas un mur infranchissable puisqu'en les disséquant, l'on parvient à asseoir des poursuites judiciaires dans certains cas.

Section II : L'immunité d'un ancien Chef d'État devant les juridictions nationales étrangères

Le Chef d'État est un personnage exceptionnel. Du fait de ses hautes fonctions, il bénéficie de nombreux privilèges et immunités qui s'ajoutent au traitement protocolaire dont il fait l'objet.

En dehors des textes internes, l'immunité dont il jouit n'est pas inscrite dans beaucoup de conventions internationales, contrairement à ses hommes de confiance sur lesquels il s'appuie, dans ses relations avec les sujets de droit international (ministre des affaires étrangères, diplomates, ...). La nature privilégiée de son statut apparaît dans certains traités, comme la Convention des Nations unies sur les missions spéciales de 1969 (article 21), la Convention sur la prévention et la répression des infractions contre les personnes jouissant d'une protection internationale, y compris les agents diplomatiques de 1973 (article 1-1-a), et transparaît dans d'autres comme la Convention de Vienne sur les relations diplomatiques de 1961. Dans son Projet d'articles sur les immunités juridictionnelles des États et de leurs biens adopté en 1991 (articles 2 paragraphe 1 alinéa b et 3 paragraphe 2), la CDI a eu à aborder la question. Quant au droit international coutumier, il reconnaît au Chef d'État des immunités aussi bien devant les juridictions civiles, administratives que répressives de l'État étranger[188].

---

[188] Certains juristes nient l'existence d'une règle de droit international coutumier conférant l'immunité au Chef d'État. Dans son opinion dissidente, dans l'affaire Abdoulaye Yerodia NDOMBASI, la juge ad hoc VAN DEN WYNGAERT, a soutenu, à l'égard des dirigeants de l'État, que leurs immunités « relèvent tout au plus de la courtoisie internationale » (Opinion dissidente de la juge ad hoc VAN DEN WYNGAERT, par. 10). Parmi ces voix discordantes, il y en a qui estiment même que « s'il existe (...) une coutume internationale, elle est celle de la non-immunité des chefs d'État et de gouvernement en fonction » (Marie-Hélène GOZZI, « A propos de la responsabilité des gouvernants. L'arrêt KADHAFI : la négation du droit pénal

Traditionnellement liée à l'immunité de l'État en vertu du principe « *par in parem non habet imperium* »[189], l'immunité du Chef d'État est autant de juridiction que d'exécution, mais dont l'étendue varie en fonction de la matière. Selon qu'on se trouve dans le domaine civil, administratif ou pénal, son application diffère. À la différence des autres immunités, celle pénale est absolue.

Cependant, l'immunité de juridiction pénale de ce premier représentant du principal sujet de droit international résonne différemment selon qu'il s'agisse d'un Chef d'État en exercice ou qui n'est plus en fonction.

Ainsi, contrairement au dirigeant en exercice, l'ancien Chef d'État a un statut immunitaire relatif (**Paragraphe 1**), lequel s'efface en présence de crimes internationaux (**Paragraphe 2**).

Paragraphe 1 : Un statut immunitaire relatif

L'immunité de l'ancien Chef d'État n'est pas mentionnée dans la plupart des conventions internationales, et la jurisprudence n'est pas définitivement fixée sur le statut juridique de cet ancien dirigeant d'État. La courtoisie internationale demeure en son honneur, mais pas forcément la couverture immunitaire dont il bénéficiait durant l'exercice de ses fonctions. L'État, dont il était le dirigeant, ne peut lui accorder une exemption pénale qu'au niveau national, sans que cela ne soit opposable au niveau international.

Cette immunité dont il s'agit est soit fonctionnelle ou matérielle (*ratione materiae*), à savoir celle liée aux actes accomplis dans l'exercice des fonctions officielles et qui survit à la durée du mandat, soit personnelle (*ratione personae*), à savoir celle qui s'attache aux actes accomplis en dehors des fonctions officielles et qui s'efface dès la fin du mandat. Selon les professeurs Casseses et Delmas-Marty, à la différence de l'immunité *ratione personae*, plus large et temporaire, celle *ratione materiae*, qui a un caractère permanent, fait obstacle aux poursuites[190].

L'immunité *ratione materiae* de l'ancien Chef d'État ne semble pas poser de problème. La difficulté réside dans la détermination des actes de la fonction et ceux à titre privé qui ont tous été posés durant son magistère. Ces derniers actes ne sont pas protégés par l'immunité et peuvent valoir à cette haute personnalité d'être traduite devant une juridiction.

Pour déterminer la frontière entre ces deux types d'actes, il est important de préciser le contenu de cette immunité (**B**). Mais, auparavant, il convient de

---

international », in *SOS Attentats / Terrorisme, victimes et responsabilité pénale internationale*, Ghislaine DOUCET (Dir.), Paris, Calmann-Lévy, 2003, p.181).

189 C'est une expression latine signifiant qu'un État ne peut pas être soumis à la juridiction d'un autre État.

190 Antonio CASSESES et Mireille DELMAS-MARTY, Crimes internationaux et juridictions nationales, Paris, PUF, 2002, p. 638.

rappeler les fondements d'une telle immunité (**A**) afin d'en comprendre les soubassements.

A. Les fondements de l'immunité

La détermination du fondement de l'immunité d'un ancien Chef d'État est à l'image de celle du Chef d'État en exercice, laquelle est elle aussi le reflet de celle de l'État. Les auteurs ne s'accordent pas sur un fondement commun à l'ensemble des immunités reconnues au Chef d'État en droit international. Les trois principales théories qui se dégagent sont respectivement celles de l'extraterritorialité, de la représentation et de la nécessité fonctionnelle.

Selon les partisans de la « théorie de l'extraterritorialité », au même titre que les locaux d'une mission diplomatique ou ceux temporairement occupés par un souverain dans un État étranger, les envoyés de cet État jouissent de privilèges et d'immunités qui les mettent au-dessus de l'autorité et de la juridiction du pays d'accueil. En effet, lesdits locaux sont considérés comme une portion du territoire de l'État d'envoi. Cette fiction juridique de l'« extraterritorialité » de ces locaux, permet aux diplomates et autres dignitaires de l'État de pouvoir s'acquitter convenablement de leurs missions.

En ce qui concerne le souverain qui symbolise l'indépendance de son État dont il est le premier représentant, il est inconcevable qu'il puisse être placé sous l'autorité politique ou judiciaire d'un autre État, en application des principes « *in parem non habet imperium* » et « *in parem non habet jurisdictionem* » sur lesquels s'appuie la théorie de l'extraterritorialité. Il ne saurait effectivement être soumis au système légal national d'un autre souverain, ou être justiciable d'une juridiction d'un État étranger.

La règle immunitaire relative à ce premier représentant d'un État indépendant est ainsi un corollaire au principe d'indépendance réciproque et de dignité des États. « Suivant un principe de droit international universellement admis, les souverains et chefs d'État participent de l'indépendance de l'État dont ils sont les représentants, (...) placés en quelque sorte au-dessus des lois de tout État étranger, ils ne peuvent être soumis à aucune juridiction autre que celle de leur propre nation »[191]. Le principe de non-ingérence est aussi évoqué comme fondement aux immunités de l'État et du Souverain. Depuis les Traités de paix de Westphalie de 1648[192], ce principe fonde, avec celle d'indépendance, l'immunité de juridiction d'un État par rapport aux tribunaux d'un État tiers.

---

[191] Cour d'appel d'Alger, 22 janvier 1914, Ben Aïad c. Bey de Tunis.

[192] Ces traités avaient mis fin aux guerres qui avaient embrasé l'Europe pendant des décennies et dégagé les concepts directeurs des relations internationales modernes, à savoir l'égale importance des États sur la scène internationale, l'inviolabilité de la souveraineté nationale et le principe de non-ingérence.

Pour les tenants de la « théorie de la représentation », la mission diplomatique personnifie l'État d'envoi. Le Souverain ou Chef d'État, qui incarne tous les pouvoirs de l'État en tant qu'organe principal et principal représentant, bénéficie nécessairement des immunités au niveau international. En effet, les actes juridiques qu'il accomplit sont considérés comme des actes d'État en vertu de sa compétence « *jus repraesentationis omnimodae* ». En expliquant ce principe, Dionisio ANZILOTTI a soutenu que « le droit international réfère à l'État tous les actes que le chef d'État, agissant en cette qualité, accomplit dans le domaine des relations internationales »[193]. À l'article 7 de la Convention de Vienne de 1969 sur le droit des traités, le Chef d'État, à l'instar du Chef de gouvernement et du ministre des Affaires étrangères, est considéré comme un individu censé représenter l'État.

S'agissant de la théorie de la « nécessité fonctionnelle », elle se fonde sur les impératifs de l'exercice des fonctions d'une mission étrangère. Elle s'impose de plus en plus comme justificatif des privilèges et immunités des dignitaires de l'État. Jean COMBACAU et Serge SUR considèrent ainsi, à propos de ces derniers, que « même s'ils sont personnels, quant à leur assiette, les privilèges qui leur sont accordés sont fonctionnels, quant à leur motif, c'est-à-dire déterminés par la fonction des bénéficiaires ; par-delà les individus, c'est toujours l'État qu'ils protègent, et leurs exigences se mesurent à celle de la souveraineté internationale duquel ils dépendent »[194]. La personne du Chef de l'État est ainsi inviolable à l'étranger, en respect à la souveraineté de l'État qu'il représente[195].

---

[193] Dionisio ANZILOTTI, Corso di diritto internazionale, Rome, Athenaeum, 1915, p. 227 cité par Académie de Droit International de la Haye / Hague Academy of International Law, in *RCADI*, Leiden, Martinus Nijhoff, Vol. 248, 1995, p. 64.

[194] Jean COMBACAU et Serge SUR, Droit international public, 4e éd., Paris, Montchrestien, 1999, p. 237.

[195] L'assimilation du Chef d'État à un diplomate et qui lui permettrait de bénéficier des avantages codifiés de ce dernier est défendue par certains auteurs. À l'instar du ministre des Affaires étrangères, qui exerce son autorité sur les ambassadeurs et autres agents diplomatiques, et qui bénéficie au moins des mêmes protections et garanties que ceux-ci, le Chef d'État, qui est le supérieur hiérarchique des ministres et diplomates, doit, *mutatis mutandis*, bénéficier de la même protection. Mieux, le ministre des Affaires étrangères et le Chef d'État bénéficient en principe des immunités dans tous les États et non dans un seul comme les diplomates accrédités. Suivant cette logique, Grit HOKEMA et Michel COSNARD soutenaient respectivement que « l'immunité des chefs d'État est historiquement le prolongement de l'immunité accordée aux ambassadeurs » (Grit HOKEMA, Immunität von Staatsoberhäuptern, Frankfurt am Rhein, Peter LANG, 2002, p. 95 cité par Sylvain METILLE, « L'immunité des chefs d'État au XXIe siècle, les conséquences de l'affaire du mandat d'arrêt du 11 avril 2002 », in *RDISDP*, Vol. 82, n°1, Janvier-avril 2004, p. 44), et qu'« on ne saurait envisager que le chef d'État soit moins protégé que des représentants moins prestigieux » (Michel COSNARD, « Les immunités du Chef d'État », in *Le Chef d'État et le droit international (colloque de Clermont Ferrand)*, SFDI, Paris, Pedone, 2002, p. 237). Les arguments contraires contestent cette analogie au motif qu'un État étranger peut refuser d'accréditer un diplomate ou de le déclarer *persona non grata*, contrairement au ministre des Affaires étrangères ou au Chef d'État étranger. Les juges Christine VAN DEN WYNGAERT et Awn Shawkat AL-KHASAWNEH ainsi que le

Lors de la session de Vancouver de 2001, l'IDI avait retenu que l'immunité du Chef d'État s'appuie effectivement sur l'intérêt de la fonction[196].

L'immunité confère à ce haut dirigeant une liberté d'action dans le cadre de ses fonctions officielles. Elle garantit le bon fonctionnement des relations interétatiques et la viabilité de la communauté internationale. « Sans immunité, l'État serait muet et malhabile, cantonné à son propre territoire », écrivait Sylvain METILLE[197]. Elle n'a pas été instituée pour avantager un individu, mais pour « assurer l'accomplissement efficace des fonctions officielles »[198], comme le précisent d'ailleurs les préambules de la Convention de Vienne du 18 avril 1961 sur les relations diplomatiques, de la Convention de Vienne du 24 avril 1963 sur les relations consulaires et de la Convention de New York du 8 décembre 1969 sur les missions spéciales.

Au demeurant, on pourrait combiner ces différentes théories pour justifier les immunités accordées au Chef d'État, car aussi bien les principes de souveraineté, d'indépendance et de représentation que les nécessités fonctionnelles fondent l'exemption pénale de cette haute autorité de l'État.

Ces principes qui sont à la base de l'immunité du Chef d'État s'appliquent entièrement au personnage en exercice et peuvent, dans une moindre mesure, se prolonger à la fin des fonctions de celui-ci. En effet, les actes accomplis dans le cadre de l'exercice nécessaire de ses fonctions demeurent sous le couvert de l'immunité.

L'immunité n'est toutefois pas une exonération de responsabilité pénale car son attributaire ne bénéficie pas d'une impunité au sens juridique du terme. C'est une exception de procédure qui diffère les poursuites jusqu'à ce qu'un tribunal puisse être en mesure de connaître des faits incriminés, soit parce que cette immunité aura disparu, soit parce que cette juridiction aura des compétences spéciales.

Même si des divergences existent quant aux fondements et à la nature de l'immunité du Chef d'État, il est universellement admis que celui-ci a droit à des immunités qui sont, en partie, perpétuelles. En effet, l'immunité ne couvre qu'une portion de ses actes et pour les différencier des autres actes susceptibles d'être déférés devant la justice, il est utile de déterminer son contenu.

Professeur Christoph TANGERMANN rejettent ainsi cette assimilation (CIJ, 14 février 2002, Op. cit., Opinion dissidente du juge ad hoc VAN DEN WYNGAERT, par. 15 ; CIJ, 14 février 2002, Op. cit., Opinion dissidente du juge AL-KHASAWNEH, p. 1 ; Christoph TANGERMANN, Die völkerrechtliche Immunität von Staatsoberhäuptern, Berlin, Dunker & Humblot, 2002, p 142).

[196] IDI, Treizième commission, Les immunités de juridiction et d'exécution du chef d'État et de gouvernement en droit international, Vancouver, 26 août 2001, Préambule, par. 3.

[197] Sylvain METILLE, Op. cit., p. 63.

[198] Christian DOMINICE, « Quelques observations sur l'immunité de juridiction pénale de l'ancien chef d'État », in *RGDIP*, Tome 103, Paris, Pedone, 1999, p. 300.

B. Le contenu de l'immunité

Il est généralement admis que la fin des fonctions de Chef d'État entraîne celle des immunités. Pour paraphraser le Professeur Jean SALMON, on peut affirmer sans détour que « l'immunité cesse à la fin des fonctions »[199].

Ce postulat part du fait que ce sont les fonctions qui fondaient l'attribution des immunités. La qualité de Chef d'État justifie l'existence de l'immunité. La perte de cette qualité (par déchéance, abdication, fin de mandat, ...) entraîne la disparition de ce privilège. Il est normal que l'immunité ne puisse survivre à la cessation des fonctions présidentielles car, comme l'a expliqué Sylvain METILLE, « l'ancien chef d'État ne représente plus l'État parce qu'il n'en a plus la capacité, il n'y est plus légitimé : soit que son pouvoir de représentation et sa protection spéciale en découlant lui ont été retirés par son État, soit qu'ils soient arrivés « à échéance »[200]. Ainsi, en plus d'être matérielle parce qu'attachée à la fonction, l'immunité est également temporaire car commençant au début du mandat et s'estompant à la fin de celui-ci. Ces deux limites fonctionnelle et temporaire font de l'immunité un privilège transitoire. L'immunité connaît, par ailleurs, une troisième limite relative à la volonté de l'État qui peut décider de la retirer.

Cette troisième limite ainsi que celle temporaire ne font pas l'objet de controverses doctrinales, contrairement à l'immunité fonctionnelle. En effet, il est admis, d'une part, que l'immunité est liée à la fonction officielle et peut être levée par celui qui l'octroie, et d'autre part, que l'ancien Chef d'État est justiciable d'un tribunal compétent pour juger les actes antérieurs ou postérieurs à son mandat.

En ce qui concerne l'immunité fonctionnelle, une détermination claire de la notion aurait l'avantage de faciliter la répression des actes qui s'en détachent. À cet effet, une distinction traditionnelle est faite entre les actes de la fonction (*acta de jure imperii*) et les actes privés (*acta de jure gestionis*). La seconde catégorie est plus restreinte car elle retient seulement les actes accomplis en qualité officielle, c'est-à-dire pour le compte de l'État. Les actes accomplis dans le cadre de l'exercice nécessaire des fonctions présidentielles restent sous le couvert de l'immunité, à l'opposé des actes accomplis en dehors des fonctions, à titre privé, pour lesquels une juridiction compétente peut, à la fin du mandat, être saisie. C'est ce qui apparaît de la Résolution de la treizième commission de l'IDI dont l'article 13 prévoit que l'ancien chef d'État ne bénéficie de l'immunité que pour les « actes accomplis durant ses fonctions et qui participaient de leur exercice »[201].

Dans son commentaire de la décision sur l'affaire Pinochet, Michel COSNARD a inscrit l'arrêt de la Chambre des Lords dans le même sillage en

---

[199] Jean SALMON, Manuel de droit diplomatique, Bruxelles, Bruylant, 1994, p. 402.
[200] Sylvain METILLE, Op. cit., p. 77.
[201] IDI, Op. cit., 26 août 2001.

affirmant que « les deux décisions posent le principe, indiscutable, selon lequel l'ancien chef d'État ne bénéficie, après la cessation de ses fonctions, que d'immunités pour les actes qu'il a accomplis pendant la durée de ses fonctions et dans l'exercice de celles-ci »[202]. Puisque seule cette catégorie d'actes est couverte, l'immunité n'est ainsi pas un avantage personnel.

Cette distinction classique est très pratique surtout lorsque se pose au juge la question de la qualité en laquelle l'ancien Chef d'État a commis un acte litigieux. Cette solution simple ne règle toutefois pas le problème lié à la notion d' « actes de la fonction », en opposition aux actes dits privés. Leur frontière n'est pas aussi claire qu'elle ne parait et cela peut mener à des décisions juridiques fâcheuses.

Donc, malgré son côté empirique, Michel COSNARD pense que cette distinction n'est pas pertinente[203]. Selon cet auteur, la distinction entre les actes officiels et les actes privés modifie l'objet de l'immunité et ne peut répondre aux défis des poursuites en matière pénale de ce personnage. Il soulève la difficulté à choisir l'ordre juridique auquel se référer pour déterminer les actes de fonction du Chef d'État, question qui avait divisé les Lords lors de la première décision sur l'affaire Pinochet. Ceux-ci avaient divergé sur le fait de savoir si la détermination des fonctions du Chef d'État relevait du droit interne ou du droit international, avant que la majorité n'opte pour la seconde option. Cette position, qui a fait l'objet de critiques, est inopérante selon Sir Arthur WATTS, pour qui les fonctions du Chef d'État diffèrent d'un État à un autre, suivant leurs différentes constitutions[204]. Le raisonnement est logique si l'on considère que la qualification d'un acte par rapport à sa conformité au droit international se heurte aux attributions constitutionnelles d'un Chef d'État et que le juge qui se prêterait à l'exercice serait amené à examiner les missions d'un Chef d'État et les moyens mis en œuvre pour les réaliser. Cette attitude consistant à définir « les actes entrant dans les fonctions selon le droit international » [205], serait ainsi un « examen de la licéité internationale de l'usage des pouvoirs et compétences attribuées par le constituant »[206]. Elle conduit souvent à une interrogation aussi embarrassante que celle de savoir si un acte criminel peut ou non être considéré comme un acte de *jure imperii*, comme cela a été le cas dans l'affaire Pinochet devant la Chambre des Lords. Dans son opinion dissidente, Lord Goff of Chieveley a d'ailleurs fait remarquer qu' « il n'y a guère de sens à

---

202 Michel COSNARD, « Quelques observations sur les décisions de la chambre des Lords du 25 novembre 1998 et du 24 mars 1999 dans l'affaire Pinochet », in *RGDIP*, Tome 103, Paris, Pedone, 1999, p. 314.

203 Michel COSNARD, « Les immunités du Chef d'État », in *Le Chef d'État et le droit international (colloque de Clermont-Ferrand)*, SFDI, Paris, Pedone, 2002, p.242.

204 Arthur WATTS, « The Legal Position in International Law of Heads of States, Heads of Governments and Foreign Ministers », in *RCADI*, pp. 56-57.

205 Michel COSNARD, Op. cit., p. 243.

206 Ibid.

considérer que les actes qui ont été illégalement accomplis doivent nécessairement être tenus pour ''privés'' au motif que la fonction d'un chef d'État – ou de tout autre agent – ne peut jamais être d'agir illégalement »[207]. En fait, considérer un acte comme entrant dans les fonctions de l'organe ou commis avec l'appareil d'État dans le cadre des fonctions consisterait à l'imputer à l'État dont seule la responsabilité devrait conséquemment être recherchée. L'immunité de l'État s'érigerait d'ailleurs en obstacle procédural[208], sans parler de la négation de fait d'une immunité matérielle propre au Chef d'État que cela sous-entend.

Ne pas faire dépendre l'immunité de la qualification de l'acte paraît plus adéquat et conduirait à « l'affirmation d'une responsabilité du chef de l'État pour ses actes publics (...) insusceptibles par nature de se rattacher aux compétences de l'État, tels que les crimes internationaux »[209]. Le Tribunal de Nuremberg avait justement neutralisé la théorie de l'« acte de gouvernement »[210] par le principe selon lequel « celui qui a violé les lois de la guerre ne peut, pour se justifier, alléguer le mandat qu'il a reçu de l'État, du moment que l'État, en donnant ce mandat, a outrepassé les pouvoirs que lui reconnaît le droit international »[211]. On en vient à cette prétention selon laquelle « l'ordre juridique international n'admet décidément plus l'assimilation du chef d'État, fut-il en exercice, à cet État lui-même, du moins

[207] House of Lords (Grande-Bretagne), 24 march 1999, Regina v. Bartle and the Commissioner of Police for the Metropolis and Others (Ex Parte Pinochet), Opinion dissidente de Lord Goff of Chievely, p. 599.

[208] Dans l'arrêt Héritiers de l'Empereur Maximilien c. Lemaitre du 15 mars 1872, la Cour d'appel de Paris a fait droit à une telle exception, relativement à des actes posés « par les souverains agissant comme chefs d'État au titre de la puissance publique ». Idem dans l'arrêt Mellerio c. Isabel de Bourbon du 03 juin 1872.

[209] Emmanuel DECAUX, « Les gouvernants », in *Droit international pénal*, Hervé ASCENSIO, Emmanuel DECAUX et Alain PELLET, Cedin, Paris X, Paris, Pedone, 2000, p. 184.

[210] L' « acte de gouvernement » renferme deux catégories d'actes, à savoir ceux qui concernent les rapports entre les pouvoirs publics et ceux relatifs aux relations extérieures d'un État. Dans l'arrêt Underhill contre Hernandez, le juge français avait fait remarquer que « les tribunaux d'un État ne peuvent pas s'ériger en juges des actes du Gouvernement d'un autre État posés à l'intérieur du territoire de ce dernier ». Ils sont ainsi, en principe, insusceptibles de recours devant les juridictions internes et la jurisprudence française a maintenu cette ligne (CE, 2 mars 1962, Rubin De SERVENS ; CE, 7 novembre 2001, Tabaka ; CE, Ass. 9 avril 1999, Mme Bâ ; CE, 20 février 1989, Allain 5 ; CE, 16 novembre 1998, Lombo ; CE, 5 février 1962, Dame Caraco ; CE, Ass. 29 septembre 1995, Association Greenpeace France ; TC, 2 février 1950, Société de gérance et de publicité du poste de radiodiffusion « Radio-Andorre » *;* TC, 6 juillet 2015, *K. et autres*). La théorie de l' « acte de gouvernement » est écartée lorsqu'elle viole un principe fondamental de justice (Court of Appeals of New York, 12 juillet 1918, Loucks et al. v. Standard Oil Co. of New York), les droits de l'homme (House of Lords, 05 février 1975, Oppenheimer v. Cattermole) ou constitue un crime international (Cour suprême d'Israël, 29 mai 1962, Eichmann).

[211] Procès des grands criminels de guerre devant le Tribunal militaire international – Nuremberg, 14 novembre 1945 – 1er octobre 1946, Vol. I, Nuremberg, 1947, p. 235.

lorsque la nature des crimes commis dénature les actes dont il est responsable »[212].

Finalement, c'est la « théorie de l'effet utile »[213] qui semble être plus convaincante car l'immunité de l'ancien Chef d'État touche à la mise en œuvre de sa responsabilité pénale au niveau interne mais surtout international. La mise en œuvre d'une responsabilité internationale individuelle de l'ancien Chef d'État pour les crimes internationaux est l'enjeu principal de la question de son immunité. Dès lors que la question de l'extension de cette responsabilité à d'autres types d'infraction n'est pas à l'ordre du jour, la raison fondamentale de la restriction de l'immunité, à savoir la gravité de certains crimes, devrait être le critère de distinction. Ce « critère suffisant pour désolidariser l'État de son plus haut représentant lorsqu'il n'est plus en fonction »[214] permet de glisser facilement vers la notion de *jus cogens* dont les règles de nature impérative ne permettent « aucune excuse tirée de la situation officielle »[215] du mis en cause. Cela a trouvé application dans l'affaire Pinochet devant la Chambre des Lords.

L'immunité de l'ancien Chef d'État n'est donc pas absolue, surtout lorsque des actes criminels commis durant son mandat lui sont personnellement imputables. Le TMI de Nuremberg l'a d'ailleurs relevé en indiquant que « le principe du droit international, qui dans certaines circonstances, protège les représentants d'un État, ne peut pas s'appliquer aux actes condamnés comme criminel par le droit international »[216].

Ainsi, on peut retenir que la catégorie des crimes internationaux n'est pas couverte par l'immunité.

Paragraphe 2 : Une absence d'immunité pour les crimes internationaux

La relativité de l'immunité de l'ancien Chef d'État fait qu'elle admet des exceptions qui s'étoffent au fil du développement du droit international. Ainsi, la responsabilité de cet ancien haut dirigeant peut-être mise en œuvre lorsque des crimes internationaux sont en cause. Ces infractions attentatoires à l'« ordre public universel » selon la formule de Dautricourt[217], sont reconnues pour être d'une extrême gravité. Selon la CDI, « il s'agit des crimes qui touchent au fondement même de la société humaine ».

---

212 Pierre-marie DUPUY, « Le fait générateur de la responsabilité internationale des États », in *RCADI*, n° 5, 1984, p. 295.
213 Michel COSNARD, Op. cit., p. 225.
214 Michel COSNARD, Op.cit., p. 234.
215 Jean SALMON, Op. cit., p. 304.
216 Procès des grands criminels de guerre devant le Tribunal militaire international – Nuremberg, Op. cit.
217 Joseph Y. DAUTRICOURT, « Nature et fondement du droit pénal universel », in *RDPC*, 1949-1950, pp. 1029-1030.

La commission de tels faits, qui offensent la communauté internationale, ouvre la voie à une répression judiciaire jusqu'aux plus hauts sommets de l'État. De nos jours, il est acquis que « la nature impérative des normes interdisant les crimes internationaux devrait emporter la reconnaissance d'exceptions à l'immunité des agents de l'État »[218]. C'est en ce sens qu'évolue la législation ; c'est également la position sans équivoque de la doctrine (**A**) qui, de plus en plus, balise le chemin pour la jurisprudence qui tarde à s'y engager résolument (**B**).

A. Une doctrine et une législation engagées

L'inlassable lutte contre l'impunité a influencé le développement du droit international au point qu'il est devenu évident d'admettre des exceptions à l'immunité des anciens Chefs d'État. La commission de ces crimes dévoile le degré d'horreur et de barbarie que peut atteindre la cruauté humaine. Des faits de ce genre ont marqué l'histoire de l'humanité, mais ont surtout été mis en exergue à l'occasion des guerres de 1914-1918 et de 1939-1945.

En fait, l'immunité de l'ancien Chef d'État a été ébranlée à partir de 1919 par le Traité de Versailles, lequel envisageait la possibilité de traduire en justice un souverain, en l'occurrence Guillaume II de HOHENZOLLERN ex-Empereur d'Allemagne.

La dynamique de la remise en cause de cette immunité s'est poursuivie lorsque après la Seconde Guerre mondiale, les Alliés ont créé les TMI de Nuremberg et de Tokyo[219].

La création des juridictions internationales (TPIY, TPIR, TSSL et CPI) a permis de perpétuer le legs de 1919 et de 1945, en offrant la possibilité de traduire en justice ce personnage privilégié qu'est le souverain[220]. Les statuts de ces juridictions ont eu le mérite d'avoir définitivement consacré la responsabilité pénale internationale du Chef d'État.

Il est clair que du haut de son siège, celui-ci peut jouer un rôle capital dans la commission de crimes graves. Sa place dans la hiérarchie civile et militaire lui permet d'avoir des moyens d'action considérables capables de causer des dommages incommensurables. L'ampleur et la gravité des crimes en cause suscitent une réaction nécessaire, voire impérieuse. Comme disait Paul FAUCHILLE, « En châtiant les chefs d'État et les autorités souveraines qui permettent de commettre ou laissent commettre des infractions aux lois internationales, et aussi ceux qui les exécutent, on ne donne pas seulement

---

[218] Propos de Remy PROUVEZ, Op. cit.

[219] Les articles 6 et 7 des statuts de ces TMI prévoient, en des termes similaires que la situation officielle des accusés, chefs d'État ou hauts fonctionnaires, ne peut être considérée comme une excuse absolutoire.

[220] Même si les plus grands dirigeants n'ont pas été jugés pour diverses raisons (Guillaume II et Hiro Hito non extradés, Mussolini assassiné, suicide de Hitler), il était dorénavant retenu que les souverains ne pouvaient échapper à la justice du fait de leur statut.

satisfaction à l'idée de justice, on prend la mesure la plus propre pour que des faits de cette nature ne puissent se renouveler »[221].

D'aucuns ont essayé de déterminer ces « crimes sans frontière »[222] qui sapent les fondements de l'humanité toute entière. En plus de la torture, on peut retenir les crimes relevant de la compétence de la CPI, à savoir le crime de guerre, le crime contre l'humanité, le crime de génocide et les agissements contraires aux buts et principes des Nations unies.

La torture est définie comme étant « tout acte par lequel une douleur ou des souffrances aiguës, physiques ou mentales, sont intentionnellement infligées à une personne aux fins notamment d'obtenir d'elle ou d'une tierce personne des renseignements ou des aveux, de la punir d'un acte qu'elle ou une tierce personne a commis ou est soupçonnée d'avoir commis, de l'intimider ou de faire pression sur elle ou d'intimider ou de faire pression sur une tierce personne, ou pour tout autre motif fondé sur une forme de discrimination quelle qu'elle soit, lorsqu'une telle douleur ou de telles souffrances sont infligées par un agent de la fonction publique ou toute autre personne agissant à titre officiel ou à son instigation ou avec son consentement exprès ou tacite »[223].

Le crime de guerre renvoie aux infractions aux lois et coutumes applicables aux conflits armés internationaux et non internationaux, notamment les infractions graves aux Conventions de Genève de 1949[224].

Le crime contre l'humanité s'entend des infractions graves commises dans le cadre d'une attaque généralisée ou systématique lancée contre toute population civile (meurtre, extermination, esclavage, déportation ou transfert forcé de population, privation grave et illégale de liberté, torture, violences sexuelles graves, persécution, disparitions forcées, apartheid…)[225].

Le crime de génocide est un acte commis dans l'intention de détruire, en tout ou partie, un groupe national, ethnique, racial ou religieux[226].

Le crime d'agression, consacré par la Résolution du 14 décembre 1974 de l'Assemblée générale des Nations unies comme un crime international, n'a

---

[221] Paul FAUCHILLE, Op. cit.

[222] Edoardo GREPPI, « La Cour pénale internationale et le droit international », in *La justice pénale internationale, entre passé et avenir*, Mario CHIAVARIO (Dir.), Paris-Milan, Dalloz-Giuffrè, 2003, p. 82.

[223] Convention contre la torture et autres peines ou traitements cruels, inhumains ou dégradants, Résolution 39/46 du 10 décembre 1984 de l'Assemblée générale des Nations unies, entrée en vigueur le juin 261987, Article premier.

[224] Statut de Rome du 17 juillet 1998 de la CPI, entré en vigueur le 1er juillet 2002, Article 8.

[225] La définition de Nuremberg été reprise dans les Principes des Nations unies, puis complétée par les conventions sur le génocide de 1948, sur l'imprescriptibilité des crimes internationaux de 1958 et sur l'apartheid de 1973. Elle a été élargie par les tribunaux pénaux internationaux (TPIY, TPIR, CPI).

[226] Statut de Rome du 17 juillet 1998 de la CPI, entré en vigueur le 1er juillet 2002, article 6 et Convention pour la prévention et la répression du crime de génocide du 9 décembre 1948, entrée en vigueur le 12 janvier 1951, Article 2.

pas un contenu précis accepté par tous les États, du fait de sa nature politique. Même si la CPI a compétence pour en connaître, il appartient au Conseil de sécurité de l'ONU de qualifier un crime d'agression[227].

D'aucuns considèrent que ce type d'infractions relève généralement de « l'exercice du pouvoir souverain, dont les coupables sont les détenteurs ou les organes »[228]. Des actes aussi odieux sont même, dans certains cas, commis dans le cadre d'une politique d'État ou de gouvernement[229]. Fort de ce constat, certains auteurs ont avancé l'idée selon laquelle les règles pénales internationales ont pour principale cible les chefs d'État. Dès lors, il est difficilement concevable que ces normes « sur mesure »[230] puissent être mises en échec par l'immunité des personnes visées au premier chef.

Le projet de Code des crimes contre la paix et la sécurité de l'humanité de la CDI prévoit d'ailleurs, en son article 7, que « la qualité officielle de l'auteur d'un crime contre la paix et la sécurité de l'humanité, même s'il a agi en qualité de chef d'État ou de gouvernement, ne l'exonère pas de sa responsabilité pénale et n'est pas un motif de diminution de la peine ». À l'article 13 alinéas 2 de la Résolution de la Treizième Commission de l'IDI, il est certes prévu l'immunité de l'ancien Chef d'État pour les actes de fonction, mais cet article prévoit aussi que cette couverture ne s'étend pas aux actes considérés comme des crimes de droit international[231].

Cette distinction entre actes officiels et actes privés[232] est même remise en cause de sorte que l'imputation à un ancien dirigeant étatique d'un de ces crimes de droit international suffit à pouvoir écarter une quelconque protection procédurale qu'il pourrait invoquer. Certains auteurs, comme Jean-François FLAUSS, vont plus loin en énonçant une sorte d'« exception droits

---

227 Ce crime d'agression a déjà été évoqué lors de la création de la Société des Nations en 1929, dans le Statut du Tribunal de Nuremberg, puis dans la Charte des Nations unies en 1945. Ses contours restent imprécis, malgré sa consécration comme crime international. L'article 5 du Statut de la CPI le mentionne, mais renvoie à la Charte des Nations unies pour la définition de ce crime et les conditions de l'exercice de la compétence de la Cour à son encontre.

228 Joseph Y. DAUTRICOURT, Op. cit., pp. 1029-1030.

229 Cela a été le cas avec l'Allemagne nazie, la Yougoslavie de Milosevic et le Rwanda. Cela a d'ailleurs motivé les poursuites intentées par des particuliers contre la République fédérale d'Allemagne aux États-Unis (affaire Hugo PRINCZ) et en Italie (affaire Luigi FERRINI).

230 Ces règles qu'on pourrait désigner comme étant une « *lex specialis* », selon l'expression de Michel COSNARD, permettraient de rendre effectives les poursuites même contre un Chef d'État en exercice (Michel COSNARD, Op. cit., p. 228).

231 IDI, Op. cit., Article 13 alinéa 2.

232 Pour les auteurs qui dénoncent le fait de considérer comme criminels les actes officiels constitutifs de violations du droit international, au même titre que les actes privés de ce genre, la compétence des tribunaux étrangers pose problème car le gouvernant en cause était dans l'exercice de ses fonctions. Ceux-ci s'arc-boutent à la distinction traditionnelle entre actes de la fonction et actes privés.

de l'homme », qui neutralise l'immunité invoquée par un Chef d'État en cas d'atteintes aux droits humains[233].

Le défi principal des doctrinaires est de parvenir à ancrer dans la conscience internationale l'idée que la poursuite des crimes internationaux ne saurait se heurter à l'immunité dont pourraient se prévaloir les dirigeants étatiques. Pour reprendre Hervé ASCENSIO, « il ne saurait y avoir d'immunité de juridiction en matière pénale pour la catégorie de crimes qualifiée de crimes internationaux »[234].

De ce qui précède, on sent un engagement des doctrinaires qui, en toute logique, influencent progressivement les juges qui manifestent une certaine prudence face à un justiciable aussi singulier qu'un ancien Chef d'État.

B. Une jurisprudence circonspecte

La jurisprudence est contingente sur la question de l'immunité de l'ancien Chef d'État.

Le statut international de celui-ci reste très individualisé au point que chaque cas est *sui generis*. Le juge convoque, en fonction des circonstances et des influences extrajudiciaires, soit des textes d'ordre interne, soit d'ordre international, pour fonder sa décision. Certains juges nationaux reconnaissent ainsi l'immunité à l'ancien Chef d'État, alors que d'autres la rejettent.

La position du juge national est en fait teintée de réalisme juridique, avec une forte dose de pression politique. Le statut particulier de l'ancien Chef d'État n'est pas étranger à cette jurisprudence indécise.

C'est ainsi qu'à l'image de l'immunité absolue reconnue au Chef d'État en exercice, certains juges ont eu à reconnaître ce privilège à un ancien dirigeant étatique. Cela a été le cas d'un tribunal américain qui a estimé, en 2004, que l'immunité d'un ancien Chef d'État, en l'occurrence l'ancien dirigeant chinois Jiang ZEMIN, était aussi large que celle du Chef d'État en exercice[235]. Jiang ZEMIN était poursuivi pour génocide, torture et crimes contre l'humanité commis sur les pratiquants de Falun Gong (méditation et exercices souples) en Chine.

Même s'il est isolé, cet arrêt assez récent révèle toute la circonspection qui entoure la décision du juge interne lorsqu'il s'agit d'un ancien Chef d'État. À la lecture des décisions antérieures avec lesquelles il contraste, on relève la même prudence.

---

[233] Selon Jean-François FLAUSS, cette exception devrait couvrir au minimum « les quatre prohibitions suivantes : la privation arbitraire de la vie, la torture, la détention arbitraire, l'atteinte à l'intégrité de la personne humaine ». (Jean-François FLAUSS, « Droit des immunités et protection internationale des droits de l'homme », in *RSDIDE*, Zürich, Schulthess, 2000, p. 299).

[234] Hervé ASCENSIO, « L'immunité internationale du chef d'État », in *La nouvelle lettre de la FIDH*, n° 32, 12 février 2002, p. 24.

[235] Cour d'appel de New York (États-Unis), 7ème circuit, 8 septembre 2004.

Cette décision contraste en effet avec celles précédemment rendues, par lesquelles les juges ont eu à préciser, d'une part, que la fin de la fonction entraîne la disparition de l'immunité, et d'autre part, que cette immunité ne pouvait profiter à un ancien Chef d'État en cas de commission de crimes internationaux.

Ainsi, dans sa décision du 15 octobre 1989, dans l'affaire Ferdinand et Imelda MARCOS, le Tribunal fédéral suisse a indiqué que l'immunité « reconnue pour le profit de l'État étranger à son plus haut dignitaire, trouve ses limites dans la volonté de cet État et dans la durée des fonctions du chef d'État »[236]. Même s'il ne s'agit pas d'une disparition de toutes les immunités, l'ancien Chef d'État ne peut invoquer, après la cessation de ses fonctions, que le bénéfice d'immunités pour les actes qu'il a accomplis pendant la durée de ses fonctions et dans l'exercice de celles-ci. Aussi, dans ce cadre, cette immunité ne saurait lui profiter en cas de commission de crimes internationaux durant son magistère.

Cette solution a également été retenue par la Chambre des Lords dans l'affaire Pinochet. L'arrestation du général, suite au mandat d'arrêt international espagnol, avait incité d'autres juges européens (Suisse[237], France[238], Belgique[239] et Luxembourg[240]) à copier leur homologue espagnol, donnant ainsi suite aux nombreuses plaintes pour tortures, prises d'otage, disparitions forcées, meurtres, ... introduites contre l'ancien dirigeant chilien. Celui-ci avait revendiqué son statut d'ancien Chef d'État devant les juges britanniques, ainsi que l'immunité des actes qu'il avait commis durant l'exercice de ses fonctions. En plus de délimiter la frontière entre les actes officiels et les actes privés, la Chambre des Lords avait, dans son arrêt du 25 novembre 1998, dénié la qualification d'actes de fonction aux faits reprochés à l'ancien Président. Elle avait estimé que les crimes de torture ou contre l'humanité ne sauraient se rattacher aux fonctions d'un Chef d'État, lequel pouvait dès lors faire l'objet de poursuites pour de tels crimes commis durant l'exercice de ses fonctions. Toutefois, dans un revirement jurisprudentiel du 24 mars 1999, elle les qualifiait d'actes de la fonction, tout

---

236 Tribunal fédéral (Suisse), 02 novembre 1989, Ferdinand et Imelda MARCOS c. Office fédéral de la police.

237 C'est le 26 octobre 1998 que Bernard BERTOSSA, Procureur général du Canton de Genève, avait lancé un mandat d'arrêt international contre le Général Pinochet, suite à la plainte de Pauline JACCARD, veuve d'Alexei JACCARD, victime suisse du régime de Pinochet.

238 Le mandat d'arrêt français contre Pinochet avait été émis le 02 novembre 1998 par le juge d'instruction Roger Le LOIRE, suite à la disparition de Georges KLEIN, Conseiller au cabinet du Président Salvador ALLENDE, renversé par Pinochet. Il y avait également d'autres victimes françaises comme Etienne PESLE, Alphonse CHANFREAU, Jean-Yves CLAUDET-FERNANDEZ ....

239 Le gouvernement belge avait saisi les autorités britanniques d'une demande d'extradition en décembre 1998.

240 Jacques POOS, ministre des Affaires étrangères du Luxembourg, avait annoncé le 31 octobre 1998 que son pays sollicitait l'extradition du Général Pinochet.

en précisant que l'immunité ne pouvait être retenue lorsqu'il s'agit d'actes de torture, du fait de leur « caractère à ce point attentatoire à la dignité humaine et aux valeurs juridiques de la société internationale, (lequel) justifie que son instigateur perde toute immunité et ceci malgré sa qualité officielle »[241]. Les juges ont sur cette base, rejeté l'immunité du Général Augusto PINOCHET.

Dans le même ordre d'idées, la Cour suprême des Pays Bas a jugé, le 20 novembre 2000, dans l'affaire Désiré Delano BOUTERSE, ancien dirigeant du Surinam poursuivi pour des enlèvements suivis de meurtres commis en décembre 1982, que les crimes internationaux à lui reprochés, en l'espèce les crimes de torture, crimes de guerre et crimes contre l'humanité, ne pouvaient être considérés comme des actes officiels d'un Chef d'État commis dans l'exercice de ses fonctions souveraines[242]. Une telle conception mettrait de tels actes sous le couvert de l'immunité, alors que la commission de ces crimes n'entre pas dans les attributions officielles d'un Chef d'État.

Le juge espagnol Baltazar GARZON REAL considère plus simplement que « pour les crimes graves, les textes internationaux n'accordent pas d'immunité aux chefs d'État »[243].

À cet effet, Stanislas AUZOU et Sylvain LHERMIE indiquent que « le principe d'absence d'immunité des chefs d'État en matière de crimes internationaux existe de manière générale en droit international et que ce n'est pas parce que les juridictions internationales en sont le meilleur lieu d'application que les juridictions nationales ne peuvent s'en prévaloir »[244].

Les juges n'ont pas manqué de s'appesantir sur lesdits principes, notamment ceux de Nuremberg qui ont sonné le glas des immunités pour les crimes internationaux perpétrés par un Chef d'État[245]. Le Tribunal de Nuremberg avait affirmé que « le principe du droit international qui, dans certaines circonstances, protège les représentants d'un État, ne peut pas s'appliquer aux actes condamnés comme criminels par le droit international. Les auteurs de ces actes ne peuvent invoquer leur qualité officielle pour se soustraire à la procédure normale ou se mettre à l'abri du châtiment »[246]. Ces

---

[241] House of Lords (Grande-Bretagne), 24 march 1999, Regina v. Bartle and the Commissioner of Police for the Metropolis and Others (Ex Parte Pinochet).

[242] Cour suprême (Pays-Bas), 20 novembre 2000, Romeo HOOST et autres c. Désiré Delano BOUTERSE.

[243] Antonio CASSESES et Mireille DELMAS-MARTY, Op. cit., p. 648.

[244] Stanislas AUZOU et Sylvain LHERMIE, L'immunité, Dossier de recherche présenté à Monsieur Philippe RAIMBAULT dans le cadre du séminaire de Justice Internationale, Université de Toulouse 1 Capitole, 2009, p. 10. Disponible sur http://docplayer.fr/43367119-L-immunite-auzou-stanislas-lhermie-sylvain.html

[245] Parmi les principes dégagés par le Statut de Nuremberg, il y a celui prévu à l'article 7 selon lequel « la situation officielle des accusés, soit comme chef d'État, soit comme hauts fonctionnaires, ne sera considérée ni comme une excuse absolutoire, ni comme un motif de diminution de la peine ».

[246] Procès des grands criminels de guerre devant le Tribunal militaire international–Nuremberg, Op. cit.

principes ont reçu un écho favorable à la Cour de cassation française, dans les affaires Touvier et Barbie du 20 décembre 1985[247], à la Cour suprême du Canada, dans l'affaire Imre FINTA du 24 mars 1994[248] et à la Cour d'État de Bosnie-Herzégovine, dans l'affaire Ivica VRDOLJAK du 10 juillet 2008[249], pour ne citer que celles-là.

Dans l'affaire Adolf EICHMANN, la Cour suprême d'Israël a relevé que « s'il y avait le moindre doute que les principes de Nuremberg font partie intégrante du droit international coutumier "depuis des temps immémoriaux", deux documents internationaux ont levé ce doute : la résolution 11.12.46 de l'Assemblée des Nations unies, qui "confirme les principes de droit international reconnus par le Statut de la Cour de Nuremberg, et par l'arrêt de cette cour" et la résolution 95 (I), adoptée le même jour, par laquelle l'Assemblée "affirme que le génocide est un crime de droit des gens" »[250]. Cela a été confirmé par le rapport établi conformément au paragraphe 2 de la Résolution 808 du 22 février 1993 du Conseil de sécurité. Dans ce document, le Secrétaire général de l'ONU a bien précisé que le Statut du Tribunal de Nuremberg faisait partie du droit international coutumier[251]. Plus tard, le TPIY, dans l'affaire Tadic, a fait référence aux principes de Nuremberg comme faisant partie du droit international coutumier[252]. La Cour Européenne des Droits de l'Homme (CEDH) a eu l'occasion, dans l'affaire August KOLK et Petr KISLYI contre Estonie du 17 janvier 2006, de confirmer la « validité universelle » des principes de Nuremberg, en ajoutant que cela « a été confirmé par la suite, notamment par la Résolution 95 de l'Assemblée générale des Nations unies du 11 décembre 1946, puis par la Commission du droit international »[253].

Au sillage, on remarque que l'immunité n'a d'enjeu que devant une juridiction nationale, car il est acquis qu'elle ne peut opérer devant une juridiction internationale. Face à la gravité des crimes généralement commis et pour mettre fin à l'impunité, la communauté internationale a préféré ignorer

---

247 Touvier et Barbie étaient poursuivis pour des crimes contre l'humanité commis durant la seconde guerre mondiale.

248 Imre FINTA, ancien capitaine de gendarmerie en Hongrie durant la seconde guerre mondiale, était poursuivi pour crimes contre l'humanité, en lien avec la séquestration de 8617 juifs et leur déportation dans des camps de concentration, dans le cadre de la « solution finale ».

249 Ivica VRDOLJAK était poursuivi pour crime contre l'humanité.

250 Cour suprême (Israël), 29 mai 1962, État d'Israël c. Adolf EICHMANN.

251 Rapport du Secrétaire général établi conformément au paragraphe 2 de la Résolution 808 (1993) du Conseil de sécurité, S/25704, 3 mai 1993, par. 35.

252 TPIY, 15 juillet 1999, Dusko TADIC, par. 185 et s.

253 August KOLK et Petr KISLYIY étaient respectivement des ressortissants de l'URSS et de l'Estonie qui avaient participé à la déportation de milliers d'estoniens en URSS, dont beaucoup avaient péri. En 1949, Kolk et Kislyiy avaient été condamnés pour crimes contre l'humanité par un tribunal estonien, alors que cette incrimination n'existait pas dans le droit interne. Suite à leur saisine de la CEDH, celle-ci a estimé, sur la base de l'article 6 de la Charte de Nuremberg et de l'article 7 paragraphe 2 de la Convention européenne des droits de l'Homme, que les juges estoniens avaient, à bon droit, condamné les susnommés.

les privilèges des dignitaires de l'État, lesquels ne peuvent invoquer comme excuse leur statut officiel pour se soustraire à leur responsabilité pénale. Cela a été rappelé par le TSSL qui a condamné, le 30 mai 2012, Charles TAYLOR, ancien président du Liberia, à 50 ans d'emprisonnement pour crimes contre l'humanité et crimes de guerre[254]. L'ancien Président ivoirien, Laurent GBAGBO, a été traduit devant la CPI pour crimes contre l'humanité. Il a bénéficié d'un acquittement en première instance, mais le Procureur a interjeté appel, ce qui le maintient encore dans les liens de la prévention[255]. Le TPIY et la CPI sont même allés au-delà en poursuivant des chefs d'État en exercice, comme Slobodan MILOSEVIC de l'ex Yougoslavie[256], Omar Al BASHIR du Soudan[257] et Uhuru KENYATTA du Kenya[258].

La jurisprudence internationale, contrairement à celle interne, est uniforme, aidée en cela par les statuts des juridictions pénales internationales qui prévoient des dispositions écartant expressément l'immunité dont pourrait se prévaloir un ancien Chef d'État[259].

Certaines législations nationales, comme celle belge, ont emprunté cette même démarche tendant à prévoir des dispositions internes expresses écartant l'immunité, contrairement à d'autres comme celle sénégalaise. C'est pourquoi, une fois saisis, comme en l'espèce dans l'affaire Habré, les juges desdits États ont eu des réactions différentes.

---

[254] TSSL, 30 mai 2012, Prosecutor v. Charles Ghankay TAYLOR, SCSL-03-01-T.

[255] CPI, 15 janvier 2019, Le Procureur c. Laurent GBAGBO et Charles Blé GOUDE, ICC-02/11-01/15.

[256] Milosevic avait été inculpé le 22 mai 1999 et arrêté le 1er avril 2001. Son procès avait été ouvert le 12 février 2002 et s'était poursuivi sur plusieurs années, mais avant sa condamnation, il avait été retrouvé mort dans sa cellule de détention.

[257] Al Bashir est sous le coup de deux mandats d'arrêt de la CPI.

[258] Les poursuites contre Kenyatta avaient débuté lorsqu'il était Vice Premier ministre et avaient continué après son accession à la Présidence de la République. Elles n'avaient été abandonnées que postérieurement.

[259] Les statuts des juridictions pénales internationales prévoient l'absence d'immunité des chefs d'États et des autres représentants de l'État (article 7 de la Charte du Tribunal de Nuremberg, article 7 par. 2 du Statut du TPIY, article 6 par. 2 du Statut du TPIR, article 6 par. 2 du Statut du TSSL, article 27 du Statut de la CPI.

Chapitre II : Des réactions judiciaires à géométrie variable

Le principe de la répression des crimes les plus graves, qui touchent l'ensemble de la communauté internationale, est largement partagé par les États. Bien avant que cela ne soit préconisé par le Statut de Rome de 2002, beaucoup d'États avaient pris des textes internes visant à rendre effective une telle répression. Néanmoins, l'application de la compétence universelle diffère en fonction des pays et de la nature de leur législation en la matière. La CPJI, dans l'affaire du « Lotus », avait d'ailleurs posé le principe de la liberté législative et juridictionnelle des États, à défaut de règles contraires, qui leur permettent de poursuivre des actes commis à l'étranger, y compris en matière pénale.

Le fait que les États se réservent souverainement les modalités d'incorporation et d'exercice de la compétence universelle se traduit, comme en l'espèce entre la Belgique et le Sénégal, par un traitement varié de ladite compétence au sein de leurs juridictions (**Section I**).

L'étendue de la compétence universelle fait aussi l'objet de controverses. La CIJ a eu à se prononcer sur une partie de la question en rappelant que l'extension de compétence ne pourrait porter « atteinte aux immunités résultant du droit international coutumier (...) »[260], lesquelles demeurent opposables aux juridictions d'un État étranger.

Cela n'a pas pour autant tu les divergences, car l'immunité d'un ancien Chef d'État est diversement perçue par les juridictions internes des États, comme cela a été le cas dans l'affaire Habré entre la Belgique et le Sénégal (**Section II**).

Section I : Un traitement distinct de la compétence universelle

La compétence universelle est diversement appliquée au sein des États. Ces derniers manifestent une certaine liberté législative et juridictionnelle en la matière, telle que prévenait la CPJI dans l'affaire du Lotus.

En outre, la mise en œuvre de ce type de compétence n'est pas traitée de la même manière par les conventions internationales. Certaines prévoient juste

[260] CIJ, 14 février 2002, Op. cit., par. 95.

la faculté de l'exercer[261]. D'autres assoient une compétence universelle obligatoire pour les tribunaux internes des États signataires relativement aux infractions visées[262].

Par ailleurs, il y a des cas où la question de l'applicabilité immédiate (« *self-executing* ») ou non de ces conventions internationales surgit. Dans certains pays comme la France et la Belgique, des textes internes ont été pris préalablement à l'application judiciaire de ces textes. Dans d'autres comme le Sénégal, le problème s'est posé de manière pragmatique après l'inculpation de Monsieur Hissein HABRE.

Ainsi, la compétence universelle apparaît simple dans son expression, mais complexe dans sa mise en œuvre, laissant le soin aux États de l'exercer selon des modalités distinctes.

Étant donné que les conventions ainsi que la coutume internationales n'offrent pas une lisibilité certaine en la matière, certains pays, comme la Belgique, n'ont pas hésité à adopter des textes internes pour donner des outils suffisants à leurs juridictions nationales. D'autres États, comme le Sénégal, sont restés dans l'expectative jusqu'au moment où le problème s'est posé.

Aussi, le juge sénégalais, confronté pour la première fois à la question de la compétence universelle dans l'affaire Habré (**Paragraphe 1**) a eu une réaction différente de celle de son collègue belge qui disposait de textes internes. Celui-ci, saisi de la même affaire, a choisi d'exercer une compétence universelle *in absentia* (**Paragraphe 2**).

Paragraphe 1 : La justice sénégalaise face à la question inédite de la compétence universelle

Lors de l'inculpation de Monsieur Hissein HABRE par le Doyen des Juges d'instruction, la question de la compétence universelle des juridictions sénégalaises pour certains crimes de droit international s'était posée pour la première fois, faute de précédent et de textes internes traitant de la matière. Aussi, était-elle sujette à interprétations diverses.

Les victimes, confortées par le Doyen des juges d'instruction, soutenaient une thèse différente de celle des conseils de Habré et du Ministère public[263]. Les parties s'appuyaient sur des fondements distincts ou n'avaient pas la même lecture des conventions internationales, en l'occurrence celles de New

[261] On peut citer, à ce titre, la Convention de Genève sur la haute mer du 29 avril 1958 (article 105) et la Convention sur le droit de la mer du 10 décembre 1982 (article 19).

[262] Il en est ainsi des Conventions de Genève du 12 août 1949 et de la Convention contre la torture et autres peines ou traitements cruels, inhumains ou dégradants du 10 décembre 1984.

[263] Le Procureur de la République adjoint, en fonction au moment de l'introduction de la plainte avec constitution de partie civile avait pris un réquisitoire aux fins d'informer. Son remplaçant avait, dans son rapport d'appel, manifesté un revirement spectaculaire du Ministère public dans cette affaire, en proposant l'annulation de la procédure. Le représentant du Parquet général près la Cour d'appel de Dakar ne s'était pas fait prier pour requérir dans ce sens.

York de 1984 et de Vienne de 1969. Elles n'appréhendaient pas non plus le droit international coutumier de la même manière.

La Chambre d'accusation, puis la Cour de cassation, qui ont tranché la question, ont argué de l'incompétence des juridictions sénégalaises. Leurs décisions déniaient au juge sénégalais sa prétention d'exercer la compétence universelle (**A**).

Cette solution, retenue par la Haute juridiction sénégalaise, avait certes sonné le glas de la procédure initiée dans ce pays, mais n'avait pas mis fin à la controverse (**B**).

A. Le déni de la compétence universelle

Les poursuites entreprises contre Monsieur Hissein HABRE, par des victimes des exactions commises au Tchad durant son règne de 1982 à 1990, étaient fondées sur la législation interne sénégalaise ainsi que sur le droit international conventionnel et coutumier.

Elles s'appuyaient, d'une part, sur la Convention des Nations unies du 10 décembre 1984 contre la torture et autres peines ou traitements cruels, inhumains ou dégradants, ratifiée par le Sénégal à travers la Loi n° 86-26 du 16 juin 1986. L'article 5-7 de cette loi reprend le principe énoncé par la Convention de New York sur l'obligation de juger ou d'extrader.

Elles avaient rappelé l'article 79 de la Constitution sénégalaise qui dispose que « les traités ou accords régulièrement ratifiés ou approuvés ont, dès leur publication, une autorité supérieure à celle des lois » et l'article 27 de la Convention de Vienne sur le droit des traités de 1969 qui interdit à un État de se réfugier derrière les imperfections de son droit interne pour se soustraire à une obligation découlant d'un traité.

Les victimes invoquaient, d'autre part, le droit international coutumier qui fait peser sur les États, dont le Sénégal, une obligation de poursuivre les auteurs de crimes contre l'humanité.

Les parties civiles, confortées par le Doyen des juges d'instruction, soutenaient ainsi la thèse de la compétence des tribunaux sénégalais pour connaître de faits de torture et de crimes contre l'humanité commis au Tchad, par un Tchadien, sur des Tchadiens.

Cette position n'était pas partagée par les avocats de Habré et le Ministère public pour qui les juridictions sénégalaises étaient incompétentes pour connaître de telles infractions, en considération de leur lieu de commission et de la nationalité étrangère de l'auteur et des victimes.

Ils estimaient aussi que l'hypothèse contraire ne pouvait, le cas échéant, recevoir application, dès lors que le texte interne, ayant incorporé la torture dans le droit positif sénégalais en 1996, n'avait pas étendu la compétence des tribunaux nationaux à des crimes commis à l'étranger.

Selon ces avocats, ce texte ne pouvait d'ailleurs, en vertu du principe de la non-rétroactivité de la loi, fondamental en droit pénal, rétroagir sur des faits commis antérieurement à son entrée en vigueur.

Après plus de six tours d'horloge marqués par de vives plaidoiries à huis clos, la Chambre d'accusation avait penché, en vidant ultérieurement son délibéré, pour la thèse des défendeurs en annulant les poursuites. Elle retenait l'incompétence des juridictions sénégalaises pour connaître de « faits de torture commis par un étranger en dehors du territoire sénégalais quelle que soit la nationalité des victimes » ainsi que le manque de base légale pour l'incrimination de crimes contre l'humanité qui ne figurait pas dans le droit positif sénégalais[264].

Dans sa motivation, la Chambre d'accusation avait expliqué que l'inculpation de Monsieur Hissein HABRE, pour crimes contre l'humanité, violait le principe de légalité des délits et des peines affirmé à l'article 4 du Code pénal[265] en ce sens qu'elle n'était pas prévue par les textes internes.

Elle avait aussi relevé qu'en érigeant la torture en infraction autonome, à travers la Loi n° 96-16 du 28 août 1996 complétant l'article 295-1 du Code pénal[266], le législateur sénégalais s'était certes conformé à l'article 4 de la Convention de New York de 1984, mais n'était pas allé au bout de son entreprise en prenant des mesures internes de compétence juridictionnelle, comme prescrit par l'article 5 du même traité. Selon les juges d'appel, l'autonomie du droit pénal et son formalisme particulier, par rapport aux autres normes juridiques, font que le législateur sénégalais devrait expressément prévoir le principe de la compétence universelle. Lesdits magistrats avaient fait un parallèle avec la législation française en rappelant que ce pays avait d'abord inclus un article réprimant la torture dans leur Code pénal[267], pour ensuite adopter une loi relative aux infractions commises hors du territoire français[268].

---

264 CA de Dakar (Sénégal), Chambre d'accusation, 25 novembre 2005, MP c. Hissein HABRE.

265 Selon l'article 4 du Code pénal, « nul crime, nul délit, nulle contravention ne peuvent être punis de peines qui n'étaient pas prévues par la loi ou le règlement avant qu'ils fussent commis ».

266 Avant cette loi, les actes de torture n'étaient qu'une circonstance aggravante de certaines infractions visées à l'article 288 du Code pénal.

267 Il s'agit de l'article 222-1 du Code pénal.

268 Suite à la loi du 16 décembre 1992, entrée en vigueur le 1er mars 1994, l'article 689 du CPP est ainsi libellé : « les auteurs ou complices d'infractions commises hors du territoire de la République peuvent être poursuivis et jugés par les juridictions françaises soit lorsque, conformément aux dispositions du titre 1er du Code pénal ou d'un autre texte législatif, la loi française est applicable soit lorsqu'une convention internationale donne compétence aux juridictions françaises pour connaître de l'infraction ». L'article 689-1 dispose qu' « en application des conventions internationales visées aux articles suivants : peut être poursuivi et jugé par la juridiction française si elle se trouve en France, toute personne qui s'est rendue coupable hors du territoire de la République de l'une des infractions visée par ces articles ». L'article 689-2 indique que « pour l'application de la Convention contre la torture et autres peines ou traitements cruels, inhumains ou dégradants adoptée à New York le 10 décembre

En penchant pour l'annulation de la procédure, la Chambre d'accusation avait relevé le caractère d'ordre public des règles de compétence dont la méconnaissance entraînait systématiquement ce type de sanction.

La solution retenue par la Chambre d'accusation avait été approuvée par la Cour de cassation sénégalaise, lors du pourvoi effectué par les parties civiles. Les magistrats du siège avaient pris le contrepied du Parquet général près ladite Cour qui, en s'appuyant sur la jurisprudence française, avait développé l'argument selon lequel les conventions et traités internationaux, régulièrement adoptés, s'intègrent au droit national de manière spontanée, par l'effet « *self-executing* », et ont une primauté sur les textes internes contraires, antérieures ou postérieures.

Contrairement au Procureur général, les juges avaient indiqué, le 20 mars 2001, qu'aucun texte de procédure ne reconnaissait une compétence universelle aux juridictions sénégalaises[269]. Selon la Haute juridiction, il était erroné d'invoquer l'article 79 de la Constitution, car il s'agissait plutôt d'une obligation pour le Sénégal de prendre des mesures internes, conformément à l'article 5-2 de la Convention contre la torture, pour établir sa compétence.

La Cour de cassation avait insisté sur la nécessité de mesures législatives préalables, conformément à l'article 5-2 sus-évoqué, avant d'énoncer l'inexistence de textes sénégalais consacrant une compétence universelle pouvant être mise en œuvre par les juridictions internes.

En emboîtant le pas à la Chambre d'accusation, la Cour de cassation avait rejeté le pourvoi des victimes.

Cette position jurisprudentielle est en phase avec une partie de la doctrine et la pratique de nombreux États. Elle a toutefois fait l'objet de vives critiques.

B. Une position jurisprudentielle objet de controverses

Les motifs qui ont sous-tendu les décisions d'annulation rendues par la Chambre d'accusation de la Cour d'appel de Dakar et la Cour de cassation n'avaient pas emporté la conviction de certains juristes.

Bien avant que les théoriciens du droit ne s'y penchent, certains magistrats qui étaient intervenus dans la procédure, s'étaient prononcés dans le sens de la compétence du juge sénégalais pour connaître autant des faits de torture que de ceux de crime contre l'humanité imputables à Monsieur Hissein HABRE[270].

1984, peut être poursuivie et jugée dans les conditions prévues à l'article 689-1, toute personne coupable de torture au sens de l'article 1er de la convention ».

[269] Cour de cassation (Sénégal), Crim. 20 mars 2001, MP c. Hissein HABRE, Op. cit.

[270] Dans le réquisitoire aux fins d'informer, le Procureur de la République adjoint Abdoulaye GAYE, avait retenu la compétence du juge sénégalais. Le Magistrat instructeur, Demba KANDJI, avait inculpé Hissein Habré sur cette base. L'Avocat général près la Cour de cassation, Aly Ciré BA, qui avait requis la cassation de l'arrêt de la Chambre d'accusation, s'était inscrit dans la même démarche.

Le nœud du problème résidait dans le caractère directement applicable ou non de la Convention des Nations unies contre la torture et du droit international coutumier ayant sécrété le crime contre l'humanité, lesquels consacrent la compétence universelle qui aurait permis au juge sénégalais de connaître de faits commis au Tchad, par un Tchadien, sur des Tchadiens.

Le caractère « *self-executing* » de la convention sus-évoquée est l'objet de controverses. D'aucuns soutiennent que ce traité n'a pas besoin d'être réceptionné par une mesure interne pour s'appliquer. D'autres considèrent que son applicabilité est tributaire d'une mesure domestique.

Pour mieux appréhender ces deux positions, il est utile de préciser au préalable ce que recouvre le concept « *self-executing* » au regard du droit international.

La notion d'applicabilité directe, chère aux théoriciens du monisme[271], renvoie à « l'aptitude d'une règle de droit international à conférer par elle-même aux particuliers, sans requérir aucune mesure interne d'exécution, des droits dont ils puissent se prévaloir devant les autorités de l'État où cette règle est en vigueur »[272].

Contrairement au raisonnement du Professeur Abdallah CISSE, devenu Avocat au Barreau du Sénégal, qui, en critiquant l'arrêt de la Cour de cassation, avait expliqué que « lorsqu'une convention internationale est régulièrement ratifiée, elle est intégrée *de jure* au droit national et devient directement applicable »[273], il convient de préciser qu'il n'est pas si aisé d'identifier clairement une règle de droit international directement applicable dans le droit interne, faute de critère universel du caractère « *self-executing* ». On peut toutefois prétendre qu'une norme internationale est revêtue du caractère auto-exécutoire lorsque d'une part, les États parties ont clairement exprimé leur intention en ce sens, et que d'autre part, la règle est suffisamment énoncée au point de se suffire à elle-même et de se passer d'un texte national d'incorporation. Pour le premier point, il faudrait comprendre que la norme adoptée par les parties génère des droits ou des obligations directement destinés aux particuliers. Il s'agit du « critère subjectif du destinataire de la

---

271 Selon les tenants du monisme (Hans KELSEN, Alfred VERDROSS, Georges SCELLE), l'ordre juridique international et l'ordre juridique interne constituent un système juridique unique, avec une primauté du premier sur le second. Par contre, pour les partisans du dualisme (Heinrich TRIEPEL, Dionisio ANZILOTTI), le droit international et le droit interne étant distincts, il faudrait une procédure de « réception », par une loi nationale, pour intégrer les normes juridiques internationales dans le droit interne.

272 Joe VERHOEVEN, « La notion d'applicabilité directe du droit international », in *RBDI*, 1980, n° 2, p. 243.

273 Abdallah CISSE, « La responsabilité pénale des chefs d'État africains en exercice pour crimes internationaux graves », in *SOS Attentats / Terrorisme, victimes et responsabilité pénale internationale*, Ghislaine DOUCET (Dir.), Paris, Calmann-Lévy, 2003, p. 250.

norme internationale »[274] que le juriste américain Carlos Manuel VASQUEZ traduit par le concept de « *justiciability doctrine* »[275], à savoir une norme conventionnelle internationale suffisamment précise qui peut être invoquée par les individus devant les tribunaux[276]. Quant au second point, il s'agit du « critère objectif du degré de précision » de la norme internationale, selon l'expression du Professeur Mactar KAMARA[277].

Dans un État d'inspiration moniste, un traité international, ratifié et publié, est, en principe, « *self-executing* »[278]. Il faudrait toutefois concéder que les deux conditions sus-évoquées sont cumulatives dans certains pays et pas dans d'autres, d'où des solutions divergentes[279]. Au Sénégal, la ratification et la publication suffisent, en principe, à rendre une norme internationale auto-exécutoire[280], même si, comme on l'a remarqué dans les arrêts de la Chambre d'accusation et de la Cour de cassation, cette interprétation n'est pas unanimement admise, surtout lorsque la norme en cause est rédigée dans une formule qui prête à équivoque.

À travers son avis consultatif du 3 mars 1928 rendu dans l'affaire de la compétence des tribunaux de Dantzig, la CPJI avait indiqué que « selon un principe de droit international bien établi, un accord international ne peut, comme tel, créer directement des droits et des obligations pour les particuliers »[281]. Ainsi, lorsque le caractère « *self-executing* » ne ressort pas nettement d'une convention internationale, celle-ci doit faire l'objet d'une mesure domestique. L'individu ne pourrait l'invoquer que si elle est

---

[274] Mactar KAMARA, « De l'applicabilité du droit international des droits de l'homme dans l'ordre juridique interne », in *Anuario Colombiano de Derecho Internacional*, n° 4, p. 98. Disponible sur https://revistas.urosario.edu.co/index.php/acdi/article/view/2051/1818.

[275] Carlos Manuel VASQUEZ, « The four doctrines of self-executing treaties », in *AJIL*, 1995, p. 710 et s.

[276] Si un texte portant sur les droits de l'Homme n'est pas directement applicable, c'est qu'il se limite à énoncer un programme ou des idées directrices sans prévoir les modalités de mise en œuvre, ou qu'il laisse à l'État signataire une marge de manœuvre pour son interprétation ou son application. Les dispositions conventionnelles en matière de droits individuels et collectifs, civils et politiques ont, en principe, un caractère « *self-executing* », contrairement à celles relatives aux droits économiques, sociaux et culturels.

[277] Mactar KAMARA, Op.cit., p. 144.

[278] Les constitutions italienne, allemande, suisse et russe le prévoient expressément.

[279] En France, en matière de droits de l'Homme, si ces deux conditions sont réunies ou au moins l'une d'elles, il y a une présomption d'effet direct (CE, 23 avril 1997, Groupe d'Information et de Soutien des Travailleurs Immigrés (GISTI). Le juge ne rejette l'effet direct qu'en cas de dispositions imprécises, comme lorsque la norme conventionnelle est à la fois d'objet interétatique et de portée générale. Aux États-Unis par contre, cette présomption n'existe pas en la matière, et le Senat rejette les traités dans lesquels les deux critères ne sont pas relevés.

[280] L'article 98 de la Constitution sénégalaise du 22 janvier 2001 est une reproduction de l'article 55 de la Constitution française du 4 octobre 1958. On peut sentir une volonté du législateur de consacrer, dans une perspective moniste, l'incorporation automatique des conventions internationales dans l'ordre juridique interne dès la publication au Journal officiel.

[281] CPJI, Avis consultatif du 3 mars 1928, Compétence des tribunaux de Dantzig, Série B, n° 15, p. 18.

explicitement opposable en droit interne. Il n'est dès lors pas exclu qu'une nouvelle loi soit votée pour créer de nouvelles dispositions ou modifier celles existantes. C'est dans cette optique que le Professeur Mactar KAMARA a pu affirmer que « la justice sénégalaise, statuant à propos de l'affaire Hissène Habré dans une séquence temporelle où le Sénégal n'avait pas encore totalement ajusté sa législation aux stipulations de la Convention contre la torture, a pu logiquement rejeter l'applicabilité directe de cette dernière »[282]. Il estime qu'une telle décision, écartant l'applicabilité directe de la Convention des Nations unies contre la torture, est « juridiquement fondée »[283], car aucune disposition de la convention susvisée ne permet d'affirmer que celle-ci est auto-exécutoire. Pour s'en convaincre, il a fait remarquer que l'article 5 paragraphe 2 de ce traité, que certains auteurs ont prétendu réserver aux pays de droit coutumier, n'aurait alors pas de sens puisqu'il invite les États parties sur le territoire duquel se trouve l'auteur présumé des infractions prévues, à prendre des « mesures nécessaires »[284], « donc devant être obligatoirement édictées »[285], et que cette disposition ne parle pas de « mesures facultatives (ou souhaitables) »[286]. Sur ce point, le Professeur Serge SUR s'était démarqué de l'arrêt Habré de la CIJ du 14 février 2002, et avait affirmé, dans son opinion dissidente, qu'on ne saurait soutenir que « l'adaptation du droit interne à une obligation conventionnelle devrait être immédiate, contemporaine de la ratification, voire simultanée »[287].

C'est pour ces raisons qu'après avoir décelé l'absence des critères subjectif du destinataire de la norme conventionnelle internationale et objectif du degré de précision de celle-ci, le Professeur Kamara a conclu que « la Convention contre la torture ne répond pas aux critères traditionnels de l'applicabilité immédiate »[288], étant « d'objet interétatique du moment qu'elle est obligatoire pour les autorités étatiques mais sans effet judiciaire direct pour les particuliers »[289]. Cette position est celle du Conseil d'État français[290]. L'éminent professeur a poursuivi son raisonnement en soutenant que l'invocation de la règle « *aut dedere aut judicare* » était inopérante puisque aucun État n'avait, en ce moment, demandé l'extradition de Monsieur Hissein HABRE.

---

282 Mactar KAMARA, Op. cit., p. 140.

283 Ibid.

284 L'article 5-2 de la Convention contre la torture dispose que « tout État partie prend (...) les mesures nécessaires pour établir sa compétence aux fins de connaître (des infractions visées à l'article 4) dans le cas où l'auteur présumé de celles-ci se trouve sur tout territoire sous sa juridiction et où ledit État ne l'extrade pas conformément à l'article 8 ».

285 Mactar KAMARA, Op. cit., p. 144.

286 Ibid.

287 CIJ, 14 février 2002, Op. cit., Opinion individuelle du juge Gilbert GUILLAUME, $ 50.

288 Mactar KAMARA, Op. cit., p. 144.

289 Ibid.

290 CE, 22 septembre 1997, Mlle Cinar.

Il est clair que « la carence ou le vide de la loi nationale ne doivent donc pas constituer un obstacle à la poursuite et à la répression des personnes qui se sont rendues coupables des infractions visées par la convention »[291], comme le soutient à juste titre Me Abdallah CISSE, mais, comme l'a si bien précisé le Professeur Kamara, « la seule alternative à l'inertie des autorités sénégalaises ne pouvait être que la mise en œuvre de la responsabilité internationale du Sénégal devant la CIJ, conformément aux stipulations pertinentes de la Convention contre la torture »[292].

Après avoir réglé cette question principale de sa saisine concernant l'applicabilité immédiate de la Convention de New York, le juge sénégalais n'avait pas manqué de se prononcer sur celle secondaire, mais non moins importante, relative à l'incrimination de crime contre l'humanité retenue contre Monsieur Hissein HABRE.

À l'époque de cette première saisine de la justice sénégalaise, le crime contre l'humanité ne relevait d'aucune incrimination interne. Pour contourner l'absence de règle interne d'incrimination du crime contre l'humanité, le juge sénégalais aurait pu, à l'instar de ses homologues belge et espagnol[293], invoquer la coutume internationale. Le juge national rechigne malheureusement à appliquer des normes non écrites du droit qui ont souvent des contenus équivoques et leur préfère généralement les règles internes écrites qu'ils maîtrisent mieux[294].

Dans l'affaire Habré, la voie empruntée par la justice sénégalaise n'était pas celle prise par le juge belge saisi par les victimes qui semblaient pressentir la fin de l'aventure judiciaire entamée au Sénégal. Bien que Monsieur Hissein HABRE ne se trouvât pas sur leur territoire, ce juge s'était basé sur des textes internes pour exercer une compétence universelle *in absentia*.

---

291 Abdallah CISSE, Op. cit., p. 251.

292 L'article 30-1 de la Convention des Nations unies contre la torture offre cette possibilité. À cet effet, le Professeur Mactar KAMARA affirme qu'il « est loisible de suggérer qu'en cas de carence de la part de l'État concerné, celui-ci engage sa responsabilité internationale car il aurait, de par son abstention, posé un acte dommageable vis-à-vis des droits garantis aux particuliers par la Convention considérée et, partant, à l'égard des États co-contractants. À ce sujet, n'importe quel État partie serait fondé à introduire une instance judiciaire internationale contre l'État défaillant d'autant plus que, comme l'a souligné en son temps la Cour internationale de justice, "vu l'importance des droits en cause, tous les États peuvent être considérés comme ayant un intérêt juridique à ce que ces droits [les droits fondamentaux] soient protégés" » (Cf. arrêt du 5 février 1970, affaire de la Barcelona Traction, in Recueil, p. 32 cité par Mactar KAMARA, Op. cit., p. 156).

293 Les juges belge, Damien VANDERMEERSCH, et espagnol, Baltazar GARZON REAL, avaient visé le crime contre l'humanité dans les poursuites menées contre Monsieur Augusto PINOCHET.

294 Dans l'arrêt du 4 juin 1964, la Chambre criminelle de la Cour de cassation française a refusé de reconnaître un caractère « *self-executing* » à la coutume internationale (Cass. Crim., 4 juin 1964, Argoud). Dans l'arrêt du 6 juin 1997, le Conseil d'État français a refusé de consacrer la prééminence de la coutume internationale sur la loi (CE, Ass., 6 juin 1997).

Paragraphe 2 : L'exercice par le juge belge d'une compétence universelle *in absentia*

En adoptant la Loi du 16 juin 1993 relative à la répression des infractions graves aux Conventions de Genève du 12 août 1949 et aux Protocoles additionnels I et II du 8 juin 1977, la Belgique avait voulu donner à sa justice les larges moyens de poursuivre les crimes visés par ces conventions, notamment les crimes de guerre. L'article 7 de ladite loi prévoyait la compétence des juridictions belges, indépendamment de la nationalité de l'auteur et du lieu de commission de l'infraction, et même en l'absence de l'auteur présumé de l'infraction du territoire belge.

La modification législative intervenue en 1999 a étendu les pouvoirs du juge en lui donnant une compétence large pour connaître des crimes de génocide et des crimes contre l'humanité, sans que les personnes poursuivies ne puissent se prévaloir d'une quelconque immunité.

Ainsi, la loi dite de compétence universelle, également dénommée « loi de 1993-1999 », permettait au juge belge de surmonter la plupart des obstacles juridiques qui pouvaient entraver les poursuites contre des auteurs présumés de crimes internationaux, comme Monsieur Hissein HABRE, réfugié au Sénégal. C'est ainsi qu'il a pu mettre en œuvre une compétence universelle *in absentia* contre celui-ci (**Paragraphe 1**).

Quelques années plus tard, soit en 2003, des modifications législatives restrictives sont intervenues, faisant passer la Belgique d'une compétence universelle absolue à une compétence universelle limitée. Celles-ci n'ont toutefois pas eu d'incidence sur les poursuites contre le sieur Habré (**Paragraphe 2**).

A. Une compétence juridictionnelle fondée sur la loi de 1993-1999

La loi de 1993-1999 avait la particularité de permettre aux juridictions belges d'exercer une compétence universelle absolue. Le législateur belge avait conféré au juge national des pouvoirs étendus pour connaître non seulement des crimes de guerre, qu'ils soient commis dans le cadre d'un conflit armé international ou d'un conflit armé non international, mais aussi des crimes contre l'humanité et du crime de génocide.

En dehors de la faculté de poursuivre un auteur présumé de ces crimes sans que son extradition ait été demandée par un autre État, la possibilité était ouverte d'intenter des poursuites en l'absence de l'auteur présumé du territoire belge.

À ses débuts, l'application de la compétence universelle *in absentia* faisait l'objet de divergences au sein de la justice belge du fait d'une interprétation divergente de l'article 12 du titre préliminaire du Code de procédure pénale.

Suivant cet article, la compétence extraterritoriale prévue dans ce code ne pouvait être exercée « que si l'inculpé est trouvé en Belgique ». Cette condition de la présence de l'inculpé n'était toutefois requise que dans les situations énumérées au titre préliminaire, à savoir les compétences personnelles active et passive, la loi du drapeau[295], ... etc., alors que la loi de 1993-1999 n'était pas incluse dans ledit titre préliminaire.

L'imbroglio a pris de l'ampleur à cause d'une erreur législative contenue dans l'exposé des motifs de la loi de 1993, lequel laissait croire à une volonté du législateur de faire entrer cette loi dans le champ d'application de l'article 12 sus-évoqué[296]. La Chambre des mises en accusation de la Cour d'appel de Bruxelles, dans ses arrêts des 16 avril et 26 juin 2002, avait entretenu davantage la confusion en déclarant irrecevables des plaintes déposées contre Abdoulaye Yerodia NDOMBASI, ancien ministre congolais des Affaires étrangères, Ariel SHARON, ancien Premier ministre d'Israël et le Général israélien Amos YARON, lesquels ne se trouvaient pas en Belgique. Lesdits juges estimaient que la loi 1993-1999 entrait dans le champ d'application de l'article 12. Cependant, cette interprétation était erronée car le juge ne saurait faire primer des travaux préparatoires sur une disposition textuelle claire, sans oublier que cette interprétation, selon Éric DAVID, n'a pas été évoquée lors du vote de la loi de 1999[297].

En fait, les infractions prévues par la loi de 1993-1999 n'entraient pas dans le champ d'application de l'article 12 et c'est ce qu'avait compris le juge qui avait ouvert une information en 1996 contre le Colonel Theoneste BAGOSORA, Chef du gouvernement rwandais d'avril à juillet 1994, et Georges RUGGIU, animateur à la radio libre « Mille Collines » à Kigali, pour crimes de guerre, bien que ceux-ci ne se trouvassent pas sur le territoire belge[298].

Malgré tout, des sénateurs belges avaient jugé nécessaire de préciser, le 18 juillet 2002, que la loi de 1993-1999 s'appliquait « sans considération du lieu où l'auteur présumé du crime peut être trouvé »[299]. Leur proposition de loi interprétative était motivée principalement par les décisions de la Chambre des mises en accusation de la Cour d'appel de Bruxelles. Finalement et après l'avis du Conseil d'État relevant qu'une loi interprétative pouvait soulever des

---

[295] La compétence en vertu de la loi du drapeau est un cas d'extension de compétence. Il s'agit de l'aptitude de l'État à connaitre d'infractions commises à l'étranger contre les membres de ses forces armées. S'il s'agit de navires ou aéronefs battant son pavillon, on parle spécifiquement de loi du pavillon.

[296] Dans l'exposé des motifs, il était prévu l'application de la loi, même si l'inculpé n'était pas présent sur le territoire, sans que cela ne soit reproduit dans le corps de la loi, puisque l'article 12 devait être abrogé (Sénat, Débats parlementaires, 1990-1991, n° 1317/ 1. Disponible sur http://www.senat.be). Seulement, l'article 12 n'a pas finalement été abrogé.

[297] Éric DAVID, « La compétence universelle en droit belge », in *Annales de droit de Louvain*, Vol. 64, n° 1-2, in *RDULB*, 2004, p. 106.

[298] Par la suite, la Cour de cassation belge avait, par arrêts des 09 juillet et 09 octobre 1996, prononcé le dessaisissement du juge d'instruction au profit du TPIR.

[299] Sénat, Document parlementaire, Proposition Destexhe et rts, 18 juillet 2002, n° 2-1255/ 1. Disponible sur http://www.senat.be/

problèmes de rétroactivité et de compatibilité avec l'article 12 bis du titre préliminaire du Code de procédure pénale, le texte primaire avait été maintenu[300].

Pour mettre fin à la polémique, la Cour de cassation avait indiqué, dans son arrêt du 12 février 2003, que le titre préliminaire ne s'appliquait pas à la loi de 1993-1999. À la différence du Procureur général qui, bien que reconnaissant que l'article 12 du titre préliminaire et l'article 7 de la loi de 1993 avaient des champs d'application différents, avait penché en faveur de la condition de la présence de l'inculpé en Belgique pour la mise en œuvre des poursuites, par application du principe « *aut dedere aut judicare* », la Haute cour belge confirmait l'existence d' « une règle obligatoire d'extension de compétence dérogeant à la territorialité du droit pénal »[301].

Fortes de cela, les victimes qui avaient saisi la justice belge n'attendaient rien de moins que l'exercice de cette compétence absolue contre Monsieur Hissein HABRE qui se trouvait au Sénégal. La mise en œuvre d'une telle compétence était facilitée par la possibilité d'une mise en mouvement de l'action publique par simple constitution de partie civile devant un juge d'instruction, conformément à l'article 63 du Code d'instruction criminelle. Ce texte dispose que « toute personne qui se prétendra lésée par un crime ou un délit pourra en rendre plainte et se constituer partie civile devant le juge d'instruction compétent ». Cet article avait permis aux victimes de Habré d'entamer leur action et de soumettre au juge des éléments sur lesquels ce dernier pouvait se baser pour ouvrir une information.

Après avoir qualifié les faits portés à sa connaissance de violations graves du droit international humanitaire, d'actes de torture, de crime de génocide, de crimes contre l'humanité et de crimes de guerre, le juge Daniel FRANSEN, qui avait ouvert l'information contre l'ancien Président tchadien, s'était essentiellement appuyé sur la loi de 1993-1999. En dehors du crime de torture, les autres infractions étaient explicitement prévues par le législateur[302]. L'exercice de la compétence universelle pour les actes de torture relevait directement des règles coutumières. L'article 12 bis du titre préliminaire du code sus-évoqué a prévu la faculté pour le juge de fonder sa compétence sur une règle de droit international de nature coutumière. À ce propos, le juge Damien VANDERMEERSCH qui avait ouvert une information judiciaire contre Pinochet pour crimes contre l'humanité, avait motivé son ordonnance du 6 novembre 1998 en indiquant qu' « une règle coutumière du droit des gens, voire de *jus cogens*, (reconnaissait) la compétence universelle et

---

300 Éric DAVID, Op. cit., p. 107.

301 Cour de cassation (Belgique), 12 février 2003, Ariel SHARON.

302 Il convient de faire remarquer qu'avant même l'incorporation du crime contre l'humanité en droit interne belge par la loi de 1999, le juge Damien VANDERMEERSCH s'était fondé sur le droit international pour poursuivre Pinochet.

(autorisait) les autorités étatiques à poursuivre et à traduire en justice, en toutes circonstances, les personnes soupçonnées de crimes contre l'humanité »[303].

Avec cette panoplie de dispositions textuelles, le juge belge avait les coudées franches pour informer contre Monsieur Hissein HABRE, sans crainte d'éléments de nature à entraver la bonne marche de l'instruction. Aussi, ne tarda-t-il pas à envoyer une commission rogatoire au Sénégal, le 19 septembre 2001, afin d'obtenir copie de la procédure initiée dans ce pays contre l'inculpé. Cette requête avait reçu une suite positive le 22 novembre de la même année. Une autre commission rogatoire, adressée au Tchad le 3 octobre 2001, avait pour objet l'audition des plaignants et témoins tchadiens, un transport sur les lieux des crimes et la consultation des archives liées aux faits dénoncés. Durant les années qui ont suivi, des parties civiles et des témoins ont défilé devant le juge Fransen qui avait progressivement pu réunir suffisamment de charges contre Monsieur Hissein HABRE.

Au cours de l'information et suite aux nombreuses pressions diplomatiques à cause d'autres affaires pendantes devant ses juridictions, la Belgique avait procédé à des modifications législatives visant à « rogner » la compétence universelle exercée par ses juridictions internes.

Le Professeur Éric DAVID, pour qui il ne s'agit pas d'un recul, estime que cette démarche s'inscrit dans la volonté de la première loi de 1993 adoptée suite à une « interprétation inexacte de la portée des Conventions de Genève de 1949 »[304] et qui avait « valu à la Belgique une renommée internationale dont elle aurait, volontiers, fait l'économie »[305].

Cette réforme a mis fin à de nombreuses procédures entamées en Belgique contre de hautes personnalités étrangères. Elle n'avait toutefois pas eu d'incidence sur certaines affaires comme celle de Monsieur Hissein HABRE.

B. Une réforme législative de 2003 sans incidence sur l'affaire Habré

La compétence universelle absolue, adoptée au départ par la Belgique, a fait long feu. Les pressions diplomatiques ont certes porté le coup de grâce à la loi de 1993-1999, car « la Belgique n'avait pas les moyens politiques de continuer à jouer au chevalier blanc du DIH »[306], mais seuls les aspects juridiques de cette volte-face retiendront ici notre attention.

D'abord ébranlée par la CIJ qui avait condamné la Belgique pour n'avoir pas tenu compte de l'immunité du ministre congolais des Affaires étrangères, Abdoulaye Yerodia NDOMBASI, la loi de 1993-1999 a ensuite été substantiellement modifiée par la loi du 23 avril 2003. L'article 7 fondant la

---

[303] Éric DAVID, Op. cit., p. 93. À cette époque, la législation n'incriminait pas le crime contre l'humanité, infraction introduite en 1999.
[304] Éric DAVID, op. cit., p. 146.
[305] Éric DAVID, op. cit., p. 84.
[306] Éric DAVID, « Que reste-t-il de la compétence universelle dans la loi du 5 août 2003 ? », in *Jura Falconis*, 40, n° 1, 2003-2004, par. 40.

compétence universelle absolue des juridictions belges avait été revu. Dès lors, en l'absence de lien de rattachement avec la Belgique[307], la mise en mouvement de l'action publique, suite à une plainte avec constitution de partie civile, était subordonnée à des réquisitions de poursuite du Procureur fédéral qui appréciait de l'opportunité. La décision de ce dernier était susceptible de recours devant la Chambre des mises en accusation. Par ailleurs, le gouvernement belge pouvait, après avis non contraignant de la Chambre des mises en accusation, dénoncer le crime à la CPI ou à l'État du lieu du crime, ou à l'État de la nationalité de l'auteur présumé, ou à l'État où se trouvait l'auteur présumé. En pareille occurrence, la Cour de cassation pouvait prononcer le dessaisissement du juge belge, suite aux réquisitions du Procureur général. Ces amendements n'empêchaient pas à la victime d'un crime de droit humanitaire international n'ayant aucun lien de rattachement avec la Belgique, d'introduire une plainte avec constitution de partie civile devant un juge d'instruction, et après réquisitions favorables du Procureur fédéral, et de mettre ainsi en mouvement l'action publique *in absentia*. L'action publique *in absentia* pouvait aussi être déclenchée par le Parquet, si le Procureur fédéral y était favorable, dans la même situation d'un crime de droit humanitaire international n'ayant aucun lien de rattachement avec la Belgique.

Malgré ces restrictions dans la mise en œuvre de la compétence universelle des juridictions belges, les pressions étrangères n'avaient pas cessé, surtout après le dépôt de nouvelles plaintes visant des responsables américains[308]. C'est ainsi qu'une nouvelle loi a été adoptée le 5 août 2003, soit moins de quatre mois après les amendements sus-évoqués. Ce nouveau texte ne retenait dorénavant qu'une compétence universelle limitée. En plus, les dispositions sur la compétence universelle ne sont plus autonomes, mais incluses dans le Code pénal et le Code d'instruction criminelle.

Contrairement aux règles classiques de compétences territoriale et personnelle restées inchangées dans le nouveau texte, la compétence universelle a été « réduite aux seules exigences du droit international »[309]. L'article 12 bis modifié du titre préliminaire du Code de procédure pénale

---

[307] C'est par exemple le cas d'un crime commis à l'étranger par un étranger non présent en Belgique, contre un étranger qui, au moment du dépôt de la plainte, ne réside pas en Belgique depuis au moins trois ans.

[308] Le 14 mai 2003, des plaintes avaient été déposées contre des membres des forces armées américaines dont le Général Tommy FRANKS et le Colonel Bryan McCOY, relativement à l'emploi de bombes à fragmentation en Irak, dans des zones où se trouvaient des civils. La procédure risquait d'être déclarée irrecevable car ne présentant aucun lien de rattachement avec la Belgique depuis au moins trois ans. Néanmoins, le Gouvernement belge n'a pas attendu la décision du Procureur fédéral pour porter officiellement les faits en cause à la connaissance du gouvernement américain. D'autres plaintes avaient été préalablement déposées contre l'ex-Président américain, Georges W. BUSH, à propos d'un bombardement à Bagdad, en 1991, ayant entraîné la mort d'environ 400 civils.

[309] Éric DAVID, « La compétence universelle en droit belge », Op. cit., p. 134.

(CPP) pose désormais la règle de la « compétence universelle dite territoriale »[310] puisque les poursuites pour un crime de droit humanitaire international sont subordonnées d'une part, à la présence de l'auteur présumé sur le territoire belge, et d'autre part, aux réquisitions de poursuite du Procureur fédéral. Ce dernier peut ne pas requérir dans ce sens s'il existe un meilleur for pour poursuivre l'auteur présumé, par application de la théorie du « *forum non conveniens* »[311]. Il en est également ainsi si la plainte est manifestement mal fondée ou ne porte pas sur un crime de droit international, et si l'action publique est irrecevable. Le texte n'a pas prévu de recours contre le contrôle du Procureur fédéral qui aboutirait à un classement sans suite, contrairement à la loi d'avril 2003. Cette autorité judiciaire est cependant tenue d'aviser le ministre de la Justice qui en informe la CPI. Le plaignant peut néanmoins saisir la CEDH.

Parmi les critiques qui avaient fusé contre l'exercice d'une compétence universelle *in absentia*, il y avait celle consistant à alléguer qu'elle privait d'utilité le Statut de la CPI[312] car l'application des règles de complémentarité prévues par le Traité de Rome empêcherait ladite cour de connaître d'une affaire qui fait l'objet d'enquête ou de poursuite de la part d'un État ayant compétence en l'espèce. Toutefois, il faut préciser que le paragraphe 3 de l'article 17 du Statut de la CPI n'interdit pas l'exercice de la compétence universelle *in absentia* et prévoit clairement que les poursuites dans un État ne soustraient une affaire de la compétence de la CPI que si cet État est en mesure « de mener véritablement à bien l'enquête ou les poursuites »[313].

Au moment de l'adoption de la Loi du 5 août 2003, plusieurs affaires fondées sur la compétence universelle *in absentia*, dont celle contre Monsieur Hissein HABRE, étaient pendantes devant les juridictions belges. C'est pour cette raison que des dispositions transitoires ont été votées. Ainsi, les « affaires à l'information », à savoir celles pour lesquelles le parquet devait « rassembler les éléments utiles à l'exercice de l'action publique » (article 28 bis paragraphe 1 du Code d'instruction criminelle), qui n'entraient plus dans les

---

[310] Expression utilisée par l'Avocat général Jean SPREUTELS dans ses conclusions avant Cass. 24 sept. 2003, George BUSH, JT, 2003, p. 639 cité par Éric DAVID, Op. cit., p. 134.

[311] En application de la règle du « *forum non conveniens* », les poursuites seront laissées à l'État du lieu du crime, l'État de la nationalité de l'auteur présumé, l'État du lieu où se trouve l'auteur présumé ou une juridiction pénale internationale comme la CPI.

[312] Joe VERHOEVEN, « Remarques sur les lois du 16 juin 1993 et du 10 février 1999 et sur la compétence universelle », in *De Genocidewet in international perspectief*, Jan WOUTERS en Heidi PANKEN (Dir.) Brussel, De Boeck et Larcier, 2002, p. 188.

[313] Le premier cas correspond à celui d'un État en situation de guerre ou de cataclysme naturel au point qu'il est incapable de faire fonctionner sa justice. La seconde hypothèse est celle où la justice d'un État ne peut remplir convenablement sa fonction. On peut considérer, à l'instar du Professeur Éric David, qu'une procédure *in absentia* qui « ne permettrait pas "de mener véritablement à bien les poursuites (...) serait un cas d'indisponibilité de la justice interne et la CPI pourrait alors se saisir de l'affaire sans heurter le critère de complémentarité » (Éric DAVID, Op. cit., p. 105).

nouveaux critères de compétence du nouveau texte, étaient classées sans suite. Les « affaires à l'instruction », c'est-à-dire celles faisant l'objet d'un acte interrompant la prescription de l'action publique (article 22 du titre préliminaire du CPP), demeuraient si l'un des plaignants au moins était belge au moment de la plainte, ou un des auteurs présumés au moins avait sa résidence principale en Belgique au 7 août 2003 (date d'entrée en vigueur de la loi)[314].

L'instruction ouverte contre Monsieur Hissein HABRE entrait dans ce cadre car certaines victimes avaient la nationalité belge au moment de l'introduction de leur action. Ce lien de rattachement avec la Belgique avait sauvé le dossier. Les limites législatives imposées à l'exercice de la compétence universelle par le juge belge n'ont donc pas eu d'incidence sur cette procédure.

C'est ainsi que le juge a poursuivi l'instruction en délivrant notamment un mandat d'arrêt contre l'ancien Président. Ce statut d'ancien Chef d'État allait toutefois constituer un autre défi à relever puisque le problème de l'immunité avait surgi et les juges sénégalais et belge n'en avaient pas eu la même conception.

Section II : Une conception divergente de l'immunité d'un ancien Chef d'État

Bien avant l'arrêt Yerodia de la CIJ et la loi restrictive de 2003, la compétence universelle absolue permettait de mener une procédure par défaut à l'encontre d'auteurs présumés de crimes internationaux se trouvant hors du territoire belge. L'article 5 paragraphe 3 de la loi de 1999 prévoyait, en sus, que l'immunité attachée à la qualité officielle d'une personne était inopérante pour faire échec à l'application de ce type de compétence.

Le droit international coutumier a pourtant toujours consacré l'immunité des hauts représentants de l'État, laquelle constitue un obstacle procédural à la compétence des tribunaux étrangers. Cependant, cette disposition textuelle passait outre et transperçait le bouclier de l'immunité fonctionnelle des dirigeants étatiques pendant ou après l'exercice de leurs fonctions. Effectivement, elle s'appliquait indifféremment aux chefs d'État en exercice et aux anciens chefs d'État.

Malgré le rappel de la CIJ dans l'affaire Yerodia selon lequel les « immunités résultant du droit international coutumier (…) demeurent

---

314 C'est l'article 6-1° bis et 12 bis du Titre préliminaire du CPP qui le prévoit. Les autres « affaires à l'instruction » qui n'entraient pas dans ce cadre étaient transmises par le Procureur fédéral au Procureur général aux fins de dessaisissement du juge que devait prononcer la Cour de cassation.

opposables devant les tribunaux d'un État étranger »[315], le juge belge avait décerné, le 19 septembre 2005, un mandat d'arrêt international *in absentia* à l'encontre de Monsieur Hissein HABRE, suivi aussitôt d'une demande d'extradition adressée au Sénégal. Il faut toutefois reconnaître que ce dernier n'était plus en fonction et que même s'il pouvait bénéficier d'immunité, celle-ci ne saurait être absolue.

Néanmoins, cette première demande d'extradition belge du 19 septembre 2005 s'était heurtée à la décision d'incompétence de la Chambre d'accusation de la Cour d'appel de Dakar.

En fait, les juges belge et sénégalais n'appréhendaient pas l'immunité sous le même angle. Le premier, avec une certaine témérité, a estimé que l'absence d'immunité *ratione materiae* fondait sa démarche (**Paragraphe 1**). Le second, moins audacieux, s'est limité à lui opposer cet obstacle procédural, sans scruter la notion en profondeur (**Paragraphe 2**).

Paragraphe 1 : Le juge belge à l'assaut de l'immunité *ratione materiae*

L'exercice plein et entier de la compétence universelle par le juge belge avait justifié la modification législative intervenue en 1999. La position tranchée du législateur montrait que celui-ci n'entendait pas inclure les crimes de droit international dans le giron de l'exercice de la souveraineté étatique. Il les considérait donc d'office comme étant des actes accomplis à titre « privé », ou de *jure gestionis*, insusceptibles d'être couverts par l'immunité fonctionnelle.

C'est pourquoi dans l'affaire Habré, le juge avait considéré que l'immunité *ratione materiae* ne pouvait pas être invoquée (**A**). Cette position du juge belge cadre parfaitement avec l'évolution du droit international (**B**).

A. Une immunité *ratione materiae* inopérante

En jugeant nécessaire d'émettre un mandat d'arrêt international *in absentia* à l'encontre de Monsieur Hissein HABRE, cinq ans après l'ouverture de l'information judiciaire, le juge belge espérait aboutir rapidement à un règlement définitif. Cet acte, dressé le 19 septembre 2005, avait été décerné contre l'ancien Président tchadien présumé auteur ou coauteur de crimes de droit international humanitaire, notamment de torture, de génocide, de crimes contre l'humanité et de crimes de guerre. La demande d'extradition qui s'ensuivait avait été transmise au Sénégal par note verbale du 22 septembre 2005. Interpol, saisi le 27 septembre 2005, avait fait circuler une « notice rouge » concernant Monsieur Habré, laquelle valait demande d'arrestation provisoire en vue de l'extradition.

---

[315] CIJ, 14 février 2002, Op.cit., par. 95.

Comme susdit, l'émission du mandat d'arrêt et les demandes d'extradition ont été rendues possibles par la loi belge de compétence universelle et ont été confortées par la levée, par l'État tchadien, de l'immunité de Monsieur Hissein HABRE.

En effet, l'article 5 paragraphe 3 de l'ancienne loi de 1993-1999 ouvrait la possibilité de poursuivre les représentants de l'État, pendant et après l'exercice de leurs fonctions. Le législateur belge considérait que l'adoption d'une telle disposition était une transposition d' « une règle de droit humanitaire international qui fait partie intégrante de l'ordre juridique belge (et) rappelée (...) de façon absolue à l'article 27 du Statut de Rome »[316]. Dans un nouveau texte qui a tenu compte autant de l'arrêt Yerodia de la CIJ[317] que de l'arrêt Sharon du 12 février 2003 de la Cour de cassation[318], il a visé les immunités coutumières et conventionnelles en posant une restriction *ratione temporis* « pendant la période où ils exercent leur fonction ». Avec cette exception au champ d'application *ratione materiae* large, la cessation des fonctions emporte la fin du bénéfice de l'immunité. Il ne s'agit toutefois pas de la fin de toutes les immunités, comme rappelé à la Belgique par la CIJ[319].

Ce texte a neutralisé une éventuelle immunité de Monsieur Hissein HABRE pour les infractions de droit international humanitaire retenues à son encontre par le juge d'instruction du Tribunal de première instance de Bruxelles, Daniel FRANSEN. Cette loi, ajoutée à la compétence personnelle passive, du fait de la nationalité belge de certaines parties civiles, avait permis à la Belgique de motiver sa première demande d'extradition adressée au Sénégal.

Avant de poser cet acte, le magistrat instructeur avait réuni assez d'éléments à charge contre l'ancien Chef d'État. Lors du transport au Tchad,

---

[316] Sénat, Document parlementaire, Session ordinaire 1998-1999, n° 1-749/2 et 3. Disponible sur http://www.senat.be/

[317] La condamnation de la Belgique par la CIJ, saisie par la RDC qui s'était offusquée du mandat d'arrêt international émis à l'encontre de son ministre des Affaires étrangères en fonction, sonnait comme un rappel qu'en droit international coutumier, il n'existe pas d'exception à la règle consacrant l'immunité de juridiction pénale et l'inviolabilité d'un haut représentant de l'État en exercice, présumé auteur de cimes de DIH. Selon ladite Cour, l'immunité et l'inviolabilité « totales » de ces personnages les protègent « contre tout acte d'autorité de la part d'un autre État qui ferait obstacle à l'exercice de (leurs) fonctions ».

[318] Dans l'arrêt Sharon du 12 février 2003, la Cour de cassation belge, à l'instar de celle française dans l'arrêt Kadhafi du 13 mars 2001, a fait remarquer que « la coutume internationale s'oppose à ce que les chefs d'État et de gouvernement en exercice puissent, en l'absence de dispositions internationales contraires s'imposant aux États concernés, faire l'objet de poursuites devant les juridictions pénales d'un État étranger » (Cass., 12 février 2003, Ariel SHARON).

[319] En effet, la CIJ avait juste affirmé qu' « à condition d'être compétent selon le droit international, un tribunal d'un État peut juger un ancien ministre des affaires étrangères d'un autre État au titre d'actes accomplis avant ou après la période pendant laquelle il a occupé ces fonctions, ainsi qu'au titre d'actes qui, bien qu'accomplis durant cette période, l'ont été à titre privé » (CIJ, 14 février 2002, Op. cit., p. 22, par. 61).

en compagnie d'un Substitut du Procureur du Roi du Parquet de Bruxelles, de quatre officiers de police judiciaire spécialistes des enquêtes sur les crimes contre l'humanité, les crimes de guerre et les crimes de torture, et d'une greffière, il avait examiné les lieux des crimes (centres de détention, charniers, ...). Dans le cadre de cette commission rogatoire internationale, des victimes avaient été entendues sur place ainsi que d'anciens complices présumés de Monsieur Habré. Son séjour du 27 février au 7 mars 2002 avait été mis à profit pour collecter des archives de la DDS.

Hormis le texte interne empêchant un ancien haut représentant de l'État d'invoquer une immunité, le juge d'instruction pouvait ainsi compter sur la collaboration des autorités tchadiennes. De plus, sept mois après son retour, le juge avait reçu une correspondance du ministre tchadien de la Justice qui portait à sa connaissance la levée de toute immunité à laquelle pourrait prétendre Monsieur Hissein HABRE. Ledit ministre avait précisé, dans sa lettre du 7 octobre 2002, que « la conférence nationale souveraine tenue à N'Djamena du 15 janvier au 7 avril 1993 avait officiellement levé toute immunité de juridiction à Monsieur Hissein HABRE. Cette position a été confortée par la Loi n° 10/PR/95 du 9 juin 1995 accordant l'amnistie aux détenus et exilés politiques et aux personnes en opposition armée, à l'exclusion de « l'ex-Président de la République, Hissein HABRE, ses coauteurs et/ ou complices ».

Cette précision des autorités tchadiennes était censée lever toute ambiguïté quant au statut pénal de leur ancien dirigeant ainsi que toute éventuelle entrave politique à des poursuites en Belgique. Le magistrat belge pouvait donc espérer aller au bout de son entreprise judiciaire en mettant la main sur Monsieur Hissein HABRE. Mais comme s'il avait pressenti d'éventuelles réticences de la part des autorités judiciaires sénégalaises lors de la délivrance de son mandat d'arrêt, il avait posé un acte prémonitoire en faisant référence, dans ledit mandat, à la levée des immunités de Monsieur Hissein HABRE par le Tchad.

Le droit international comme le droit interne reconnaissent la possibilité pour un État de lever l'immunité d'un de ses ressortissants. L'immunité peut aussi être levée en cas de commission d'un crime qui « ébranle les fondements mêmes de la communauté internationale et révolte la conscience de tous les hommes »[320] (crime contre l'humanité, crime de guerre, génocide, torture). Les instruments internationaux[321] et la jurisprudence[322] ont consacré cette

---

[320] Allain PELLET, « Chapitre 7 : Présentation de la 1ère partie : Essai de classification et principe de légalité », in *Droit international pénal*, Hervé ASCENSIO, Emmanuel DECAUX, Allain PELLET (Dir.), Paris, Pedone, 2000, par. 16, pp. 93 et s.

[321] On peut donner comme référence les articles 7 de la Charte de Nuremberg, 4 de la Convention contre le génocide, 7 par. 2 du Statut du TPIY, 6 par. 2 du Statut du TPIR et 27 de la CPI.

[322] Cela a été précisé dans les affaires Pinochet en 1998, Milosevic en 1999, Al Bashir en 2009 et Yerodia en 2002, Taylor en 2004.

limite à l'immunité du fait de la volonté de l'État d'origine du concerné[323]. En pareille occurrence, l'ancien Chef d'État ne représente plus l'État parce qu'il n'en a plus la capacité ; il n'y est plus légitimé car son pouvoir de représentation et sa protection spéciale en découlant lui ont été retirés par son État.

Bien que la première demande d'extradition du 22 septembre 2005 n'ait pas eu la suite souhaitée, à cause de la décision d'incompétence de la Chambre d'accusation de la Cour d'appel de Dakar, la Belgique n'avait pas renoncé. C'est ainsi que les 15 mars et 5 septembre 2011, elle avait adressé ses deuxième et troisième demandes d'extradition, déclarées irrecevables par la Chambre d'accusation les 18 août 2011 et 10 janvier 2012. Une quatrième demande d'extradition restée sans suite avait également été envoyée au Sénégal.

Le juge belge a, à juste raison, persisté car le fondement de son action est conforme à l'évolution du droit international.

B. Une position conforme à l'évolution du droit international

Depuis la fin de la Première Guerre mondiale, les immunités des hauts représentants de l'État ont tendance à s'effriter. Cette propension à la restriction, notamment pour exclure de son périmètre les crimes de droit international, s'est affirmée depuis le Traité de Versailles du 28 juin 1919 et s'est accentuée avec la Charte et la jurisprudence de Nuremberg. L'évolution du droit international a fait passer les immunités d'une conception absolue à une conception restreinte, pour équilibrer le respect de la souveraineté et celui des droits des justiciables.

En effet, l'article 227 du Traité de Versailles, qui prévoyait la mise en accusation de l'Empereur allemand Guillaume II de HOHENZOLLERN, posait le principe que l'immunité du souverain doit s'effacer devant sa responsabilité pénale en cas de commission de crimes atroces attentatoires à la conscience des peuples civilisés. En ce qui concerne le Statut de Nuremberg, l'article 7 énonçait que « la situation officielle des accusés, soit comme chef d'État, soit comme hauts fonctionnaires, ne sera considérée ni comme une excuse absolutoire, ni comme un motif de diminution de la peine ». Cela a été confirmé dans l'arrêt du 1er octobre 1946, dans lequel le TMI de Nuremberg indiquait que « la protection que le droit international assure aux représentants de l'État ne saurait s'appliquer à des actes criminels. Les auteurs de ces actes ne peuvent invoquer leur qualité officielle pour se soustraire à la procédure normale et se mettre à l'abri du châtiment »[324].

---

323 C'est ce qu'a affirmé le Tribunal fédéral suisse dans son arrêt du 02 novembre 1989, Ferdinand et Imelda MARCOS c. Office fédéral de la police.

324 Procès des grands criminels de guerre devant le Tribunal militaire international–Nuremberg, Op. cit.

Les atrocités constatées durant les grandes guerres ont dévoilé la cruauté et l'abjection de certains dirigeants censés jouir d'une protection immunitaire. Elles ont entraîné une prise de conscience collective tendant au rejet de l'impunité des criminels de cet acabit.

Les principes, qui ont germé après les deux guerres, sont toutefois restés en l'état, laissant l'immunité regagner du terrain dans l'ordre juridique international.

La CDI a relancé les idéaux de Nuremberg et a édicté en 1996, dans son projet de Code des crimes contre la paix et la sécurité de l'humanité, que « la qualité officielle de l'auteur d'un crime contre la paix et la sécurité de l'humanité, même s'il a agi en qualité de chef d'État ou de gouvernement, ne l'exonère pas de sa responsabilité pénale et n'est pas un motif de diminution de la peine » (article 7).

Malgré tout, c'est avec l'arrestation du Général Pinochet qu'une avancée majeure a été notée. En estimant que les crimes de torture ou contre l'humanité ne sauraient se rattacher aux fonctions d'un Chef d'État, lequel pouvait faire l'objet de poursuites pour de telles infractions commises durant l'exercice de ses fonctions, la Chambre des Lords a rouvert une brèche qui n'a cessé, depuis 1998, de s'élargir. Les juges avaient souligné que l'immunité ne pouvait profiter à un ancien Chef d'État en cas de commission de crimes internationaux, durant son magistère[325]. Cette protection est inopérante lorsqu'il s'agit d'actes de torture, un crime attentatoire à la conscience universelle, entraînant automatiquement la perte de toute immunité. Lesdits juges, qui avaient eu à délimiter les sphères des actes officiels et privés pour dire dans quelle catégorie rentrent ceux reprochés au Général, avaient, en premier lieu, dénié la qualification d'actes de fonction aux faits reprochés à celui-ci, avant de se dédire[326]. Il est manifeste que les infractions commises en violation des droits de l'homme ne pourraient entrer dans la catégorie des actes dits de *jure imperii*.

Ainsi, l'immunité statutaire de l'ancien Chef de l'État est limitée aux actes accomplis en sa qualité de Chef d'État, c'est-à-dire dans son rôle représentatif, et le juge doit s'attacher à la nature de l'acte pour y déceler une manifestation de la puissance publique qui pourrait justifier l'immunité revendiquée. Les violations graves ou systématiques des droits de l'Homme ne sauraient être considérées comme entrant dans le cadre normal des fonctions officielles d'un Chef d'État. L'immunité ne profite à celui-ci qu'en vertu de la mission qu'il accomplit au service de l'État et de la population qu'il gouverne, or, les crimes visés sont commis contre les intérêts de l'État et de sa population.

---

[325] House of Lords (Grande-Bretagne), 25 november 1998, Regina v. Bartle and the Commissioner of Police for the Metropolis and Others Ex Parte Pinochet.

[326] En effet, dans la décision du 24 mars 1999, les juges ont qualifié d'actes de la fonction les faits reprochés à Pinochet, contrairement aux motifs de l'arrêt du 25 novembre 1998.

C'est dans cet ordre d'idées que le juge d'instruction Damien VANDERMEERSCH avait affirmé, dans son ordonnance du 6 novembre 1998, dans le cadre de l'instruction de la procédure introduite contre Monsieur Augusto PINOCHET en Belgique, que l'ancien Chef d'État continuait « à jouir des immunités pour tous les actes accomplis dans l'exercice de ses fonctions de chef de l'État » [327], mais que les crimes qui lui étaient imputables ne sauraient être considérés comme ayant été accomplis dans le cadre de ses fonctions car « de tels actes criminels ne peuvent être censés rentrer dans l'exercice normal des fonctions d'un chef d'État dont l'une des missions consiste précisément à assurer la protection de ses concitoyens »[328]. Mieux, ce magistrat belge, à l'instar de son homologue espagnol Baltazar GARZON REAL, dénie toute immunité au Chef d'État en matière de crime de droit international, tels que les crimes de guerre, les crimes contre la paix ou les crimes contre l'humanité. Ce juge espagnol, pour qui les textes internationaux n'accordent pas d'immunité à l'ancien haut représentant de l'État pour ce type de crimes[329], rejoint la Cour suprême d'Amsterdam qui a jugé que les crimes internationaux, à savoir les crimes de torture, crimes de guerre ou crimes contre l'humanité, ne pouvaient être considérés comme des actes officiels d'un Chef d'État commis dans l'exercice de ses fonctions souveraines[330].

Dans la droite ligne d'une législation interne qui a manifesté sa ferme résolution d'écarter toute immunité en face de crimes de droit international, le juge belge a les coudées franches pour poursuivre d'anciens dignitaires de la trempe de Monsieur Hissein HABRE. La position belge est conforme à la tendance actuelle qui est celle d'une règle coutumière qui dénie le bénéfice de l'immunité aux anciens représentants de l'État pour les crimes de droit international commis durant l'exercice de leurs fonctions officielles.

Le droit international contemporain a la lourde charge de concilier impunité et immunité, exercice de la justice et affirmation de la souveraineté. Comme disait Léon OTSHUDI OKONDJO WONYANGONDO, « l'enjeu n'est plus de savoir si et à quelles conditions le bénéfice de l'immunité peut ou non être accordé à un dirigeant politique ou militaire (étranger) à raison d'un crime de droit international, mais celui de déterminer dans quelle mesure le bénéfice de l'immunité peut lui être reconnu au titre d'un acte censé être de fonction souveraine lorsque cet acte viole gravement les droits humains fondamentaux »[331]. C'est d'ailleurs pour attirer l'attention sur ce point que la juge ad hoc VAN DEN WYNGAERT avait reproché à la CIJ de négliger « toute l'évolution récente du droit international pénal moderne qui tend à instituer une obligation individuelle de rendre compte des crimes

---

327 Éric DAVID, Eléments de droit pénal international, Bruxelles, PUB, 1997-1998, pp. 36-37.

328 Ibid.

329 Antonio CASSESES et Mireille DELMAS-MARTY, Op. cit., p. 648.

330 Cour suprême (Pays-Bas), 20 novembre 2000, Op. cit.

331 Léon OTSHUDI OKONDJO WONYANGONDO, L'immunité de juridiction pénale des dirigeants étrangers accusés des crimes contre l'humanité, Paris, Publibook, 2009, p. 23.

internationaux les plus graves »[332], lorsque cette juridiction internationale avait invalidé le mandat d'arrêt belge contre Abdoulaye Yerodia NDOMBASI.

La position tranchée du législateur belge montre que celui-ci n'entend pas inclure les actes constitutifs de crimes de droit international dans le giron de l'exercice de la souveraineté étatique. Il donne donc à ses juridictions les moyens de transpercer le bouclier de l'immunité fonctionnelle des dirigeants étatiques, surtout si ceux-ci ne sont plus en exercice. Le juge sénégalais, par contre, ne dispose pas des mêmes outils et ne s'est pas non plus montré audacieux pour ébranler l'immunité des dirigeants étrangers présumés auteurs de crimes de droit international. Cette attitude a été notée lorsque son collègue belge a sollicité l'extradition de Monsieur Hissein HABRE.

Paragraphe 2 : La justice sénégalaise à l'épreuve de l'immunité présidentielle

La demande d'extradition du 22 septembre 2005, adressée par le Royaume de Belgique à la République du Sénégal, était aussi significative que celle qui avait entraîné l'arrestation de Monsieur Augusto PINOCHET en Grande-Bretagne. Elle était principalement fondée sur l'absence d'immunité *ratione materiae* de Monsieur Hissein HABRE. Sentant probablement que sa demande ne risquait pas de passer comme lettre à la poste, le magistrat belge avait posé un acte prémonitoire en faisant également référence, dans ledit mandat d'arrêt, à la levée des immunités du sieur Habré par le Tchad.

Les motifs de la demande d'extradition n'ont toutefois pas emporté la conviction du juge sénégalais, lequel a reconnu à l'ancien Président le bénéfice de l'immunité présidentielle (**A**). Cet avis maladroit, rendu par la Chambre d'accusation de la Cour d'appel de Dakar, a freiné l'élan du juge belge (**B**).

A. Le bénéfice de l'immunité présidentielle reconnu à Monsieur Hissein HABRE

Après les décisions de la Chambre d'accusation de la Cour d'appel de Dakar et de la Cour de cassation invalidant la procédure initiée contre lui au Sénégal, Monsieur Hissein HABRE espérait finir avec ses ennuis judiciaires dans son pays d'accueil. Mais c'était sans compter avec la détermination des victimes, épaulées par des organisations et des personnalités internationales. Celles-là croyaient encore au jugement de l'ancien Président tchadien, surtout avec la procédure qu'elles avaient initiée en Belgique.

---

[332] CIJ, 14 février 2002, Op. cit., Opinion dissidente du juge ad hoc VAN DEN WYNGAERT, par. 27.

Fort d'une législation favorable et de la collaboration des autorités tchadiennes, le juge belge espérait mettre la main sur Monsieur Hissein HABRE, avec l'émission de son mandat d'arrêt international suivi de la demande d'extradition adressée au Sénégal.

Cette requête officielle n'était pas restée lettre morte puisque le 15 novembre 2005, Monsieur Hissein HABRE avait été arrêté et placé sous écrou extraditionnel en vue de l'audience de la Chambre d'accusation de la Cour d'appel de Dakar.

Au Sénégal, en l'absence de traités, les conditions, la procédure et les effets de l'extradition sont déterminés par la Loi n° 71-77 du 28 décembre 1971. Le gouvernement sénégalais peut, en vertu de ce texte, livrer à un État requérant tout individu non sénégalais qui fait l'objet d'une poursuite dans ledit pays et n'a pas d'affaire pénale pendante au Sénégal, même si l'infraction qualifiée crime, cause de la demande, a été commise, en dehors du territoire de cet État.

En matière d'extradition, les deux juges ne traitent pas directement, mais par l'intermédiaire de leurs gouvernements. Ainsi, la demande est transmise par voie diplomatique et est accompagnée de la décision de condamnation, d'un acte de procédure criminelle, d'un mandat d'arrêt ou de tout autre acte ayant la même force et décerné par l'autorité judiciaire. Le mandat d'arrêt ou l'acte équivalent doit indiquer le fait poursuivi et la date de commission desdits faits. La loi exige la production des pièces en original ou en expédition authentique, ainsi que la copie des textes de loi applicables au fait incriminé.

Le ministre des Affaires étrangères, qui reçoit le dossier, procède aux vérifications nécessaires pour s'assurer qu'il est complet, avant de le transmettre au ministre de la Justice, lequel, à son tour, s'y penche pour s'assurer de la régularité de la requête. En fait, ce sont leurs conseillers techniques respectifs qui effectuent ce travail préalable dont l'utilité n'est pas avérée. Cela est d'autant plus vrai qu'après transmission du dossier par le Garde des Sceaux au Procureur général de la Cour d'appel, celui-ci saisit la Chambre d'accusation qui refait le même travail avant de statuer tant sur la forme que sur le fond.

Les principes généraux en matière d'extradition, repris dans la loi susmentionnée, encadrent la décision du juge. Comme il n'existe pas de convention d'extradition entre la Belgique et le Sénégal, ce texte était censé servir de base pour l'émission d'un avis favorable ou non favorable. Par ailleurs, la Convention de New York de 1984 auquel le Sénégal est parti, peut valablement fonder une décision d'extradition, à travers le principe « *aut dedere aut judicare* ».

La procédure d'extradition est caractérisée par sa célérité. Monsieur Hissein HABRE devait, suite à son arrestation, comparaître devant la Chambre d'accusation dans un délai de huit jours. À l'audience, le Ministère public, le sieur Habré et les avocats de celui-ci ont été entendus, avant que l'affaire ne soit mise en délibéré.

Le 24 novembre 2005, dans sa note en cours de délibéré, le Ministère public avait requis l'incompétence de la justice sénégalaise.

L'avis très attendu de la Chambre d'accusation avait été rendu le 25 novembre de la même année. Contrairement aux attentes, les juges s'étaient appuyés sur l'article 101 de la Constitution du Sénégal et la Loi organique du 14 février 2002 sur la Haute Cour de justice, qui avaient aménagé une procédure spéciale pour poursuivre le président de la République, pour soutenir que « la Chambre d'accusation, juridiction ordinaire de droit commun, ne saurait étendre sa compétence aux actes d'instruction et de poursuite engagés contre un Chef d'État ». Selon les juges, la « procédure spéciale, exorbitante du droit commun » réservée au président de la République s'applique « nécessairement » à l'extradition qui est un acte « de poursuite ou d'exécution par délégation de l'État requérant au profit de l'État requis » et qui « doit se conformer, en tout état de cause, dans sa phase judiciaire, aux règles d'ordre public de compétence et d'organisation des juridictions répressives, bastion de la souveraineté nationale ».

À travers ce raisonnement, ils comptaient soumettre tout acte judiciaire à l'encontre du Chef d'État, y compris la demande d'extradition, au respect de la procédure spécialement aménagée par les textes nationaux pour cette haute personnalité. Poursuivant, les magistrats saisis de la demande considéraient que l'ancien Président tchadien « doit alors bénéficier de cette immunité de juridiction qui, loin d'être une cause d'exonération de responsabilité pénale, revêt simplement un caractère procédural au sens de l'arrêt Yérodia Abdoulaye NDOMBASI du 14 février 2002 rendu par la Cour internationale de justice dans le litige opposant le Royaume de Belgique à la République démocratique du Congo ». En visant cette décision de la CIJ, lesdits magistrats en livraient en même temps leur interprétation tendant à accorder l'immunité présidentielle à Monsieur Habré. La Chambre d'accusation avait davantage précisé sa position en soulignant que « ce privilège a vocation à survivre à la cessation de fonction du président de la République quelle que soit sa nationalité et en dehors de toute convention d'entraide ». Par un dernier « considérant », la Chambre d'accusation déduisait de sa « démonstration juridique » qu'elle n'était pas compétente pour « connaître de la régularité d'actes de poursuite et de validité de mandat d'arrêt s'appliquant à un Chef d'État » [333].

Les juges avaient mis en avant l'immunité de juridiction pénale qui, en droit interne, est un obstacle procédural qui se dresse devant eux et les empêche de statuer au fond sur une demande en justice. C'est une fin de non-recevoir d'ordre public, pouvant être soulevée d'office par le juge même si le bénéficiaire ne l'invoque pas. En droit international, elle constitue une exemption judiciaire dont bénéficient des personnes ou entités (États, chefs d'États, agents diplomatiques, fonctionnaires consulaires, organisations

[333] CA de Dakar (Sénégal), Chambre d'accusation, 25 novembre 2005, Op. cit.

internationales et leurs agents, forces militaires étrangères…). C'est une exception de procédure qu'un État ou ses organes peuvent invoquer devant des juridictions étrangères.

La décision d'incompétence du 25 novembre 2005 n'avait pas pour autant freiné l'ardeur du juge belge, puisque d'autres demandes avaient été ultérieurement formulées, sans qu'elles n'aient pu connaître un meilleur sort. Abstraction faite des relents politiques, l'arrêt de la Chambre d'accusation est juridiquement critiquable.

B. L'avis maladroit de la Chambre d'accusation

Au-delà de ses implications politiques, l'avis de la Chambre d'accusation avait fortement intéressé les juristes, puisque les motifs qui avaient mené à l'incompétence révélaient, de prime abord, une certaine conception de l'immunité d'un ancien Chef d'État.

En droit international comme en droit interne, les immunités des chefs d'État étrangers font l'objet d'une approche singulière. Le droit international coutumier reconnaît les immunités de fonction et celles personnelles. L'immunité de fonction accordée aux chefs d'État concerne uniquement les actes commis dans le cadre de l'exercice des fonctions et survit après la cessation desdites fonctions. L'immunité personnelle concerne tous les actes commis durant la période d'exercice des fonctions présidentielles. L'immunité peut être levée par l'État d'origine dont il exerçait les fonctions, ou lorsque le concerné a commis un crime qui « ébranle les fondements mêmes de la communauté internationale et révolte la conscience de tous les hommes »[334] (crime contre l'humanité, crime de guerre, génocide, torture). Les instruments internationaux ont consacré cela, notamment à travers les articles 7 de la Charte de Nuremberg, 4 de la Convention contre le génocide, 7 paragraphe 2 du Statut du TPIY, 6 paragraphe 2 du Statut du TPIR, 27 de la CPI, de même que la jurisprudence, notamment dans les affaires Pinochet, Milosevic, Taylor et Al Bashir.

En jugeant que Monsieur Hissein HABRE bénéficiait encore de l'immunité de juridiction pénale, la Chambre d'accusation avait pris le contrepied des règles en matière d'immunité, singulièrement dans le cas d'un ancien Chef d'État. Or, ce sont seulement les actes officiels que ce dernier accomplit dans l'exercice de ses fonctions, qui sont protégés. Au même titre que les actes antérieurs et postérieurs à son mandat, les actes qualifiables de crimes de droit international ne sont pas couverts par l'immunité devant les juridictions nationales étrangères ou internationales. Un Chef d'État qui n'est plus en fonction peut donc être justiciable pour ces raisons. C'est dans cette optique qu'en commentant l'article 13 de la loi belge qui évoque les immunités, Pierre D'ARGENT expliquait qu'après la cessation des fonctions,

[334] Allain PELLET, Op. cit., pp. 86-87.

les anciens dignitaires étrangers ne bénéficient plus de l'immunité *ratione materiae* pour les crimes de droit international commis antérieurement, mais uniquement pour les autres actes de leur fonction[335]. Cette lecture est conforme à la Résolution de l'IDI lors de sa session de Vancouver de 2001, dont l'article 13 dispose que « le chef d'État qui n'est plus en fonction ne bénéficie d'aucune inviolabilité sur le territoire d'un État étranger. Il n'y bénéficie d'aucune immunité de juridiction tant en matière pénale qu'en matière civile ou administrative, sauf lorsqu'il y est assigné ou poursuivi en raison d'actes qu'il a accomplis durant ses fonctions et qui participaient de leur exercice. Il peut toutefois y être poursuivi et jugé lorsque les actes qui lui sont personnellement reprochés sont constitutifs d'un crime de droit international, lorsqu'ils ont été accomplis principalement pour satisfaire un intérêt personnel ou lorsqu'ils sont constitutifs de l'appropriation frauduleuse des avoirs ou des ressources de l'État. Il n'y bénéficie d'aucune immunité d'exécution »[336]. Ce principe a été plusieurs fois rappelé par les juges interne et international.

À la différence de l'immunité de l'ancien Chef d'État, celle du dirigeant en exercice, présumé auteur de crimes de droit international, divise la jurisprudence, surtout interne, et la doctrine. En effet, l'immunité du Chef d'État en fonction est déniée par de nombreux auteurs alors qu'elle est consacrée par les tribunaux internes des États étrangers. La Chambre des Lords l'a affirmé en marge de sa décision sur l'affaire Pinochet, de même que la Cour de cassation française, dans son arrêt du 23 mars 2001 relatif à l'affaire Gaddafi. La Haute juridiction française a indiqué que « la coutume internationale s'oppose à ce que les chefs d'État en exercice puissent, en l'absence de dispositions internationales contraires s'imposant aux parties concernées, faire l'objet de poursuite devant les juridictions pénales internes »[337]. La Cour de cassation belge a quasiment repris ces motifs, dans son arrêt du 12 février 2003, pour mettre fin aux poursuites contre l'ancien Premier ministre israélien Ariel Sharon, en fonction à l'époque.

Ainsi, on peut retenir que contrairement au Chef d'État en exercice, l'ancien dirigeant ne bénéficie pas d'une immunité absolue.

Par ailleurs, l'interdiction de la torture est une norme de *jus cogens*, s'imposant à toute autre règle de droit international de valeur inférieure. Dans cette logique, l'immunité qui est une règle de droit coutumier international ne saurait constituer un obstacle en cas de poursuites pour des actes de torture. La CEDH avait précisé à cet effet, dans l'arrêt Adsani, que « la norme de *jus cogens* prohibant la torture et les règles en matière d'immunité des États étant imbriquées, l'obstacle procédural que représente l'immunité des États se

---

[335] Pierre D'ARGENT, « Les nouvelles règles en matière d'immunités selon la Loi du 05 août 2003 », in *Annales de droit de Louvain*, vol 64, n° 1-2, RDULB, 2004, pp. 204-205.
[336] IDI, Op. cit., Article 13.
[337] Cass. Crim. (France), 13 mars 2001, Mouammar Kadhafi, n° 00-87.215, Bull. crim. n° 64.

trouve automatiquement écarté parce que, du fait qu'elles se heurtent à une norme de rang plus élevé, ces règles-ci ne déploient aucun effet juridique »[338]. Cette règle, s'appliquant à l'État, l'est, de surcroît, à l'égard du plus haut représentant de l'État.

En abordant la question de l'immunité présidentielle sans faire de distinction entre l'ancien Chef d'État et le Chef d'État en exercice, la Chambre d'accusation avait manifesté une certaine maladresse, mais aussi un manque de maîtrise de la notion. L'arrêt de la CIJ dans l'affaire Yerodia, auquel elle avait improprement fait référence, concernait l'immunité des dirigeants en fonction.

Il n'est pas sans importance de noter que les juges n'avaient également pas tenu compte de la levée, par le Tchad, de toutes les immunités dont aurait pu se prévaloir Monsieur Hissein HABRE. Dans l'arrêt Yerodia, la CIJ a bien précisé que les Chefs d'État « ne bénéficient plus de l'immunité de juridiction à l'étranger si l'État qu'ils représentent ou ont représenté décide de lever cette immunité »[339]. Comme l'immunité provient de la volonté de l'État, ce dernier peut bien l'ôter à son représentant selon les règles internes qui lui sont propres. C'est aussi ce qu'a affirmé le Tribunal fédéral suisse dans l'arrêt Marcos sus-évoqué en indiquant que l'immunité conférée par l'État à son dirigeant s'efface par la volonté de cet État.

Cette position a été retenue dans la Résolution de l'IDI, favorable au retrait de l'immunité lorsque le Chef d'État est suspecté d'avoir commis des infractions particulièrement graves. Lors de la session de Vancouver sus-évoquée, il était précisé que « le chef d'État ne jouit plus de l'inviolabilité, de l'immunité de juridiction ou de l'immunité d'exécution qui lui sont accordées en vertu du droit international lorsque son État y a renoncé ». Pour l'IDI, le retrait de cette protection peut être explicite ou implicite, suivant les modalités prévues par le droit interne, notamment par le biais d'un organe compétent.

Dans son arrêt, la Chambre d'accusation avait aussi invoqué, de façon inadéquate, l'article 101 de la Constitution sénégalaise de 2001. L'alinéa 1 de cet article dispose que « le président de la République n'est responsable des actes accomplis dans l'exercice de ses fonctions qu'en cas de haute trahison. Il ne peut être mis en accusation que par les deux assemblées, statuant par un vote identique au scrutin secret, à la majorité des trois cinquièmes des membres les composant ; il est jugé par la Haute Cour de justice ». Ces dispositions visent le président de la République du Sénégal, et non un Chef d'État étranger, de surcroît déchu. Aussi, la référence à ce texte ne s'explique pas dans cette décision de la Chambre d'accusation.

L'arrêt du 25 novembre 2005 n'avait pas pour autant découragé le juge d'instruction belge. C'est ainsi qu'une deuxième demande d'extradition avait

---

[338] CEDH, 21 Novembre 2001, Al Adsani c. Royaume Uni, opinion dissidente commune, par. 3.

[339] CIJ, 14 février 2002, Op. cit., par. 61.

été adressée au Sénégal le 15 mars 2011. Le 18 août de la même année, la Chambre d'accusation avait déclaré irrecevable ladite requête pour vice de forme. Le 5 septembre 2011, la Belgique avait refait sa requête et avait demandé une troisième fois l'extradition de Monsieur Habré. Le 10 janvier 2012, le juge sénégalais l'avait déclaré irrecevable pour les mêmes raisons précédentes. Probablement encouragée par la déclaration publique, quelques jours avant la décision d'irrecevabilité, du président de la République sénégalaise, Abdoulaye WADE, qui semblait être favorable à l'extradition, la Belgique avait effectué une quatrième demande, une semaine plus tard, soit le 17 janvier. Cette dernière demande était toutefois restée sans réponse.

Durant les joutes procédurales entre la Belgique et le Sénégal, le Parlement européen avait demandé au Sénégal, le 16 mars 2006, de traduire Monsieur Hissein HABRE en justice ou de l'extrader vers la Belgique[340].

L'affaire Habré commençait ainsi à dépasser le cadre des relations bilatérales belgo-sénégalaises, pour se transposer sur la scène internationale. À partir du 19 février 2009, une nouvelle page de cette saga judiciaire allait s'ouvrir, avec la saisine du Comité anti torture de l'ONU.

Mais c'est surtout la saisine des juridictions internationales, à savoir la CIJ et la Cour de justice de la CEDEAO, qui avait donné à l'affaire Habré une certaine envergure, avec des conséquences réelles.

[340] Résolution législative du Parlement européen sur l'impunité en Afrique, en particulier le cas de Hissène Habré, Strasbourg, 16 mars 2006, P6_TA (2006) 0101.

Titre II : Les recours devant les institutions supranationales

Les procédures judiciaires nationales, initiées par les parties civiles à l'encontre de Monsieur Hissein HABRE, avaient montré leurs limites. D'un côté, la justice sénégalaise avait mis fin aux poursuites pénales contre l'ancien Chef d'État, et de l'autre, la justice belge ne parvenait pas à avancer dans la même affaire, car le mis en cause ne se trouvait pas sur son territoire et qu'il avait tenté, en vain, d'obtenir son extradition.

Les victimes étaient animées d'un sentiment d'impunité, à cause de leur infortune judiciaire, exacerbé par les immixtions politiques. C'est ainsi qu'elles n'entrevoyaient d'autre solution que de porter l'affaire Habré devant les institutions supranationales.

Depuis l'avènement de ce type d'institutions, les particuliers comme les États n'hésitent pas à les saisir pour trancher leurs différends. Elles ont des dispositions statutaires qui prévoient des possibilités de recours, dès la survenance d'un différend qui suppose, au regard de la jurisprudence internationale, l'existence d'une prétention et d'une contestation[341]. Selon la nature juridictionnelle ou politique de l'organe, la saisine peut être subordonnée à l'épuisement des voies de recours internes[342]. Dans tous les cas, ces organes, qui statuent respectivement en droit et en opportunité, n'ont pas vocation à se substituer aux systèmes judiciaires nationaux.

Les conditions relatives à la saisine de ces instances supranationales semblaient être réunies dans l'affaire Habré. En effet, le dossier sénégalais semblait être définitivement clos[343], tandis qu'en Belgique, les poursuites

---

[341] Dans l'affaire des Concessions Mavrommatis, la CPJI a indiqué qu' « un différend est un désaccord sur un point de droit ou de fait, une contradiction, une opposition de thèses juridiques ou d'intérêts entre deux personnes ». (CPJI, 30 août 1924, Affaire des Concessions Mavrommatis en Palestine, recueil des arrêts, Série A, n° 2, 1924, p.11). Dans l'affaire du Sud-Ouest africain, la CIJ a précisé que le différend repose sur l'existence d'une « réclamation de l'une des parties (qui) se heurte à l'opposition manifeste de l'autre » (CIJ, 21 décembre 1962, Sud-Ouest africain-Ethiopie c. Afrique du Sud, et Liberia c. Afrique du Sud, Exceptions preliminaires, Recueil 1962, p. 328).

[342] L'action judiciaire internationale est subordonnée à l'épuisement des voies de recours internes, comme l'avait précisé la CIJ dans l'affaire de l'Interhandel (CIJ, 21 mars 1959, Affaire de l'Interhandel, Suisse c. États-Unis d'Amérique, Exceptions préliminaires, Recueil 1959, p. 25).

[343] L'arrêt du 20 mars 2001 de la Cour suprême avait confirmé l'annulation des poursuites retenue par la Chambre d'accusation de la Cour d'appel de Dakar.

étaient dans l'impasse[344]. Le Sénégal ne donnait pas l'impression de vouloir reprendre la procédure, d'autant plus que le président de la République avait laissé entendre qu'il allait expulser Monsieur Hissein HABRE.

La déclaration publique du Président Abdoulaye WADE, suivie d'un arrêté du ministre de l'Intérieur du 25 novembre 2005[345], avait précipité l'internationalisation de l'affaire Habré et ce, malgré le retrait dudit arrêté et les assurances données par le Sénégal dans le communiqué du Ministère des Affaires étrangères du 27 novembre 2005[346]. C'est ainsi que les victimes, d'une part, et la Belgique, d'autre part, avaient décidé de saisir les instances internationales pour se plaindre contre le Sénégal. En plus de leur apporter la réplique, cet État africain avait décidé de se tourner vers l'organe politique suprême du continent. De son côté, le principal concerné, à savoir Monsieur Hissein HABRE, n'était pas resté sans réaction puisqu'il avait choisi de saisir l'organe juridictionnel ouest-africain pour parer à toutes nouvelles poursuites.

Ces différentes saisines des instances internationales et régionales (**Chapitre I**) avaient marqué une étape majeure dans l'affaire Habré. Elles avaient été à l'origine de décisions juridictionnelles et politiques qui avaient impacté le cours du dossier. En effet, ces recours supranationaux avaient eu de réels effets (**Chapitre II**) qui avaient permis de sortir de l'impasse juridique dans laquelle s'étaient embourbées les différentes procédures internes.

---

344 Les demandes d'extradition belges adressées au Sénégal n'avaient pas prospéré.

345 Par l'arrêté n° 007739 du 25 novembre 2005 du ministre de l'Intérieur, le Sénégal avait décidé de mettre Monsieur Hissein HABRE « à la disposition du Président de l'Union africaine ».

346 L'arrêté du ministre de l'Intérieur avait été rapporté deux jours plus tard, tel que précisé dans le communiqué du Ministère des Affaires étrangères du 27 novembre 2005.

Chapitre I : La saisine des instances internationales et régionales

La saisine des instances supranationales avait donné une nouvelle tournure à l'affaire Hissein HABRE. Elle avait été l'œuvre de toutes les parties concernées, à savoir les victimes et le mis en cause, mais aussi les États sénégalais et belge. Les différents recours devant des organes distincts obéissaient à des règles différentes puisque les objets étaient distincts.

En effet, les victimes avaient saisi le Comité contre la torture de l'ONU pour voir cet organe inviter le Sénégal à se conformer à la Convention de New York de 1984, en jugeant ou en extradant l'ancien Chef d'État tchadien.

À leur suite et comme aucune évolution n'avait été notée dans cette affaire, la Belgique avait introduit une requête au niveau de la CIJ aux mêmes fins.

Quant au Sénégal, attrait autant par les victimes que par la Belgique devant les institutions onusiennes, il avait décidé de s'adresser à l'Union africaine en transférant à cet organe la charge de décider du sort de l'ancien président de la République tchadienne.

Celui-ci, qui était au cœur de ces différentes saisines, n'avait pas tardé à réagir en saisissant la Cour de justice de la CEDEAO afin de freiner toutes les initiatives visant à le poursuivre à nouveau.

Ce réflexe de se tourner vers les organes juridictionnels et politiques internationaux est une tendance évolutive dans les relations entre les États, mais aussi entre les États et les particuliers. La confiance témoignée en ces instances supranationales a entraîné le développement d'un contentieux varié donnant lieu à une jurisprudence complexe.

Nous traiterons en premier lieu de la saisine des organes de l'ONU (**Section I**) avant de traiter de celle des instances africaines (**Section II**).

Section I : L'affaire Habré devant les organes de l'ONU

Depuis l'avènement de l'ONU, les particuliers comme les États n'hésitent pas à saisir ses organes principaux et subsidiaires pour régler leurs différends. Conformément à ses principes et objectifs, ces organes participent au renforcement de la crédibilité de cette organisation internationale et au progrès du droit international.

Dans l'affaire Hissein HABRE, les victimes avaient choisi d'introduire une requête devant le Comité contre la torture et autres peines ou traitements cruels, inhumains ou dégradants, appelé Comité anti torture (**Paragraphe 1**). C'est en vertu de l'article 22 de la Convention de New York de 1984, notamment en son alinéa premier, qu'elles avaient présenté leur communication. Cet article prévoit que les particuliers, relevant de la juridiction d'un État partie à la Convention et victimes d'une violation de ce texte, peuvent agir devant le Comité, dès lors que cet État reconnaît la compétence dudit comité pour recevoir et examiner de telles requêtes. Au préalable, il fallait, comme en l'espèce, que les requérants n'aient pas saisi une autre instance internationale d'enquête ou de règlement et qu'ils aient épuisé tous les recours internes disponibles.

L'inertie du Sénégal, malgré l'intervention du Comité, avait poussé la Belgique à faire intervenir l'organe judiciaire principal des Nations unies et du droit international public, à savoir la CIJ (**Paragraphe 2**). Celle-ci, qui ne peut être saisie par les particuliers[347], mais uniquement par les États, a une compétence matérielle très large et peut autant connaître des différentes conventions bilatérales et multilatérales que de l'ensemble du droit international coutumier. Ainsi, tout litige de droit international peut lui être soumis dès lors que les parties acquiescent à l'exercice de sa compétence.

Paragraphe 1 : Le traitement de l'affaire Habré par le Comité anti torture

Le Comité des Nations unies contre la torture avait été saisi par une communication du 18 avril 2001, introduite par certaines victimes du régime Habré, à savoir Souleymane GUENGUENG, Zakaria Fadoul KHIDIR, Issac HAROUN, Younous MAHADJIR, Valentin Neatobet BIDI, Souleymane RAMADANE et Samuel Togoto LAMAYE. Après avoir rappelé les exactions commises durant le règne de Monsieur Hissein HABRE, dont de nombreux actes de torture et de disparition forcée, et retracé la procédure judiciaire initiée au Sénégal et ayant abouti à la confirmation de l'annulation des poursuites contre l'ancien Président tchadien, lesdites victimes avaient allégué de la violation, par le pays hôte, de certaines dispositions de la Convention de New York de 1984 (**A**). Leur argumentaire avait emporté la conviction des experts onusiens, lesquels avaient retenu que le Sénégal avait manqué à ses obligations découlant de ladite convention (**B**).

A. Les violations de la Convention de New York reprochées au Sénégal

Les violations alléguées de la Convention contre la torture et autres peines ou traitements cruels, inhumains ou dégradants tournaient autour de deux articles fondamentaux, à savoir les articles 5 (paragraphe 2) et 7. Dans le

[347] Aux termes de l'article 34-1 du Statut de la CIJ, « seuls les États ont qualité pour se présenter devant la Cour ».

paragraphe 2 de l'article 5, il est prévu que « tout État-partie prend (...) les mesures nécessaires pour établir sa compétence aux fins de connaître (des infractions prévues par la convention) dans le cas où l'auteur présumé de celles-ci se trouve sur tout territoire sous sa juridiction et où ledit État ne l'extrade pas conformément à l'article 8 vers l'un des États visés au paragraphe 1 du présent article ». L'article 7 dispose notamment que « L'État-partie sur le territoire sous la juridiction duquel l'auteur présumé d'une infraction visée à l'article 4 est découvert, s'il n'extrade pas ce dernier, soumet l'affaire, dans les cas visés à l'article 5, à ses autorités compétentes pour l'exercice de l'action pénale (...) ».

Pour étayer les allégations de violation de l'article 5 paragraphe 2, les requérants s'étaient principalement fondés sur la portée de l'arrêt de la Cour de cassation sénégalaise du 20 mars 2001. C'est ainsi qu'ils avaient relevé l'obstacle juridique brandi par cette Haute juridiction à savoir que le Sénégal n'avait pas pris les mesures législatives préalables pour assurer l'exécution de la Convention de 1984 et « que la présence au Sénégal d'Hissein HABRE ne saurait à elle seule justifier des poursuites »[348]. En faisant remarquer que c'est justement la seule présence du sieur Habré sur le territoire sénégalais qui établissait, en l'espèce, la compétence de ce pays, les victimes avaient soutenu que cette décision était en contradiction autant avec l'objectif principal de la Convention qu'avec les engagements du Sénégal notés dans son deuxième rapport périodique présenté devant le Comité contre la torture.

Dans ledit rapport présenté à la seizième session en 1996, le Sénégal avait fait observer que le droit international conventionnel ratifié avait une primauté sur son droit interne, en vertu de l'article 79 de sa Constitution, et avait indiqué qu'aucune disposition de droit interne ne faisait obstacle à la poursuite de crimes de torture commis à l'étranger[349]. Or, le dispositif juridique permettant la mise en œuvre, sur le plan interne, de la Convention de New York, faisait défaut. C'est ce qu'avait souligné le Comité, lors de l'examen du deuxième rapport, lorsqu'il regrettait « l'absence sur le plan normatif de certaines réglementations qui garantiraient l'application effective de la Convention »[350]. C'est pour cette raison que ledit comité avait recommandé au Sénégal de prévoir, dans son corpus juridique, une définition de la torture, conformément à l'article premier de la Convention, ainsi que son incrimination comme infraction générale, de nature à permettre l'exercice de la compétence universelle.

Le Sénégal était dans une phase de réforme législative pour se conformer à ses engagements internationaux dans ce domaine et déjà, lors de la

---

348 Cour de cassation (Sénégal), 20 mars 2001, Op. cit.

349 Cf. deuxième rapport périodique du Sénégal, par. 42 (CAT/C/17/Add.14) examiné lors des 247e et 248e séances du Comité anti torture tenues à Genève le 01er mai 1996 (CAT/C/SR. 247 et 248).

350 Ibid.

présentation du premier rapport, son représentant avait tenu à indiquer que ce pays avait inclus, dans le projet de loi en cours modifiant le Code pénal, une définition de la torture conforme à la Convention[351].

Les requérants avaient ainsi estimé que le Sénégal avait tout simplement violé l'article 5 paragraphe 2 de la Convention et avaient invité le Comité à statuer en ce sens.

En ce qui concerne l'article 7 dont la violation avait été invoquée, les requérants avaient considéré qu'il est une traduction fidèle du principe « *aut dedere aut punire* » cher à Hugo GROTIUS[352].

Les victimes s'étaient appuyées sur la jurisprudence et la doctrine favorables à cette thèse. Aussi, n'avaient-elles pas manqué d'invoquer les opinions de membres de la Chambre des Lords dans l'affaire Pinochet ainsi que celles des auteurs Cherif BASSIOUNI, Edward WISE et Marc HENZELIN.

Dans l'affaire de l'ancien Président chilien, les Lords avaient dû prendre position sur certains principes généraux du droit international. Singulièrement sur le principe « *aut dedere aut judicare* » posé à l'occasion de cette affaire, Lord Browne-Wilkinson, Président de la Chambre des Lords, ainsi que ses collègues Lord Goff et Lord Millet avaient souligné que le but de la Convention contre la torture est de s'assurer qu'un tortionnaire ne puisse se soustraire à la justice en profitant d'un abri dans un pays étranger, et que ledit traité impose aux États parties de poursuivre ou d'extrader l'auteur d'un tel crime international[353].

Cherif BASSIOUNI et Edward WISE, qui ont largement influencé la jurisprudence en la matière, ont affirmé de manière péremptoire que « l'article 7 traduit le principe *aut dedere aut judicare* »[354]. C'est également la position de Marc HENZELIN pour qui « la convention contre la torture va bien au-delà de la simple obligation de légiférer contenue dans l'article 5 »[355].

En reprenant les mêmes arguments, les requérants entendaient emporter la conviction du Comité et espéraient surtout une réaction similaire à celle que cet organe avait eue dans l'affaire Pinochet. En effet, lors de l'examen du troisième rapport périodique du Royaume Uni, le Comité avait recommandé à cet État européen d'engager des poursuites contre Monsieur Augusto

---

[351] Le Sénégal avait présenté son rapport initial le 30 octobre 1989 (CAT/C/S/Add.19).

[352] Pour Grotius, « il faut que (…) l'État, sur les terres duquel se trouve le coupable, atteint et convaincu, fasse deux choses : ou qu'il punisse lui-même le coupable, à la réquisition de l'autre État, ou qu'il le remette entre ses mains pour le punir comme il le jugera à propos ». (Grotius, Le droit de la guerre et de la paix, 1625, L. II, ch. XX, LX, 3. Disponible sur https://books.google.sn).

[353] House of Lords, 24 march 1999, Op. cit.

[354] Cherif BASSIOUNI and Edward WISE, Aut dedere aut judicare : The duty to extradite or prosecute, in *International Law*, Dordrecht, Martinus Nijhoff, 1995, p. 159.

[355] Marc HENZELIN, Le principe de l'universalité en droit pénal international : droit et obligation pour les États de poursuivre et juger selon le principe de l'universalité, Bâle, Helbing & Lichtenhahn, 2000, p. 349.

PINOCHET, « si la décision de ne pas l'extrader était prise », afin de se conformer aux obligations découlant des articles 4 à 7 de la Convention de New York, mais aussi de l'article 27 de la Convention de Vienne de 1969 sur le droit des traités[356]. En invitant le Comité à confirmer sa position, les victimes avaient, à l'appui, fait remarquer que le Sénégal avait décrit, dans son deuxième rapport, le mécanisme de mise en œuvre de l'article 7 sur son territoire sans y procéder, violant ainsi ledit article de manière flagrante.

En plus de reprocher au Sénégal des violations de la Convention de New York, les requérants avaient estimé que cet État devrait prendre les mesures nécessaires pour traduire Monsieur Hissein HABRE en justice ou l'extrader, ou bien à défaut, supporter les conséquences financières de sa carence à travers une réparation financière. Sur ce point, ils avaient invoqué l'article 14 de la Convention[357] et la jurisprudence de la CEDH dans l'affaire Osman contre Royaume uni[358].

Le Comité anti torture ne pouvait pas se prononcer sur ces demandes sur la seule base des prétentions des victimes. Ainsi, le Sénégal avait été amené à répondre aux accusations portées à son encontre. Cet État avait d'abord axé sa défense sur le fait que les requérants ne relevaient pas de sa juridiction, car les faits de torture avaient été commis au Tchad par un Tchadien sur des Tchadiens. Toutefois, cette irrecevabilité soulevée avait été écartée par le Comité qui, comme les requérants, avait estimé qu'un particulier relève de la juridiction d'un État si les violations alléguées, en l'espèce, le « refus des juridictions sénégalaises de donner suite à la plainte contre Hissène Habré », résultent d'une action de cet État[359].

En abordant le fond des prétentions de la partie adverse, notamment sur les allégations de violation de la Convention contre la torture, le Sénégal avait fait sien l'argument du Professeur Cherif BASSIOUNI selon lequel « le devoir de poursuivre ou d'extrader doit, en l'absence d'une convention spécifique

---

356 CAT/C/SR.354, 355 et 360.

357 Aux termes de l'article 14 de la Convention contre la torture, « tout État partie garantit, dans son système juridique, à la victime d'un acte de torture, le droit d'obtenir réparation et d'être indemnisée équitablement et de manière adéquate, y compris les moyens nécessaires à sa réadaptation la plus complète possible. En cas de mort de la victime résultant d'un acte de torture, les ayants cause de celle-ci ont doit à indemnisation ».

358 Dans l'affaire Osman contre Royaume uni du 28 octobre 1998, la CEDH a octroyé des sommes d'argent, à titre de réparation, aux héritiers d'Ali Osman, assassiné par le professeur Paget-Lewis qui était obsédé par son fils Ahmet Osman. La Cour a néanmoins précisé qu'aucun manquement fondamental des autorités britanniques, à leur obligation au titre de l'article 2 de la Convention européenne protégeant le droit à la vie, ne pouvait être relevé en l'espèce.

359 Les requérants avaient rappelé, à ce propos, l'affaire Ibrahima Gueye et autres contre France du 03 avril 1989. En l'espèce, le Comité avait considéré que les requérants, de nationalité sénégalaise et résidant au Sénégal, étaient sous la juridiction de la France, avant de retenir une violation de la Convention par cette dernière, relativement à la différence de calcul des pensions pour les militaires de carrière retraités de nationalité sénégalaise, ayant servi dans l'armée française, et leurs collègues de nationalité française.

stipulant une telle obligation et en dépit des arguments en ce sens des spécialistes, être prouvé comme faisant partie du droit international coutumier » et avait ajouté que la Convention de New York n'obligeait pas les États à satisfaire à leurs engagements dans un délai précis. En ce qui concerne la demande d'une réparation éventuelle, il l'avait réfutée au motif qu'une procédure judiciaire contre Monsieur Hissein HABRE était en cours en Belgique.

Cette procédure belge allait d'ailleurs retarder le verdict du Comité, en raison de la litispendance. Ce n'est donc que le 17 mai 2006 que le Comité avait rendu sa décision, soit plus de cinq années plus tard. Cet organe de l'ONU avait retenu que le Sénégal avait violé les articles 5 (paragraphe 2) et 7 de la Convention contre la torture et avait formulé des recommandations.

B. Les recommandations du Comité anti torture

Le Comité des Nations unies contre la torture, saisi d'une communication par un particulier, se prononce d'abord sur sa recevabilité avant d'examiner le bien-fondé des griefs soulevés. C'est ainsi qu'après avoir estimé que la requête des sieurs Guengueng et autres remplissait les exigences prévues par la Convention et était recevable, il s'était attelé à examiner le fond de leurs prétentions. Pour ce faire, les experts onusiens étaient partis d'éléments objectifs incontestables avant de se prononcer sur les allégations de violation de la Convention.

En effet, le Comité avait relevé que Monsieur Hissein HABRE se trouvait sur le territoire sénégalais depuis décembre 1990 et que les juridictions de cet État partie ne s'étaient pas prononcées sur le bien-fondé des allégations de tortures invoquées par les victimes, notamment parce que la Cour de cassation avait mis fin aux poursuites intentées contre le sieur Habré par arrêt du 20 mars 2001. Il avait ensuite constaté que la demande d'extradition de la Belgique, adressée au Sénégal, n'avait pas prospéré, puisque la Chambre d'accusation de la Cour d'appel de Dakar s'était déclarée incompétente par arrêt du 25 novembre 2005.

Après avoir fait ces précisions, le Comité avait souligné le fait que le Sénégal avait lui-même fait remarquer qu'il n'avait pas adopté les mesures nécessaires préconisées par l'article 5 paragraphe 2 de la Convention en tant qu'obligation pour les États parties. Cet aveu résultait aussi de la décision de sa Cour de cassation. Étant donné que depuis la ratification de la Convention de New York survenue le 21 août 1986, cet État n'avait pas réajusté sa législation pour la rendre conforme à celle-ci, le Comité avait considéré que le délai raisonnable avait été largement dépassé. Il avait ainsi rejoint les requérants sur cet argument et avait logiquement conclu que le Sénégal avait violé l'article 5 paragraphe 2.

Une telle conclusion était prévisible puisque la Convention avait, entre autres objectifs, celui de s'assurer qu'aucun individu suspecté d'avoir commis des actes de torture ne puisse se soustraire à l'action de la justice où qu'il se trouve. Ce but avait clairement été affirmé dans les travaux préparatoires, comme cela a été rappelé par J. Herman BURGERS et Hans DANELIUS, respectivement Président du groupe de travail des Nations unies chargé de préparer le projet de la Convention et Représentant de la Suède ayant proposé le premier avant-projet de la Convention. Selon ces auteurs, principaux architectes de la Convention, l'article 5 constitue « une pièce maîtresse dans la Convention, dont le but essentiel est de s'assurer qu'aucun tortionnaire ne puisse se soustraire aux conséquences de son acte en se rendant dans un autre pays (et que par conséquent) un État partie sera compétent à l'égard des crimes de torture dans tous les cas où l'auteur présumé de ces crimes sera présent sur tout territoire sous sa juridiction », conformément au paragraphe 2 de cet article[360]. Leurs propos ont été confirmés par les experts du Comité lors des examens des rapports périodiques de l'Arménie[361] et du Guatemala[362]. En plus, dans sa décision sur l'affaire Marcos Roitman ROSENMANN contre l'Espagne du 30 avril 2002, ledit comité avait eu à faire observer que « la Convention impose (...) l'obligation de traduire en justice une personne accusée d'avoir commis des actes de torture qui se trouve sur son territoire »[363].

D'aucuns considèrent le tortionnaire comme un « *hostis humani generis* » à l'instar du pirate. C'est la raison pour laquelle la Sous-commission de la promotion et de la protection des droits de l'Homme des Nations unies avait, dans sa Résolution 2000/24 du 18 août 2000 intitulée « Rôle de la compétence universelle ou extraterritoriale dans l'action préventive contre l'impunité », érigé en priorité la poursuite des responsables de certains crimes de droit international, notamment les « anciens chefs d'État ou de gouvernement dont l'exil sert de prétexte à leur impunité en vue de prévenir, par l'exemplarité, de futures violations des droits de l'homme ».

En ce qui concerne l'article 7 de la Convention, le Comité avait abouti à la même conclusion selon laquelle le Sénégal l'avait également violé. Il avait d'abord précisé que « l'obligation de poursuivre l'auteur présumé d'actes de torture ne dépend pas de l'existence préalable d'une demande d'extradition à son encontre », épousant ainsi la démarche de Lord Browne-Wilkinson dans l'affaire Pinochet. Dans cette affaire, le juge anglais avait même rappelé que « tout au long des négociations de la Convention, un certain nombre de délégations avaient souhaité que l'exercice par un État de la compétence en vertu de l'article 5 (2) fût consécutif à son refus d'une demande d'extradition

---

360 J. Herman BURGERS and Hans DANELIUS, The United Nations Convention Against Torture ; A Handbook on the Convention against Torture and Other Cruel, Inhuman and Degrading Treatment or Punishment, Dordrecht, Martinus Nijhoff, 1988, p. 131.

361 Comité anti torture, CAT/C/SR.245, par. 18, 11 juin 1996.

362 Comité anti torture, CAT/C/SR.232, par. 65, 21 novembre 1995.

363 Comité anti torture, CAT, Roitman ROSENMANN c. Espagne, CAT, Communication N°176/2000, 30 avril 2002, par. 6.7.

adressée par un des États désignés à l'article 5 (1). Au cours d'une session tenue en 1984, toutefois, toutes les réserves au principe « *aut dedere aut punire* » furent retirées. Dès lors, plus aucune délégation n'était opposée à l'incorporation de la compétence universelle dans le projet de la Convention »[364]. En plongeant dans ces mêmes travaux préparatoires, J. Herman BURGERS et Hans DANELIUS avaient signalé que « certaines délégations étaient d'avis que la compétence devrait être subordonnée à la réception d'une demande d'extradition et à son rejet. Néanmoins cela n'était pas l'opinion majoritaire, ni celle reflétée finalement dans la Convention »[365].

Le Comité avait ensuite indiqué que depuis le 19 septembre 2005, date de la demande d'extradition belge, le Sénégal était d'ailleurs concrètement dans la situation alternative prévue à l'article 7. Jusqu'au prononcé de la décision du Comité, le 17 mai 2006, ce pays ne s'était pas conformé au principe « *aut dedere aut judicare* » car, malgré l'arrêt de sa juridiction suprême mettant fin aux poursuites contre Habré, il n'avait pas procédé à l'extradition de celui-ci vers la Belgique. Le Comité était ainsi resté fidèle à son interprétation de ce principe. Il avait affirmé cette position lors de l'examen du rapport périodique du Royaume-Uni, en recommandant à cet État « que l'affaire du sénateur chilien Pinochet soit déférée au parquet en vue de déterminer si un procès est réalisable, et, le cas échéant, que des poursuites pénales soient engagées en Angleterre si la décision de ne pas l'extrader était prise »[366].

Cette obligation « *aut dedere aut judicare* » ou « *aut dedere aut prosequi* » a un caractère impératif qui semble bien ressortir du libellé de l'article 7 paragraphe 1er. À ce propos, Sir Nigel RODLEY, Rapporteur spécial de la Commission des droits de l'Homme chargé d'examiner les questions se rapportant à la torture, a indiqué que la Convention instaure « l'obligation d'extrader les présumés tortionnaires ou de les juger sur la seule base de la compétence universelle »[367]. Marc HENZELIN a appuyé cette affirmation en disant que « l'application du principe *aut dedere aut prosequi* fut largement débattue pour être finalement admise expressément par les groupes d'experts aux travaux préparatoires »[368].

En retenant, en définitive, que le Sénégal avait manqué à ses obligations prévues par les articles 5 (paragraphe 2) et 7 de la Convention contre la torture, le Comité avait donc fait droit à la requête des victimes. Il avait rendu inopérante toute invocation par un État partie de « la complexité de sa procédure judiciaire ou d'autres raisons dérivées de son droit interne pour justifier le manque de respect à ses obligations en vertu de la Convention ».

---

364 Groupe de Travail sur le projet de la Convention (U.N. Doc. E/CN. 4/1984/72, par. 26).

365 J. Herman BURGERS and Hans DANELIUS, Op.cit., p. 133.

366 Comité anti torture, CAT, Observations finales : United Kingdom of Great Britain and Northern Ireland. 17/11/98. Doc. À/54/44.

367 Nigel RODLEY, The Treatment of Prisoners under International Law, 2nd ed., Oxford, Clarendon Press, 1999, p. 129.

368 Marc HENZELIN, Op. cit., p. 349.

Cette décision du Comité, qui contenait des recommandations claires, mettait le Sénégal face à ses responsabilités, celle notamment d'apporter une solution au problème soulevé à travers des mesures de nature à se conformer à la Convention. En invitant ce pays à « adopter les mesures nécessaires, y compris législatives, pour établir sa compétence » aux fins d'exercer une action pénale contre les faits de torture reprochés à Monsieur Hissein HABRE, ou, à défaut, faire droit à la demande d'extradition belge et « le cas échéant, à toute autre demande d'extradition émanant d'un autre État », l'organe onusien n'avait comme seul objectif que d'éviter l'impunité face à des allégations sérieuses de torture.

Ces recommandations étaient assorties d'une invite à transmettre à l'instance onusienne, dans un délai de 90 jours, les éléments montrant qu'elles avaient été suivies.

Ce verdict entrait dans l'esprit général de la Convention selon lequel aucun tortionnaire ne saurait trouver refuge dans un État de droit. Le Sénégal tardait cependant à exécuter ses obligations. C'est pour cette raison que l'affaire Habré allait être portée à un niveau supérieur, par la saisine de la CIJ.

Paragraphe 2 : Le traitement de l'affaire Habré par la CIJ

L'affaire Hissein HABRE n'avait pas connu d'avancée majeure malgré les recommandations du Comité conte la torture de l'ONU, consistant pour le Sénégal à juger ou à extrader l'ancien Président tchadien. Face à la résistance des autorités sénégalaises, la Belgique avait jugé nécessaire de porter le différend devant l'organe judiciaire principal de l'ONU chargé de trancher les contentieux entre États. C'est par une requête introductive d'instance du 19 février 2009 que le Royaume belge avait saisi cette juridiction internationale pour l'amener à se pencher sur le différend relatif à l'obligation du Sénégal de poursuivre ou d'extrader Monsieur Hissein HABRE, conformément à la Convention contre la torture.

Le dossier Habré était la première affaire portée devant la Cour sur la base de ce traité de 1984. En vertu du principe du consentement des parties, fondamental en matière de règlement des différends internationaux, la CIJ était d'abord tenue de s'assurer que le Sénégal acceptait sa compétence, car les États sont souverains et libres de choisir les voies et moyens de résoudre leurs litiges.

Ensuite avant qu'elle ne puisse se prononcer sur le fond de l'affaire, elle avait été amenée à se pencher sur des questions incidentes : celle de sa compétence *prima facie* et celle relative aux mesures conservatoires demandées par la Belgique (**A**).

Après ses réponses controversées à ces questions incidentes, la Cour allait enfin se prononcer sur le fait internationalement illicite imputable au Sénégal (**B**).

A. Les questions incidentes de la compétence et des mesures conservatoires

Les États qui introduisent une requête auprès de la CIJ consacrent une bonne partie à la question de la compétence *prima facie*, essentielle aux yeux de la Cour.

Dans l'acte introductif d'instance, les Belges avaient invoqué l'article 30 paragraphe 1 de la Convention de 1984 comme fondement de la compétence de la Cour, ainsi que les déclarations d'acceptation de la compétence faites par les États, en application de l'article 36 paragraphe 2 du Statut de la CIJ. Ils avaient soutenu l'existence d'un différend portant sur l'interprétation et l'application de l'article 7 de la Convention de New York puisque les autorités sénégalaises étaient restées sourdes à leurs nombreux appels à appliquer ledit traité. Pour la Belgique, les négociations avaient échoué du moment que le Sénégal n'avait pas entrepris des actions en vue du jugement ou de l'extradition de Monsieur Hissein HABRE, alors que depuis l'année 2005, ils avaient effectué des démarches en ce sens.

Comme l'affaire Habré n'avait pas que des relents juridiques, les Belges entendaient déjouer toute attitude du Chef de l'État sénégalais ou de son gouvernement susceptible d'entraîner l'impunité de Monsieur Hissein HABRE, comme le transfert de l'affaire à l'Union africaine. C'est pour cette raison que leur requête introductive d'instance avait aussitôt été suivie, le même jour, d'une demande en indication de mesures conservatoires, sur le fondement des articles 41 du Statut de la CIJ ainsi que 73, 74 et 75 du Règlement de la Cour. Dans cette demande, cet État européen avait prié la Cour d'obliger le Sénégal à prendre les mesures nécessaires pour maintenir Monsieur Hissein HABRE sur son territoire afin qu'il ne puisse se soustraire à l'action de la justice. Cette prétention était l'expression d'une inquiétude belge justifiée par les déclarations du Président Abdoulaye WADE selon lesquelles son pays pourrait mettre fin à la résidence surveillée du sieur Habré si les fonds nécessaires, pour l'organisation d'un procès, n'étaient pas disponibles.

En réponse à cette requête, le Sénégal avait estimé que si la Cour y faisait droit, cela préjugerait du fond de l'affaire et le priverait de ses droits qu'il tient des règles internationales, alors qu'il n'y avait aucune urgence ni risque de préjudice irréparable. Il avait estimé que la Belgique alléguait de l'existence d'un différend hypothétique, sans manquer de rappeler ses propres efforts diplomatiques et législatifs consentis pour le jugement de Monsieur Hissein HABRE. Ainsi, il réfutait la compétence *prima facie* de la Cour alléguée par la Belgique, en prétendant que cette dernière n'avait d'ailleurs pas respecté les dispositions de l'article 30 de la Convention relative à la négociation et à l'arbitrage préalables, et demandait aussi le rejet de la demande en indication de mesures conservatoires.

Suite à l'interpellation du Juge Christopher GREENWOOD, la Belgique avait indiqué que la Cour pourrait passer outre sa demande si le Sénégal s'engageait, par une déclaration solennelle et inconditionnelle devant le prétoire, à ne pas laisser Monsieur Hissein HABRE quitter son territoire avant la décision au fond, demande à laquelle le Sénégal avait accédé. C'est ainsi que la CIJ avait retenu, dans son ordonnance du 28 mai 2009, que les circonstances, en l'espèce, n'exigeaient pas l'indication de mesures conservatoires, d'autant plus qu'il n'y avait pas d'urgence ni de droits à sauvegarder, en attente de la décision au fond.

Après avoir précisé que la Belgique avait qualité à agir, en tant qu'État partie à la Convention de New York et que donc, sa requête était recevable, la Cour avait répondu d'une manière singulière à la question de sa compétence *prima facie*. Elle avait considéré qu'à la date du dépôt de la requête, un différend existait entre les deux pays, principalement parce que la Belgique contestait l'interprétation faite par le Sénégal de l'article 7 sus-évoqué en déférant l'affaire Habré à l'Union africaine. Ce différend était de nature juridique selon la Cour, car il était question, entre les parties, de l'interprétation et de l'application de la Convention contre la torture, notamment sur les délais, les circonstances (difficultés financières, juridiques ou autres) et la façon dont le Sénégal devrait s'acquitter de ses obligations conventionnelles. Quant aux conditions procédurales prévues à l'article 30, la Cour avait relevé que les nombreuses relances belges faites aux autorités sénégalaises constituaient une tentative de résoudre le différend par voie de négociation, et qu'aussi, la Belgique avait formellement proposé au Sénégal de recourir à l'arbitrage sans que ce pays n'y donne suite dans les six mois[369].

La décision de la CIJ, tant sur la compétence que sur les mesures conservatoires, n'avait pas fait l'unanimité, même en son sein.

En ce qui concerne la compétence, le Juge *ad hoc* Serge SUR[370] avait estimé, dans son opinion individuelle, qu'un différend de nature juridique n'existait pas entre le Sénégal et la Belgique sur l'interprétation et l'application de la Convention. Pour expliquer la notion de différend, il avait fait siens les propos du Professeur Jean COMBACAU selon lesquels « le désaccord, l'opposition… ne sont constitutifs d'un différend que s'ils se manifestent à l'occasion d'une réclamation adressée par un État à un autre et à laquelle celui-ci refuse de faire droit ; le contentieux international n'inclut ni les disputes abstraites… ni même des différences d'appréciation sur la conduite à tenir dans une espèce déterminée : son concept implique l'expression de prétentions, et pas seulement de thèses, contradictoires ; et le

[369] La Belgique avait adressé une demande d'arbitrage au Sénégal le 20 juin 2006 et l'avait réitérée le 8 mai 2007, sans que le Sénégal n'y donnât suite.

[370] Serge SUR, Professeur à l'Université Panthéon-Assas (France), avait été désigné par le Sénégal en qualité de juge *ad hoc*, tandis que la Belgique avait fait siéger Philippe KIRSCH, diplomate canadien né en Belgique.

différend n'apparaît que là où un État réclame d'un autre un certain comportement et se heurte au refus de celui-ci »[371]. Or, il avait fait remarquer que les parties reconnaissaient l'obligation « *aut dedere aut judicare* » imposée par la Convention et que le Sénégal avait posé des actes concrets allant dans le sens d'un procès contre Monsieur Hissein HABRE, comme le réclamait la Belgique. Aussi, en l'absence de « réclamation de l'une des parties (qui) se heurte à l'opposition manifeste de l'autre »[372] et comme la Belgique s'était satisfaite de la déclaration solennelle du Sénégal de juger Monsieur Hissein HABRE dès que possible, la Cour devait, selon Sur, reconnaître qu'il n'existait plus de différend et déclarer la demande sans objet, comme elle avait eu à le faire dans les affaires des essais nucléaires[373].

Dans le même ordre d'idées, le Juge Leonid SKOTNIKOV avait considéré que le différend entre le Sénégal et la Belgique avait cessé d'exister dès lors que les parties étaient d'accord sur les points soulevés. Skotnikov avait explicité sa position dans son opinion individuelle commune avec le Juge Awn Shawkat AL-KHASAWNEH. Ces deux juges s'étaient démarqués de la solution retenue par la Cour, en estimant que celle-ci n'avait pas démontré l'existence d'une « opposition manifeste » entre les positions belge et sénégalaise et avaient invoqué, à cet effet, la jurisprudence « Affaires du Sud-ouest africain »[374]. Ils avaient souligné que les questions du délai d'exécution des obligations conventionnelles et des difficultés (financières, juridiques, ...), pour lesquelles la Cour trouvait que les parties s'opposaient, n'avaient jamais été posées à celles-ci. Mieux, ils avaient considéré que la Cour avait été imprécise, en l'espèce, sur l'existence d'un différend qu'elle avait pourtant déjà eu à définir auparavant comme étant « un désaccord sur un point de droit ou de fait, une contradiction, une opposition de thèses juridiques ou d'intérêts entre deux » parties[375]. Cette même juridiction avait même eu à préciser que

---

371 Jean COMBACAU et Serge SUR, Droit international public, 8e éd., Coll. Domat/ Droit public, Paris, Montchrestien, 2008, p. 556.

372 C'est la formule utilisée par la CIJ, dans l'affaire du Sud-Ouest africain (CIJ, 21 décembre 1962, Ethiopie c. Afrique du Sud, Libéria c. Afrique du Sud, Exceptions préliminaires, Recueil 1962, p. 319).

373 CIJ, 20 décembre 1974, Affaires des essais nucléaires, Australie c. France, Nouvelle-Zélande c. France, Recueil 1974, p. 272.

374 Dans les affaires du Sud-ouest africain, la Cour avait précisé qu' « il ne suffit pas que l'une des parties à une affaire contentieuse affirme l'existence d'un différend avec l'autre partie. La simple affirmation ne suffit pas pour prouver l'existence d'un différend, tout comme le simple fait que l'existence d'un différend est contestée ne prouve pas que ce différend n'existe pas. Il n'est pas suffisant non plus de démontrer que les intérêts des deux parties à une telle affaire sont en conflit. Il faut démontrer que la réclamation de l'une des parties se heurte à l'opposition manifeste de l'autre ». (CIJ, 21 décembre 1962, Sud-Ouest africain, Ethiopie c. Afrique du Sud, Libéria c. Afrique du Sud, Exceptions préliminaires, Recueil 1962, p. 328).

375 CPJI, 30 août 1924, Concessions Mavrommatis en Palestine, Série A n° 2, p. 11.

« l'existence d'un différend international demande à être établie objectivement »[376].

S'agissant des mesures conservatoires, le Juge Antônio Augusto Cançado TRINDADE avait soutenu, dans son opinion dissidente, que contrairement à l'arrêt de la Cour, les conditions justifiant l'indication de mesures conservatoires, à savoir l'urgence et l'existence d'un risque de préjudice irréparable, étaient réunies. Il avait expliqué que l'urgence était liée au « drame humain » causé par le régime Habré et aux « attentes légitimes des titulaires des droits initialement violés », tandis que l'existence d'un préjudice reposait sur le retard mis par le Sénégal pour rendre la justice[377]. Il avait retenu que l'indication de mesures conservatoires, sur la base du droit international coutumier et conformément à sa jurisprudence, aurait favorisé une justice diligente. Cançado TRINDADE était resté constant dans sa théorie de l'« humanisation du droit international »[378] qui avait été au cœur de la jurisprudence de la Cour Interaméricaine des Droits de l'Homme (CIDH) durant sa présidence.

Malgré ces critiques, l'ordonnance du 28 mai 2009 avait un caractère pragmatique. Elle permettait surtout de ne pas préjuger le fond de l'affaire qui présentait plus d'intérêt sur le plan juridique. Néanmoins, la CIJ avait de nouveau été amenée à trancher la question de sa compétence, qu'elle avait réaffirmée, avant de traiter des violations du droit international reprochées au Sénégal[379].

B. Le fait internationalement illicite imputable au Sénégal

À la suite des questions incidentes, la Cour de La Haye devait se pencher sur le fond de la requête introductive d'instance articulée autour de la Convention des Nations unies contre la torture et autres peines ou traitements cruels, inhumains ou dégradants, ainsi que sur le droit international coutumier.

Exposant les griefs reprochés au Sénégal, la Belgique avait soutenu que pour être en phase avec le droit international conventionnel et coutumier, le Sénégal avait l'obligation d'extrader ou de poursuivre Monsieur Hissein

---

[376] CIJ, 30 mars 1950, Interprétation des traités de paix conclus avec la Bulgarie, la Hongrie et la Roumanie, Première phase, Avis consultatif, Recueil 1950, p. 74.

[377] CIJ, 2 mars 2009, Questions concernant l'obligation de poursuivre ou d'extrader, Belgique contre Senegal, Demandes en indication de mesures conservatoires, Opinion dissidente du juge Cançado TRINDADE, par. 52 et 62.

[378] La théorie de l' « humanisation du droit international », qui contourne le « positivisme juridique », fait appel aux concepts d'obligation *erga omnes* et de *jus cogens*. Dans ce courant, la protection des droits de l'Homme est au cœur de l'ordre juridique international.

[379] La Cour avait aussi rejeté les prétentions du Sénégal sur l'irrecevabilité de la requête belge, au motif que « la Belgique a, en tant qu'État partie à la convention contre la torture, qualité pour invoquer la responsabilité du Sénégal à raison des manquements allégués de celui-ci aux obligations prévues au paragraphe 2 de l'article 6 et au paragraphe 1 de l'article 7 de la convention ».

HABRE, présent sur son territoire, présumé auteur de crimes de torture et de crimes contre l'humanité. Elle avait expliqué que le Sénégal s'était abstenu de le faire, malgré les faits graves reprochés à cet ancien Chef d'État, et que cela était constitutif de violations des articles 6 (paragraphe 2) et 7 (paragraphe 1) de la Convention. Elle avait aussi relevé que le Sénégal n'avait pas révisé sa législation interne en temps utile afin d'exercer la compétence universelle prévue par l'article 5 (paragraphe 2) de la Convention, en violation de ses obligations internationales. Elle avait également souligné que le respect de telles obligations internationales ne saurait consister en un transfert de l'affaire Habré à une organisation internationale, en l'espèce l'Union africaine, ou à un État qui n'avait ni formulé de demande d'extradition, ni manifesté une intention de mener des poursuites. À ce propos, elle avait affirmé que l'obligation de juger ou d'extrader demeurait quel que soit le « mandat » de l'Union africaine car elle découlait de la seule présence de l'auteur présumé d'actes de torture sur le territoire de l'État du for. Elle avait enfin indiqué que des difficultés d'ordre financier ou autres ne sauraient être un « fait justificatif » ou un « état de nécessité » pour le Sénégal, et qu'elles ne pouvaient donc ni l'exonérer de l'obligation « *aut dedere aut judicare* », ni excuser les violations de ce principe, ni exclure l'illicéité desdites violations. Aussi, avait-elle fait noter que ces violations du droit international conventionnel et coutumier constituaient des faits internationalement illicites auxquels le Sénégal était tenu de mettre fin, soit en jugeant Monsieur Hissein HABRE, soit en l'extradant vers la Belgique, sous peine d'engager sa responsabilité.

De son côté, le Sénégal avait estimé qu'elle n'avait commis aucun fait internationalement illicite, sur la base des mêmes motifs qu'il avait développés pour réfuter la compétence de la Cour, à savoir qu'il avait conformé sa législation à la Convention de New York et s'était engagé à procéder au jugement de Monsieur Hissein HABRE dès que possible. Se faisant plus précis, le Sénégal avait expliqué que des réformes juridiques avaient été effectuées en 2006-2007 pour réparer ses manquements à ses obligations internationales découlant de la Convention. Il avait aussi fait état des pourparlers qui suivaient leur cours dans l'optique de la tenue du procès. Il avait dès lors relevé que l'obligation d'extrader n'avait pas lieu d'être, eu égard auxdites mesures constituant un « commencement d'exécution » de l'obligation de poursuite contre Monsieur Hissein HABRE. À propos de l'intervention de l'Union africaine, il avait fait remarquer qu'elle n'était pas la source de son obligation de juger, laquelle était plutôt la Convention contre la torture de 1984. Il avait en outre précisé que les difficultés d'ordre financier n'étaient pas une tentative de se délier de ses obligations et que la bonne foi dont il avait fait montre, fondamentale dans les relations internationales, devrait primer. Le Sénégal invitait dès lors la Cour à lui donner acte de sa déclaration solennelle faite lors de la demande en indication de mesures conservatoires[380] ainsi que des diligences et réformes entreprises pour la mise en œuvre de son engagement à juger Monsieur Hissein HABRE, lesquels efforts avaient été reconnus par la communauté internationale[381].

Interprétant les dispositions de l'article 2 du Projet d'articles sur la responsabilité de l'État pour fait internationalement illicite[382], le Sénégal avait argué que « le fait internationalement illicite consiste (...) en une attitude négatrice, à un déni, au moins implicite, d'un devoir » et avait indiqué qu'il n'avait jamais exprimé un refus d'exécuter ses obligations dans l'affaire Habré mais plutôt le contraire. Il avait invoqué, à l'appui, une affirmation de la CIJ dans l'affaire de l'« Interprétation des traités de paix conclus avec la Bulgarie, la Hongrie et la Roumanie », selon laquelle c'est « le refus de s'acquitter d'une obligation conventionnelle (qui) est de nature à engager la responsabilité internationale »[383]. Afin de conforter sa position, le Sénégal avait convoqué l'article 12 des Travaux de la CDI sur la responsabilité des États sus-évoqués[384], en énonçant que son comportement n'était juridiquement pas répréhensible car la violation d'une obligation internationale réside dans la non-conformité entre un comportement requis de l'État et celui adopté. Il avait, à ce propos, rappelé le vocabulaire employé par la CIJ dans trois affaires, à savoir celle du « Personnel diplomatique et consulaire des États-Unis à Téhéran », celle des « Activités militaires et paramilitaires au Nicaragua et contre celui-ci » et celle du « Projet Gabcikovo-Nagymaros ». Lors de ces différends, la Cour avait respectivement parlé de comportements « compatibles ou non avec les obligations d'un État »[385], d'actes « contraires

---

[380] Le Sénégal s'était solennellement engagé, devant la Cour, à tout mettre en œuvre pour la tenue du procès de Monsieur Hissein HABRE. Pour cet État, un engagement public est, « dans la tradition des relations internationales autant que dans celle de la jurisprudence de la Cour elle-même ».

[381] Le Sénégal avait rappelé la « série d'appréciations positives » de la part d'institutions, d'États et d'organismes. En effet, le 15 mars 2008, l'Union européenne avait salué les efforts accomplis par le Sénégal en vue du procès. Madame Louise HARBOUR, à l'époque Haut-Commissaire aux droits de l'Homme des Nations unies, s'était félicitée desdits efforts. Manfred NOWACK, à l'époque Rapporteur spécial sur la torture et autres peines ou traitements cruels, inhumains ou dégradants avait, dans son rapport au Conseil des droits de l'Homme de l'ONU, abondé dans le même sens. En février 2009, lors de sa conférence tenue à Addis-Abeba, l'Union africaine avait salué les progrès réalisés par le Sénégal.

[382] Suivant cet article 2, « il y a fait internationalement illicite de l'État lorsqu'un comportement consistant en une action ou une omission est attribuable à l'État en vertu du droit international et constitue une violation d'une obligation internationale de l'État ».

[383] CIJ, 18 juillet 1950, Affaire de l'interprétation des traités de paix conclus avec la Bulgarie, la Hongrie et la Roumanie, Recueil 1950, p. 228.

[384] L'article 12 dispose qu' « il y a violation d'une obligation internationale par un État lorsqu'un fait dudit État n'est pas conforme à ce qui est requis de lui en vertu de cette obligation, quelle que soit l'origine ou la nature de celle-ci ».

[385] CIJ, 24 mai 1980, Affaire du personnel diplomatique et consulaire des États-Unis à Téhéran, Recueil 1980, p.29, par. 56.

(…), non conformes » à une obligation donnée pesant sur l'État[386] et de « manquement à des obligations conventionnelles », pour pouvoir déterminer l'existence d'un fait internationalement illicite. Le Sénégal tentait ainsi de justifier son comportement dans l'affaire Habré qu'il qualifiait de « légitimement précautionneux dans un premier temps, et diligent dans un second temps », et l'opposait à l'attitude de la Belgique qu'il considérait comme étant empressée au risque d'escamoter les étapes préalables à l'organisation du procès. Pour le Sénégal, « l'option de juger Monsieur Hissein HABRE (étant) devenue claire », il ne pouvait lui être reproché un quelconque fait internationalement illicite.

Après l'exposé des moyens de fait et de droit des parties, il revenait à la Cour de La Haye de déterminer l'existence ou non d'un fait internationalement illicite imputable au Sénégal et susceptible d'engager sa responsabilité. Cette juridiction avait d'emblée écarté les prétentions belges relatives à d'éventuels manquements à des obligations relevant du droit international coutumier, car au moment de sa saisine, le différend portait sur le droit international conventionnel, à savoir l'interprétation et l'application des articles 6 (paragraphe 2) et 7 (paragraphe 1) de la Convention de New York de 1984. Par la suite, elle s'était appesantie sur les réformes législatives sénégalaises intervenues en 2007 et avait estimé qu'elles étaient tardives car dès 2000-2001, ses juridictions avaient implicitement invité le législateur à aller dans ce sens pour établir leur compétence et se mettre « en harmonie avec les objectifs de la convention »[387]. Cette attitude du Sénégal avait, selon la Cour, « retardé la soumission de l'affaire à ses autorités compétentes pour l'exercice de l'action pénale » et avait, par conséquent, « affecté l'exécution par le Sénégal de ses obligations découlant du paragraphe 2 de l'article 6 et du paragraphe 1 de l'article 7 de la convention ».

Selon la Cour, l'enquête préliminaire prévue à l'article 6 paragraphe 2 consiste à rassembler les éléments de preuve sur les évènements en cause pour corroborer ou non l'implication éventuelle d'un suspect. Elle avait aussi considéré que celle portant sur l'affaire Habré devait être faite aussitôt après le dépôt, par les victimes, de la plainte et supposait une coopération judiciaire avec les autorités tchadiennes et tout autre État où des plaintes avaient été déposées, notamment la Belgique. En faisant une telle affirmation, les juges n'avaient pas manqué de relever qu'aucun élément n'était venu démontrer le contraire. Dès lors, la Cour jugeait insuffisante l'adoption de mesures législatives conformes à la convention si cela n'était suivi de l'enquête préliminaire pour établir les faits, lacune que ne saurait combler l'interrogatoire de première comparution du 3 février 2000 du Doyen des

---

386 CIJ, 27 juin 1986, Affaire des Activités militaires et paramilitaires au Nicaragua et contre celui-ci, Recueil 1986 (Fond) p. 64, par. 115 et p. 98, par. 186.

387 Cour d'appel de Dakar (Sénégal), Chambre d'accusation, 04 juillet 2000, MP c. Hissein HABRE.

juges d'instruction du Tribunal régional hors classe de Dakar. La CIJ avait, en sus, relevé que postérieurement aux réformes législatives, une plainte avait été déposée en 2008 par les parties civiles, sans que le Sénégal n'y donnât une suite adéquate notamment par une enquête préliminaire. Ce sont ces différents éléments qui avaient amené cette juridiction à conclure que le Sénégal avait manqué à son obligation au titre du paragraphe 2 de l'article 6 de la Convention contre la torture.

En ce qui concerne l'article 7 paragraphe 1 de ladite convention relative à l'obligation de juger ou d'extrader, la Cour avait, de prime abord, fait appel aux travaux préparatoires de la Convention qui le mettaient en balance avec l'article 7 de la Convention pour la répression de la capture illicite d'aéronefs du 16 décembre 1970. Elle avait ensuite précisé qu'en cas de présomptions de tortures, l'obligation de poursuites était indépendante de l'existence préalable d'une demande d'extradition. Ainsi, la soumission de l'affaire aux autorités compétentes, pour l'exercice de l'action pénale, doit être immédiate, c'est-à-dire, aussitôt que le mis en cause se soit trouvé sur le territoire de l'État partie. L'État du for ne peut se délier de cette obligation de poursuites qu'en faisant droit à une demande d'extradition. C'est pour cette raison qu'en donnant le sens et la portée du principe « *aut dedere aut judicare* », la CIJ avait précisé que l'alternative n'impliquait pas que les deux éléments de choix soient au même niveau : la poursuite est une obligation internationale conventionnelle dont la violation engage la responsabilité de l'État pour fait illicite, alors que l'extradition est une option offerte par la Convention à l'État.

À la lumière de ce qui précède, la Cour avait retenu que le Sénégal avait l'obligation de soumettre l'affaire Habré à ses autorités compétentes pour l'exercice de l'action pénale dès le dépôt de la plainte en 2000, au moins pour les actes commis après le 26 juin 1987, date à laquelle la Convention lui était devenue opposable. Elle n'avait pas manqué d'écarter les différents « prétextes » qui pouvaient entraver ou retarder la mise en œuvre de cette obligation, à savoir les « difficultés financières » et la « saisine de l'Union africaine », de même que les insuffisances du droit interne[388], avant de conclure que le Sénégal avait manqué et continuait à manquer à son obligation relevant de l'article 7 paragraphe 1.

En définitive, la CIJ avait retenu que le Sénégal avait manqué à ses obligations au titre des deux articles et avait engagé sa responsabilité internationale. Elle avait urgé cet État de mettre fin à ce qu'elle avait considéré comme un fait illicite à caractère continu, en traduisant aussitôt Monsieur Hissein HABRE devant ses autorités compétentes pour l'exercice de l'action pénale s'il ne l'extrade pas.

---

[388] La Cour avait aussi fait remarquer qu'en vertu de l'article 27 de la Convention de Vienne sur le droit des traités, le Sénégal ne pouvait justifier sa violation de l'article 7 paragraphe 1 en invoquant son droit interne.

Cette décision de l'organe judiciaire principal de l'ONU recoupait celle rendue par un autre organe onusien, à savoir le Comité anti torture. Ces deux procédures n'étaient cependant pas les seules à caractère supranational relevées dans l'affaire Habré.

Section II : L'affaire Habré devant les instances africaines

L'affaire Hissein HABRE, qui avait pris de l'ampleur au point d'interpeller la communauté internationale, avait connu plusieurs développements au niveau supranational. En dehors des victimes et de la Belgique qui avaient intenté des recours contre le Sénégal, des entités comme l'Union européenne[389] et l'ONU[390] avaient mis la pression sur ce pays pour l'amener à extrader Monsieur Hissein HABRE, s'il ne le jugeait pas. Les dirigeants africains n'étaient pas en reste surtout que ce dossier embarrassant concernait leur ancien homologue.

Suite à leur entretien, le Président Abdoulaye WADE et son homologue nigérian Olesegun OBASANJO, Président de l'Union africaine à cette époque, avaient convenu de porter l'affaire devant leurs pairs. En attendant le sommet des chefs d'État et de gouvernement, le Sénégal avait d'abord décidé de « confier M. Habré à la garde du Président de l'Union africaine » à travers un arrêté d'expulsion pris par le ministre de l'Intérieur le 25 novembre 2005. Après avoir rapporté cette décision, le Sénégal avait fait comprendre, à travers un communiqué du Ministère des Affaires étrangères du 27 novembre 2005, qu'il allait garder Monsieur Hissein HABRE « en attendant la décision de l'Union africaine », puisqu'il appartenait à celle-ci « d'indiquer la juridiction compétente pour juger cette affaire ».

L'implication annoncée de l'Union africaine (**Paragraphe 1**), organe politique, allait se faire en deux temps, d'abord à Khartoum au Soudan, puis à Banjul en Gambie.

Face à ces actes posés dans le but de traduire à nouveau Monsieur Hissein HABRE devant les juridictions, des recours avaient été effectués. Celui de Monsieur Michelot YOGOGOMBAYE, ancien collaborateur de Habré, qui n'avait pas eu de suite, ne sera pas abordé. Il avait saisi la Cour africaine des

389 Dans la Résolution du 16 mars 2006, l'Union européenne avait demandé au Sénégal d'organiser un procès équitable ou d'extrader Monsieur Hissein HABRE vers la Belgique. Dans son rapport annuel sur « les droits de l'Homme dans le monde », adopté le 26 avril 2007, le Parlement européen avait invité l'Union européenne à appuyer le Sénégal dans la perspective d'un jugement de Habré. Dans la même lancée, Christos POURGOURIDOS, Président de la sous-commission des droits de l'Homme de l'Assemblée parlementaire du Conseil de l'Europe, avait invité le Sénégal à extrader l'ancien Chef d'État.

390 En 2005, Kofi ANAN, Secrétaire général de l'ONU, Louise ARBOUR, Haut-commissaire des droits de l'Homme des Nations unies et Manfred NOWAK, Rapporteur spécial des Nations unies sur la question de la torture, avaient appuyé l'hypothèse de l'extradition de Monsieur Hissein HABRE.

droits de l'Homme et des peuples (CADHP) pour contrer les initiatives entreprises en vue du jugement de son ex-mentor, mais sa requête s'était heurtée à l'incompétence de la Cour, laquelle avait constaté que le Sénégal n'avait pas fait une déclaration acceptant sa compétence pour les requêtes individuelles[391]. Par contre, nous allons nous pencher sur le recours exercé par le principal concerné, Monsieur Hissein HABRE, pour les mêmes raisons (**Paragraphe 2**).

Paragraphe 1 : L'implication de l'Union africaine

La saisine de l'Union africaine par le Sénégal semblait être une bouffée d'oxygène pour ce pays acculé de toutes parts, alors qu'il considérait ne pas être « directement concerné par l'affaire Hissène Habré »[392]. Le sommet qui devait se tenir à Khartoum au Soudan, du 23 au 24 janvier 2006, allait ainsi donner une nouvelle tournure au dossier de l'ancien Président du Tchad. À cette sixième session ordinaire, la Conférence avait d'abord pris connaissance des éléments du dossier et avait clairement marqué son rejet total de l'impunité. Le principal organe décisionnel de l'Union africaine avait ensuite décidé de mettre sur pied « un Comité d'éminents juristes africains » chargé « d'examiner tous les aspects et toutes les implications du procès d'Hissène Habré ainsi que les options disponibles pour son jugement »[393].

En fait, l'Union africaine faisait comprendre que le dossier Habré était « bien une affaire africaine » et qu'elle faisait donc primer une solution africaine (**A**).

Ce comité qui devait ainsi « privilégier un mécanisme africain » dans son rapport, avait soumis celui-ci au cours de la session suivante de l'Union africaine de juillet 2006 tenue à Banjul. Cette rencontre avait été l'occasion, pour l'Union africaine, de donner un mandat au Sénégal pour juger Monsieur Hissein HABRE « au nom de l'Afrique » (**B**).

---

[391] CADHP, Arrêt du 15 décembre 2009, Michelot YOGOGOMBAYE c. République du Sénégal, requête n° 001/ 2008. Dans cette affaire, la Cour s'était déclarée incompétente, en raison des dispositions de l'article 34 (6) du Protocole relatif à la Charte africaine des droits de l'Homme et des peuples portant création d'une Cour africaine des droits de l'Homme et des peuples qui dispose qu' « à tout moment à partir de la ratification du présent protocole, l'État doit faire une déclaration acceptant la compétence de la Cour pour recevoir les requêtes énoncées à l'article 5 (3) du présent protocole. La Cour ne reçoit aucune requête en application de l'article 5 (3) intéressant un État partie qui n'a pas fait une telle déclaration ». Le Sénégal n'avait pas effectué une telle déclaration d'acceptation de la compétence de la Cour pour les requêtes individuelles.

[392] Communiqué du Ministère du Affaires étrangères du Sénégal du 27 novembre 2005.

[393] Union africaine, Décision sur le procès de Monsieur Hissène HABRE et l'Union africaine, Doc. Ex. Cl/ Assembly/ AU/ 8 (VI).

A. La primauté d'une solution africaine

L'affaire Habré avait pris une bonne place dans l'agenda de la Conférence de l'Union africaine tenue à Khartoum. Cependant, autant les chefs d'État et de gouvernement avaient proclamé leur détermination à lutter contre l'impunité, s'inscrivant dans la droite ligne des principes dégagés à l'article 4 de l'Acte constitutif de l'Union africaine du 11 juillet 2000[394], autant ils avaient marqué leur préférence pour une solution africaine à ce dossier.

La mise sur pied d'un comité d'éminents juristes africains répondait donc à ce double besoin. Ce groupe, constitué de sept membres reconnus pour leur expérience et leur expertise dans le domaine juridique, avait un mandat spécial consistant à étudier l'affaire Habré en profondeur, afin de dégager les options envisageables pour l'organisation d'un procès « africain ».

L'Union africaine avait encadré le travail de ces éminents juristes africains avec des termes de référence précis : adhésion aux principes du rejet total de l'impunité, respect des normes internationales en matière de procès équitable, notamment l'indépendance du judiciaire et l'impartialité des procédures, juridiction compétente pour les crimes présumés pour lesquels Habré devrait être jugé, efficacité en termes de coûts et de temps du procès, accès des victimes présumées et des témoins au procès, primauté d'un mécanisme africain. Le comité devait aussi proposer à son mandant une formule appropriée pour faire face, à l'avenir, à des affaires de la même nature que celle de Monsieur Hissein HABRE.

Prenant leur mission à bras-le-corps, le groupe de juristes africains s'était réuni les 22, 23 et 24 mai 2006 au siège de l'Union africaine à Addis-Abeba en Éthiopie et avait axé sa méthodologie de travail sur un « mécanisme de lutte contre l'impunité spécifiquement dans le cadre africain »[395]. Ils avaient particulièrement retenu certains éléments de référence contenus dans leur mandat en leur donnant un sens précis, à savoir les principes de rejet de l'impunité, de procès équitable et de compétence. Le rejet de l'impunité était un postulat auquel le comité entendait donner toute sa force d'autant plus que l'Union africaine avait déjà clairement manifesté son adhésion à ce principe. Aussi, les experts africains entendaient s'inspirer des « récents développements dans le domaine du droit pénal international »[396], notamment à travers les affaires Pinochet et Taylor, pour écarter autant l'immunité d'ancien Chef d'État dont Monsieur Hissein HABRE pourrait se prévaloir, que la prescription que celui-ci pourrait invoquer. Si son jugement était

---

[394] L'article 4 consacre, entre autres, le « respect du caractère sacro-saint de la vie humaine, (la) condamnation et (le) rejet de l'impunité (…) ».

[395] UA, Rapport du Comité d'éminents juristes africains sur l'affaire Hissène Habré, 2 juillet 2006, p. 2.

[396] UA, Rapport du Comité d'éminents juristes africains sur l'affaire Hissène Habré, Op. cit., p. 3.

inévitable, cela devait toutefois se faire dans le respect des standards internationaux en matière de procès équitable.

Dans le cadre d'une solution africaine, le groupe d'experts avait considéré que le Sénégal et le Tchad avaient des liens de rattachement avec le dossier et que ces deux États africains avaient, en sus, ratifié la Convention des Nations unies contre la torture.

Concernant le Sénégal, Monsieur Hissein HABRE se trouvait sur son territoire et selon les experts africains, les pertinentes dispositions de la convention sus-évoquée devaient s'appliquer sans difficultés. Aussi avaient-ils rappelé la décision du Comité contre la torture, intervenue peu avant leur rencontre, qui imputait au Sénégal la violation des articles 5 (paragraphe 2) et 7 de ladite convention. Cet État africain devait donc, conformément à ses engagements internationaux, « prendre les dispositions nécessaires pour non seulement modifier sa législation, mais encore et surtout traduire Hissène Habré en justice »[397]. Dans cette perspective, les éminents juristes africains avaient estimé que le Sénégal devrait conférer à la juridiction chargée de juger Habré, « des pouvoirs spéciaux » pour parvenir à la manifestation de la vérité.

S'agissant du Tchad, Monsieur Hissein HABRE en était le Président pendant des années et les victimes sont majoritairement ses propres ressortissants. Cet État africain était également compétent pour juger l'ancien Chef d'État, et pouvait solliciter son extradition, en vertu de l'article 5 paragraphe 1 de la Convention contre la torture. À défaut de poursuivre le sieur Habré, le comité suggérait qu'il collabore pleinement, à travers une large entraide judiciaire, en vue de son procès.

Le comité avait aussi fait comprendre que tous les États africains, qui avaient ratifié la Convention de New York, pouvaient connaître de l'affaire Hissein HABRE. Au moment où le comité d'experts siégeait, quarante-cinq États africains y avaient procédé et étaient potentiellement compétents.

Parmi ces options, le comité d'experts avait penché pour le Sénégal, « pays le plus habilité à juger Habré » présent sur son territoire. Il avait aussi estimé que, dans la « recherche d'une solution africaine », l'institution d'un tribunal *ad hoc* était mieux indiquée. La mise sur pied d'une telle juridiction était possible, sur le fondement de l'Acte constitutif de l'Union africaine. Il ressort des dispositions combinées des articles 3 (h), 4 (h et o), 5 (2) et 9 (1, d) qu'en plus de son droit d'intervention en cas de crimes de guerre, de génocide et de crimes contre l'humanité, l'Union africaine peut créer des organes et leur conférer certaines prérogatives, notamment pour l'application de ses principes, buts et objectifs, à savoir, entre autres, la promotion et la protection des droits de l'Homme et des peuples et du caractère sacro-saint de la vie humaine, ainsi que la condamnation et le rejet de l'impunité. Les éminents juristes avaient d'ailleurs recommandé à la Conférence de l'Union africaine de conférer une compétence pénale à la Cour Africaine de Justice et des Droits

[397] Ibid.

de l'Homme (CAJDH)[398], fusion de la Cour Africaine des Droits de l'Homme et des Peuples (CADHP) et de la Cour de Justice de l'Union Africaine (CJUA), afin qu'elle puisse dorénavant connaître de cas similaires à l'affaire Habré. Cette juridiction, qui n'est toujours pas installée, est « à mi-chemin d'une juridiction interétatique classique et d'une juridiction supranationale »[399].

Le rapport du Comité d'éminents juristes africains avait été soumis à la Conférence des chefs d'État et de gouvernement, lors du sommet de Banjul tenu du 1er au 2 juillet 2006. Cet organe avait invoqué l'Acte constitutif de l'Union africaine, notamment les articles 3 (h), 4 (h et o) susmentionnés, pour fonder sa compétence relativement à l'affaire Hissein HABRE. Ils avaient fait de cette affaire « le dossier de l'Union africaine », mais étaient conscients que l'organisation panafricaine ne disposait pas d'un organe judiciaire à compétence pénale fonctionnel pour tenir le procès. Les juridictions régionales africaines existantes n'avaient pas la compétence pour ce faire car, d'une part, la CJUA ne pouvait connaître que des différends interétatiques, et d'autre part, la CADHP n'avait pas de compétence pénale effective[400]. Quant aux autres États, comme le Rwanda, qui pouvaient potentiellement connaître de l'affaire Habré, ils avaient un handicap relativement à la non-présence du mis en cause sur leur territoire.

La solution qui s'imposait était donc de confier l'organisation d'un tel procès au Sénégal sur le territoire duquel se trouvait Monsieur Hissein HABRE. C'est ainsi que les chefs d'État et de gouvernement avaient finalement donné un mandat à ce pays pour « poursuivre et (...) faire juger, au nom de l'Afrique, Hissène Habré par une juridiction sénégalaise compétente avec les garanties d'un procès juste »[401].

B. Le mandat de l'Union africaine donné au Sénégal

Le mandat donné par l'Union africaine au Sénégal consistait à poursuivre et faire juger Monsieur Hissein HABRE, « au nom de l'Afrique ».

---

[398] Le Protocole créant la CAJDHP a été adopté à Sharm-El-Sheikh en Egypte le 1er juillet 2008. Il n'a pas atteint les 15 ratifications requises pour entrer en vigueur. Les deux cours fusionnées, à savoir la CADHP et la CJUA, vont respectivement devenir la Section des droits de l'Homme et des peuples et la Section des affaires générales. En juin 2014 à Malabo en Guinée équatoriale, l'Union africaine a adopté le Protocole créant une Section de droit international pénal compétente pour connaître de la plupart des crimes internationaux (génocide, crimes contre l'humanité, crimes de guerre, piraterie, agression, ...).

[399] Tessa BARSAC, La Cour africaine de justice et des droits de l'homme, avant-propos de Mathias FORTEAU, Coll. Perspectives internationales, Paris, Pedone, 2012, p. 5.

[400] Le Protocole de Malabo, qui confère des compétences étendues à la CAJDH afin de couvrir les crimes internationaux et les crimes transnationaux, n'a été adopté qu'en 2014 par la Conférence des chefs d'État et de gouvernement de l'Union africaine.

[401] Union africaine, Décision sur le procès de Monsieur Hissène HABRE et l'Union africaine, Doc. Ex. Cl/ Assembly/ AU/ 8 (VI).

En droit commun, le mandat est un pouvoir donné par le mandant au mandataire pour l'accomplissement d'un ou de plusieurs actes juridiques en son nom et pour son compte. Le mandataire qui l'accepte a une obligation d'exécuter le mandat dans le cadre préalablement défini, mais jouit d'une indépendance dans les modalités d'accomplissement de sa mission. La représentation est au cœur de cette opération dont elle constitue l'essence.

Le mandat est un procédé fréquent dans certaines organisations internationales. Il est issu des décisions des organes délibérants et est l'expression de la volonté des États membres qui en donnent les contours. L'objet du mandat doit entrer dans les prérogatives de l'institution internationale et en l'espèce, le mandat de l'Union africaine était conforme à ses objectifs.

En effet, cette organisation régionale a inscrit, dès sa constitution, la promotion et la protection des droits de l'Homme et des peuples parmi ses principaux objectifs. Elle a fait siens la Charte africaine des droits de l'Homme et des peuples et les autres instruments internationaux relatifs aux droits de l'Homme. La plus haute institution africaine fonctionne sur la base de ses principes dégagés dans son Acte constitutif, à savoir principalement le respect du caractère sacro-saint de la vie humaine, la condamnation et le rejet de l'impunité ainsi que le droit d'intervenir dans un État membre en cas de commission de crimes de guerre, de génocide et de crimes contre l'humanité. « La responsabilité de protéger »[402], qui légitime une telle ingérence[403], vise à prévenir ou faire cesser de graves violations des droits de l'Homme dans des pays souvent confrontés à l'ineffectivité de la répression judiciaire, par incapacité ou manque de volonté politique. L'intervention judiciaire *a posteriori* contribue à réparer le préjudice causé par les crimes de droit international visés dans ledit acte constitutif.

Pour mettre en application lesdits principes, l'Union africaine s'appuie sur ses organes. La Conférence des chefs d'État et de gouvernement, qui constitue l'organe suprême, a parmi ses pouvoirs et attributions, la possibilité de recevoir, d'examiner et de prendre toutes décisions idoines sur les rapports qui lui sont soumis. Elle contrôle aussi la mise en œuvre et l'application de ses décisions.

---

[402] La « responsabilité de protéger » est un nouveau concept de droit international humanitaire visant à instaurer une « obligation collective internationale de protection ». Conçue par la Commission Internationale de l'Intervention et de la Souveraineté des États (CIISE instituée en 2001 par le Canada), en réponse à l'appel du Secrétaire Général de l'ONU Kofi ANNAN, elle a été développée en 2005, lors du 60ème Sommet Mondial de l'Assemblée générale des Nations unies et préconise l'intervention de la communauté internationale à des fins humanitaires, en cas de génocide, de nettoyage ethnique, de crime de guerre et de crimes contre l'humanité.

[403] Le droit d'intervention, prévu à l'article 4 (h) de l'Acte constitutif, ne saurait être unilatéralement entrepris par un État membre, et concerne les crimes qui interpellent la communauté internationale en général, et celle africaine en particulier.

En décidant de donner un mandat au Sénégal, l'Union africaine entendait jouer pleinement son rôle dans l'affaire Habré qu'elle considérait comme étant la sienne. Ce mandat revêtait également un sens particulier puisqu'il exprimait l'intention irrévocable des Africains de prendre en main leurs problèmes et d'y apporter des solutions.

L'institution régionale, animée d'un sentiment de « régionalisme africain »[404], s'efforce ainsi à instaurer des mécanismes pénaux continentaux conformes aux attentes de ses États membres et des populations du continent. Cet engagement a été noté dès l'adoption de la Charte africaine des droits de l'Homme et des peuples et la mise sur pied de la Commission africaine des droits de l'Homme et des peuples. Ladite commission a en effet adopté, le 5 décembre 2005, une résolution tendant à mettre un terme à l'impunité en Afrique[405].

Le mandat donné au Sénégal était aussi un double rejet des « décisions présomptueuses et égoïstes de la CPI » ainsi que du « néocolonialisme » et de l' « impérialisme » [406] judiciaires des États occidentaux qui agissent sous le prétexte de l'exercice de la compétence universelle. À ce propos, l'Union africaine avait, lors du sommet de juillet 2009 tenu à Syrte en Libye, exprimé « sa profonde inquiétude que des mises en accusation se poursuivent dans certains États européens contre des dirigeants et des personnalités africains », et avait demandé « l'arrêt immédiat de toute mise en accusation en attente ». Les dirigeants africains avaient dénoncé « l'utilisation abusive »[407] de la compétence universelle par des États non africains à l'encontre des dirigeants africains. Lors du sommet tenu à Addis-Abeba en Éthiopie en février 2009, la Conférence des chefs d'État avait condamné cette posture et avait déclaré que « l'Union africaine, en parlant d'une seule voix, (était) la réponse collective appropriée face à l'exercice du pouvoir par les États forts sur les États faibles »[408].

Les États africains ne pouvaient cependant pas dénoncer « l'impérialisme judiciaire »[409] sans proposer une alternative crédible pour combattre l'impunité et réprimer les actes constitutifs de crimes graves perpétrés sur le

---

[404] SOMA Abdoulaye, « Le régionalisme africain en droit international pénal », Op. cit..

[405] Commission Africaine des Droits de l'Homme et des Peuples, 38ème session ordinaire, Résolution ACHPR/Rés. 83(XXXVIII) 05 du 5 décembre 2005 sur la nomination du Rapporteur spécial sur les défenseurs des droits de l'homme en Afrique.

[406] Par ces virulents propos contenus dans son communiqué n° 002/ 2012 du 09 janvier 2012, l'Union africaine avait vivement protesté contre la CPI devant laquelle étaient pendantes des affaires concernant des dirigeants africains. Elle dénonçait ainsi une « politique de deux poids deux mesures » et « une justice à sens unique ».

[407] Union africaine, Décision sur le rapport relatif à l'utilisation abusive du principe de compétence universelle, Assembly/ AU/ Dec. 243 (XIII) Rev. 1.

[408] Union africaine, Décision sur la mise en œuvre de la décision relative à l'utilisation abusive du principe de compétence universelle, Assembly/ AU/ Dec. 213 (XII).

[409] Expression employée par les Chefs d'État africains pour qualifier l'exercice de la compétence universelle par les juridictions internes occidentales.

continent. C'est cette « approche panafricaniste qui prône des solutions africaines aux problèmes africains »[410] qui avait, entre autres, motivé le mandat donné au Sénégal. En outre, étant donné qu'en l'espèce, les crimes auraient été commis par un Africain en Afrique sur des Africains, la fonction intimidatrice et dissuasive de la sanction pénale serait plus perceptible si la justice est rendue en Afrique plutôt qu'à La Haye ou dans une capitale européenne. Aussi, en rejetant implicitement la possibilité d'une extradition de Monsieur Hissein HABRE vers la Belgique, en doutant de l'organisation d'un procès (équitable) au Tchad et en retenant l'option sénégalaise plutôt que tout autre État africain pour le jugement de cet ancien Chef d'État, l'Union africaine avait marqué un pas décisif dans la réalisation de ses idéaux.

Le mandat « de poursuivre et de faire juger, au nom de l'Afrique, Hissène Habré par une juridiction sénégalaise compétente avec les garanties d'un procès juste »[411] était clair dans son énoncé, mais était toutefois susceptible de secréter des difficultés dans sa mise en œuvre. Il est vrai que dans l'accomplissement du mandat, le Sénégal pouvait compter sur l'assistance de l'Union africaine et la coopération de ses États membres, conformément à la décision des chefs d'État et de gouvernement, lesquels avaient aussi appelé de leurs vœux le soutien de la communauté internationale. La difficulté majeure résidait toutefois dans la concrétisation de la volonté affichée de l'Union africaine. Il avait en effet fallu seize mois pour que le Président de la Commission de l'Union nommât un représentant spécial pour le procès[412].

Le peu d'empressement dans l'organisation du procès était néanmoins plus pathétique de la part du mandataire que du mandant. En effet, durant deux années, le Sénégal n'avait fait qu'adopter des lois modifiant ses codes pénaux et de procédure pénale ainsi que sa Constitution pour être juridiquement en mesure d'organiser le procès, en dehors de tout autre acte concret. Cela avait suscité des réactions auxquelles l'Union africaine était sensible[413]. Lors de ses quatre sommets successifs tenus en 2009 et 2010, le « cas Habré » figurait en bonne place et avait, à chaque fois, valu une décision visant à diligenter

[410] Pacifique MANIRAKIZA, « L'Afrique et le système de justice pénale internationale », in *AJLS*, Vol. 3, 2009, p. 40.

[411] Union africaine, Décision sur le procès de Monsieur Hissène HABRE et l'Union africaine, Op. cit.

[412] C'est en novembre 2007 que le président de la Commission de l'UA avait nommé Robert DOSSOU comme Représentant spécial pour le procès. Celui-ci est un ancien ministre béninois des Affaires étrangères et de la Justice.

[413] En avril et juin 2008, plusieurs associations étaient montées au créneau pour déplorer l'inaction du Sénégal. Il y avait notamment l'Association des Victimes des Crimes et des Répressions Politiques au Tchad (AVCRP), l'Association Tchadienne pour la Promotion et la Défense des Droits de l'Homme (ATPDH), la Rencontre Africaine pour la Défense des Droits de l'Homme (RADDHO), la Ligue Tchadienne des Droits de l'Homme (LTDH), l'Organisation Nationale des Droits de l'Homme (ONDH), Agir Ensemble pour les Droits de l'Homme, la Fédération Internationale des ligues des Droits de l'Homme (FIDH) et Human Rights Watch (HRW).

l'organisation du procès. L'Union africaine n'avait néanmoins pas remis en cause le mandat donné au Sénégal, malgré l'arrêt de la Cour de justice de la CEDEAO intervenue quelques mois après le Sommet de Kampala (cf. infra) et qui avait substantiellement modifié le contenu dudit mandat[414]. La Conférence de l'Union avait plutôt, lors du seizième sommet tenu du 30 au 31 janvier 2011, confirmé ledit mandat et demandé que soient finalisées « les modalités pour l'organisation rapide du procès de Hissène HABRE par un tribunal spécial à caractère international »[415].

Malgré ce glissement sémantique sur la nature de la juridiction appelée à juger Monsieur Hissein HABRE, lequel précisait davantage l'objet du mandat, l'Union africaine n'avait pas réussi à imprimer son rythme au Sénégal. C'est ce qui avait justifié que lors du sommet tenu à Malabo en Guinée équatoriale du 23 juin au 1er juillet 2011, les chefs d'État et de gouvernement avaient instamment demandé au Sénégal de se conformer à la Convention des Nations unies contre la torture et au mandat, afin de procéder rapidement au jugement de Monsieur Hissein HABRE, ou de l'extrader. L'option rwandaise était revenue sur la table afin de pallier une éventuelle carence des autorités sénégalaises[416] qui tergiversaient sans cesse avec des décisions asymétriques. En effet, le Sénégal avait tantôt brandi l'obstacle du financement d'un procès coûteux[417], tantôt celui juridique relativement à la décision de la Cour de justice de la CEDEAO et tantôt celui politico-diplomatique avec les déclarations publiques du Président Wade sur son intention de se « débarrasser » du dossier de Habré.

Ce dernier, qui n'avait pas l'intention de se livrer poings et pieds liés, avait engagé une bataille judiciaire en saisissant la Cour de justice de la CEDEAO qu'il invitait à freiner les initiatives destinées à le traduire à nouveau en justice.

---

414 Nous reviendrons sur cet arrêt au praragraphe 2 de la présente section.

415 Union africaine, Décision sur l'affaire Hissène HABRE, Doc. Assembly/ AU/ 9 (XVI).

416 Lors du sommet de janvier 2012 tenu à Addis-Abeba en Ethiopie, l'Union africaine avait pris note de la volonté du Rwanda d'organiser le procès de Monsieur Hissein HABRE. Martin NGOGA, Procureur général du Rwanda, avait indiqué que son pays pouvait ainsi « contribuer au maintien de la paix et de la justice sur le continent ».

417 En juillet 2007, le Président Abdoulaye WADE avait avancé le chiffre approximatif de 29 millions d'euros pour l'organisation du procès. En novembre 2008, ce montant avait été ramené à 27 millions d'euros. À l'issue des rencontres qui avaient eu lieu en 2009 et 2010 entre le Sénégal, le Tchad, la Belgique, le Canada, les États-Unis, la Suisse, l'Union africaine, l'Union européenne et des États membres de cette entité comme l'Allemagne, l'Espagne, la France, le Luxembourg, les Pays-Bas, le Royaume-Uni, ainsi que le Haut-Commissariat des Nations unies aux droits de l'Homme et le bureau des Nations unies pour les services d'appui aux projets, le budget du procès avait été fixé à 8,6 millions d'euros.

Paragraphe 2 : L'examen de l'affaire Habré par la Cour de justice de la CEDEAO

La Cour de justice de la CEDEAO avait été saisie d'une requête introduite le 1er octobre 2008 par Monsieur Hissein HABRE. Cette juridiction communautaire a été instaurée respectivement par le Protocole adopté en 1991 par les chefs d'État et de gouvernement de la CEDEAO et par les articles 6 et 15 du Traité révisé de la CEDEAO. À l'origine, elle ne pouvait connaître que des différends interétatiques dans l'interprétation et l'application des textes communautaires, des litiges opposant l'institution politique à ses agents, des dommages causés par tout organe de la communauté ou ses agents, en plus de donner des avis consultatifs sur saisine du Conseil des ministres. Depuis le 19 janvier 2005, un Protocole additionnel a, d'une part, étendu sa compétence aux violations des droits de l'Homme commises dans la sous-région ouest-africaine et a, d'autre part, consacré la saisine directe par un particulier sans que celui-ci n'ait, au préalable, épuisé les voies de recours nationales.

Devant ce principal organe juridictionnel sous régional, Monsieur Hissein HABRE avait excipé de violations de principes juridiques fondamentaux par le Sénégal qui avait entrepris d'organiser son jugement. L'ancien Chef d'État avait considéré que lesdits principes de droit, ayant en toile de fond les droits humains, constituaient des obstacles à la tenue de son procès (**A**).

Avant de se prononcer sur ces allégations, la Cour de justice de la CEDEAO avait dû préalablement rejeter la demande d'intervention des victimes, ayants droit et ayants cause de victimes et associations de victimes[418] ainsi que les exceptions d'incompétence et d'irrecevabilité soulevées par le Sénégal[419]. Elle avait ensuite abordé le fond de l'affaire d'une manière singulière et était parvenue à baliser la voie du procès de Monsieur Hissein HABRE (**B**), contrairement aux attentes de ce dernier.

A. Les obstacles juridiques brandis par Habré

La saisine de la Cour de justice de la CEDEAO, sous le prétexte de violations de droits humains par le Sénégal, était en réalité une manœuvre de Habré destinée à faire échec à l'entreprise visant à le traduire à nouveau en justice. La requête introductive d'instance, largement motivée en ce sens, était articulée autour de certains principes fondamentaux en droit pénal.

En premier lieu, Monsieur Hissein HABRE avait soulevé le principe de non-rétroactivité de la loi pénale. Ce principe est un corollaire de celui de la

---

418 Cela a été fait par l'arrêt avant-dire-droit du 17 novembre 2009.

419 Cela est intervenu à travers l'arrêt du 14 mai 2010.

légalité inscrit dans les instruments internationaux fondamentaux[420] ainsi que dans la Constitution de nombreux États comme le Sénégal[421]. De valeur constitutionnelle, le principe de légalité garantit la liberté et la dignité individuelles de même que la sécurité juridique personnelle et collective[422]. Le principe de non-rétroactivité de la loi pénale, découlant de ce principe consacré en droit international, signifie que la loi ne peut s'appliquer aux situations juridiques antérieures à son entrée en vigueur. S'imposant aux juges et aux autorités administratives, il ne saurait souffrir d'atteinte qu'en présence de lois expressément rétroactives ou interprétatives, ou bien de lois plus douces (rétroactivité « *in mitius* ») ou de lois de forme (compétence et procédure).

La violation de ce principe résidait, selon Habré, dans la mise en œuvre, par le Sénégal, des réformes constitutionnelles et législatives de 2007 et 2008, dans le but de pouvoir le juger, alors que ces faits à lui reprocher auraient été commis entre 1982 et 1990.

Monsieur Hissein HABRE avait aussi invoqué la violation du droit à un recours effectif. La notion de recours renvoie, au « procédé consistant à soumettre une décision à une autorité qualifiée à cet effet, en vue d'obtenir qu'elle l'infirme ou la modifie »[423]. Le recours présente un caractère effectif s'il existe réellement et s'il est utile, c'est-à-dire s'il offre toutes les garanties d'efficacité et aboutit à une décision exécutoire. Ce principe, qui figure dans les textes internationaux relatifs aux droits humains[424], est tantôt appréhendé

---

420 Selon l'article 5 de la Déclaration des droits de l'Homme et du citoyen, la légalité criminelle consiste en ce que « nul ne peut être puni qu'en vertu d'une loi établie et promulguée antérieurement au délit et légalement appliquée ». Ce principe a été repris aux articles 11-2 de la Déclaration universelle des droits de l'Homme de 1948, 15-1 du Pacte international relatif aux droits civils et politiques de 1966 et 7-2 de la Charte africaine des droits de l'Homme et des peuples de 1981.

421 L'article 9 alinéa 2 de la Constitution sénégalaise dispose que « nul ne peut être condamné si ce n'est en vertu d'une loi entrée en vigueur avant l'acte commis ».

422 Selon Claude LOMBOIS, « l'admission du principe de légalité dans l'ordre international » est justifiée par le souci que « la répression de l'infraction internationale soit nettement ressentie comme œuvre de justice et non comme exercice de la vengeance » (Claude LOMBOIS, Op. cit., par. 45 s.).

423 Pierre MERTENS, Le droit à un recours effectif devant l'autorité nationale compétente dans les conventions internationales relatives à la protection des droits de l'Homme, Rapport présenté au Centre de recherches et d'études de droit international de l'Académie de La Haye, 1967, p. 458. Disponible sur http://rbdi.bruylant.be.

424 Le recours effectif est prévu aux articles 8 de la Déclaration Universelle des Droits de l'Homme, 2 alinéa 3 du Pacte international relatif aux droits civils et politiques et 7 de la Charte africaine des droits de l'Homme et des peuples. L'article 8 de la Déclaration universelle des Droits de l'Homme, invoqué par Habré, consacre un niveau de protection élevé des droits fondamentaux, en élargissant le champ des mesures susceptibles d'être déférées devant le juge. La Charte africaine et la Convention américaine vont dans le même sens, alors que le Pacte international et la Convention européenne ne protègent que les droits qu'ils ont énoncés, tout en admettant la possibilité d'un recours devant un organe non juridictionnel.

comme un droit de l'Homme[425], tantôt comme une garantie des droits humains[426].

Par ce moyen soulevé, Monsieur Hissein HABRE alléguait qu'aucune possibilité de recours interne effectif ne lui était ouverte au Sénégal, car le Conseil constitutionnel ne peut pas être saisi par une personne physique et qu'il ne pouvait donc pas contester son éventuelle nouvelle traduction en justice par le truchement de la révision de la Constitution.

À la suite de ce moyen, Monsieur Habré avait également soulevé l'autorité de la chose jugée[427]. Ce principe, tiré de la maxime « *res judicata pro veritate accipitur* » (ou *habetur*)[428], trouve son fondement dans le principe général de « *non bis in idem* »[429]. Il a évolué en passant d'une conception large (efficacité substantielle du jugement et son irrévocabilité) à une définition *stricto sensu* (non-renouvellement d'un procès jugé).

Monsieur Hissein HABRE entendait, à travers ce moyen, invoquer le bénéfice de la chose jugée, tel qu'il résulte des décisions judiciaires sénégalaises ayant mis fin aux poursuites, à savoir les arrêts de la Chambre d'accusation de la Cour d'appel de Dakar du 4 juillet 2000 et de la Cour de cassation du 20 mars 2001[430].

Un autre principe juridique fondamental soulevé était celui de l'égalité devant la loi et devant la justice qui est inscrit dans la plupart des constitutions et dans les instruments internationaux relatifs aux droits de l'Homme[431].

---

425 Le caractère procédural du principe ne soulève pas beaucoup de difficultés, contrairement au caractère substantiel car la notion de droit fondamental est ambigüe avec un champ aux contours incertains. La doctrine est divisée sur le contenu de cette notion. Selon la thèse de la conception formelle ou stricte, les droits et libertés fondamentaux désignent simplement les droits et libertés protégés par des normes constitutionnelles, communautaires et internationales. Cette définition fait référence à la valeur supra législative des normes en question. Les tenants de l'approche matérielle se divisent en deux branches. La première conçoit les droits fondamentaux dans une perspective d'essentialisme jus naturaliste, selon lequel la fondamentalité est indifférente à la valeur juridique de la norme considérée. La seconde envisage les droits fondamentaux dans une perspective d'essentialisme jus positiviste, selon lequel le supra législatif ou le constitutionnel constitue la source principale mais non exclusive desdits droits.

426 Pierre MERTENS, Op. cit., p. 458

427 Déjà connu en droit babylonien et en droit romain, le principe de l'autorité de la chose jugée est un moyen de défense procédural (une fin de non-recevoir), destiné à faire échec à un nouveau procès entre les mêmes parties pour les mêmes faits.

428 Cet adage latin signifie que la chose jugée est tenue pour vérité.

429 Cette maxime latine renvoie au principe selon lequel nul ne peut être poursuivi deux fois pour les mêmes faits. Le principe produit entier effet dès lors que la triple identité d'objet, de parties et de cause est relevée entre la première et la nouvelle procédure judiciaire.

430 Ces décisions ne sauraient, selon Habré, être remises en cause par l'organisation d'un nouveau procès portant sur le même objet, ayant la même cause et comportant les mêmes parties agissant en les mêmes qualités.

431 Le principe d'égalité, qui trouve son origine dans le principe d'isonomie (soumission à la loi), a été repris dans la Déclaration des droits de l'Homme et du citoyen de 1789 (articles 1 et 6), la Déclaration universelle des droits de l'Homme de 1948 (articles 1, 7 et 10), le Pacte

L'égalité devant la loi, ou égalité en droit, impose l'application, à tous les citoyens, de règles identiques, indépendamment de leur état ou qualité, toutes les fois que la norme en cause est de portée générale. Il ne peut être dérogé à ce principe qu'en raison de considérations d'intérêt général. C'est pour cette raison qu'à côté de ce principe d'un traitement égal pour les situations similaires, le juge admet la possibilité d'un traitement différencié pour des situations distinctes.

L'égalité devant la justice, différemment qualifiée par les auteurs de mathématique[432], formelle[433], absolue[434] ou encore distributive[435], renvoie à l'idée d'une justice commutative, défendue par la Révolution française, prônant « strictement l'assujettissement des justiciables aux mêmes incriminations, à une même procédure et à d'identiques conditions d'exécution de leurs peines »[436]. Elle ne peut être tempérée qu'à travers la notion d'« égalité par différenciation »[437], c'est-à-dire un traitement distinct de situations différentes.

---

international relatif aux droits civils et politiques (article 26), la Charte africaine des droits de l'Homme et des peuples (article 3) et dans beaucoup de constitutions (exemple de l'article 7.4 de la Constitution sénégalaise). Après sa consécration formelle, ce principe est longtemps resté philosophique, voire utopique. Il est ensuite devenu un principe juridique constitutionnellement et effectivement protégé et a pénétré plusieurs domaines dont les charges publiques, les emplois publics, le suffrage, la carrière professionnelle ... (voir notamment arrêt n° 73-51 du 27 décembre 1973 du Conseil constitutionnel français).

[432] Michel DANTI-JUAN, L'égalité en droit pénal, Cujas, 1987, n° 16 cité par Tatiana POTASZKIN, Retour sur le principe d'égalité devant la justice pénale dans la jurisprudence du Conseil constitutionnel, Recueil Dalloz, 2012. Disponible sur https://www.dalloz.fr/

[433] Chaim PERELMAN, Liberté, égalité et intérêt général, in *L'égalité*, Vol. V, René DEKKERS, Paul FORIES et Chaim PERELMAN (Dir.), Bruxelles, Bruylant, 1977, p. 9 cité par Tatiana POTASZKIN, Op. cit.

[434] Renée KOERING-JOULIN et Jean-François SEUVIC, Droits fondamentaux et droit criminel, AJDA, 1998, p. 123 cité par Tatiana POTASZKIN, Op. cit.

[435] Aristote, Ethique à Nicomaque, V. 7, Flammarion, 2004 (trad. Richard BODEUS) cité par Tatiana POTASZKIN, Op. cit.

[436] Michel DANTI-JUAN, op.cit. ; cité par Tatiana POTASZKIN, Op. cit. Pour Roger PERROT, l'égalité devant la justice postule que « toute personne a une égale vocation à être jugée par les mêmes juridictions et selon les mêmes règles de procédure, sans la moindre discrimination » (Roger PERROT n° 59) cité par Tatiana POTASZKIN, Op. cit.

[437] Hans KELSEN a soutenu que « le principe selon lequel un traitement égal doit être appliqué à des hommes égaux ne peut valoir qu'en relation avec le principe selon lequel un traitement différent doit être appliqué à des hommes inégaux ». C'est ce qu'a repris le Conseil constitutionnel français qui a précisé que « le principe d'égalité ne s'oppose ni à ce que le législateur règle de façon différente des situations différentes ni à ce qu'il déroge à l'égalité pour des raisons d'intérêt général pourvu que, dans l'un et l'autre cas, la différence de traitement qui en résulte soit en rapport avec l'objet de la loi qui l'établit » (arrêt du 18 mars 2009). Elle a indiqué, dans un autre arrêt, qu' « il est loisible au législateur de prévoir des règles de procédure pénale différentes selon les faits, les situations et les personnes auxquels elles s'appliquent, pourvu que les différences ne procèdent pas de discriminations injustifiées et que soient assurées des garanties égales aux justiciables » (Décision des 19 et 20 janvier 1981) cité par Tatiana POTASZKIN, Op. cit.

Pour Monsieur Hissein HABRE, les initiatives sénégalaises visant à le traduire spécialement et personnellement en justice, alors que les juridictions sénégalaises avaient déjà statué sur son cas, violaient ce principe d'égalité devant la loi et devant la justice.

L'ancien Chef d'État avait aussi fait référence aux principes de la séparation des pouvoirs[438], de l'indépendance de l'autorité judiciaire[439] et du procès équitable[440]. Ces trois concepts, présents dans certaines conventions internationales et dans beaucoup de constitutions, ont un lien très étroit, l'un découlant de l'autre.

En invoquant la violation de ces principes, Monsieur Hissein HABRE insinuait que les réformes constitutionnelles et législatives, visant à le traduire à nouveau en justice, constituaient une immixtion des pouvoirs exécutif et législatif dans le champ judiciaire. Il avait ajouté que ces interférences de l'autorité politique ne présageaient pas d'un procès équitable.

Le dernier argument développé par Monsieur Hissein HABRE, pour faire échec à l'organisation de son procès, est tiré de la confrontation entre le droit pénal sénégalais et le droit communautaire de la CEDEAO, notamment les principes de convergence constitutionnelle communs aux États membres de la

---

[438] La théorie de la séparation des pouvoirs trouve ses origines dans les œuvres de John LOCKE. Elle a été reprise et développée par Montesquieu qui distingue les trois pouvoirs exécutif, législatif et judiciaire, lesquels doivent être exercés par des organes distincts pour limiter l'arbitraire et les abus. Elle figure dans la Déclaration des droits de l'Homme et du citoyen du 26 août 1789 (article 16), dans le Protocole de la CEDEAO sur la Démocratie et la Bonne Gouvernance (article 1.a) ainsi que dans beaucoup de constitutions (voir préambule de la Constitution du Sénégal). Elle apparait comme indispensable à la protection des droits de l'Homme.

[439] Le principe de l'indépendance de la justice englobe le principe de l'indépendance de l'autorité judiciaire et celui de l'indépendance des juges. Reprenant les instruments internationaux comme la Déclaration universelle des droits de l'Homme (articles 10 et 11), le Pacte international relatif aux droits civils et politiques (article 14) et la Charte africaine des droits de l'Homme et des peuples (article 1), la plupart des constitutions l'ont formellement proclamé (exemple de l'article 88 de la Constitution sénégalaise). L'ONU a précisé, dans les Principes fondamentaux relatifs à l'indépendance de la magistrature, que la justice ne devrait souffrir d'influences, d'incitations, de pressions, de menaces ou d'interventions quelconques et que les décisions judiciaires définitives ne sauraient être remises en cause.

[440] Le principe du procès équitable puise ses sources dans la « *Magna carta* » ou « Grande charte des libertés d'Angleterre », et a été repris dans la Déclaration universelle des droits de l'Homme de 1948 (article 10), le Pacte international sur les droits civils et politiques (article 14), la Charte africaine des droits de l'Homme et des peuples (article 7) et certaines constitutions. Le droit à un procès équitable, socle de l'esprit de justice, est un concept évolutif qui recouvre de nombreux aspects. Outre la présomption d'innocence, l'indépendance et l'impartialité des juridictions ainsi que les droits liés à la défense, il englobe d'autres principes et droits tels que la non rétroactivité de la loi pénale et le « *ne bis in idem* », la sécurité juridique, la non immixtion de l'exécutif dans les procédures judiciaires, l'égalité des armes, le droit de recours et de réparation en cas d'erreur judiciaire … Au-delà des garanties procédurales, le droit à un procès équitable est de nature substantielle et est le miroir d'un système judiciaire fiable dans un État démocratique.

CEDEAO[441]. Ces principes sont relatifs, entre autres, à la séparation des pouvoirs, à l'indépendance de la justice et au respect des droits de l'Homme et des règles démocratiques.

L'articulation entre le droit communautaire, qui génère des normes supra législatives[442], et le droit pénal national, attribut de la souveraineté[443], n'est pas toujours aisée et en cas de conflit, le premier prime sur le second[444].

Monsieur Hissein HABRE avait fait appel à la prééminence du droit communautaire, notamment de cette « Constitution régionale »[445], sur le droit pénal sénégalais pour « invalider » les réformes juridiques visant à permettre sa nouvelle traduction en justice. Étant plus explicite, il a soutenu que les modifications constitutionnelles et législatives sénégalaises avaient été effectuées au mépris des principes sus-énoncés.

Les différents arguments brandis par Monsieur Hissein HABRE étaient, pour lui, des obstacles incontournables face aux initiatives sénégalaises pour le faire comparaître devant un juge afin de répondre de faits commis durant sa présidence tchadienne de 1982 à 1990.

Le Sénégal, quant à lui, n'avait pas été aussi prolixe que l'ancien Chef d'État pour réfuter les moyens développés. Il n'avait pas répondu à chaque moyen, mais avait essentiellement relevé que d'une part, en réformant son droit interne, il s'était conformé à ses obligations découlant de conventions internationales, et que d'autre part, les allégations de violation de droits humains, invoquées par le requérant, étaient « hypothétiques et non effectives » puisqu'aucune poursuite judiciaire n'avait encore été enclenchée.

Par contre, la Cour devait répondre aux différents arguments soulevés par le sieur Habré. Elle s'y était laborieusement entreprise, mais avait toutefois réussi à baliser la voie du procès.

B. La voie du procès balisée par la Cour

La requête de Monsieur Hissein HABRE faisait état des problèmes juridiques intéressants mais disparates. Aussi, la Cour devait les sérier avant

---

441 Ces principes se rapportent aux idéaux contenus dans le Protocole sur la démocratie et la bonne gouvernance du 21 décembre 2001, additionnel au Protocole relatif au mécanisme de prévention, de gestion, de règlement des conflits, de maintien de la paix et de la sécurité dit Protocole de Lomé, adopté en 1999 par la CEDEAO.

442 Le droit communautaire est caractérisé par sa primauté, son effet direct et son applicabilité immédiate par les États membres dans toutes les matières, mais avec cette particularité que de larges pans du droit pénal se trouvent hors de son champ, par la volonté des États.

443 En principe, le droit pénal relève exclusivement des États comme état un des attributs essentiels de la souveraineté.

444 Cet effet « neutralisateur » de la règle communautaire sur la norme nationale vise fondamentalement à renforcer la protection des droits humains.

445 Ismaila Madior FALL et Alioune SALL, Une constitution régionale pour l'espace CEDEAO : Le Protocole sur la démocratie et la bonne gouvernance de la CEDEAO, p. 2. Disponible sur http://www.la-constitution-en-afrique.org

d'y apporter les réponses pertinentes. C'est ainsi que les juges communautaires les ont regroupés en cinq branches à savoir l'existence d'une procédure judiciaire contre Monsieur Hissein HABRE, l'interprétation du Protocole sur la Démocratie et la Bonne Gouvernance, le recours effectif, la séparation des pouvoirs et enfin l'indépendance de la justice et la non-rétroactivité de la loi pénale.

Sur la première branche qui englobait les questions liées à l'égalité devant la loi et la justice, à l'autorité de la chose jugée et au droit à un procès équitable, la Cour avait jugé qu'elles n'avaient pas d'objet en l'absence de procédure judiciaire effective contre Monsieur Hissein HABRE. Les violations invoquées n'étant, à ce stade, que « potentielles », ne pouvaient être retenues par la juridiction sous régionale des droits de l'Homme.

Sur le deuxième point concernant l'interprétation du Protocole sur la démocratie et la bonne gouvernance, la Cour avait relevé qu'en vertu de l'article 10 du Protocole additionnel du 19 janvier 2005, Monsieur Hissein HABRE n'avait pas qualité à agir, puisqu'une personne physique n'est pas habilitée à saisir la Cour en cas de manquement à une obligation communautaire par un État membre. Cette faculté est réservée, selon l'article 10-a sus-évoqué, aux États membres et au Secrétaire exécutif de l'organisation sous régionale.

Sur la troisième branche relative au droit au recours effectif, la Cour avait tenu à relever la nuance entre ce principe et le recours constitutionnel. Ce dernier a un caractère restreint et chaque État le réserve à certaines personnes physiques ou morales en vue de faire constater l'inconstitutionnalité d'une loi en totalité ou en partie. En ce qui concerne le Sénégal, la Cour avait relevé que les textes internes n'avaient pas prévu de recours constitutionnel par voie d'action à l'initiative d'un particulier. Ce type de recours est différent du recours effectif prévu dans les instruments internationaux relatifs aux droits de l'Homme et qui consiste en la possibilité de saisir une juridiction pour faire constater un droit ou pour faire sanctionner la violation d'un droit. Après avoir fait cette distinction, la Cour avait estimé qu'aucune violation du droit au recours effectif ne pouvait être relevée.

Sur le quatrième volet lié à la séparation des pouvoirs et à l'indépendance de la justice, la Cour avait indiqué que les révisions constitutionnelles et législatives ne constituaient pas, en elles-mêmes, une violation de ces principes, s'il n'était possible de relever l'atteinte à un droit spécifique de Monsieur Hissein HABRE protégé par les instruments internationaux.

Sur la cinquième branche relative à la non-rétroactivité de la loi pénale, la Cour avait eu une démarche singulière. Elle avait d'abord relevé que le Sénégal avait « gravement méconnu » les dispositions conventionnelles consacrant ce principe. Elle avait ensuite précisé que la violation alléguée était abstraite en l'absence de poursuites effectives entamées contre le sieur Habré.

Sur ce point, la Cour avait invoqué sa propre jurisprudence[446] et celle de la CEDH[447] sur le fait qu'elle ne saurait examiner des législations « *in abstracto* » susceptibles de constituer des violations de droits de l'Homme, car la constatation d'une violation de tels droits est faite « *a posteriori* ». Néanmoins, elle avait accepté, comme sa « jumelle » européenne, que cette position pouvait connaître un tempérament, notamment en présence d' « indices raisonnables et convaincants de la probabilité de la réalisation d'une violation »[448] des droits de l'Homme d'un requérant. En l'espèce, la Cour avait estimé que les actes posés par le Sénégal (mandat de l'Union africaine, réformes juridiques, levée de fonds, désignation d'un juge d'instruction, retrait du passeport de Habré et sa mise en résidence surveillée) tendaient inexorablement à l'organisation du procès de Monsieur Hissein HABRE et étaient, de ce fait, constitutifs de violations des articles 7 (paragraphe 2) et 11 (paragraphe 2) respectivement de la Charte africaine des droits de l'Homme et des peuples et de la Déclaration universelle des droits de l'Homme.

La Cour, sensible au combat contre l'impunité, avait enfin jugé nécessaire de trouver « l'équation ou l'équilibre »[449] entre le mandat de l'Union africaine et le respect des instruments internationaux susmentionnés. À ce propos, elle avait estimé que le « fond » dudit mandat cadrait parfaitement avec l'article 15 du Pacte international relatif aux droits civils et politiques. Selon ce texte, il n'y a pas de contradiction entre le principe de non-rétroactivité de la loi pénale nationale et la poursuite d'actes ou d'omissions constitutifs de crimes de droit international au moment de leur commission. Ainsi, si la traduction de Monsieur Hissein HABRE en justice pour répondre des crimes graves à lui reprochés était inéluctable, cela ne saurait se faire, pour la Cour, que selon les règles du droit international en vigueur. La Cour faisait référence, sur ce point, à la « coutume internationale »[450] qui, selon elle, crée généralement des juridictions *ad hoc* ou spéciales pour résoudre de telles équations juridiques. Elle avait considéré, de ce fait, que la mise en œuvre du mandat de l'Union

---

[446] Dans l'affaire Hadidjatou Mani KORAOU contre l'État du Niger du 27 octobre 2008, la Cour a précisé qu' « elle n'a pas pour rôle d'examiner les législations des États membres de la Communauté *in abstrato*, mais plutôt d'assurer la protection des droits des individus lorsque ceux-ci sont victimes de violations de ces droits qui leur sont reconnus, et ce, par l'examen des cas concrets présentés devant elle ».

[447] Dans l'affaire Klass et autres contre l'Allemagne du 06 septembre 1978, la CEDH a relevé que les particuliers ne peuvent pas « se plaindre *in abstracto* d'une loi par cela seul qu'elle leur semble enfreindre la Convention. En principe, il ne suffit pas à un individu requérant de soutenir qu'une loi viole par sa simple existence les droits dont il jouit aux termes de la Convention ; elle doit avoir été appliquée à son détriment ».

[448] C'est ce qui ressort des décisions de la CEDH dans les affaires Soering contre Royaume-Uni du 7 juillet 1989, Noel Narvii TAUIRA et 18 autres contre la France du 4 décembre 1995, SEGI et autres contre l'Allemagne et autres et Gestoras Pro-Amnistia et autres contre l'Allemagne et autres des 16 et 23 mai 2002, Rossi et autres contre Italie du 16 décembre 2008.

[449] CJ CEDEAO, 18 novembre 2010, Hissène Habré c. République du Sénégal.

[450] Pour la Cour de justice, la mise en place de juridiction *ad hoc* international relève d'une coutume internationale. Cette position avait été vivement critiquée (cf. infra).

africaine devait s'inscrire dans ce cadre. Dans la même veine, elle avait donné un contenu à l'expression « juridiction compétente » employée dans ledit mandat, en indiquant qu'elle renvoyait à « un cadre judiciaire *ad hoc* »[451] et que toute autre interprétation violerait le principe de non-rétroactivité de la loi pénale.

En somme, d'une part, la Cour de justice de la CEDEAO rappelait au Sénégal les principes immuables de l'autorité de la chose jugée et de la non-rétroactivité de la loi pénale, et d'autre part, interprétait le mandat de l'Union africaine, à savoir que le jugement de Monsieur Hissein HABRE ne pouvait survenir que dans « le cadre strict d'une procédure spéciale *ad hoc* à caractère international »[452].

Cette décision de la Cour communautaire ouest-africaine, qui visait à résoudre l'équation de l'affaire Habré, avait été vivement critiquée par certains auteurs.

Pour le Professeur William SCHABAS, la Cour avait fait une interprétation erronée du principe de non-rétroactivité de la loi pénale et de la règle « *nullum crimen sine lege* » [453]. Il avait aussi estimé qu'elle avait retenu à tort, en se fondant sur l'existence d'une coutume internationale, que seul un tribunal « *ad hoc* » pouvait juger Monsieur Hissein HABRE. Schabas avait fait remarquer que la Belgique avait attrait le Sénégal devant la CIJ pour que ce dernier poursuive le sieur Habré devant ses juridictions nationales pour des crimes internationaux commis avant ses révisions constitutionnelles et législatives, et qu'ainsi, l'allégation de l'existence d'une coutume internationale, pour connaître de ce genre de crimes commis avant leur incrimination au niveau interne, ne procède d'aucune doctrine ou jurisprudence établie. Les exemples d'Israël avec Adolph EICHMANN[454], de l'Estonie avec August KOLK et Petr KISLYI[455] et du Canada avec Imre FINTA et Désiré MUNYANEZA[456] sont assez parlants.

---

[451] CJ CEDEAO, 18 novembre 2010, Op. cit.

[452] Ibid.

[453] Williams SCHABAS, Bizarre ruling on non-retroactivity from the ECOWAS Court, 2010, p. 1. Disponible sur http://humanrightsdoctorate.blogspot.com.

[454] L'allemand Adolf EICHMANN, haut responsable nazi, a été jugé en Israël en 1961 pour des crimes commis en Europe durant la seconde guerre mondiale (shoah).

[455] August KOLK et Petr KISLYIY respectivement des ressortissants de l'URSS et de l'Estonie, impliqués dans la déportation de milliers d'estoniens en URSS, dont beaucoup avaient péri, avaient été condamnés en 1949 pour crimes contre l'humanité par un tribunal estonien, alors que cette incrimination n'existait pas dans le droit interne. La CEDH, saisie d'un recours, avait trouvé cette démarche fondée et s'était appuyée sur les articles 6 de la Charte de Nuremberg et 7 paragraphe 2 de la Convention européenne des droits de l'Homme.

[456] Imre FINTA, ancien officier hongrois, a été jugé au Canada en 1990 pour des crimes commis durant la seconde guerre mondiale en Europe (shoah), sur la base d'une loi sur les crimes de guerre adoptée en 1987. Il en est de même pour Désiré MUNYANEZA jugé dans ce pays en 2009 pour des crimes internationaux commis au Rwanda en 1994 (génocide rwandais), en vertu de la loi de compétence universelle, entrée en vigueur le 23 octobre 2000.

Dans le même sillage, Valentina SPIGA, qui appréhende la nouvelle loi d'incorporation de normes pénales internationales comme ayant une fonction juridictionnelle et sans pour autant créer de nouveaux crimes, avait estimé que la révision de la loi sénégalaise n'était pas constitutive d'une violation du principe de non-rétroactivité de la loi pénale[457]. Elle avait indiqué que la juridiction *ad hoc* suggérée par la Cour, ferait exactement ce que celle-ci semblait reprocher à la loi sénégalaise, puisque ses statuts feraient référence aux normes internationales réprimant les crimes internationaux et s'appliqueraient rétroactivement. Elle avait trouvé dès lors contradictoire le raisonnement de la Cour sur la non-rétroactivité et avait ajouté que l'allégation de l'existence de la coutume internationale manquait de fondement, car le Sénégal ne pouvait pas être considéré comme étant inapte à organiser le procès de Habré, au point que la création d'une juridiction *ad hoc* s'imposait.

C'est également la position de Jan Arno HESSBUREGGE qui avait affirmé que beaucoup de cas impliquant des hauts dirigeants, comme Habré, avaient été jugés par des tribunaux internes. Par cette affirmation, il comptait réfuter l'allégation de l'existence d'une coutume internationale relative à la création d'un tribunal *ad hoc*[458].

Malgré ces vives critiques, l'arrêt de la Cour de justice de la CEDEAO avait eu le mérite de donner des contours précis au mandat de l'Union africaine. Comme les autres décisions supranationales rendues dans l'affaire Habré, il avait eu des effets certains.

---

457 Elle a précisé qu'étant donné que le texte d'incorporation n'institue pas de nouvelles infractions, mais permet juste leur poursuite, il n'y a pas de problème de prévisibilité et son application rétroactive ne viole pas le principe de non rétroactivité. (Valentina SPIGA, « Non-retroactivity of Criminal Law : A New Chapter in the Hissène Habré Saga », in *JICJ*, Vol. 9, n° 1, OUP, March 2011, p. 5 et s.).

458 Jan Arno HESSBUREGGE, « Ecowas court judgment in Habré v. Senegal complicates prosecution in the name of Africa », in *ASIL Insights*, Vol. 15, n° 3, 3 février 2010. Disponible sur http://www.asil.org

Chapitre II : Les effets des recours supranationaux

La saisine des instances internationales et régionales avait donné une certaine envergure à l'affaire Hissein HABRE. Elle avait été à l'origine de décisions hétéroclites qui allaient, malgré tout, accélérer le processus devant mener à l'organisation du procès de l'ancien Chef d'État tchadien.

Lesdites décisions avaient effectivement influencé le cours de l'affaire Habré, mais à des degrés différents car n'étant pas toutes dotées de la même force obligatoire. Certaines n'étaient pas contraignantes contrairement à d'autres, de sorte que ces décisions des institutions supranationales avaient un sens et une portée qui variaient en fonction de la nature de l'organe (**Section I**).

Elles avaient surtout eu le mérite de faire avancer le dossier Habré en provoquant l'adoption de lois internes d'incorporation de normes internationales et la mise sur pied d'une juridiction appropriée pour connaître de ce cas spécial.

Cet impact pratique des décisions des institutions supranationales (**Section II**) était une aubaine pour les victimes et les associations qui les appuyaient. Il offrait aussi l'opportunité à l'Afrique en général et au Sénégal en particulier, de se décharger du fardeau que constituait l'affaire Habré.

Section I : Le sens et la portée des décisions des institutions supranationales

Dans l'affaire Hissein HABRE, les décisions rendues par les institutions internationales et régionales avaient diversement impacté le cours de ce dossier. En effet, le sens et la portée des décisions étaient tributaires de la nature de l'instance qui statuait. Les organes concernés puisent leur force dans leurs traités constitutifs qui déterminent, en principe, les conséquences juridiques attachées auxdites décisions.

Pour mieux cerner la valeur juridique des décisions de ces instances qui ont connu de l'affaire Habré, il est indispensable d'avoir une vue générale de l'ensemble des dispositions des actes constitutifs, ainsi qu'un aperçu sur la nature juridique de leurs rapports avec les États membres et sur la situation juridique de ces derniers par rapport à l'organe.

Néanmoins, il est aisé de remarquer qu'en l'espèce, les organes de décision, qui avaient une nature politique, ne pouvaient que rendre des décisions dont la portée était symbolique (**Paragraphe 1**). Lesdites décisions ne s'imposaient pas aux parties et n'étaient généralement pas assorties de sanctions en cas d'inexécution.

Par contre, pour les organes qui avaient une nature juridictionnelle, les décisions étaient généralement contraignantes, car elles étaient le résultat d'une procédure contentieuse (**Paragraphe 2**). Les parties étaient dans l'obligation de les appliquer.

Dans tous les cas, le principal justiciable de ces instances qu'est l'État est un sujet difficilement contraignable et donc, l'application des décisions des organes politiques comme judiciaires dépendait souvent de certains paramètres politico-diplomatiques.

Paragraphe 1 : Les décisions symboliques des organes politiques

Les organes politiques supranationaux, qui sont intervenus dans l'affaire Hissein HABRE, à savoir le Comité des Nations unies contre la torture et la Conférence des Chefs d'État de l'Union africaine, ont cette particularité d'émaner des organes suprêmes au niveau continental et international.

Le sens et la portée des décisions de ces deux organes sont tributaires de la position de ces derniers dans la hiérarchie des institutions supranationales, mais aussi de la nature desdites décisions et des circonstances qui ont présidé à leur adoption.

Nous traiterons d'abord de la valeur des recommandations du Comité contre la torture (**A**) avant d'aborder les implications du mandat de l'Union africaine (**B**).

A. La valeur des recommandations du Comité anti torture

Le Comité des Nations unies contre la torture est un organe de l'ONU dont le sens et la portée des recommandations reposent sur l'autorité que lui confère l'organisation universelle. Celle-ci s'est toutefois singularisée par une certaine carence en la matière, constat qui peut être étendu aux différents organes qu'elle a sécrétés. Aussi, pour mieux appréhender la valeur juridique des recommandations émanant desdites structures, il faut se placer dans le contexte du droit des organisations internationales.

Issue de la pratique des conférences diplomatiques, la recommandation est une norme dont l'imprécision rend son utilisation fréquente dans le droit des organisations internationales. Très souvent définie négativement autant par les auteurs[459] que par les représentants des États à l'ONU[460], elle apparaît comme dépourvue de force obligatoire et ne semble comporter qu'une valeur politique. La tendance actuelle est de l'appréhender en tant que « l'expression d'une fonction législative internationale »[461].

Pour mieux cerner cette norme hautement prisée par les organisations internationales, on ne saurait se limiter à sa façade. En la disséquant, on se rend compte que ses conséquences juridiques varient en fonction de l'organe international concerné. Ainsi, les recommandations d'une institution dont les effets juridiques ont été prévus dans l'acte constitutif, comme la Conférence générale de l'Organisation Internationale du Travail (OIT), sont différentes de celles dont l'acte n'en précise ni le sens ni la portée, comme la Charte de l'ONU en ce qui concerne l'Assemblée générale. Malgré tout, la recommandation, quel qu'en soit l'auteur, est réservée à certaines décisions, pour les différencier d'autres qui n'ont pas la même portée, et obéit à une certaine procédure.

En faisant une recommandation, l'organe de décision s'adresse à un tiers par une demande pressante, dont l'intensité diffère, pour l'amener à agir dans un sens déterminé. La terminologie est variée, mais les mots employés renvoient indistinctement au même contenu : « invite », « prie », « affirme », « insiste », « charge », « engage », ... De là, on entrevoit aisément que les recommandations renvoient aux « résolutions d'un organe international adressées à un ou plusieurs destinataires qui lui sont extérieurs et impliquant une invitation à adopter un comportement déterminé, action ou abstention »[462]. Le processus menant à son édiction est formaliste et l'instance de décision lui accorde beaucoup d'importance au point que les termes sont utilisés avec soin et circonspection. L'explication réside dans la valeur politique, voire morale, qu'elle comporte. C'est pour cette raison que c'est dans les effets juridiques de l'invitation, indépendamment de l'existence ou non d'une force obligatoire, qu'il faudrait rechercher la signification juridique

---

[459] Voir Pierre-F. BRUGIERE, Les pouvoirs de l'Assemblée générale des Nations unies en matière de politique et de sécurité, Paris, Pedone, 1955, p. 225 ; Leland GOODRICH et Edvard HAMBRO, Commentaire de la Charte des Nations unies, édition française établie par André-Marie GUYNAT et revue par Edvard HAMBRO, Neuchâtel, Ed. de la Baconnière, 1962, p. 166 ; F. Blaine SLOAN, « The binding force of a recommandation of the General Assembly of the United Nations », in *BYIL*, Vol. 25, 1948, p. 3 ; Lassa Francis Lawrence OPPENHEIM, International Law, 8e ed. by Hersch Lauterpacht, London, Longmans Green, pp. 424 et 429 ; Clyde EAGLETON, « Palestine and the constitutional Law of the United Nations », in *AJIL*, Vol. 42, 1948, p. 397 ; H. A. SMITH, « The binding force of League resolutions », in *BYIL*, 1935, p. 157.

[460] Voir les déclarations du délégué des États-Unis (Ass. II) et de l'Argentine (Ass. III) citées par Pierre-F. BRUGIERE, Op. cit.

[461] Michel VIRALLY, « La valeur juridique des recommandations des organisations internationales », in *AFDI*, Vol. 2, Paris, 1956, p. 80.

[462] Michel VIRALLY, Op. cit., p.68.

de la recommandation. Ainsi, le sens et la portée de cette norme varient en fonction des relations de droit entre l'auteur et le destinataire.

Pour mieux saisir ce type de relation entre l'auteur, en l'espèce le Comité anti torture, et les destinataires, à savoir les États, nous allons nous reporter à la classification proposée par Michel VIRALLY. Celui-ci répartit les destinataires d'une recommandation en trois groupes : les autres organes appartenant à la même organisation internationale que l'auteur, les destinataires étrangers à l'organisation et les États ou gouvernements membres de l'organisation. La valeur de la recommandation est déterminée par la position du destinataire par rapport à l'auteur.

D'abord, pour les recommandations adressées par un organe à un autre au sein d'une même organisation internationale et qui peuvent être considérées comme étant d'ordre intérieur, elles ne posent pas de difficulté particulière tant dans leur énoncé que dans leur application. Dans le cadre des relations hiérarchisées, l'organe supérieur, qui fait une recommandation à l'organe inférieur, détermine le degré d'obligation, alors que dans le sens inverse, il s'agira plutôt d'une proposition. Entre organes indépendants aussi, les recommandations restent de simples propositions, eu égard à leur indépendance réciproque, si elles ne revêtent pas la forme d'une participation à une décision conjointe.

Ensuite, pour les recommandations adressées à un destinataire étranger à l'organisation internationale, elles se caractérisent par l'absence totale d'obligation. Il en est ainsi des recommandations faites à un État non-membre ou à une autre organisation internationale indépendante, qui se présentent comme un avis, une simple demande ou une proposition, et celles adressées à une population ou à des particuliers qui apparaîtront comme un appel.

Enfin, pour les recommandations adressées par un organe supranational à un État membre, comme celles du Comité anti torture à l'État du Sénégal, elles posent une certaine problématique car elles « comportent obligation dans les buts qu'elles assignent, mais laissent à ceux qui en sont l'objet le choix des moyens propres à atteindre ces buts », pour reprendre la formule du traité qui avait institué la Communauté Européenne du Charbon et de l'Acier (CECA).

On constate que la situation juridique de droit dans laquelle se trouve placé le Comité anti torture par rapport aux États est assez particulière. Ses recommandations ont un caractère non contraignant à l'égard de ces derniers, mais le Comité a précisé que cet état de fait ne signifie pas qu'un État puisse ou non décider de les suivre, car elles visent, avant tout, à amener celui-ci à remédier aux violations de la Convention contre la torture et autres peines ou traitements cruels, inhumains ou dégradants. Le pouvoir discrétionnaire laissé à l'État ne rend pas le Comité impuissant car cette structure a la possibilité d'attirer l'attention de l'Assemblée générale de l'ONU, à travers son rapport annuel, sur le non-respect de ses décisions. Aussi, l'impact d'une recommandation du Comité varie d'un État à un autre et participe de l'image et de la crédibilité dudit pays au sein de la communauté internationale. Dans le cas du Sénégal, il s'agit d'une jeune démocratie qui a intérêt à se présenter comme un État respectueux des droits de l'Homme et qui veille à parfaire sa réputation à l'échelle mondiale. D'ailleurs, en adhérant à une telle institution, le Sénégal, à l'instar des autres États membres, s'identifie à une communauté et partage des valeurs tournant autour de la lutte contre la torture et les traitements inhumains et dégradants. L'expression de ces idéaux se trouve dans la Convention qui, au-delà de la déclaration d'intentions, comporte de nombreuses conséquences juridiques.

Ainsi, les relations entre le Comité et les États membres, comme le Sénégal, laissent transparaître une collaboration en vue d'atteindre les objectifs fixés dans le domaine des droits de l'Homme. Les recommandations constituent le principal instrument de cette collaboration et leur signification juridique emporte ainsi une certaine autorité politique qui s'impose au destinataire. L'État, qui se soustrait à ses obligations rappelées par le Comité, sera obligé de se justifier alors que s'il se conforme à la décision, il remplira pleinement les engagements qu'il avait pris en adhérant à la Convention.

Dans l'affaire Habré, l'enjeu pour le Sénégal était de se positionner comme un État de droit qui se conforme aux standards internationaux en matière de droits humains. Son image et celle du continent africain dépendaient largement de sa conformité ou non aux recommandations du Comité. Celui-ci entendait peser de tout son poids et sa décision avait entraîné des pressions politiques et diplomatiques sur le Sénégal.

Des effets similaires avaient été notés avec le mandat de l'Union africaine.

B. Les implications du mandat de l'Union africaine

La force de l'intervention de l'organisation panafricaine dans l'affaire Habré doit être mesurée à l'aune des compétences que ses États membres ont conféré à son organe suprême qu'est la Conférence des chefs d'État et de gouvernement. « Dispositif établi en vue de prendre des décisions au nom de l'ensemble institutionnel auquel il appartient »[463], cet organe prend habituellement des actes unilatéraux dont le sens et la portée diffèrent en fonction des conditions d'adoption et de leur conformité avec le droit international.

L'Union africaine est en fait un organe politique. Cette caractéristique déteint sur ses décisions qui ont nécessairement une motivation politique et sont adoptées en vue d'atteindre un objectif politique. Non contraignantes et à valeur exhortatoire, lesdites décisions ont néanmoins des effets juridiques intrinsèques et extrinsèques et leur exécution obéit à des règles particulières.

---

[463] Michel VIRALLY, « Les actes unilatéraux des organisations internationales », in *Droit international, Bilan et perspectives*, Mohammed BEDJAOUI, Tome 1, Paris, Pedone, 1991, p. 253.

Ainsi, bien qu'elle dispose d'un « pouvoir de création d'obligations à la charge d'un ou plusieurs États »[464], l'institution continentale est confrontée, comme les autres organisations internationales, à la problématique de l'exécution de ses décisions, notamment les actes unilatéraux. En fait, ce type d'organes ne dispose pas de mécanismes d'exécution, lesquels restent à la discrétion des États. C'est à cet effet, que Marcel MERLE disait que « les organisations internationales sont donc obligées de se contenter d'émettre des directives générales et de s'en remettre, pour l'exécution, au bon vouloir des États qui conservent l'essentiel des moyens d'action, tant juridiques que matériels »[465]. L'absence d'unité et de continuité entre l'organe décisionnel et les destinataires, comme en droit interne, fait que l'effectivité des décisions est tributaire de l'attitude des États qui sont, en l'espèce, « des agents d'exécution »[466]. Le droit dérivé des organisations internationales produit ainsi tous les effets d'un acte normateur à portée externe au point d'être une source de droits et d'obligations dans l'ordre interne.

Le mandat donné au Sénégal était un acte unilatéral difficile à classer dans une catégorie déterminée. Inhabituel et assez original, il ne prétendait pas se prévaloir d'une force obligatoire, à l'instar d'une recommandation. On peut toutefois considérer qu'il s'agissait d'une recommandation insistante qui entraînait certaines obligations pour l'État du Sénégal, dans la mesure où celui-ci s'était engagé à coopérer avec l'Union africaine pour réaliser un objectif déterminé, à savoir juger Monsieur Hissein HABRE.

Ce pays ne pouvait pas se soustraire à ses obligations dès lors qu'il avait porté l'affaire Habré à cette institution et accepté le mandat de celle-ci. Cet État consentant ne pouvait même pas se réfugier derrière son droit interne pour ne pas les appliquer. Il devait promptement adopter les mesures d'exécution seyantes qui allaient lui permettre de se conformer à son engagement international[467].

Le mandat accepté peut, dans une certaine mesure, s'analyser en engagement international auquel le Sénégal était tenu, en vertu du droit international. La notion d'engagement international est vaste et selon Marie-Pierre LANFRANCHI, le Conseil constitutionnel français en a retenu une « conception peu formaliste »[468], comme en attestent ses décisions du 19 juin

---

464 Michel VIRALLY, Op. cit., p. 273.

465 Marcel MERLE, « Le contrôle exercé par les organisations internationales sur les activités des États membres », in *AFDI*, Vol. 5, Paris, 1959, p. 413.

466 Jean COMBACAU, Le pouvoir de sanction de l'ONU, Etude théorique de la coercition non militaire, Paris, Pedone, 1974, p. 308.

467 La Constitution prévoit la soumission de l'État au droit international dont les droits de l'Homme (cf. préambule et articles 95 à 98 de la Constitution du Sénégal).

468 Marie-Pierre LANFRANCHI, « La valeur juridique en France des résolutions du Conseil de sécurité », in *AFDI*, Vol. 43, Paris, 1997, p. 43.

1970[469] et des 29 au 30 décembre 1976[470]. Sur le plan interne, la Constitution prévoit que les engagements internationaux lient le Sénégal, sous certaines conditions[471]. L'acceptation de la volonté de l'Union africaine était donc créatrice d'obligation de comportement mais aussi de résultat.

L'Union africaine avait certes laissé au Sénégal une marge d'appréciation pour la mise en œuvre du mandat, mais elle était restée vigilante pour sa prompte exécution. L'organisation régionale avait ainsi été amenée à examiner l'exécution dudit mandat ainsi que les moyens mis en œuvre, et n'avait pas manqué de faire pression sur ce pays lors de résolutions prises ultérieurement. En effet, lors de la huitième session ordinaire tenue les 29 et 30 janvier 2007 à Addis-Abeba en Éthiopie, la Conférence de l'Union africaine avait, après avoir rappelé sa décision prise à Banjul en Gambie le 2 juillet 2006[472], encouragé le Sénégal « à poursuivre son travail pour l'accomplissement du mandat qui lui avait été confié » et l'avait invité « à s'ouvrir à l'expérience et à la contribution des juridictions et juges du continent en vue de l'organisation du procès » [473]. Cette exhortation était plus qu'un rappel car l'organe panafricain avait, *in fine*, demandé à la Commission de l'Union africaine « d'assurer le suivi de la mise en œuvre de (sa) décision ». Lors des douzième, treizième et quatorzième sessions qui avaient eu lieu en 2009 et en 2010, un rappel avait été fait, mais l'effort semblait se concentrer sur la logistique plutôt que sur la bonne foi du Sénégal.

À partir de 2010, constatant que le Sénégal n'avait pas encore déclenché une procédure judiciaire contre Monsieur Hissein HABRE, l'institution régionale allait progressivement accentuer la pression politique et diplomatique. En effet, lors de la quinzième session ordinaire tenue du 25 au 27 juillet 2010 à Kampala en Ouganda, elle avait réitéré « son engagement à

---

[469] Conseil constitutionnel, Décision n° 70-39 DC du 19 juin 1970. Le Conseil constitutionnel français, saisi de la question de savoir si le traité portant modification de certaines dispositions budgétaires des traités instituant les Communautés européennes et du traité instituant un Conseil unique et une Commission unique des Communautés européennes du 22 avril 1970, ainsi que la décision du Conseil des Communautés européennes du 21 avril 1970, relative au remplacement des contributions financières des États membres par des ressources propres aux Communautés, comportent ou non des clauses contraires à la Constitution, avait répondu par la négative.

[470] Conseil constitutionnel, Décision n° 76-71 DC des 29-30 décembre 1976. Le Conseil constitutionnel, saisi de la question de savoir si la décision du conseil des communautés européennes du 20 septembre 1976, relative à l'élection de l'Assemblée au suffrage universel direct, comporte une clause contraire à la Constitution, avait répondu par la négative.

[471] L'article 98 de la Constitution dispose que « les traités ou accords régulièrement ratifiés ou approuvés ont, dès leur publication, une autorité supérieure à celle des lois, sous réserve, pour chaque accord ou traité, de son application par l'autre partie ».

[472] Il s'agit ici de la décision par laquelle l'Union africaine avait mandaté « la République du Sénégal de poursuivre et de faire juger, au nom de l'Afrique, Hissène Habré par une juridiction sénégalaise compétente avec les garanties d'un procès juste ».

[473] Union africaine, Décision sur le procès de Monsieur Hissène HABRE et l'Union africaine, Op. cit.

combattre l'impunité »[474] et durant la seizième session ordinaire tenue à son siège du 30 au 31 janvier 2011, elle avait demandé à la commission sus-évoquée « d'entreprendre des consultations avec le Gouvernement du Sénégal afin de finaliser les modalités pour l'organisation rapide du procès de Hissène Habré »[475]. L'Union africaine était décidée à augmenter la pression sur le Sénégal, car elle avait rappelé, lors de cette conférence, que le mandat de juger Monsieur Hissein HABRE était confirmé par le comportement du mandataire qui était « toujours disposé à le faire ». Lors de la dix-septième session ordinaire du 30 juin au 1er juillet 2011 tenue à Malabo en Guinée équatoriale, l'institution supranationale avait haussé le ton en demandant « instamment au Sénégal d'assumer sa responsabilité juridique conformément à la Convention des Nations unies contre la torture, à la décision du Comité des Nations unies contre la torture ainsi qu'audit mandat visant à juger rapidement M. Hissène Habré ou à l'extrader vers tout autre pays susceptible de le juger »[476]. Elle était même allée plus loin en demandant à ses autres États membres de manifester leur intention de se substituer au Sénégal[477] et à la Commission « de prendre toutes les mesures nécessaires pour juger M. Hissène Habré »[478].

Cette forte pression politique et diplomatique avait eu raison du Sénégal. L'engagement de celui-ci, en tant qu'État membre, traduisait sa participation à la vie institutionnelle de l'organisation panafricaine. Cette participation impliquait nécessairement la mise en œuvre des actes institutionnels dont le mandat reçu[479].

La pression exercée permettait de combler le manque de force obligatoire du mandat de l'Union africaine. Ce même handicap, relevé lors de l'analyse des recommandations du Comité anti torture de l'ONU, est caractéristique des décisions des organes politiques. Les organes juridictionnels, par contre, rendent des décisions contraignantes pour trancher les différends à eux soumis.

---

474 Union africaine, Décision sur le rapport relatif à l'utilisation abusive du principe de compétence universelle, Op. cit.

475 Union africaine, Décision sur l'affaire Hissène HABRE, Op. cit.

476 Ibid.

477 Le Rwanda avait exprimé sa volonté de se substituer au Sénégal, ce qu'avait constaté la Conférence à son dix-huitième sommet de janvier 2012.

478 Union africaine, Décision sur l'affaire Hissène HABRE, Op. cit.

479 L'engagement exprès et durable avait modifié la portée du mandat. Dans de pareils cas, Patrick DAILLIER et Alain PELLET signalent que les décisions « ne sont plus de simples recommandations, mais de véritables actes juridiques » (Patrick DAILLIER et Alain PELLET, Droit international public, 5e éd., Paris, LGDJ, 1994, p. 361 ; Michel VIRALLY, L'organisation mondiale, Paris, Armand Colin, 1972, p. 187). Cela entraine une obligation d'exécution, « la non-exécution constituant manifestement en l'espèce une violation de l'obligation de bonne foi » (Marie-Pierre LANFRANCHI, Op. cit., p. 36).

Paragraphe 2 : Les décisions contraignantes des instances juridictionnelles

En droit interne comme en droit international, l'acte juridictionnel est destiné à produire des effets de droit. Ces effets qui sont, par nature, coercitifs, sont les suites normales de l'acte de juger qui comporte des motifs et un dispositif. Cependant, comme l'avait justement relevé Éric SPITZ, « le discours n'est là qu'en vue d'aboutir à une solution concrète. Il est un moyen et non pas une fin »[480].

Parmi les effets de l'acte juridictionnel, il y a l'obligation d'exécution qui pèse sur les parties. En ce qui concerne les décisions des organisations internationales, l'exécution doit être spontanée et de bonne foi[481]. Le processus d'exécution se rattache certes à la sphère politique[482], mais le caractère contraignant de la décision rappelle toujours qu'elle est l'œuvre d'une juridiction internationale.

La Cour internationale de justice (**A**) et la Cour de justice de la CEDEAO (**B**), qui avaient eu à intervenir dans l'affaire Habré, avaient rendu des décisions qui s'inscrivent dans cette logique et qui avaient concrètement influencé l'attitude du Sénégal envers ce dossier.

A. La force obligatoire de l'arrêt de la CIJ

La plus haute instance juridictionnelle internationale rend des décisions contentieuses dont la portée réside principalement dans l'article 59 de son statut. En effet, ledit texte dispose que « la décision de la Cour n'est obligatoire que pour les parties en litige et dans le cas qui a été décidé ». Ces dispositions sont renforcées par l'article 94 paragraphe 1 de la Charte des Nations unies qui prévoit que « chaque Membre des Nations unies s'engage à se conformer à la décision de la Cour internationale de justice dans tout litige auquel il est partie », ainsi que par l'article 94 paragraphe 2 du Règlement qui précise que « l'arrêt (...) est considéré comme ayant force obligatoire pour les parties du jour de son prononcé ».

Nous remarquons ainsi que les arrêts de la Cour doivent être diligemment exécutés par les parties qui n'ont pas à passer par une procédure particulière comme l'acceptation ou la ratification. Ces arrêts ont deux effets juridiques déterminants, à savoir la force obligatoire dont ils sont revêtus, et le caractère définitif pour les parties concernées. Le caractère obligatoire ou contraignant

---

[480] Éric SPITZ, « L'acte de juger », in *Revue du droit public et de la science politique en France et à l'étranger*, Tome 111, Mars-Avril 1995, p. 292.

[481] A titre d'exemple, l'exécution spontanée et de bonne foi est le corollaire de la reconnaissance de la compétence de la CIJ.

[482] En guise d'illustration, en cas d'inexécution d'un arrêt de la CIJ, il revient au Conseil de sécurité de prendre les mesures nécessaires pour faire exécuter l'arrêt, conformément à l'article 94 paragraphe 2 de la Charte des Nations unies.

est inhérent aux arrêts et englobe l'ensemble des obligations incombant aux parties à l'instance. L'immutabilité des arrêts trouve son siège dans les dispositions de l'article 60 du Statut de la CIJ selon lesquelles « l'arrêt est définitif et sans recours ». Ce caractère définitif justifie l'obligation de leur exécution dans les termes indiqués par la Cour. Celle-ci a d'ailleurs eu à préciser que si ses décisions sont définitives, la partie qui a succombé est tenue de les exécuter telles quelles[483] et a même refusé d'envisager l'éventualité qu'elles ne le soient pas[484]. Cette position est confortée par la nature particulière de ses arrêts ainsi que par leur autorité juridique renforcée par l'article 94 de la Charte sus-évoquée. D'ailleurs le respect des décisions de la Cour est une des obligations attachées à la qualité de membre de l'ONU.

L'arrêt rendu dans l'affaire Habré entre le Sénégal et la Belgique est, à l'instar des décisions contentieuses de la CIJ, revêtu de l'autorité de la chose jugée et a donc une force obligatoire entre ces deux États. Ce principe juridique de l'autorité de la chose jugée ne s'attache cependant pas aux motifs, mais seulement au dispositif de la décision. Cette précision a d'ailleurs été faite par la CPJI dans son avis consultatif n° 11. Elle a effectivement indiqué « que les motifs contenus dans une décision, tout au moins dans la mesure où ils dépassent la portée du dispositif, n'ont pas force obligatoire entre les parties intéressées ». Néanmoins, les motifs sont le soutien du dispositif qu'ils permettent d'appréhender entièrement, car comme le disait Dionizio ANZILOTTI dans son opinion dissidente jointe à l'arrêt de la CPJI du 16 décembre 1927, « il est certain qu'il est presque toujours nécessaire d'avoir recours aux motifs pour bien comprendre le dispositif et surtout pour déterminer la *causa petendi* »[485]. C'est dans le même ordre d'idées que la CPJI a eu à rappeler, dans l'avis consultatif sus-évoqué, qu' « il est parfaitement exact que toutes les parties du jugement visant les points en litige s'expliquent et se complètent l'une l'autre et doivent être prises en considération, afin d'établir la portée et le sens précis du dispositif ».

Dans le dispositif de son arrêt dont les motifs ont été très pertinents, la Cour avait relevé que le Sénégal avait manqué à ses obligations résultant des articles 6 (paragraphe 2) et 7 (paragraphe 1) de la Convention des Nations unies contre la torture et autres peines ou traitements cruels, inhumains ou dégradants du 10 décembre 1984, et l'avait enjoint de traduire Monsieur Hissein HABRE devant ses autorités judiciaires ou de l'extrader.

Cette décision, non remise en cause, requérait un comportement actif de l'État du Sénégal lors de son exécution : juger ou extrader. En revêtant

---

483 CPJI, 15 juin 1939, Affaire de la société commerciale de Belgique, Leyde, Série A/B, n° 78, p. 176.

484 CPJI, 17 août 1923, Affaire du Vapeur « Wimbledon », p. 32 ; CPJI, 13 septembre 1928, Affaire relative à l'usine de Chorzow, Leyde, Série A, n° 13, p. 63.

485 CPJI, 16 décembre 1927, Affaire relative à l'usine de Chorzow, Opinion dissidente de Dionizio ANZILOTTI, Série B, n° 11, p. 24.

l'autorité de la chose jugée, elle s'était imposée à cet État qui avait l'obligation d'agir pour ne pas se retrouver au ban de la communauté internationale.

Entre États au niveau international, la présomption légale de vérité, qui découle du principe de l'autorité de la chose jugée, a un caractère plus impératif qu'entre particuliers au niveau interne. Ces États ne sauraient unilatéralement déroger à leur obligation d'exécuter un arrêt de la Cour. Néanmoins, s'il est clair que la décision octroie un titre ayant force de droit et renforce la légitimité de certaines prétentions, il n'en demeure pas moins qu'il est possible aux États de modifier et d'adapter ladite obligation dans sa mise en œuvre. La pratique internationale révèle que dans certains cas, les États entament des négociations visant à se conformer à l'arrêt ou à l'écarter. Il y a donc une relative liberté dans les modalités d'exécution des arrêts de la CIJ.

Le Sénégal avait connu une telle situation dans le différend relatif à la détermination de la frontière maritime qui l'avait opposé à la Guinée-Bissau. En effet, celle-ci avait rejeté la sentence arbitrale du 31 juillet 1989 rendue en faveur du Sénégal[486] avant d'invoquer sa nullité ; et nonobstant la décision confirmant l'arrêt du 31 juillet 1989, les parties avaient opté pour une solution négociée[487]. Dans d'autres cas, la même situation avait été notée. Ainsi, suite à l'arrêt du 15 décembre 1949 relatif au Détroit de Corfou, l'Albanie et la Grèce avaient réglé leur différend par un accord intervenu le 8 février 1958[488]. Il en avait également été ainsi dans l'affaire de l'or monétaire albanais pris à Rome en 1943, car malgré l'arbitrage du 20 février 1953, et l'arrêt du 15 juin 1954, ce n'est que le 8 mai 1992 qu'un mémorandum d'accord avait été signé entre les parties[489]. Nous pouvons encore citer le différend territorial opposant la Libye au Tchad qui avait fini par un accord du 4 avril 1994, malgré l'arrêt du 3 février 1994[490], ainsi que l'affaire de la délimitation maritime entre le

---

[486] C'est à travers un communiqué du 02 août 1989 que la Guinée-Bissau avait déclaré qu'elle refusait de reconnaître le verdict du 31 juillet 1989.

[487] Le Sénégal et la Guinée-Bissau avaient réussi à signer, à Dakar le 14 octobre 1993, un accord prévoyant la mise sur pied d'une agence internationale chargée de l'exploitation en commun d'une zone maritime de coopération. Un protocole d'accord a été, par la suite, signé à Bissau le 12 juin 1995 et il avait trait à « l'organisation et au fonctionnement de l'Agence de gestion et de coopération entre la République du Sénégal et la République de la Guinée-Bissau ». En fait, la solution trouvée entre les parties n'était pas relative à la délimitation de leurs espaces maritimes respectifs, mais consistait en la création d'une zone maritime de coopération et l'exploitation en commun de ses ressources.

[488] L'obligation de déminage qui avait été imposée par la CIJ à l'Albanie a été réalisée par cet accord du 8 février 1958 signé entre les parties.

[489] Le Royaume-Uni et l'Albanie avaient entamé des négociations le 18 décembre 1990, postérieurement à la décision de la CIJ. Ils étaient parvenus à signer l'accord du 18 mai 1992 prévoyant la restitution par le Royaume-Uni de dix millions de Livres en contrepartie du versement d'un million de Livres par l'Albanie. La compensation des dettes et des créances du Royaume-Uni vis-à-vis de l'Albanie a pu ainsi être opérée.

[490] Les parties avaient conclu un accord sur les modalités pratiques d'exécution de l'arrêt de la CIJ du 4 avril 1994. Le Groupe d'Observateurs des Nations Unies pour la bande d'Aouzou avait ensuite été créé le 4 mai 1994 par la Résolution 915 du Conseil de sécurité, pour vérifier le

Groenland et Jan Mayen qui avait fini par un accord du 18 décembre 1995, malgré l'arrêt du 14 juin 1993[491].

La voie du règlement amiable est ainsi ouverte aux États, malgré l'intervention d'un arrêt qui est censé mettre fin au litige. Il n'y a pas de contradiction puisqu'au fond, le souci est de régler un différend entre États. L'accord ne remet pas l'arrêt en cause, mais concerne uniquement la phase post-juridictionnelle pour laquelle « les parties disposent de toute latitude pour « adapter, voire modifier les droits et obligations prévus par la sentence », selon Aida AZAR[492].

L'exécution naturelle d'un arrêt de la Cour découle ainsi de sa force obligatoire et de la bonne foi des États. L'exécution repose inéluctablement sur la bonne foi, car l'arrêt n'a qu'une force obligatoire et non pas une force exécutoire[493]. La bonne foi ne signifie cependant pas une absence d'obligation, et l'article 94 susmentionné ne manque pas de le rappeler. L'obligation est alors fondée sur la règle « *pacta sunt servanda* », ce qui renvoie aux notions de consensualisme et de volontarisme qui sont fondamentales en droit international. Certains doctrinaires en ont d'ailleurs profité pour soutenir que c'est la bonne foi des parties qui est le fondement de l'exécution des arrêts de la CIJ. C'est par exemple la position de Geneviève GUYOMAR pour qui « l'exécution des décisions juridictionnelles demeure traditionnellement confiée à la bonne foi des plaideurs en droit international. Les États parties à un litige, de nos jours encore, ne sauraient accepter d'obligations, que celles qu'ils s'imposent à eux-mêmes »[494]. Carlo SANTULLI a abondé dans le même sens en affirmant qu'« une fois la décision rendue, les parties peuvent convenir d'une solution différente : si la décision s'impose à chaque partie, elle cède devant leur volonté commune »[495]. Cela est d'autant plus compréhensible que les États sont souverains et que le droit en cause est sous-tendu par leur volonté, même lorsque ces sujets de droit international sont devant une juridiction comme la CIJ.

---

retrait effectif de l'administration et des forces libyennes de ce territoire. Par une déclaration commune du 30 mai 1994, les deux États avaient constaté l'effectivité du retrait.

[491] Le premier accord avait été conclu le 18 décembre 1995 entre le Danemark et la Norvège. Il précisait la ligne de délimitation en faisant des ajustements mineurs à celle indiquée par la CIJ et en prenant en compte les intérêts de l'Islande, État tiers. Le 11 novembre 1997, le Danemark, l'Islande et la Norvège avaient ensuite conclu des accords prolongeant la ligne en délimitant la zone de chevauchement des revendications des trois États.

[492] Aida AZAR, L'exécution des décisions de la Cour internationale de Justice, Bruxelles, Bruylant, 2003, p. 103.

[493] Il n'y a pas un souverain international au nom duquel la justice internationale est rendue et qui peut veiller à l'exécution des décisions juridictionnelles.

[494] Geneviève GUYOMAR, Commentaire du règlement de la Cour Internationale de Justice adopté le 14 avril 1978 : Interprétation et pratique, Paris, Pedone, 1983, p. 5.

[495] Carlo SANTULLI, Droit du contentieux international, Issy-les-Moulineaux, LGDJ, 2015, p. 478.

La dimension consensuelle et volontariste n'enlève pas à l'arrêt sa portée car l'autorité de la chose jugée lui permet de conserver la plénitude de ses effets juridiques. Dans l'affaire Habré, la sentence rendue avait une force obligatoire indéniable. Le Sénégal était devenu débiteur, devant la communauté internationale, d'une obligation de traduire Monsieur Hissein HABRE en justice ou de l'extrader en Belgique. Le verdict rendu par la CIJ sonnait comme le règlement définitif du différend opposant les États belge et sénégalais et les parties devaient le considérer comme tel, comme le subodore d'ailleurs la coutume internationale, consacrée par le droit conventionnel notamment par l'article 84 de la Convention de La Haye de 1907 pour le règlement pacifique des différends et par les articles 59 et 60 du Statut de la CIJ. Dès lors, le Sénégal devait adopter toutes mesures susceptibles de l'amener à se conformer à la décision et donc, à ses obligations. Ces mesures d'ordre législatif, réglementaire ou juridictionnel avaient pour but de permettre à l'arrêt d'atteindre son objectif et d'épuiser ses effets.

L'objectif, qui était le jugement de Monsieur Hissein HABRE, n'avait cependant été atteint que grâce à une autre décision juridictionnelle, à savoir l'arrêt de la Cour de justice de la CEDEAO du 18 novembre 2010.

B. L'autorité décisive de l'arrêt de la Cour de justice de la CEDEAO

Les décisions contentieuses de la Cour de Justice de la CEDEAO trouvent leur force dans les articles 19-3 du Protocole A/P.1/7/91 du 6 juillet 1991 relatif à ladite Cour, 15-4 du Traité révisé de la CEDEAO du 24 juillet 1993 et 62 du Règlement de cette juridiction. Il est précisé à l'article 19-3 que « les décisions de la Cour sont (...) immédiatement exécutoires et ne sont pas susceptibles d'appel ». À l'article 15-4, les chefs d'État et de gouvernement se sont engagés à ce que « les arrêts de la Cour de Justice (aient) force obligatoire à l'égard des États membres, des Institutions de la Communauté, et des personnes physiques et morales ». Dans le Règlement de cette institution juridictionnelle, l'article 62 précise que « l'arrêt a force obligatoire à compter du jour de son prononcé ».

Ainsi, comme toute décision juridictionnelle contentieuse internationale, l'arrêt de la Cour de justice de la CEDEAO a un caractère obligatoire et irrévocable. Les États membres sont tenus de le respecter du moment qu'ils ont librement adhéré à l'institution communautaire. La Cour est indépendante à leur égard ainsi qu'à l'encontre des autres institutions communautaires et est marquée par « l'orthodoxie juridictionnelle internationale »[496], pour reprendre la formule de Laurence BURGORGUE-LARSEN. Elle ne manque pas de brandir cette indépendance ainsi que le caractère définitif de ses décisions,

---

[496] Laurence BURGORGUE-LARSEN, « Le fait régional dans la juridictionnalisation du droit international », in *La juridictionnalisation du droit international*, Colloque de Lille de la SFDI, Paris, Pedone, 2003, p.207.

comme cela a été le cas dans l'affaire Professor Etim Moses ESSIEN contre la République de Gambie et l'Université de Gambie du 29 octobre 2007. L'État gambien, qui voulait remettre en cause l'arrêt de la Cour du 14 mars 2007, avait saisi le Président de la Commission pour se voir permettre d'interjeter appel. Mais fidèle aux textes, la Cour avait rétorqué, dans une décision avant-dire-droit, « qu'en l'état actuel de ses textes de procédures, les décisions qu'elle rend ne sont pas susceptibles d'appel ».

Principal organe judiciaire sous régional, la Cour d'Abuja occupe dès lors une place prépondérante dans le dispositif institutionnel ouest-africain[497]. Le Protocole additionnel A/SP.1/01/05 du 19 janvier 2005 portant amendement de certaines dispositions du Protocole de 1991 est venu renforcer ses prérogatives et incidemment la portée de ses décisions. La Cour a vu son domaine d'intervention élargi et son efficacité affermie, principalement en matière de droits de l'Homme. En cette matière, le caractère obligatoire des décisions de la Cour a pour but de protéger efficacement ces droits, conformément à la tendance au niveau international.

En plus des effets juridiques attachés à l'autorité de la chose jugée que revêtent ses décisions, la Cour peut aussi s'appuyer sur les mêmes effets produits par les principes de primauté et de l'effet direct du droit communautaire.

En vertu du principe de primauté ou principe de prévalence, le droit communautaire dans son ensemble (droit primaire, droit dérivé, jurisprudence…) a une valeur supérieure au droit national dans son ensemble. La Cour de justice des communautés européennes (CJCE) l'a tôt consacré dans l'arrêt Flaminio COSTA contre ENEL du 15 juillet 1964, lorsqu'elle a affirmé « qu'issu d'une source autonome, le droit communautaire ne pourrait donc, en raison de sa nature spécifique originale, se voir judiciairement opposer un texte quel qu'il soit, sans perdre son caractère communautaire et sans que soit mise en cause la base juridique de la Communauté elle-même » [498]. Cette juridiction a également indiqué, dans l'arrêt Van Gend en Loos du 5 février 1963[499], que le droit communautaire met des obligations à la charge

---

497 La Cour de justice de la CEDEAO occupe la cinquième position dans la pyramide institutionnelle de l'organisation sous-régionale, après la Conférence des chefs d'État et de gouvernement, le Conseil des ministres, le Parlement et le Conseil Economique et Social.

498 Flaminio COSTA, remettait en cause une facture d'électricité, en soutenant que la loi italienne, qui nationalisait la distribution de l'électricité, était contraire au droit communautaire, en l'occurrence le Traité de Rome du 25 mars 1957. Pour la CJCE, le droit communautaire prime sur le droit national, quelle que soit la norme en cause (traité, accords, droit dérivé, jurisprudence…). (CJCE, Flaminio COSTA c. ENEL, Demande de décision préjudicielle : Giudice conciliatore di Milano – Italie, Affaire 6/64 du 15 juillet 1964, p. 1160).

499 L'entreprise néerlandaise de transports Van Gend en Loos contestait, devant la *Tariefcommissie* néerlandaise, le paiement d'une taxe d'importation de 8 % imposée à un chargement d'urée allemande, à la frontière germano-néerlandaise, sur le fondement de l'article 12 du Traité de Rome selon lequel « Les États membres s'abstiennent d'introduire entre eux de nouveaux droits de douane à l'importation et à l'exportation ou taxes d'effet équivalent ». La

des États, mais octroie également des droits aux particuliers qui peuvent s'en prévaloir et les invoquer directement devant une juridiction nationale ou sous régionale. Ce principe de l'effet direct garantit l'applicabilité et l'efficacité du droit communautaire dans les pays membres de la CEDEAO. Grâce à la conception extensive de l'effet direct, la Cour de justice de la CEDEAO, à l'instar de la CJCE, a retenu que l'arrêt d'une cour communautaire s'impose aux États. Cette juridiction européenne a, dans l'affaire Variola, jugé que « les États membres sont tenus, en vertu des obligations qui découlent du traité et qu'ils ont assumées en ratifiant celui-ci, à ne pas entraver l'effet direct propre aux règlements et à d'autres règles du droit communautaire » [500], y compris la jurisprudence[501] qui est une des sources de ce droit. Elle est allée plus loin dans l'affaire Defrenne en indiquant que « si les conséquences pratiques de toute décision juridictionnelle doivent être pesées avec soin, on ne saurait cependant aller jusqu'à infléchir l'objectivité du droit et compromettre son application future en raison des répercussions qu'une décision de justice peut entraîner pour le passé »[502]. Quant à la Cour d'Abuja, elle a rappelé, dans l'affaire Mamadou TANDJA contre l'État du Niger du 8 novembre 2010, « que les États membres de la CEDEAO ont l'obligation d'exécuter les décisions de la Cour conformément aux articles 22 du Traité Révisé et 24 du Protocole Additionnel relatif à la Cour. Qu'à ce titre, les États doivent prendre toutes les dispositions nécessaires pour se conformer à ces dispositions ; qu'ainsi, la Cour n'a point besoin d'ordonner l'exécution immédiate de ses propres décisions qui sont « exécutoires à l'égard des États dès leur notification » [503]. Dans l'affaire opposant la République de Gambie à Chief Ebrimah MANNEH du 8 juin 2008, elle a réaffirmé la même position[504].

Dès lors, au même titre que ces décisions, l'arrêt du 18 novembre 2010 a produit des effets juridiques qui ont mis à la charge de l'État du Sénégal un

CJCE a indiqué que les citoyens peuvent s'appuyer sur les traités pour faire valoir leurs droits devant les juridictions nationales (CJCE, NV Algemene Transport - en Expeditie Onderneming van Gend & Loos c. Administration fiscale néerlandaise, Demande de décision préjudicielle : Tariefcommissie - Pays-Bas, Affaire 26-62 du 5 février 1963, p. 23).

[500] CJCE, 10 octobre 1973, Fratelli Variola S.p.A. c. Administration des finances italienne, Demande de décision préjudicielle : Tribunale civile e penale di Trieste – Italie, Droit de débarquement, par. 10.

[501] La CJCE a précisé, dans l'affaire Waterkeyn et autres, que « les juridictions de l'État concerné ont l'obligation d'assurer le respect de l'arrêt dans l'exercice de leur mission » (CJCE, 14 décembre 1982, Procureur de la République et Comité national de défense contre l'alcoolisme c. Alex WATERKEYN et autres ; Procureur de la République c. Jean CAYARD et autres, Demandes de décision préjudicielle : Tribunal de grande instance de Paris-France, Publicité des boissons alcooliques, Affaires jointes 314/81, 315/81, 316/81 et 83/82, par. 14).

[502] CJCE, 08 avril 1976, Gabrielle DEFRENNE c. Société anonyme belge de navigation aérienne Sabena, Demande de décision préjudicielle : Cour du travail de Bruxelles-Belgique, Égalité des rémunérations entre travailleurs féminins et travailleurs masculins, par. 71.

[503] CJ CEDEAO, 08 novembre 2010, Mamadou TANDJA c. État du Niger, par. 20.

[504] CJ CEDEAO, 08 juin 2008, Chief Alex Tamba BRIMAH MANNEH c. République de Gambie, par. 44.

comportement déterminé. Dans cette décision, la Cour avait constaté des indices de probable violation des droits de l'Homme de Monsieur Hissein HABRE et avait ordonné à l'État du Sénégal de respecter les principes de l'autorité de la chose jugée et de la non-rétroactivité. Elle avait interprété le mandat de l'Union africaine en considérant qu'à la place d'une procédure judiciaire sénégalaise, c'était plutôt « une procédure spéciale *ad hoc* à caractère international » qui devait être le réceptacle du jugement du sieur Habré.

Cet arrêt, qui prévoyait l'adoption d'actes ultérieurs, tirait son effet direct du fait que dans son exécution, l'État sénégalais ne disposait pas d'une marge d'appréciation véritable car il s'agissait d' « une obligation de résultat précise, dont l'exécution devait être facilitée, mais non conditionnée, par la mise en œuvre d'un programme de mesures progressives » pour reprendre la motivation adoptée par la CJCE dans l'affaire Jean REYNERS contre le Royaume de Belgique du 21 juin 1974[505]. Cet arrêt européen entre en droite ligne d'une précédente décision rendue dans l'affaire Lütticke/ Hauptzollamt Saarlouis du 16 juin 1966, par laquelle la CJCE avait octroyé l'effet direct à une obligation d'ordre communautaire qui « n'est assortie d'aucune condition ni subordonnée, dans son exécution ou dans ses effets à l'intervention d'aucun acte soit des institutions de la Communauté, soit des États membres »[506].

Ainsi, l'arrêt de la Cour de justice de la CEDEAO, à l'instar des autres décisions émanant de la CIJ, du Comité anti torture de l'ONU et de l'Union africaine, allait impacter l'affaire Habré. Acculé de toutes parts, le Sénégal devait trouver la formule juridique adéquate pour traduire Monsieur Hissein HABRE en justice. Les efforts qu'il avait déployés sur les plans juridique et institutionnel avaient manifestement été provoqués par les décisions de ces instances supranationales. Malgré tout, le jugement de Monsieur Hissein HABRE ne pouvait finalement avoir lieu sans un cadre juridique adéquat.

Section II : L'impact pratique des décisions des institutions supranationales

Dans l'affaire Habré, les décisions des institutions supranationales avaient été décisives. Elles avaient levé les écueils et tracé un canevas pour l'organisation du procès de l'ancien Chef d'État. En effet, elles avaient esquissé le cadre juridique d'un tel procès tant sur le plan légal que structurel.

Après plusieurs années de balbutiement, ce compromis, né de la triple volonté de la communauté internationale, des États africains et du Sénégal,

[505] CJCE, 21 juin 1974, Jean REYNERS c. État belge, Demande de décision préjudicielle : Conseil d'État – Belgique, Droit d'établissement, par. 26.
[506] CJCE, 16 juin 1966, Firma Alfons Lütticke GmbH c. Hauptzollamt de Saarlouis, Demande de décision préjudicielle : Finanzgericht des Saarlandes - Allemagne, p. 302.

était destiné à combattre l'impunité par la répression effective des violations graves du droit international humanitaire imputables à l'ancien dirigeant tchadien. Ce genre d'aboutissement est souvent favorisé par l'amer constat de l'absence, de l'incapacité ou de l'insuffisance des mécanismes répressifs nationaux d'un État. Cette dynamique, qui devait apporter une réponse appropriée à la soif de justice qui avait duré plus de deux décennies dans cette affaire, permettait donc d'éviter l'aberration de l'impunité qui jetterait l'opprobre sur les États concernés et sur la communauté internationale. À ce propos, Kofi ANNAN, ancien Secrétaire général de l'ONU, disait que notre lutte commune peut « faire en sorte qu'aucun gouvernant, aucun État, aucune junte et aucune armée ne puissent nulle part porter atteinte aux droits de l'homme avec impunité »[507].

Aussi, l'incorporation du droit international dans l'ordre interne doublée de l'institution d'organes adéquats demeuraient la condition « *sine qua non* » pour une répression pénale efficace des crimes commis au Tchad entre 1982 et 1990. C'est pour cette raison que le corpus juridique sénégalais a été modifié (**Paragraphe 1**) et qu'une juridiction *ad hoc* hybride a été mise sur pied (**Paragraphe 2**).

Paragraphe 1 : La modification du corpus juridique sénégalais

Le droit pénal est un domaine qui s'accommode peu de l'arbitraire et de l'insécurité juridique. Puisque les libertés individuelles sont en jeu, le législateur est tenu, comme l'avait précisé le Conseil constitutionnel français dans sa décision du 20 janvier 1981, « de définir les infractions en termes suffisamment clairs et précis »[508].

Dans l'affaire Habré, bien que le Sénégal ait ratifié des conventions internationales prévoyant le comportement répréhensible reproché à l'ancien Chef d'État, d'éventuelles poursuites au niveau interne étaient sujettes à débat puisque la législation nationale semblait avoir des lacunes.

Pour mettre fin à cette controverse qui avait semblé favoriser l'impunité de Monsieur Hissein HABRE, des réformes légales avaient été entreprises. Celles-ci avaient notamment porté sur la Constitution (**A**) et sur la loi pénale (**B**).

A. La révision constitutionnelle

L'un des obstacles juridiques majeurs qui s'étaient dressés sur le chemin de l'organisation du procès de Monsieur Hissein HABRE était la Constitution sénégalaise, laquelle prévoyait, en son article 9 alinéa 2, que « nul ne peut être

---

[507] Déclaration du Secrétaire général de l'ONU à l'occasion de l'entrée en vigueur du Statut de Rome, 01er juillet 2002 (SG/SM/8293-L/T/4369).
[508] Conseil Constitutionnel, Décision n° 80-127 DC du 20 janvier 1981.

condamné si ce n'est en vertu d'une loi entrée en vigueur avant l'acte commis ». Ce principe, constitutionnellement consacré dans la plupart des États, car inhérent « à l'établissement de tout système de droit pénal respectant les droits fondamentaux de la personne »[509], est une reprise des conventions générales relatives aux droits de l'Homme, à savoir la Déclaration universelle des droits de l'Homme du 10 décembre 1948 (article 11-2), le Pacte international relatif aux droits civils et politiques du 16 décembre 1966 (article 15), la Convention européenne des droits de l'Homme du 4 novembre 1950 (article 7), la Convention américaine relative aux droits de l'Homme du 22 novembre 1969 (article 9) et la Charte africaine des droits de l'Homme et des peuples du 27 juin 1981 (article 7-2).

Ce principe de non-rétroactivité de la loi pénale, corollaire du principe de légalité des délits et des peines qui est la clé de voûte du système pénal, n'a jamais été relativisé ni par les nombreuses révisions constitutionnelles intervenues au Sénégal avant l'alternance[510], ni par l'adoption d'une nouvelle Loi fondamentale le 22 janvier 2001[511].

La non-rétroactivité, qui impose que la loi nouvelle ne puisse s'appliquer qu'aux faits commis postérieurement à son entrée en vigueur, se justifie par le souci de garantir la sécurité juridique aux citoyens. Néanmoins, une distinction classique est établie entre les lois pénales de fond (incrimination et sanction) et les lois pénales de forme (compétence et procédure), mais également entre les lois plus sévères et les lois plus douces, pour déterminer lesquelles donnent entier effet au principe. C'est ainsi qu'il est admis, autant dans la jurisprudence que dans la doctrine, que la règle ne concerne que les lois pénales de fond et les lois plus sévères. Le législateur peut également adopter des lois expressément rétroactives ou interprétatives.

Cette relativité du principe en droit interne est également notée en droit international. D'aucuns n'hésitent pas à défendre l'idée selon laquelle le principe n'est pas absolu. À ce propos, Hans KELSEN, favorable au jugement des criminels nazis, a soutenu que « la règle de non-rétroactivité (...) n'a qu'une valeur relative et (...) par conséquent n'a jamais été reconnue sans restriction »[512].

Les arguments de Kelsen ont été au cœur du procès de Nuremberg et ont résonné bien au-delà, puisque depuis lors, à l'instar du principe de la légalité criminelle qui l'a secrété, le principe de non-rétroactivité de la loi pénale a connu une certaine évolution. En effet, la diversification des sources du droit a progressivement fait glisser la conception formelle classique de ce principe,

---

509 Pierre-Marie DUPUY, « Chapitre (6) : Normes internationales pénales et droit impératif (jus cogens) », in *Droit International Pénal*, Hervé ASCENCIO, Emmanuel DECAUX et Alain PELLET, Cedin, Paris, Pedone, 2000, p. 81.

510 La Constitution du 7 mars 1963 avait été révisée à vingt reprises.

511 La Constitution du 22 janvier 2001 a subi plus d'une dizaine d'amendements.

512 Hans KELSEN, « The Essential Conditions of International Justice », in *Proceedings of the ASIL at its annual meeting*, Vol. 35, 1941, p. 81. Disponible sur https://www.jstor.org

chère à la tradition romaniste, vers une conception matérielle ou « réaliste », comme dans les pays anglo-saxons. La logique est de ne pas « interpréter le principe de non-rétroactivité de manière expansive et rigide » [513], pour éviter « une limitation excessive à la capacité de gérer le droit dans le temps », comme disaient Valéry PRATT et Jorge VINUALES[514].

En outre, il est maintenant admis que la poursuite d'actes non incriminés dans le droit interne, mais qui étaient déjà constitutifs de crimes de droit international, comme le génocide, le crime contre l'humanité, le crime de guerre…, ne viole pas le principe de la non-rétroactivité. Cet assouplissement est dû au fait que de telles infractions étaient déjà prévues même si leur sanction n'avait pas été posée. Un texte interne incriminateur et sanctionnateur ne violerait donc pas le principe car il ne ferait que préciser la dimension de la responsabilité individuelle du fait de cette infraction et organiser sa sanction. Ce tempérament a d'ailleurs été consacré par l'article 15 du Pacte international relatif aux droits civils et politiques et beaucoup de pays se sont laissés entraîner par ce mouvement.

Aussi, pour cesser de marquer le pas face à l'évolution du droit, notamment vis-à-vis des crimes considérés comme étant les plus graves, et également pour se conformer à ses engagements internationaux, l'État du Sénégal devait inéluctablement repréciser l'étendue et la portée de la règle de la non-rétroactivité inscrite dans son droit interne. Le même souci demeurait dans l'esprit du législateur qui, en élevant ce principe fondamental au rang de norme constitutionnelle, avait pris « une option en faveur du renforcement de l'État de droit et des libertés individuelles »[515]. Mais l'amendement constitutionnel visait essentiellement, comme précisé dans l'exposé des motifs du projet de loi, « à lever l'obstacle à la recevabilité des poursuites des infractions de droit international ». Il ne s'était donc pas agi de remettre en cause ce principe sacro-saint, mais plutôt de lui adjoindre un tempérament constitutionnel qui réglerait définitivement cette question.

Dans la nouvelle mouture de l'article 9 de la Constitution, un nouvel alinéa a ainsi été inséré afin de préciser que les dispositions prévoyant le principe de la non-rétroactivité « ne s'opposent pas à la poursuite, au jugement et à la condamnation de tout individu en raison d'actes ou omissions qui, au moment où ils ont été commis, étaient tenus pour criminels d'après les règles du droit international relatif aux faits de génocide, crimes contre l'humanité, crimes de guerre ». À travers cette révision consolidante[516], le législateur sénégalais a

---

[513] Valéry PRATT et Jorge VINUALES, « Rétroactivité et non-rétroactivité en droit international-Essai de clarification conceptuelle à partir de l'expérience du Procès de Nuremberg », in *AFDI*, Vol. 59, 2013, p. 338.

[514] Ibid.

[515] Projet de loi constitutionnelle n° 18/ 2008 modifiant les articles 9 et 95 et complétant les articles 62 et 92 de la Constitution, Exposé des motifs, p. 1.

[516] Expression empruntée au Professeur Ismaila Madior FALL (voir Ismaila Madior FALL, « La révision de la Constitution au Sénégal ». http://afrilex.u-bordeaux4.fr).

voulu renforcer son arsenal juridique pour pouvoir juger de tels faits en général, mais aussi et surtout, pour pouvoir connaître des crimes reprochés à Monsieur Hissein HABRE.

Cette Loi constitutionnelle n° 2008-33 du 7 août 2008, adoptée à la majorité des trois cinquièmes des membres composant le Congrès, était une première en Afrique. Elle permettait au Sénégal d'être en phase avec ses engagements internationaux. Cet objectif ne pouvait cependant être entièrement atteint que si le législateur transposait, dans le droit interne, les incriminations relatives aux crimes de droit international.

B. Les réformes législatives

La mise en œuvre du Statut de Rome avait été l'occasion, pour le Sénégal, de transposer dans son droit interne les crimes de droit international, à savoir le crime contre l'humanité, le crime de guerre et le génocide, et de permettre ainsi à ses juridictions d'exercer une compétence universelle.

Ces infractions relèvent certes de la compétence de la CPI, mais cette juridiction a été créée pour exercer une compétence basée sur le principe de subsidiarité et de complémentarité (cf. infra). Elle n'a pas vocation à supplanter les États dans la répression des crimes internationaux. Son statut rappelle que chaque État a le devoir d'exercer, en premier, sa compétence pénale à l'encontre des responsables de crimes internationaux. Les tribunaux nationaux sont alors les juridictions de droit commun en matière de répression desdits crimes.

Toutefois, pour mieux jouer ce rôle, une adaptation des lois internes au Statut du 17 juillet 1998 est essentielle. À ce jour, beaucoup de pays s'y sont attelés et c'est à cet exercice que s'était prêté le Sénégal lors du vote des lois n° 2007-02 et 2007-2005 du 12 février 2007.

Ces deux textes, modifiant respectivement le Code pénal et le Code de procédure pénale, avaient permis au Sénégal d'incorporer simultanément les infractions relatives aux violations du droit international humanitaire et de définir ses relations avec la CPI.

L'obligation d'adaptation du droit pénal interne au Statut de la CPI s'infère, à notre avis, dudit statut. Dès le quatrième paragraphe du préambule, les États parties ont convenu « que les crimes les plus graves qui touchent l'ensemble de la communauté internationale ne sauraient rester impunis et que leur répression doit être effectivement assurée par des mesures prises dans le cadre national et par le renforcement de la coopération internationale »[517]. Ils

---

[517] Cette obligation d'adapter le droit pénal national au Statut de Rome est la position de plusieurs auteurs. Voir à ce propos Claire SAAS, « La nécessaire adaptation du droit français au Statut de Rome », in *AJP*, n° 6/2007, p.263 ; Mireille DELMAS-MARTY, « La CPI et les interactions entre droit international pénal et droit pénal interne à la phase d'ouverture du procès pénal », in *RSC*, n° 3, 2005. pp.473 et s ; Hugo RELVA, « The Implementation of the Rome Statute in Latin American States », in *LJIL*, Vol. 16, n° 2, 2003, p.338 ; Flavia LATTANZI,

précisent ensuite au dixième paragraphe ainsi qu'à l'article 1er que la CPI est « complémentaire des juridictions pénales nationales » et que ce principe de complémentarité signifie que les États ont, en premier, l'obligation de poursuivre et de réprimer les crimes les plus graves prévus par le Statut. Ce point de vue n'est pas unanimement partagé car certains auteurs nient l'existence d'une telle obligation d'adaptation[518] et d'autres n'entrevoient dans le texte de la CPI qu'une obligation d'ordre moral[519].

Cette obligation d'adaptation du droit pénal substantiel ne saurait toutefois être interprétée comme une obligation d'identité parfaite entre ce dernier et les dispositions conventionnelles. En outre, le Statut de Rome n'a pas précisé la nature que doit revêtir le texte interne d'adaptation, contrairement aux Conventions de Genève de 1949 et au Protocole additionnel I de 1977 qui imposent clairement aux États l'adoption de « toute mesure législative nécessaire »[520]. C'est pour ces deux raisons qu'il existe « une pluralité de formes de transposition pénale »[521].

« The International Criminal Court and National Jurisdictions », in *The Rome Statute of the International Criminal court : a challenge to impunity*, Mauro POLITI et Giuseppe NESI (Dir.), Aldershot : Ashgate/Dartmouth, Burlington, 2001, pp.180 et s.

518 Voir notamment Darryl ROBINSON, « The Rome Statute and its impact on national law », in *The Rome Statute of the international criminal court : À Commentary*, Antonio CASSESE, Paola GAETA et John R. W. D. JONES (Dir.), Vol. 2, OUP, 2002, p. 1860 ; Roy S. LEE, States' Responses to issues arising from the ICC Statute : Constitutional, Sovereignty, Judicial Cooperation and Criminal Law, Roy S. LEE ed., Transnational publisher, 2005, p. 22 ; Markus BENZING, « The complementarity Regime of the International Criminal Court : International Criminal Justice between State Sovereignty and the Fight against Impunity », *Max Planck Yearbook of United Nations Law*, Vol. 7, 2003, p. 596 ; Florian RAZESBERGER, The International Criminal Court : the principle of complementarity, Frankfurt am Main, Peter LANG, 2006, p. 49.).

519 Claude JORDA et Bruno COTTE, anciens juges français à la CPI, soutiennent cette position. Voir Sénat, JORF, Session ordinaire de 2008-2009, Compte-rendu intégral, Séance du mardi 10 juin, p. 2743.

520 Pour les Conventions de Genève de 1949 et le Protocole additionnel I de 1977, voir article 49 de la Convention (I) de Genève pour l'amélioration du sort des blessés et des malades dans les forces armées en campagne, article 50 de la Convention (II) de Genève pour l'amélioration du sort des blessés, des malades et des naufragés des forces armées sur mer, article 129 de la Convention (III) de Genève relative au traitement des prisonniers de guerre, article 146 de la Convention (IV) de Genève relative à la protection des personnes civiles en temps de guerre, et article 85 par. 1 du Protocole additionnel I relatif à la protection des victimes des conflits armés internationaux).

521 Selon Stefano MANACORDA et Gerhard WERLE, il y a deux principaux types d'adaptation du droit pénal substantiel au Statut de Rome. Il y a le cas de l'identité parfaite entre les deux textes, selon la méthode de l'applicabilité directe (comme en Afrique du Sud), la méthode du renvoi intégral aux dispositions du Statut de la CPI par le biais d'une loi nationale (comme en Nouvelle Zélande et au Canada) et la méthode de la copie littérale du Statut en droit interne (comme en Belgique). Il y a aussi le cas de l'adaptation de la loi interne au Statut de Rome avec certaines dissemblances (comme en Allemagne et en France). (Stefano MANACORDA et Gerhard WERLE, « L'adaptation des systèmes pénaux nationaux au Statut de Rome : le paradigme du "Völkerstrafgesetzbuch" allemand », in *RSC*, n° 3, 2003, p. 507.

Le Sénégal a opté, pour sa part, pour une identité quasi parfaite avec le texte de Rome. Dans les éléments constitutifs des infractions, existent toutefois de légères nuances généralement lexicales[522]. Toutefois, comme l'a précisé Spyridon AKTYPIS, « dans la mesure où le Statut de Rome ne fournit pas lui-même des indications claires quant au « degré » d'identité entre le texte international et la loi nationale, d'éventuelles disparités entre eux ne semblent donc pas contraires à l'obligation d'adapter la seconde au premier »[523].

Ainsi, c'est à travers la Loi n° 2007-02 du 12 février 2007 que l'incorporation a été faite. Ce texte a ajouté un chapitre III, intitulé « Des crimes de droit international », au Titre II du Livre troisième du Code pénal. À l'instar de la Belgique, le Sénégal a adopté cette « technique de la transposition littérale des infractions (...) pour affirmer le caractère de « *jus cogens* » des règles posées »[524]. Il a retenu la voie législative réservée aux incriminations les plus graves, et pour répondre aux préoccupations de chevauchement avec certaines dispositions déjà contenues dans le Code pénal, il a affirmé que les incriminations prévues par le Traité du juillet 2002 ont « leur spécificité ».

Pour une mise en œuvre efficiente des articles 431-1 à 431-5 du Code pénal prévoyant et réprimant dorénavant ces infractions, le législateur a voté en même temps la Loi n° 2007-05 du 12 février 2007 qui modifie l'article 669 du Code de procédure pénale. Aux termes de ces nouvelles dispositions, « tout étranger qui, hors du territoire de la République, s'est vu reprocher d'être l'auteur ou le complice d'un des crimes visés aux articles 431-1 à 431-5 du Code pénal, (...), peut être poursuivi et jugé d'après les dispositions des lois sénégalaises ou applicables au Sénégal, s'il est arrêté au Sénégal ou si une victime réside sur le territoire de la République du Sénégal, ou si le gouvernement obtient son extradition ».

Cet article octroie aux juridictions sénégalaises une compétence extraterritoriale pour connaître des crimes internationaux, indépendamment du lieu de commission de l'infraction et peu importe la nationalité de l'auteur ou de la victime. Les poursuites sont possibles dès que ledit auteur a été arrêté au Sénégal ou que la victime y réside. La résidence de l'auteur n'est pas nécessaire, ce qui permet d'appréhender ceux qui transitent juste par notre

---

[522] Á titre d'exemples, les articles 431-1 à 431-3 qui incriminent le crime de génocide, les crimes contre l'humanité et les crimes de guerre comportent le mot « homicide volontaire » au lieu de « meurtre », employé dans le Statut de la CPI ; Pour le génocide, le Texte de Rome se borne à citer les groupes en parlant de groupe « national, ethnique, racial ou religieux » et d'intégrité « mentale », alors l'article 431-1 a ajouté que le groupe peut être « déterminé à partir de tout autre critère » et parle d'intégrité « morale » ...etc.

[523] Spyridon AKTIPIS, « L'adaptation du droit pénal français au Statut de la Cour pénale internationale : état des lieux », in *Droits fondamentaux*, n° 7, Janvier 2008-décembre 2009, pp. 8-9. Disponible sur www.droits-fondamentaux.org

[524] Loi n° 2007-02 du 12 février 2007 modifiant le Code pénal, Exposé des motifs.

territoire national. Les présumés auteurs des violations du droit international humanitaire ne peuvent donc plus trouver refuge au pays de la « *téranga* » en vertu de la compétence universelle large que peuvent exercer les tribunaux sénégalais. Cette obligation d'adopter des mesures susceptibles de favoriser, au niveau interne, le jugement des responsables de crimes internationaux, était par ailleurs posée par le Statut de la CPI. Le sixième paragraphe du préambule en fait un « devoir » pour les États parties.

Au-delà de cette possibilité légale pour le Sénégal de juger de telles personnes en général, force est de reconnaître que le vote des deux lois susvisées avait principalement été provoqué par la forte pression qui s'accentuait sur cet État, afin que celui-ci se donnât les moyens juridiques de juger Monsieur Hissein HABRE. Ainsi, la problématique du jugement de celui-ci pouvait trouver une solution. Les faits avaient eu lieu bien auparavant, mais comme l'a précisé Valentine SPIGA, « la législation incorporante n'est qu'un outil qui permet aux juridictions nationales d'appliquer la règle pertinente du droit international criminalisant la conduite. Étant donné que la loi d'incorporation ne crée pas de nouveaux crimes (mais ne permet que leur poursuite), la date de son adoption n'est pas pertinente pour la criminalisation de la conduite elle-même. En ce sens, la législation d'incorporation ne soulève pas de questions de prévisibilité en vertu du droit des droits de l'homme, car l'auteur présumé aurait dû être au courant de l'interdiction internationale. (...) En conséquence, une loi d'incorporation pourrait être appliquée rétrospectivement sans violer le principe de la non-rétroactivité... »[525].

Les modifications législatives sénégalaises avaient été bien accueillies, même si certains avaient souhaité qu'elles aillent plus loin en réglant les questions d'immunité, d'amnistie et de grâce, car le Statut de la CPI exhorte les États à aller dans ce sens pour mieux combattre l'impunité.

Cette évolution de la loi, couplée à la révision constitutionnelle, a néanmoins permis de lever les obstacles juridiques majeurs à l'organisation du procès de Monsieur Hissein HABRE. Cependant, avec la décision de la Cour de justice de la CEDEAO, le Sénégal a dû opter, pour ce faire, pour un tribunal *ad hoc* à caractère international, en lieu et place de sa juridiction exclusive.

Paragraphe 2 : La mise sur pied d'une juridiction *ad hoc* à caractère international

Après des années de balbutiements, le Sénégal avait enfin modifié sa législation pour que ses juridictions puissent connaître de l'affaire Habré. Cependant, la Cour de justice de la CEDEAO avait rendu une décision qui semblait bouleverser le cours de l'organisation dudit procès. Cette décision allait néanmoins permettre de trouver l'équilibre tant recherché entre les

---

525 Valentina SPIGA, Op. cit., p. 12.

aspirations légitimes des victimes et l'attitude circonspecte du Sénégal, par la formule d'une juridiction instituée « sur mesure » pour connaître des crimes internationaux reprochés à Monsieur Hissein HABRE.

Cette juridiction *sui generis*, qui se singularise par son double caractère interne et international, a ainsi un aspect hybride ou mixte. Cette hybridité nous permet de la qualifier de « juridiction pénale internationalisée », car elle se particularise par une juxtaposition unique entre éléments nationaux et internationaux et par une combinaison spécifique du droit international et du droit interne. Selon la doctrine, une juridiction internationale peut être qualifiée comme telle à travers six critères qui ne sont pas nécessairement cumulatifs, à savoir la qualité des justiciables, la nature du différend, la composition de l'organe, le droit applicable, la procédure suivie et la source de l'autorité du tribunal[526]. Dans la mesure où la juridiction instituée pour juger l'ancien Président tchadien au Sénégal réunit certains voire tous ces critères, elle peut être considérée comme étant internationale, et plus précisément comme étant une juridiction nationale internationalisée (**B**).

Celle-ci, qui a un caractère mixte ou hybride, est une solution conforme à la tendance internationale (**A**).

A. Une solution conforme à la tendance internationale

L'affaire Hissein HABRE est une caricature des atrocités à grande échelle perpétrées contre des êtres humains et qui soulèvent sans cesse l'inévitable question de la traduction des auteurs devant des juridictions capables de rendre la justice « adéquate ». Benjamin FERENCZ, Ancien Procureur au Tribunal de Nuremberg, disait qu'« il ne peut y avoir de paix sans justice, ni de justice sans loi, ni de loi digne de ce nom sans un tribunal chargé de décider ce qui est juste et légal dans des circonstances données »[527].

Ainsi, des solutions adéquates ont toujours été recherchées pour réprimer les violations massives des droits de l'Homme. Elles ont généralement eu un caractère international, ce qui, au-delà de la réponse idoine, a permis l'essor de la justice pénale internationale et la floraison de juridictions pénales internationales.

En fait, ce sont les TMI de Nuremberg et de Tokyo qui ont marqué le véritable début de la répression pénale internationale[528] ; le Traité de

---

[526] Louis CAVARE, « La notion de juridiction internationale », in *AFDI*, Vol 2, 1956, pp. 502 et s. ; Hervé ASCENSIO, « La notion de juridiction internationale en question », in *La juridictionnalisation du droit international*, Colloque de Lille de la SFDI, Paris, Pedone, 2003, p. 170.

[527] Benjamin B. FERENCZ, An international criminal court, a step towards world peace : A documentary history and analysis, London, Rome, New York, Oceana publications, 1980, pp. 30-31.

[528] Les TMI de Nuremberg et de l'Extrême-Orient ont été respectivement créés par l'Accord de Londres du 08 août 1945 et par la Déclaration du 19 janvier 1946 et ont siégé à Nuremberg et

Versailles, qui leur est antérieur et qui prévoyait l'établissement d'un tribunal international pour juger les accusés ressortissants des Puissances vaincues, n'a jamais été mis en œuvre[529]. Les deux tribunaux militaires internationaux sus-évoqués, institués pour juger les criminels de guerre nazis et japonais à la suite des crimes du conflit mondial 1939-1945, ont en même temps posé les prémisses de la justice internationale *ad hoc* pour la répression des crimes contre la paix actuellement dénommés crimes d'agression, des crimes de guerre et des crimes contre l'humanité. L'expérience a été renouvelée un demi-siècle plus tard avec l'établissement du TPIY et du TPIR par le Conseil de Sécurité de l'ONU. Il s'ensuivait l'adoption en 1998 du Statut de la CPI. Cette ferveur internationale dans la lutte contre l'impunité vise ainsi à pallier l'incapacité des juridictions nationales à juger les responsables des crimes internationaux[530].

La recherche de solutions appropriées a ouvert d'autres perspectives à savoir une sorte de troisième voie, d'où l'avènement de juridictions mixtes ou hybrides, à savoir les juridictions pénales internationalisées. Celles-ci sont des tribunaux mixtes, mi-internes, mi-internationaux, comportant des éléments nationaux et internationaux, tant sur le plan institutionnel que fonctionnel. C'est donc une superposition de deux ordres juridiques, celui de l'État hôte joint à un instrument international. Pendant plus d'une décennie, cela a été fait sous l'impulsion de l'ONU, comme dans les cas du TSSL, des Chambres 64 du Kosovo, de la Chambre spéciale pour crimes de guerre de la Cour d'État de Bosnie-Herzégovine, des Chambres extraordinaires au sein des tribunaux cambodgiens, des Panels pour crimes graves des tribunaux du Timor oriental et du TSL. L'institution de ces juridictions symbolisait l'aboutissement de la double volonté de l'ONU et des États concernés de combattre l'impunité, par la répression effective des violations graves du droit international humanitaire. De ce point de vue, elles ont des caractéristiques communes à savoir, entre autres, qu'elles ont été créées après le constat de l'absence, de l'incapacité ou de l'insuffisance de mécanismes répressifs nationaux ou internationaux.

à
Tokyo.

[529] Le Traité de Versailles est né de la Conférence de la paix tenue à Paris en juin 1919, suite à la guerre 1914-1918. Il visait le jugement du Kaiser Guillaume II, ex Chef d'État allemand, par un tribunal international et prévoyait que l'Allemagne devait remettre aux Alliés les accusés de crimes de guerre pour leur jugement par des tribunaux militaires constitués par l'une des puissances alliées ou par plusieurs puissances alliées. Suite au refus des Pays-Bas d'extrader le Kaiser et de l'Allemagne d'extrader ses ressortissants accusés, ceux-ci ne furent jamais jugés.

[530] Pierre Michel EISEMANN a écrit dans la préface du livre « Les juridictions pénales internationalisées, un nouveau modèle de justice hybride ? » que « *de facto*, une juridiction internationale peut être perçue comme un substitut d'un juge "naturel" défaillant ». (Anne Charlotte MARTIEAU, Les juridictions pénales internationalisées, un nouveau modèle de justice hybride ?, Cerdin, Paris 1, Coll. Perspectives internationales n°28, Paris, Pedone 2007, p. 3).

Cette nouvelle vague de juridictions, qui constituent un instrument efficient pour la communauté internationale, a sans doute inspiré l'idée d'un tribunal *ad hoc*, sous l'égide de l'Union africaine, pour juger Monsieur Hissein HABRE. Justice transitoire de par sa nature et de par les personnes visées, un tel tribunal est destiné à permettre de clore, en définitive, ce long feuilleton qu'est l'affaire Habré.

Ce type de juridiction, qualifiée par certains de « troisième génération de juridictions pénales internationales »[531] se différencie des juridictions nationales à compétence universelle qui sont exclusivement internes, mais aussi des autres tribunaux internationaux tels que les TPI *ad hoc* et la CPI. Les TPI *ad hoc* que sont le TPIY et le TPIR sont à proprement parler des institutions de l'ONU. Ce sont des juridictions internationales créées par le Conseil de Sécurité dans le cadre du Chapitre VII de la Charte des Nations unies relatif à « l'action en cas de menace contre la paix, de rupture de la paix et d'acte d'agression ». Quant à la CPI, elle est une juridiction permanente à vocation universelle. C'est un tribunal international par nature. Elle émane d'un traité multilatéral et est indépendante des Nations unies et du Conseil de Sécurité, même si elle est liée à celle-ci, en application de l'article 2 de son statut, par un accord approuvé par l'Assemblée des États parties lors de sa première session en septembre 2002[532].

Au sillage, on constate que le champ du droit international pénal est caractérisé par une prolifération d'instances juridictionnelles. Mais malgré cette « constellation hétérogène de tribunaux internationaux »[533], chaque organe créé possède sa propre source de légitimation. Le tribunal *ad hoc* chargé de juger Monsieur Hissein HABRE n'a pas échappé à cette règle. À l'instar des juridictions pénales internationalisées, il est d'un genre propre : une juridiction « *sui generis* ». En plus, la multiplication de ce type de tribunaux est un facteur nécessaire d'une meilleure « justiciabilité » du droit international. Ils permettent de mieux appréhender les crimes internationaux dont la répression diffère souvent de celle des infractions de droit commun.

Au fond, ce sont les exigences politico-juridiques, en fonction d'une situation spécifique, qui ont conduit à la mise sur pied de cette juridiction hybride à laquelle Monsieur Hissein HABRE a été soumis. Comme toute juridiction *ad hoc*, elle a été créée dans le but de connaître d'une affaire géographiquement, temporellement et matériellement délimitée. Il s'agit d'un accommodement pour permettre à la répression d'être effectivement mise en œuvre. Les diverses étapes menant de l'installation au fonctionnement

---

531 Cyril LAUCCI, « Projet de tribunal spécial pour la Sierra Léone : vers une troisième génération de juridictions pénales internationales ? », in *L'Observateur des Nations unies*, n° 9, 2000, pp. 195 et s.

532 Le Statut de Rome reconnaît deux pouvoirs au Conseil de Sécurité : déclencher et suspendre l'action pénale internationale. Par ailleurs, le Conseil de Sécurité peut intervenir en cas de défaut de coopération d'un État partie.

533 Julien FOURET et Mario PROST, Op. cit., p. 131.

connaissent toutes une implication internationale pilotée par l'Union africaine. La singularité de ce tribunal nous permet de le qualifier de juridiction nationale internationalisée.

B. Une juridiction nationale internationalisée

La création d'une juridiction pénale à caractère international est un processus soumis aux aléas de la situation internationale et les juridictions pénales internationalisées n'échappent pas à cette règle. Elle constitue une réaction de la communauté internationale, régulièrement confrontée à la problématique des violations massives du droit international humanitaire. Celle-ci ne cesse ainsi d'instituer des mécanismes juridiques appropriés pour les réprimer. Les instruments et les institutions qu'elle instaure ont pour principal souci de préserver et de garantir les droits de l'Homme les plus fondamentaux. Cette préoccupation est devenue une nécessité après la codification de plusieurs normes de protection des droits fondamentaux dans les instruments internationaux et l'introduction du principe de la responsabilité pénale internationale de l'individu.

Dans l'optique de parvenir, dans l'affaire Habré, à une justice appropriée présentant toutes les garanties d'équité, de célérité, d'effectivité et d'exemplarité, les États africains ont dû marquer un pas nouveau et original dans la voie de la répression des crimes internationaux commis à l'échelle continentale. Les soubresauts qu'a connus cette affaire ont poussé la Cour de justice de la CEDEAO à inviter les États africains à explorer le modèle d'une juridiction *ad hoc* hybride, aux relents de troisième voie entre la justice internationale et la justice nationale. À travers la combinaison du meilleur des deux ordres juridiques interne et international, la question liée à la répression des crimes internationaux reprochés à Monsieur Hissein HABRE devrait trouver une réponse. Ce genre de solution à une situation particulière est qualifiée, par Luigi CONDORELLI, de logique d'« *ad hoc-isme*[534] ». On remarque effectivement que cette solution a été apportée à un besoin de répression spécifique défini avec plus ou moins de précision. Il s'agit des crimes graves commis au Tchad entre 1982 et 1990, période correspondant exactement au règne du troisième Chef d'État du Tchad.

Cette juridiction, créée à des fins déterminées, n'aurait pu donc être instituée que selon une formule singulière. Elle n'aurait pu être dotée que de compétences strictement nécessaires à l'atteinte de l'objectif de sa création. La nécessité a fait loi. Il s'agit toutefois d'une compétence empreinte d'une interpénétration de normes internationales et nationales au même titre que la procédure.

---

534 Formule utilisée par Luigi CONDORELLI dans Internationalized criminal courts and tribunals : Practice and Prospects, Conférence organisée à Amsterdam, 25-26 janvier 2002.

L'application d'un droit ayant ses sources dans le droit international pénal et dans le droit interne, tant au niveau de la compétence que de la procédure, représente certainement le cœur de ce type de juridictions. Cesare ROMANO et Théo BOUTRUCHE disaient à ce propos que « c'est bien cette tentative de conciliation entre ces deux ensembles au sein d'une même institution qui constitue à la fois la force et la faiblesse des tribunaux pénaux internationalisés »[535].

Quant au degré d'internationalisation, nous pourrions le déterminer, comme Robert KOLB, en nous basant sur la technique du faisceau d'indices ou « logique du plus ou moins »[536]. Celle-ci consiste à partir du seuil inférieur à partir duquel une juridiction interne devient internationalisée au seuil supérieur à partir duquel une juridiction internationalisée devient tout simplement internationale. Sur ce point, les critères à prendre en considération sont organique (le niveau d'incorporation des éléments internationaux), matériel (le niveau de prééminence du droit international), formel (le niveau de prévalence de la procédure internationale) et le critère de la source de l'autorité (le fondement international). Grâce à ces éléments, nous pourrions qualifier la juridiction chargée de connaître de l'affaire Habré de juridiction nationale internationalisée, à l'opposé des juridictions internationales nationalisées.

La catégorie des juridictions nationales internationalisées est celle des tribunaux pénaux internationalisés insérés dans le système judiciaire interne d'un État hôte. Elles s'assimilent quasiment à des juridictions internes avec une participation internationale. Les éléments étrangers permettent de maintenir le caractère « internationalisé » de ce type de tribunaux. En ce qui concerne la juridiction chargée de juger Monsieur Hissein HABRE, cela apparaît dans la composition de l'organe de jugement, dans l'organisation administrative et dans les règles organisant la participation internationale (cf. Seconde partie – Chapitre II). Cette dernière est nécessaire mais pas suffisante. Toutefois, à la différence de certains tribunaux internes qui peuvent accueillir des éléments étrangers[537], cette participation représente la communauté internationale et dans le cas d'espèce, elle est amorcée par l'Union africaine.

---

535 Cesare ROMANO et Théo BOUTRUCHE, « Tribunaux pénaux internationalisés : état des lieux d'une justice hybride », in *RGDP*, Janvier-mars 2003, n° 1, Paris, Pedone, 2003, p. 123.

536 Robert KOLB, « Le degré d'internationalisation des tribunaux pénaux internationalisés », in *Les juridictions pénales internationalisées : Expériences ad hoc ou modèles pour une nouvelle justice pénale ?*, Hervé ASCENSIO, Jean-Marc SOREL et Elisabeth LAMBERT-ABDELGAWAD, Paris, SLC, 2006, p. 47 et s.

537 Ces tribunaux internes auxquels nous faisons allusion sont composés intégralement ou en partie de juges étrangers, mais le processus de nomination est entièrement interne puisque seules les autorités nationales sont concernées. Les pays du « *Common Wealth* », comme la Gambie, y procèdent souvent.

Ce modèle n'est pas inédit et on peut relever comme exemples les Chambres 64 du Kosovo, la Chambre spéciale pour crimes de guerre de la Cour d'État de Bosnie-Herzégovine, les Chambres extraordinaires au sein des tribunaux cambodgiens et les Panels pour crimes graves des tribunaux du Timor oriental. S'agissant des deux juridictions hybrides instituées dans les Balkans, la présence des juges internationaux, à qui revient la présidence des chambres de première instance et d'appel, est fort remarquable[538]. En ce qui concerne les tribunaux mixtes établis dans le Sud-Est asiatique, les juges étrangers sont très présents même s'ils n'assurent pas la présidence[539].

Cette catégorie est différente de celle que l'on peut qualifier de juridictions internationales nationalisées. Ce sont les tribunaux hybrides institués de telle sorte qu'ils s'identifient presque à des juridictions internationales avec une participation nationale. Deux des juridictions pénales internationalisées peuvent être classées dans cette sous-catégorie, à savoir le TSSL et le TSL. Le TSSL ne fait pas partie du système judiciaire interne sierra-léonais et on note en son sein une prédominance internationale dans sa composition et dans le droit applicable[540]. Le TSL ne fait pas partie du système judiciaire libanais et est majoritairement composé d'éléments étrangers[541].

---

[538] Les Chambres 64 du Kosovo sont composées d'au moins deux étrangers sur trois juges et dont l'un assure la présidence. Quant à la Chambre spéciale pour crimes de guerre de la Cour d'État de Bosnie-Herzégovine, elle a été établie dans le but de « délocaliser » certaines affaires du TPIY vers les juridictions locales. Les chambres de première instance et d'appel sont composées de deux juges étrangers sur trois et les procureurs étrangers sont chargés des poursuites pour les crimes de guerre.

[539] Au sein des Chambres extraordinaires des tribunaux cambodgiens, les juges étrangers sont minoritaires et n'assurent pas la présidence. Les nationaux sont trois juges sur cinq dans la chambre de première instance et quatre juges sur sept dans la chambre d'appel. Á la tête des organes de poursuites et d'instruction, se trouvent conjointement un étranger et un cambodgien. Pour les Panels pour crimes graves des tribunaux du Timor oriental, ils ont été créés au sein des juridictions nationales timoraises, avec une considérable implication internationale. Les deux chambres de première instance et la chambre d'appel sont chacune composées de deux juges étrangers et d'un juge timorais.

[540] Le TSSL a été créé par un accord international entre l'ONU et la Sierra Léone, et un accord de siège a été conclu avec le Gouvernement sierra-léonais. Des trois juges de chacune des chambres de première instance et des cinq juges de la chambre d'appel, le Gouvernement sierra-léonais ne peut respectivement en nommer qu'un et deux qui peuvent ne pas être ses propres ressortissants. Á titre d'exemple, les juges nommés par le Gouvernement pour les deux chambres de première instance sont australien (Geoffrey ROBERTSON) et samoan (Richard LUSSICK). Le Procureur et son adjoint sont respectivement nommés par le Secrétaire général de l'ONU et par le Gouvernement sierra-léonais, lequel a d'ailleurs choisi le britannique Desmond De SILVA (qui est par la suite devenu procureur, cédant son poste à l'australien Christopher STAKER). Le siège du TSSL a été transféré le 04 juin 2007 à La Haye suite aux risques de sécurité invoqués par son Président lors du procès de Charles TAYLOR.

[541] Le TSL a été mis en place par l'ONU pour la poursuite et le jugement des auteurs d'une série de crimes politiques perpétrés dans un contexte socio-politique délicat. Il est majoritairement composé d'éléments internationaux. Les juges libanais ne font que le tiers des juges de première instance et les deux tiers de la formation d'appel et sont nommés par le

Ainsi, à l'instar des juridictions nationales internationalisées sus-évoquées, celle que la Cour de justice de la CEDEAO a retenue répond à des besoins contextuels de lutte contre l'impunité. L'intérêt grandissant que suscitent ce type de juridictions pénales internationalisées, tant au niveau international qu'au niveau interne, est proportionnel aux attentes de la communauté internationale, surtout pour les victimes des violations du droit international humanitaire et des droits de l'Homme qui crient justice sans cesse. Il serait en effet inapproprié de sortir les faits de leur contexte pour les soumettre à une instance totalement extérieure appliquant des règles uniquement étrangères.

Instituée pour principalement réprimer la commission des crimes internationaux commis durant le règne de Monsieur Hissein HABRE, et éviter l'aberration de l'impunité qui jetterait l'opprobre sur les États africains, en général, et sur le Sénégal, en particulier, la juridiction *ad hoc* suggérée par la Cour d'Abuja est censée être une réponse prompte et efficace. Elle a émergé comme une alternative crédible et a dévoilé en même temps l'échec du cadre juridictionnel existant tant au niveau national qu'international. Elle constitue une voie de contournement des nombreux obstacles qui se sont dressés depuis la première plainte introduite au Sénégal. Cette solution médiane vise ainsi à sonner le glas des péripéties judiciaires qui ont rythmé l'affaire Habré, et éviter qu'à l'horreur des abominables crimes s'ajoute le scandale de l'impunité.

Secrétaire général de l'ONU sur proposition du Gouvernement libanais. Á l'instar du TSSL, le siège du TSL a été transféré à la Haye.

Conclusion de la première partie

Les velléités de répression des crimes internationaux reprochés à Monsieur Hissein HABRE ont principalement été caractérisées par la mise en œuvre de procédures judiciaires internes au Sénégal et en Belgique. Les poursuites entreprises contre l'ancien Chef d'État avaient pour fondement la compétence universelle.

L'exercice de la compétence universelle par les juridictions nationales s'appuie autant sur la coutume et les conventions internationales que sur des textes internes. Si pour le juge sénégalais, la question de la compétence universelle était nouvelle, ce qui a entraîné son acceptation éphémère puis son rejet, ladite question était familière au juge belge qui disposait de textes internes plusieurs fois révisés. Néanmoins, dans les deux cas, la mise en œuvre n'a pas été aisée, puisque des obstacles juridiques et politiques s'étaient dressés devant les juges.

Ceux-ci n'avaient pas seulement été confrontés à ce problème. Ils devaient aussi s'assurer que le statut d'ancien Chef d'État du mis en cause ne constituerait pas une entrave à la bonne marche de leurs procédures respectives.

L'immunité d'un ancien Chef d'État devant les juridictions nationales étrangères s'est évidemment posée. Elle a toutefois été surmontée sans difficulté par le juge belge qui, en dehors de la levée officielle par le Gouvernement tchadien de l'immunité de l'ancien Président, pouvait se fonder sur le caractère relatif de cette immunité. Il pouvait surtout se baser sur l'absence d'immunité pour les crimes internationaux qui est consacrée par la doctrine et la jurisprudence, même s'il faut relever que cette dernière demeure prudente. Quant au juge sénégalais saisi par son homologue belge aux fins d'extrader Monsieur Hissein HABRE, il avait reconnu l'existence d'une telle immunité au profit de l'ancien Chef d'État. Cette posture maladroite avait bloqué la procédure judiciaire belge.

Cette situation avait entraîné un recours aux institutions supranationales. La saisine des instances internationales et régionales avait provoqué diverses décisions aux portées différentes. Les unes étaient symboliques alors que les autres étaient contraignantes.

En effet, l'affaire Habré avait été portée devant les organes de l'ONU, à savoir le Comité contre la torture et la CIJ. Le Comité anti torture avait constaté des violations de la Convention de New York par le Sénégal et avait formulé des recommandations. Confortant ledit comité, la CIJ avait rendu une décision par laquelle elle imputait à ce pays un fait internationalement illicite, à savoir le refus de juger ou d'extrader Monsieur Hissein HABRE.

Le dossier de ce dernier avait aussi été porté devant les instances africaines. L'implication de l'Union africaine a débouché sur l'octroi d'un mandat au Sénégal, consistant à juger l'ancien Chef d'État. La solution africaine, voulue par les dirigeants du continent, a été affinée par la Cour de justice de la CEDEAO. Malgré les obstacles juridiques brandis par Monsieur Hissein HABRE, cette juridiction communautaire a balisé la voie du procès en invitant à la mise sur pied d'une juridiction *ad hoc* à caractère international.

Les différentes décisions aux valeurs juridiques distinctes ont reçu un écho positif. C'est ainsi qu'avant la création de la juridiction spéciale suggérée par la Cour de justice de la CEDEAO, le Sénégal a modifié son corpus juridique, à travers une révision constitutionnelle et des réformes législatives. Par la suite, la détermination des dirigeants africains à mettre un terme à l'affaire Habré, qui avait tant duré, s'est traduite par la mise sur pied d'une juridiction nationale internationalisée. Les Chambres africaines extraordinaires allaient enfin voir le jour pour statuer sur un dossier brûlant.

Seconde partie :

La volonté concrétisée de répression des crimes internationaux reprochés à Monsieur Hissein HABRE

Après d'âpres batailles juridico-politiques, l'affaire Hissein HABRE avait pris une tournure décisive à partir de l'année 2012, avec une succession d'évènements qui avaient sonné comme un compte à rebours.

En effet, cette année avait d'abord été marquée, au Sénégal, par la tenue de l'élection présidentielle, douze années après la première alternance démocratique. Monsieur Macky SALL, soutenu par la quasi-totalité de l'opposition, avait largement pu la remporter au second tour face à Monsieur Abdoulaye WADE, Président sortant.

Cette élection de Monsieur Macky SALL, accueillie avec beaucoup d'espoirs par les victimes et leurs souteneurs, avait effectivement permis de surmonter les nombreux écueils posés par le régime sortant, dont certains membres étaient proches de Monsieur Hissein HABRE[542].

Un mois après l'installation de Monsieur Macky SALL, à travers sa prestation de serment, soit le 2 juin 2012, le Gouvernement du Sénégal avait annoncé la mise sur pied d'un groupe de travail chargé de « réfléchir sur les modalités pratiques de préparation et d'organisation du procès de Hissène Habré, conformément aux engagements internationaux du Sénégal et avec le soutien de l'Union africaine ». Cette résolution définitive et irrévocable avait été réitérée par le Président Sall, lors du Conseil des ministres du 27 du même mois. En effet, le Communiqué avait renseigné qu' « abordant la question relative au jugement d'Hissène HABRE, le Chef de l'État a réaffirmé sa ferme volonté d'organiser, au Sénégal, le procès ; à ce propos, il a instruit le ministre de la Justice, Garde des Sceaux, de prendre les dispositions nécessaires pour que ce procès puisse être ouvert au plus tard en fin 2012 »[543].

Quelques semaines plus tard, lors du 19e Sommet de l'Union africaine tenu à Addis-Abeba les 15 et 16 juillet 2012, le Président sénégalais avait réaffirmé sa position devant ses pairs africains. C'est ainsi que dès le 24 juillet de la

[542] En guise d'illustration, Me Madické NIANG, qui a successivement été ministre de la Justice et ministre des Affaires étrangères sous le magistère de Monsieur Abdoulaye WADE, a été un des avocats de Monsieur Hissein HABRE.

[543] Communiqué du conseil des ministres du 27 juin 2012. https://www.sec.gouv.sn

même année, à la suite de quatre jours de négociations, le Sénégal et l'Union africaine avaient conclu à la création d'un tribunal spécial au sein du système judiciaire sénégalais, où allaient siéger des juges africains nommés par l'Union africaine.

Après douze années de balbutiement, l'affaire Habré avait ainsi pris un coup d'accélérateur. En quelques semaines, le sort de l'ancien Chef d'État avait été scellé et celui-ci devait enfin commencer à répondre des crimes internationaux à lui reprochés.

En effet, cette convention avait été suivie, un mois plus tard, d'un accord pour la création des « Chambres africaines extraordinaires » appelées à démarrer leurs activités avant la fin de l'année 2012. Ce Traité du 22 août 2012, conclu entre l'Union africaine et l'État du Sénégal, était une réponse concrète aux aspirations des nombreuses victimes de Habré. Pour accompagner cette dynamique, l'Assemblée nationale du Sénégal avait adopté, le 19 décembre 2012, une loi incorporant lesdites chambres africaines extraordinaires au sein des juridictions sénégalaises. Peu de temps après, soit le 8 février 2013, cette juridiction *ad hoc* avait été inaugurée au Palais de Justice de Dakar.

Même si leur mise sur pied avait subitement été accélérée, beaucoup de facteurs avaient présidé à l'avènement des Chambres africaines extraordinaires (**Titre I**).

Elles étaient principalement destinées à organiser le procès tant attendu de Monsieur Hissein HABRE (**Titre II**), afin de mettre fin à une longue période d'impunité et d'incertitudes. Bien qu'ayant un contour particulier, elles avaient marqué un tournant décisif dans l'affaire Habré.

Titre I : L'avènement des Chambres africaines extraordinaires

La nécessité de juger les crimes internationaux commis au Tchad durant la présidence de Monsieur Hissein HABRE était largement partagée au sein de la communauté internationale. Le problème qui s'était posé était plutôt le lieu et la manière d'y procéder. La juridiction « *ad hoc* à caractère international »[544], proposée par la Cour de justice de la CEDEAO et approuvée par l'Union africaine, devait s'inscrire dans le cadre d'une « solution africaine »[545].

Ainsi, l'institution des Chambres africaines extraordinaires s'inscrivait dans un contexte déterminé (**Chapitre I**), doublement marqué par le ressentiment envers la propension des juridictions occidentales à connaître de questions intéressant en premier lieu les Africains et la volonté de ces derniers de prendre en main lesdites questions.

Cette option des chefs d'État africains était un sursaut d'orgueil, d'autant plus que ceux-ci avaient longtemps demeuré au ban de la communauté internationale en matière de lutte contre l'impunité d'anciens dirigeants.

Cette responsabilisation s'était traduite par l'adoption de textes structurant cette juridiction qui était une première en Afrique (**Chapitre II**) afin qu'elle pût répondre aux nombreuses attentes.

---

544 CJCEDEAO, 18 novembre 2010, Op. cit

545 UA, Rapport du Comité d'éminents juristes africains sur l'affaire Hissène Habré, 2 juillet 2006, p. 4.

Chapitre I : Le contexte de l'institution des Chambres africaines extraordinaires

La mise sur pied des Chambres africaines extraordinaires était une manière de contrer les velléités expansionnistes des juridictions occidentales agissant sous le couvert de la compétence universelle. L'Union africaine, à laquelle le Sénégal s'était référé, avait manifesté sa préférence pour une « solution africaine » et avait, au fil de ses sommets, retenu que le jugement de Habré ne pouvait être envisagé en dehors d'un mécanisme africain.

Ce vœu était renforcé par l'impression, pour l'opinion publique africaine, que les États occidentaux, comme la Belgique, ne cessaient de vouloir perpétuer leur mainmise sur le continent, après des siècles d'esclavage et des lustres de colonisation. Cela avait principalement motivé « le refus collectif d'une justice qui serait incarnée par le colon d'hier »[546].

Ce rejet de l'impérialisme judiciaire occidental[547] (**Section I**) ne pouvait prospérer sans une alternative crédible. C'est pour cette raison que l'Union africaine s'était engagée dans un processus de « régionalisation du droit international pénal »[548].

Cette approche régionale de la justice pénale internationale (**Section II**) était ainsi révélatrice de l'option dorénavant affichée des dirigeants africains. Même si le régionalisme international, dans lequel elle s'inscrit, est « un phénomène ordinaire et classique en droit international », « le régionalisme pénal international » semble toutefois être « inédit », pour reprendre la pensée du Professeur Abdoulaye SOMA[549].

---

[546] Raymond Ouigou SAVADOGO, « Les Chambres africaines extraordinaires au sein des tribunaux sénégalais : Quoi de si extraordinaire ? (The Extraordinary African Chambers in the Senegalese Courts: What's So Extraordinary?) », in *Revue Etudes internationales*, Vol. 45, n° 1, 2014, p. 107.

[547] Expression employée par les Chefs d'État africains pour qualifier l'exercice de la compétence universelle par les juridictions internes occidentales.

[548] Roland ADJOVI, « L'Afrique dans le développement de la justice pénale internationale », in *AYIL/ AADI*, Vol. 14, 2006, p. 3.

[549] Abdoulaye SOMA, Op. cit., p. 12.

Section I : Le rejet de « l'impérialisme judiciaire occidental »[550]

La justice pénale internationale est un modèle juridictionnel en perpétuel mouvement. Elle est l'œuvre de tribunaux internes appliquant la compétence universelle, mais aussi de juridictions internationales *ad hoc* ou permanentes, comme la CPI. L'Afrique, à l'instar des autres continents, n'échappe pas au champ de compétence de ces dernières. Toutefois, cette région semble être un domaine de prédilection de ces tribunaux, eu égard aux nombreux crimes de droit international qui y sont commis et qui sont restés impunis.

« Bien que l'Afrique ne peut pas revendiquer la palme de l'exclusivité de cette criminalité ni de l'impunité qui en découle »[551], force est de constater cependant que la plupart des poursuites exercées au nom de ce modèle juridictionnel concernent des Africains.

Cet état de fait n'a pas laissé indifférents les dirigeants africains et l'opinion publique continentale. Ceux-ci n'y entrevoient qu'une tendance impérialiste, voire un colonialisme dont les initiateurs des poursuites sus-évoquées seraient nostalgiques.

Le ressentiment né de cette appréhension a entraîné un rejet de l'impérialisme judiciaire occidental, lequel est perceptible tant dans les rapports avec la CPI qu'avec les juridictions internes occidentales exerçant la compétence universelle. La posture de la justice belge à l'égard de Habré n'avait fait que l'exacerber.

C'est dans ce sillage que l'Union africaine a exprimé son opposition à l'utilisation abusive de la compétence universelle par l'Occident (**Paragraphe 1**) et n'a pas manqué d'étaler, dans la même dynamique, ses divergences avec la CPI (**Paragraphe 2**).

Paragraphe 1 : L'opposition de l'Union africaine à « l'utilisation abusive » de la compétence universelle par l'Occident

L'exercice de la compétence universelle par les États occidentaux, et principalement ceux de l'Union européenne, avait suscité une vive réaction de la part des États membres de l'Union africaine. C'est ainsi que la Conférence des ministres de la Justice et/ ou des Procureurs généraux des pays membres s'était réunie le 18 avril 2008 à Addis-Abeba en Éthiopie pour se pencher sur la question. Une commission avait ensuite été mise sur pied dans le but de réaliser « une étude exhaustive sur l'utilisation et le champ d'application du

550 Expression employée par les Chefs d'État africains pour qualifier l'exercice de la compétence universelle par les juridictions internes occidentales.

551 Pacifique MANIRAKIZA, « l'Afrique et le système de justice pénale internationale », in *AJLS*, Vol. 3, n° 1, Janvier 2009, p. 1.

principe de compétence universelle »[552], laquelle avait été soumise au Conseil exécutif et à la Conférence de l'Union africaine.

Les dirigeants avaient ainsi, lors des sommets de juillet 2008, février 2009, février 2010 et janvier 2011, exprimé leur opposition à « la nature politique et l'utilisation abusive du principe de compétence universelle par des juges de certains États non africains contre des dirigeants africains »[553]. Ils n'avaient pas manqué d'élaborer une stratégie. C'est ainsi qu'ils avaient convenu de refuser toute coopération judiciaire (**A**) et de mener une contre-offensive politico-diplomatique (**B**).

A. Le refus de toute coopération judiciaire

Les poursuites entamées en Occident à l'encontre de hautes personnalités africaines, sur la base de la compétence universelle, avaient semé le malaise au sein de l'organisation panafricaine. L'Union africaine avait, lors du Sommet de Sharm El Sheikh de juillet 2008, considéré qu'il s'agissait d'une « utilisation abusive » de ce principe « qui pourrait compromettre le droit, l'ordre et la sécurité au niveau international », en même temps qu'elle constituait « une violation flagrante de la souveraineté et de l'intégrité territoriale de ces États ». C'est ainsi qu'elle avait décidé que les mandats délivrés, au titre de ces poursuites, ne devaient « pas être exécutés dans les États membres de l'Union africaine » [554].

Le premier mandat querellé, émis contre un haut fonctionnaire d'un État africain, était le mandat d'arrêt international par défaut décerné le 11 avril 2000 par le juge d'instruction belge Damien VANDERMEERSCH contre Monsieur Abdoulaye Yerodia NDOMBASI, ministre des Affaires étrangères de la République Démocratique du Congo (RDC), dans le cadre d'une information judiciaire ouverte contre X pour les chefs de crimes contre l'humanité et de violations graves des conventions de Genève de 1949 et des Protocoles additionnels de 1977[555].

Toutefois, la RDC avait, le 17 octobre 2000, saisi la CIJ pour contester la validité de ce mandat d'arrêt. À travers son arrêt du 14 février 2002, la CIJ avait condamné la Belgique en reconnaissant au ministre concerné le bénéfice de l'immunité fonctionnelle et le 16 avril 2002, la Chambre des mises en

---

[552] Union africaine, Conseil exécutif, quatorzième session ordinaire, 26-30 janvier 2009, Ex.CL/ 484 (XIV) rev. 1, p. 1.

[553] Union africaine, Op. cit., p. 2.

[554] Union africaine, Décision sur le rapport relatif à l'utilisation abusive du principe de compétence universelle, Doc. Assembly/AU/14(XI).

[555] À l'origine, il y avait plusieurs plaintes introduites en novembre 1998 contre des dirigeants de la RDC, à savoir Laurent Désiré KABILA, Président de la République, Didier MUMENGI, ministre de l'information, Dominique SAKOMBI, Conseiller en communication à la Présidence de la République, Gaëtan KAKUDJI, ministre de l'Intérieur et Abdoulaye Yerodia NDOMBASI, Chef puis Directeur de cabinet du Président de la République avant de devenir ministre des Affaires étrangères.

accusation de la Cour d'appel de Bruxelles avait mis fin aux poursuites, confirmée en cela par la Cour de cassation belge, dans son arrêt du 20 novembre 2002.

Le courroux des Africains contre la Belgique n'était pas circonscrit à l'affaire Yerodia, car cet État européen avait enclenché d'autres procédures relatives au génocide rwandais[556] et au régime de Monsieur Hissein HABRE.

Cependant, la Belgique n'était pas seule à agacer les Africains. En effet, en France, suite à plusieurs plaintes formulées en décembre 2001 par des organisations de défense des droits de l'Homme[557] à l'encontre de Monsieur Denis SASSOU NGUESSO, Président de la République du Congo, et d'autres hautes personnalités congolaises[558], pour les chefs de torture et de crimes contre l'humanité commis entre le 05 et le 15 mai 1999, au Port fluvial de Brazzaville (« Affaire des disparus du Beach »), une information judiciaire avait été ouverte le 1er février 2002. Dans cette affaire, le Général Norbert DABBERA, Inspecteur général des armées, avait été arrêté le 23 mai 2002, puis libéré après son interrogatoire. Le dossier avait ensuite connu des soubresauts et parallèlement, le Congo avait saisi la CIJ[559].

Les poursuites des juridictions occidentales qui avaient le plus irrité les dirigeants africains étaient celles déclenchées en Espagne. Suite aux plaintes de proches de neuf ressortissants espagnols assassinés au Rwanda entre 1994 et 1997 (trois employés de Medicos del Mundo et six prêtres) et de membres d'associations humanitaires dont des organisations rwandaises, le juge espagnol, Fernando ANDREU MERELLES de l'*Audiencia nacional*, avait entamé des investigations, rapidement étendues aux crimes commis au Rwanda et au Congo, de 1990 à 2000, par des éléments du Front Patriotique Rwandais (FPR) devenus membres de l'Armée rwandaise. Il avait ensuite émis, le 6 février 2008, des mandats d'arrêt à l'encontre de quarante militaires rwandais pour les chefs de génocide, de crimes contre l'humanité, de crimes de guerre et de terrorisme commis entre 1990 et 2002. Contrairement au Président rwandais Paul KAGAME qui avait bénéficié de l'immunité, le Général James KABAREBE[560], ministre de la Défense du Rwanda, et les

---

[556] Des Rwandais avaient jugés et condamnés à des peines allant de dix à vingt ans et d'autres affaires étaient pendantes à l'instruction.

[557] On peut citer, à ce titre, la Fédération Internationale des Ligues des Droits de l'Homme (FIDH), la Ligue française pour la défense des droits de l'Homme et du Citoyen (LDH) et l'Observatoire congolais des droits de l'Homme (OCDH).

[558] Il s'agissait de Jean François NDENGUE, Directeur de la police congolaise, et de Norbert DABIRA, Inspecteur général des armées.

[559] Les autorités congolaises avaient saisi la CIJ le 09 décembre 2002, avant que la procédure ne soit rayée le 16 novembre 2010 pour forclusion des deux parties. Quant à la procédure menée en France, elle avait finalement été annulée par la Cour de cassation qui avait retenu l'immunité des mis en cause.

[560] James KABAREBE a occupé de hautes fonctions dans trois pays différents. Il a été Officier des services de renseignements en Ouganda avant 1994, Chef d'état-major en RDC entre 1996 et 1998 et Ministre de la Défense du Rwanda de 2010 à 2018.

trente-neuf autres hauts responsables des Forces de Défense Rwandaises (FDR), ex-Armée Patriotique Rwandaise (APR), avaient été visés par la justice espagnole[561], laquelle n'avait pas tenu compte de l'éventualité d'un conflit de compétence avec le TPIR.

Le Général Kabarebe et huit autres personnalités rwandaises dont Rose KABUYE, Directrice du Protocole de la Présidence rwandaise, avaient aussi été l'objet de mandats d'arrêt internationaux du juge français Jean-Louis BRUGUIERE, émis le 17 novembre 2006, pour les chefs d'assassinat et de complicité d'assassinat. Bien que le juge français n'ait pas exercé la compétence universelle, mais plutôt la compétence personnelle passive relativement à la mort de trois membres d'équipage français lors de l'attentat du 6 avril 1994 contre le Président rwandais Juvénal HABYARIMANA, et qu'il ait épargné le Président Paul KAGAME en raison de son immunité, les mandats émis avaient les mêmes effets agaçants pour les Africains.

L'éventualité de leur exécution avait créé un profond malaise au sein du continent surtout que certains mis en cause exerçaient des missions officielles à l'étranger[562].

Le Rwanda avait vigoureusement réagi en menaçant d'inculper et d'émettre des mandats d'arrêt à l'encontre de trente-trois hauts responsables civils et militaires français accusés de complicité de génocide[563]. Il avait aussi saisi la CIJ en estimant que les mandats d'arrêts français « violaient sa souveraineté »[564]. En ce qui concerne Rose KABUYE arrêtée le 9 novembre 2008 en Allemagne en vertu du mandat d'arrêt français décerné à son encontre, le Président Kagamé lui avait ouvertement apporté son soutien, en lui rendant visite à son lieu de détention, et avait rappelé son ambassadeur en Allemagne et prié en même temps celui allemand de quitter le Rwanda. En plus, il avait rompu ses relations diplomatiques avec la France.

L'Union africaine ne pouvait pas rester en marge de ces nombreuses procédures ouvertes en Occident et qui visaient de hauts responsables du continent.

---

561 Ces mandats d'arrêt ont ultérieurement été levés le 10 septembre 2015 par la Cour suprême espagnole, car l'exercice de la compétence universelle a été limitée par la nouvelle loi de 2014 aux seuls cas où l'auteur présumé est espagnol ou a élu domicile en Espagne.

562 Il en était ainsi du Général Karake KAREKEZI, membre de la Mission des Nations unies et de l'Union africaine au Darfour (MINUAD), du Lieutenant-Colonel Rugumya GACINYA, Attaché militaire de l'Ambassade du Rwanda aux États-Unis, de Kayumba NYAMWASA, Ambassadeur du Rwanda en Inde et de Rose KABUYE.

563 Les personnes visées dans le rapport de la Commission nationale indépendante rwandaise du 05 août 2008 étaient, entre autres, Edouard BALLADUR, Premier ministre, Hubert VEDRINE, Secrétaire général de la Présidence, Alain JUPPE, ministre des Affaires étrangères et son Directeur de cabinet Dominique De VILLEPIN, François LEOTARD, ministre de la Défense et les généraux Jean Claude LAFOURCADE et Jean Pierre HUCHON.

564 CIJ, Requête introductive d'instance déposée par le Rwanda contre la France, 18 avril 2007.

C'est ainsi que le 18 avril 2008, lors de la rencontre des ministres de la Justice et/ ou Procureurs généraux des États membres, tenue à son siège en Éthiopie, et suite à une intervention du Rwanda, la Conférence avait adopté une Déclaration sur « l'utilisation abusive » du principe de « compétence universelle » en estimant notamment que cet abus effectué par des États non africains contre des personnalités africaines était un affront à la souveraineté des pays africains concernés. Ces autorités judiciaires avaient aussi demandé à la Commission de l'Union africaine d'entreprendre une étude juridique détaillée sur cette question et de faire des recommandations appropriées à la Conférence de l'Union à travers le Conseil exécutif, notamment lors du sommet de juillet 2008 qui devait se tenir à Sharm El Sheikh.

En marge des travaux de la Commission, le Parlement panafricain, des organisations sous régionales et certains États africains avaient protesté ou dénoncé la posture des juges européens[565].

Lors de leur première réunion, les experts avaient principalement examiné l'exercice de la compétence universelle sous ses différents angles avant de soumettre leur rapport à la Conférence des chefs d'État et de gouvernement lors de sa 8e session de juillet 2008.

L'organe suprême panafricain avait non seulement réitéré sa préoccupation face à ce qu'elle qualifiait d'abus de l'utilisation de la compétence universelle par les États occidentaux à l'encontre des dirigeants africains, mais avait surtout demandé aux États membres de ne pas exécuter les mandats émis par ces juridictions non africaines. Cette décision avait été suivie à la lettre rendant inopérants les mandats des juges espagnol, belge ou français.

L'arrestation d'un dirigeant africain en Afrique, sur la base d'un mandat d'arrêt occidental, n'était ainsi pas envisageable, *a fortiori* son extradition. Déjà, lors de la rencontre des ministres de la Justice et/ ou Procureurs généraux du 18 avril 2008, il avait été rappelé l'esprit de la Déclaration de la Conférence de l'Union africaine selon lequel celle-ci s'opposait à une extradition de Monsieur Hissein HABRE hors de l'Afrique. La justice sénégalaise n'avait ainsi pas donné une suite favorable aux différents mandats d'arrêt délivrés à l'encontre de cet ancien Chef d'État africain.

L'Union africaine ne s'était toutefois pas limitée à un rôle passif. Elle avait entrepris des actions pour contrecarrer les initiatives occidentales.

[565] Le Parlement et les pays du Grand Lac avaient fait des déclarations en ce sens les 15 et 22 mai 2008. Parmi les organisations sous-régionales concernées, on peut citer le Comité interministériel de la Conférence internationale sur la région des Grands Lacs, l'Autorité intergouvernementale pour le développement, le Marché commun de l'Afrique de l'Est et de l'Afrique australe, la Communauté de l'Afrique de l'Est, l'Assemblée législative de l'Afrique de l'Est et la Communauté économique des États de l'Afrique centrale.

B. Une contre-offensive politico-diplomatique

Le sommet de Sharm El Sheikh de juillet 2008, qui avait fourni l'occasion à l'Union africaine de dénoncer l'utilisation « abusive » de la compétence universelle, avait aussi permis à celle-ci de concevoir des actions en vue de contrecarrer l'impérialisme judiciaire occidental. Les dirigeants africains étaient plus convaincus du succès d'initiatives politico-diplomatiques que d'actions judiciaires. Il est vrai que la RDC et le Rwanda avaient saisi la CIJ (même si seule l'action congolaise relative à l'affaire Yerodia avait prospéré), mais les chefs d'État avaient estimé nécessaire de mettre en place « un organisme de réglementation international ayant compétence pour examiner et/ou traiter des plaintes ou des appels consécutifs à l'utilisation abusive du principe de compétence universelle par différents États »[566].

Les actions les plus concrètes et significatives étaient la saisine de l'Assemblée générale de l'ONU, du Conseil de sécurité des Nations unies et de l'Union européenne.

Ainsi, lors de la session de l'Assemblée générale des Nations unies de septembre 2008, le président de la République de Tanzanie avait traité cette question de l'utilisation abusive de la compétence universelle, avant que son pays ne transmette une communication à l'institution onusienne.

La Commission de l'Union africaine avait, de son côté, soumis la question au Secrétariat des Nations unies.

Une visite effectuée en décembre 2008 au siège de l'ONU, par une délégation de l'Union africaine, avait permis à cette dernière de s'entretenir sur la question avec le Groupe africain, le Groupe du Mouvement des non-alignés et le Président de la soixante-troisième session de l'Assemblée générale des Nations unies.

La question lancinante de l'exercice de la compétence universelle avait aussi été étudiée par la CDI dans le cadre de ses travaux sur l'immunité des représentants de l'État. Celle-ci avait admis qu'un exercice dévoyé de la compétence universelle entraînerait des malentendus et aggraverait les tensions interétatiques.

La saisine de l'Union européenne, dont des juges ressortissants avaient émis les mandats d'arrêt controversés, avait principalement pour objet le retrait ou la non-exécution desdits mandats ou au moins qu'un moratoire soit imposé jusqu'à ce qu'une solution soit trouvée entre les parties.

La préoccupation africaine avait ainsi été discutée lors de la dixième réunion de la Troïka ministérielle Union africaine-Union européenne du 16 septembre 2008 et lors de la réunion entre les commissions de l'Union européenne et de l'Union africaine du 1er octobre 2008. C'est pour cette raison que l'Union africaine avait manifesté sa consternation après l'arrestation en

566 Union africaine, Décision sur le rapport relatif à l'utilisation abusive du principe de compétence universelle, Op. cit.

Allemagne de Rose KABUYE, en mission officielle, et son transfèrement en France, et avait adressé une note de protestation à sa sœur européenne ainsi qu'aux deux États émetteur et exécutant du mandat d'arrêt. Le Parlement panafricain et certains États africains comme le Rwanda, le Kenya et l'Ouganda lui avaient emboîté le pas.

Lors de la onzième réunion de la Troïka ministérielle Union africaine-Union européenne des 20 et 21 novembre 2008, la mise sur pied d'un groupe *ad hoc* d'experts avait été décidée afin de trouver une solution définitive aux modalités d'exercice de la compétence universelle qui nuisaient aux relations entre ces parties.

Tenant compte des termes de référence, les experts s'étaient réunis les 14 et 15 janvier 2009 et avaient conclu à la nécessité de trouver le juste équilibre entre la lutte contre l'impunité et la préservation des relations internationales. Pour parvenir à ce compromis, les préoccupations africaines avaient été prises en compte au même titre que celles européennes. À ce propos, il semblait anormal, pour les Africains, que la mise en cause de « responsables d'États étrangers exerçant des fonctions de représentation au nom de leur État »[567] soit l'œuvre d'un seul juge « de degré inférieur »[568] qui, en plus, délivre unilatéralement des actes d'accusation et des mandats d'arrêt en lieu et place de citations à comparaître ou de mesures équivalentes qui n'impliquent aucune arrestation et qui ne nuisent pas à l'honneur des hauts fonctionnaires d'État.

En ce qui concerne les Européens, ils attendaient, de la part des Africains, l'adoption de textes pour prévenir et punir les crimes internationaux, la ratification de traités internationaux comme la Convention contre la torture et la mise en œuvre de poursuites judiciaires contre les auteurs de crimes internationaux, ou l'extradition desdites personnes.

À l'issue de leurs travaux, les experts africains et européens avaient fait plusieurs recommandations. Ainsi, ils avaient souligné que la poursuite des auteurs de génocide, de crimes contre l'humanité, de crimes de guerre et de torture est une obligation qui pèse sur l'État afin de combattre l'impunité et que les pays africains devraient adopter des mesures législatives, sous l'impulsion de la Commission de l'Union africaine, pour faciliter la prévention et la répression de tels crimes. Sur la même lancée, l'idée d'une compétence pénale de la CAJDH avait été émise ainsi que la nécessité d'une ratification de la Convention contre la torture de 1984 par tous les États et de sa pleine mise en œuvre, dont l'acceptation du droit des particuliers d'adresser des communications au Comité des Nations unies contre la torture. Ils avaient aussi retenu que les individus, présumés auteurs de tels crimes, présents sur le territoire d'un État membre de l'Union africaine et de l'Union européenne,

---

[567] Union africaine-Union européenne, Groupe d'experts techniques *ad hoc* sur le principe de compétence universelle, Rapport, 15 avril 2009, par. 35.
[568] Ibid.

devaient être poursuivis ou extradés, et que dans ce cadre, le critère territorial devrait prévaloir comme base de compétence, pour mieux prendre en compte les droits des victimes, la communauté affectée et le rassemblement des preuves. Une coopération plus accrue entre autorités judiciaires européennes et africaines et un programme de renforcement des capacités de ces dernières avaient également été préconisés.

Les recommandations les plus pertinentes que le groupe d'experts avait faites étaient que dans le cadre de l'exercice de la compétence universelle, il était nécessaire de préserver les relations internationales et de reconnaître les immunités dont peuvent jouir des officiels d'États étrangers en vertu du droit international. Ces derniers, avaient-ils ajouté, ne devraient souffrir d'aucune mesure attentatoire à leur honneur et susceptible d'entraver l'exercice de leurs fonctions officielles. Ils avaient convenu que la délivrance d'une citation à comparaître ou d'une mesure équivalente, en lieu et place d'un mandat d'arrêt, pouvait suffire. Si l'État territorial ou d'origine du présumé auteur ou de la victime avait la volonté ou la capacité de connaître de l'affaire, les actes de poursuite et les éléments de preuve devraient lui être transmis de manière confidentielle aux fins d'exercice de l'action pénale.

Les protestations de l'Union africaine n'étaient pas seulement dirigées contre les juridictions occidentales. Elles visaient aussi la CPI, juridiction universelle dont l'action lui semblait discriminatoire à l'égard des Africains.

Paragraphe 2 : Les divergences entre l'Union africaine et la Cour pénale internationale

La lune de miel entre l'Union africaine et la CPI a duré le temps d'une rose. En effet, les Africains avaient placé beaucoup d'espoir en cette juridiction et avaient joué un rôle essentiel dans sa mise sur pied[569], tout en étant les premiers à en ratifier les statuts[570]. Cela, parce qu'ils épousaient ses idéaux.

[569] Le Professeur égyptien Cherif BASSIOUNI a été le Président du Comité de rédaction de la Conférence diplomatique pour l'établissement de la CPI, Vice-président du Comité préparatoire puis du Comité spécial de l'Assemblée générale pour la création d'une CPI. Me Doudou THIAM, dernier rapporteur spécial sénégalais sur le projet de Code des crimes contre la paix et la sécurité de l'humanité, a vu ce texte largement servir de base à la rédaction du Statut de Rome de la CPI. Durant la campagne mondiale pour la création de la CPI, les organisations des droits de l'Homme ont adopté la Déclaration de Dakar de février 1998 réaffirmant leur engagement en faveur de la mise en place de la CPI. Quarante-sept États africains sur cinquante-trois ont participé à la Conférence internationale des plénipotentiaires tenue à Rome en 1998 sur la création de la CPI.

[570] Le Sénégal a été le premier pays à avoir ratifié le Statut de Rome. En plus, à la date d'entrée en vigueur dudit statut, il y avait vingt pays africains sur soixante, soit le tiers des États parties. Au 30 juin 2014, il y avait trente-quatre pays africains sur les cent vingt-deux États parties au Statut de la CPI, constituant ainsi le groupe régional le plus représenté au sein de cette institution.

Mais à peine cette juridiction internationale avait-elle entamé ses travaux que ses relations avec les États africains étaient devenues heurtées.

En effet, dès le début, les principales procédures pendantes devant la CPI concernaient des Africains, alors que ce continent n'était pas le seul théâtre de violations graves du droit international humanitaire. Des dirigeants africains de haut rang avaient été visés par des enquêtes et/ ou des mandats d'arrêt de cette cour alors que leurs homologues occidentaux, présumés impliqués directement ou indirectement dans des crimes internationaux, n'avaient pas été inquiétés. L'Union africaine, qui estimait que la justice internationale, telle qu'exercée par cette juridiction universelle, était discriminatoire, avait vigoureusement réagi. Ce sentiment d'une justice sélective (**A**) avait été exacerbé par la persistance des procédures visant des personnalités du continent, au point qu'un divorce semblait inéluctable (**B**).

A. L'impression d'une justice internationale sélective

La CPI a été créée afin que « les crimes les plus graves qui touchent l'ensemble de la communauté internationale » ne restent pas impunis et que « leur répression (soit) effectivement assurée »[571].

Depuis le début de ses activités en juillet 2002 jusqu'à la veille de l'institution des Chambres africaines extraordinaires en juillet 2012, cette juridiction permanente à vocation universelle, avait mis en branle la machine judiciaire internationale à huit reprises, et un seul cas avait été mené à terme[572]. Ces affaires avaient toutes concerné des États africains[573], à savoir l'Ouganda[574], la RDC[575], la République Centrafricaine[576], le Soudan[577],

---

[571] Préambule du Statut de Rome de la CPI, adopté le 17 juillet 1998, entré en vigueur le 1er juillet 2002.

[572] Il s'agit du procès de l'ancien chef de milice congolais Thomas LUBANGA DYILO, condamné le 10 juillet 2012 à 14 ans d'emprisonnement pour crimes de guerre.

[573] Pour la situation au Mali, le Gouvernement a saisi la CPI le 13 juillet 2012. Ultérieurement, soit le 16 janvier 2013, le Procureur a ouvert une enquête. Pour le Burundi, la CPI a ouvert une enquête le 9 novembre 2017.

[574] Dans le cas de l'Ouganda, c'est le Gouvernement qui a saisi la CPI en décembre 2003 et une procédure avait été ouverte pour crimes contre l'humanité et crimes de guerre contre cinq dirigeants de l'Armée de résistance du Seigneur. D'aucuns soutiennent que le Président ougandais Yoweri MUSEVENI a été contraint de référer le cas de son pays à la CPI qui s'y intéressait des mois auparavant.

[575] S'agissant de la RDC, le Gouvernement a saisi la Cour en avril 2004. La procédure ouverte en juin 2004 a visé Thomas LUBANGA DYILO, Germain KATANGA, Mathieu NGUDJOLO CHUI, Bosco NTAGANDA, Callixte MBARUSHIMANA et Sylvestre MUDACUMURA. Comme pour l'Ouganda, la CPI s'intéressait déjà à la RDC.

[576] En ce qui concerne la Centrafrique, c'est aussi le Gouvernement qui a, en décembre 2004, renvoyé devant la CPI les crimes contre l'humanité et crimes de guerre qui y ont été commis.

[577] Relativement au Soudan, c'est le Conseil de sécurité de l'ONU qui a, à travers sa Résolution 1593 du 31 mars 2005, saisi la CPI.

la Libye[578], le Kenya[579] et la Côte d'Ivoire[580]. Parmi les 26 personnes visées, figuraient des chefs d'État comme Al Bashir, Gaddafi, Kenyatta (vice Premier ministre devenu Chef d'État) et Gbagbo, un vice-président (Bemba) et des ministres en exercice. Parmi les 17 mandats d'arrêt délivrés, six avaient été exécutés, entraînant l'arrestation et la détention de Lubanga, Katanga, Ngudjolo, Bemba, Mbarushimana et Gbagbo. Les trois premiers procès de la CPI ouverts en 2009 et 2010 avaient successivement mis en scène les congolais Lubanga, Katanga, Ngudjolo et Bemba.

Ainsi, à son dixième anniversaire, la CPI n'avait exercé sa compétence que sur le continent africain. Cette situation avait créé un malaise au sein des élites africaines[581] et exaspéré leurs dirigeants au point que la question avait été soulevée à différents sommets de l'Union africaine. Monsieur Jean PING, Président de la Commission de l'Union africaine, n'avait pas manqué de regretter « que la justice internationale ne semble appliquer les règles de la lutte contre l'impunité qu'en Afrique comme si rien ne se passait ailleurs, en Irak, à Gaza, en Colombie ou dans le Caucase »[582]. Sa remarque n'était pas dénuée de fondement puisque effectivement, la CPI n'avait pas ouvert d'enquête sur des faits graves commis dans d'autres régions du monde et relevant de sa compétence, alors qu'elle avait été saisie de centaines de plaintes depuis ses débuts.

En effet, des crimes de guerre et des crimes contre l'humanité avaient été commis par des Russes en Tchétchénie de 2004 à 2009[583], et en Ossétie du

[578] Pour la Libye, c'est également le Conseil de sécurité des Nations unies qui a décidé, à travers sa Résolution 1970 du 26 février 2011, de déférer à la CPI la situation qui y prévalait.

[579] Concernant le Kenya, État partie au Statut de Rome depuis le 15 mars 2005, c'est la Chambre préliminaire II qui a, le 31 mars 2010, autorisé le Procureur à ouvrir une enquête *proprio motu*.

[580] Pour la Côte d'Ivoire, État qui a accepté la compétence de la CPI le 18 avril 2003 (Cela a été réitéré les 14 décembre 2010 et 03 mai 2011 et le Statut de Rome ratifié le 15 février 2013), c'est également la Chambre préliminaire qui a, le 03 octobre 2011, autorisé le Procureur à ouvrir une enquête *proprio motu*.

[581] En guise d'exemple, le Sud-africain Richard GOLDSTONE, ancien juge à la CPI, et le Professeur ougandais Mahmood MAMDANI avaient vivement protesté contre l'action de la CPI qu'ils ont traitée de discriminatoire (Voir https://www.ucad.sn/files/Lettre%20d'explication%20du%20Colloque%20Ok.pdf et http://www.cameroonvoice.com/news/article-news-12843.html).

[582] Le Monde, 04 mars 2009. Disponible sur https://www.lemonde.fr/afrique/article/2009/03/04/soudan-la-decision-de-la-cpi-inquiete-l-union-africaine_1163310_3212.html

[583] Les deux principales guerres de Tchétchénie avaient eu lieu avant l'entrée en vigueur du Statut de Rome. Cependant, de 2004 à 2009, les Russes et leurs alliés avaient commis de nombreux crimes relevant de la compétence de la CPI, selon la FIDH. Un rapport officiel de 2003 du gouvernement tchétchène pro-russe, relatif aux graves exactions commises contre des civils (crimes de guerre et contre l'humanité) entre le 1er janvier et le 31 décembre 2002, entre autres, avait accablé l'armée russe. Human Rights Watch et d'autres organisations de défense des droits humains, avaient aussi relevé, en mars 2005, un recours systématique et généralisé aux disparitions forcées constitutives de crimes contre l'humanité.

Sud en Géorgie, de 2008 à 2012[584]. Ces faits n'avaient donné lieu à aucune enquête, malgré les plaintes, et bien que la Russie ait signé le Traité de Rome, même s'il ne l'a pas ratifié[585].

Cette situation est similaire à celle qui prévaut en Palestine où des crimes de guerre et des crimes contre l'humanité avaient été perpétrés pendant de nombreuses années, au gré des confrontations épisodiques entre Israël et des factions palestiniennes, sans qu'une procédure ne soit ouverte. Les autorités palestiniennes avaient présenté, en janvier 2009, une déclaration reconnaissant l'autorité de la CPI, afin de faire aboutir des plaintes relatives à l'opération « *Plomb durci* »[586] menée par Israël dans la bande de Gaza, mais le Procureur l'avait jugé invalide à cause du statut indéterminé de la Palestine[587]. Le rapport de 2009 du Conseil des droits de l'Homme de l'ONU dont l'objet était « d'enquêter sur toutes les violations du droit international des droits de l'homme et du droit international humanitaire perpétrées dans le cadre des opérations menées à Gaza avant, pendant ou après la période allant du 27 décembre 2008 au 18 janvier 2009 »[588] avait même conclu que lesdites violations étaient établies, rejoignant, en ce sens, les conclusions d'Amnesty International de 2009 et de beaucoup d'organisations de défense des droits de l'Homme.

Au Sri Lanka, la guerre civile qui avait opposé, de 1983 à 2009, le gouvernement, majoritairement cinghalais et bouddhiste, aux Tigres de libération de l'Ilam tamoul (LTTE), séparatistes essentiellement tamouls et hindous, avait causé plus de 70 000 morts et plus de 140 000 disparus. La guerre avait officiellement pris fin en 2009 avec « l'opération militaire la plus

---

[584]En ce qui concerne la deuxième guerre d'Ossétie d'août 2008, les accrochages entre l'Armée géorgienne et les troupes séparatistes de l'Abkhazie soutenues par l'Armée russe, ont fait plusieurs centaines de morts et plus de 120.000 déplacés, selon un bilan d'août 2008 du Haut-Commissariat de l'ONU pour les réfugiés.

[585] C'est seulement en 2016 que la décision d'ouvrir une enquête a été prise par la CPI et d'aucuns soupçonnent des motivations géostratégiques et politiques.

[586] L'opération « *Plomb durci* », qui a débuté le 27 décembre 2008 a fait de nombreuses victimes dont des civils et des enfants, sans oublier l'usage d'armes dont l'utilisation est restreinte ou limitée par le droit international humanitaire.

[587] Dans un communiqué d'avril 2012, le Procureur avait dit que « Le Bureau n'exclut pas la possibilité d'examiner à l'avenir les allégations de crimes commis en Palestine si les organes compétents de l'ONU, voire l'Assemblée des États parties, élucident le point de droit en cause dans le cadre d'une évaluation au regard de l'article 12 ou si le Conseil de sécurité lui attribue compétence en déférant cette situation conformément aux dispositions de l'article 13-b », (CPI, Le Bureau du Procureur, Rapport sur les activités menées en 2012 par le Bureau du Procureur en matière d'examen préliminaire, Novembre 2012, p. 45.), à savoir le statut d'État ou non de la Palestine. En novembre 2012, l'Assemblée générale a reconnu à la Palestine le statut d'État non membre des Nations unies, sans qu'une enquête ne soit ouverte sur les faits dénoncés. En 2015, la Palestine est devenue un État membre de la CPI et ce n'est qu'en mars 2021 que cette juridiction a décidé d'ouvrir une enquête.

[588] Rapport de la Mission d'établissement des faits de l'Organisation des Nations unies sur le conflit de Gaza (A/HRC/12/48), par. 151.

meurtrière du nouveau millénaire »[589], mais postérieurement, d'autres crimes de guerre et de génocide avaient été perpétrés dans un contexte de répression systématique. Malgré les rapports des organisations des droits de l'Homme comme Human Rights Watch, un rapport accablant de l'ONU sur les crimes internationaux avec la recommandation d'une enquête internationale « impérative »[590], ainsi que deux résolutions des Nations unies sur l'établissement des responsabilités sur les crimes de guerre, le Conseil de sécurité n'avait jamais envisagé de déférer la situation à la CPI.

Pour la Colombie, l'Armée et des milices complices avaient été soupçonnées, dans un rapport spécial de l'ONU, d'avoir depuis 2000 au moins après la baisse d'intensité du conflit armé intérieur contre les « *guérilleros* » des Forces armées révolutionnaires de Colombie (FARC) et de l'Armée de libération nationale (ELN), commis des crimes contre l'humanité pour améliorer les statistiques (« *faux positifs* »[591]) et obtenir des financements du gouvernement américain qui les soutenait. Pourtant, la CPI avait officiellement indiqué, en 2005, avoir « reçu des informations continues sur les crimes relevant de (sa) compétence »[592], mais elle avait préféré suivre les procédures initiées au niveau interne et se limiter à un examen préliminaire.

Au Honduras, des assassinats, disparitions forcées, détentions arbitraires et autres actes constitutifs de crimes contre l'humanité avaient été perpétrés par les autorités issues du coup d'État du 28 juin 2009 contre le Président José Manuel Zelaya ROSALES. Différentes organisations des droits de l'Homme[593] avaient invité la CPI à ouvrir une enquête sur cette situation qui s'était prolongée jusqu'après l'élection controversée de Porfirio « Pepe » Lobo SOSA en novembre 2009, mais celle-ci avait préféré se limiter à un examen préliminaire. Cet examen préliminaire de la situation au Honduras, État partie à la CPI depuis le 1er juillet 2002, avait commencé le 18 novembre 2010, mais jusqu'en fin 2012, elle n'avait pas encore donné lieu à l'ouverture d'une procédure[594].

---

589 Cette opération a entrainé la mort de 80.000 à 100.000 personnes en cinq mois, selon l'ONU.

590 ONU, Rapport de la Commission d'enquête de l'ONU sur le Sri Lanka, 26 avril 2011.

591 Selon la CPI, citant Le Haut-Commissariat des Nations unies aux droits de l'Homme, entre 2004 et 2008, l'Armée colombienne a tué environ 3.000 civils en les faisant passer pour des guérilleros (CPI, Le Bureau du Procureur, Situation en Colombie, Rapport Intérimaire, Novembre 2012, p. 36).

592 CPI, Bureau du Procureur, Situation en Colombie, Rapport intérimaire, Novembre 2012.

593 Il s'agissait principalement de la FIDH, de l'Association Pour les Droits de l'Homme d'Espagne (APDHE) et du Comité pour la défense des droits de l'Homme au Honduras (CODEH).

594 En novembre 2015, le Procureur de la CPI a finalement précisé « qu'il n'est raisonnablement pas justifié d'ouvrir une enquête et a décidé de conclure cet examen préliminaire » (CPI, Le Bureau du Procureur, Rapport sur les activités menées en 2015 en matière d'examen préliminaire, 12 novembre 2015, p. 71).

En Chine, en 2008, les autorités avaient procédé à une violente répression au Tibet, constitutive de génocide[595]. Malgré la production de trois rapports de la commission internationale des juristes ainsi que ceux des organisations internationales de défense des droits de l'Homme, aucune procédure judiciaire n'a été initiée par le Conseil de sécurité de l'ONU ou par la CPI.

En Irak, les forces armées américaines et britanniques avaient été soupçonnées d'avoir commis, lors de leur intervention et occupation de mars 2003 à juillet 2009, des crimes de guerre et des crimes contre l'humanité. Le Procureur de la CPI avait, suite aux plaintes de l'*European Center for Constitutionnal and Human Rights* (ÉCHO), de *Public Interest Lawyers* (PIL), de deux organisations d'avocats et de défenseurs des droits de l'Homme, effectué un examen préliminaire en ce qui concerne les soldats britanniques, mais le dossier avait été clos en 2006[596].

Dans le cas de l'Afghanistan qui a adhéré à la CPI le 1er mai 2003, des crimes de guerre et des crimes contre l'humanité avaient été commis après l'invasion de l'Armée américaine et de ses alliés de l'OTAN. D'autres avaient été perpétrés par la CIA sur des prisonniers de guerre[597] dans des centres de détention secrète à Guantánamo, en Roumanie, en Pologne, en Lituanie et ailleurs et certains des États concernés sont parties au Statut de Rome. Plusieurs rapports de l'ONU, du Sénat américain et d'ONG ont relaté ces crimes, avec des preuves à l'appui[598]. Mais malgré tout et bien que la CPI n'ait

---

[595] La justice espagnole, qui avait mis en œuvre la compétence universelle le 05 octobre 2005, avait qualifié cette répression de génocide ayant entrainé plus d'un million de victimes.

[596] Le 09 février 2006, le Procureur Luis Moreno OCAMPO avait admis avoir reçu 240 communications, mais il avait curieusement conclu qu'il n'y avait que quatre à douze homicides volontaires et moins de vingt victimes de traitements inhumains et que le seuil de gravité nécessaire n'était pas atteint pour ouvrir une enquête.

[597] Les États-Unis contestent la qualité de prisonniers de guerre aux combattants capturés en Afghanistan. Dans le « *USA Patriot Act* » de 2001, ces prisonniers sont désignés comme « combattant illégal », « combattant ennemi » ou encore « combattant ennemi illégal » (*unlawful combatant*), ce qui fait croire aux américains que lesdits combattants ne se verront pas appliquer la Convention de Genève relative aux prisonniers de guerre. Mais cela contredit le droit international, en particulier l'article 5 de la Troisième Convention de Genève, qui indique qu'en cas de doute, c'est à un tribunal qu'il revient de déterminer si un individu présente ou non les caractéristiques constitutives d'un « prisonnier de guerre », et que ledit individu doit être protégé jusqu'au prononcé du jugement.

[598] Un rapport du Secrétaire général de l'ONU de 2008 a indiqué que durant les huit premiers mois de l'année 2008, il y avait eu 1.445 civils tués, soit une hausse de 39 % par rapport à l'année précédente qui avait enregistré 1.040 tués à la même période (UN, General Assembly, Security Council, Sixty-third session, Report of the Secretary-General, The situation in Afghanistan and its implications for international peace and security, A/63/372–S/2008/617, 23 September 2008, p. 12). Dans un rapport de 2011, l'ONU a indiqué que l'année 2010 a été la plus meurtrière pour les civils afghans avec 2.777 tués, soit 15 % de plus que l'année précédente (ONU, Assemblée générale, Conseil de sécurité, Soixante-cinquième session, Rapport du Secrétaire général, La situation en Afghanistan et ses conséquences pour la paix et la sécurité internationales, A/65/783–S/2011/120, 9 mars 2011, p. 8). Un rapport de 2012 de Human Rights Watch, intitulé « Livrés à l'ennemi », a étalé les actes de torture commis sur des détenus

relevé aucune poursuite nationale sérieuse, il n'y avait eu qu'un examen préliminaire dont les résultats avaient été rendus publics en 2007. Jusqu'en fin 2012, aucune procédure n'avait encore été entamée au niveau de cette juridiction internationale.

En Syrie, un an après l'éclatement de la guerre civile de 2011 et la constatation de massacres quasi quotidiens constitutifs de crimes de guerre et de crimes contre l'humanité, vingt-deux États membres de l'ONU[599], dont deux membres du Conseil de sécurité, ainsi que le Haut-Commissaire aux droits de l'Homme de l'ONU avaient, suite à un rapport de la Commission d'enquête internationale de l'ONU, invité le Conseil de sécurité à déférer la situation à la CPI. Cependant, il n'y avait pas eu de suite[600].

Cette revue non exhaustive de la situation qui régnait dans d'autres pays situés dans d'autres régions du monde confortait le sentiment de l'Union africaine selon lequel il y avait une justice internationale à double vitesse. C'est pour cette raison d'ailleurs que Robert MUGABE, Président du Zimbabwe, avait déclaré à l'Assemblée générale de l'ONU de septembre 2011, qu'ils étaient « vraiment préoccupés en Afrique par le fait que la Cour pénale internationale semble exister seulement pour de prétendus coupables du monde en développement, en majorité des Africains (et qu'on) ferme les yeux sur les crimes internationaux commis par les dirigeants des puissances occidentales, comme Bush et Blair »[601].

---

en Afghanistan (violents coups, privation de sommeil, postures douloureuses, confinement dans de petites boîtes, nudité forcée, privation de nourriture et d'eau, simulation de suffocation avec de l'eau et exposition à des températures extrêmement froides, ...). Ce rapport a été corroboré par celui de 2014 de la Commission du renseignement du Sénat américain (US Senate Select Committee on Intelligence, Committee Study of the Central Intelligence Agency's Detention and Interrogation Program together with Foreword by Chairman Feinstein and Additional and Minority Views, December 9, 2014. Disponible sur https://www.intelligence.senate.gov/sites/default/files/documents/CRPT-113srpt288.pdf). Les rapports d'autres ONG ont porté sur de nombreuses bavures dont le bombardement d'Azizabad (province de Herat) du 22 août 2008 durant lequel environ 90 civils ont été tués, le bombardement de Baba Buluk du 04 mai 2009 qui a fait 90 morts civils dont 60 enfants selon les Nations unies, le bombardement de Kunduz du 04 septembre 2009 ayant fait 142 morts dont plus de 100 civils ... etc. (Disponible sur https://www.mondialisation.ca/la-guerre-aux-enfants-en-afghanistan-au-nom-de-la-democratie-aeroportee/5331369).

599 Il s'agissait de la Suisse, des Maldives, de l'Autriche, du Botswana, de la Bulgarie, de la République tchèque, du Costa Rica, de la Croatie, du Danemark, de la France, du Honduras, de l'Irlande, de l'Islande, du Liechtenstein, du Nigéria, de la Norvège, de la Pologne, du Pérou, de la Corée du Sud, de la Moldavie, de la Slovaquie et de la Slovénie. D'autres pays les avaient ensuite rejoints dans les mois qui suivirent.

600 Au sein de la Ligue des États arabes, seuls la Tunisie et le nouveau gouvernement libyen avaient explicitement soutenu cette initiative. Cela était d'autant plus compréhensible que seulement quatre membres de la Ligue des États arabes ont ratifié le Statut de Rome, à savoir la Jordanie, la Tunisie, les Comores et Djibouti.

601 Les dirigeants africains pouvaient compter sur la solidarité de leurs homologues de certains États de la Ligue arabe et d'Amérique latine, comme Hugo CHAVEZ, Président du Venezuela (Voir https://www.nouvelobs.com/monde/20090331.OBS1374/darfour-la-ligue-arabe-

L'impression grandissante d'une justice internationale sélective ne pouvait manquer d'avoir des conséquences. En effet, elle comportait le risque évident de rupture entre la CPI et les États africains.

B. Un divorce à l'horizon

Les divergences entre l'Union africaine et la CPI étaient montées d'un cran lorsque cette dernière avait semblé ignorer les critiques nées de l'impression d'une justice discriminatoire habitant les dirigeants africains.

L'inculpation et le mandat d'arrêt émis le 4 mars 2009 à l'encontre du Président soudanais Omar AL BASHIR semblait être la goutte d'eau qui fait déborder le vase. D'aucuns en Afrique percevaient le cheminement de cette affaire comme un néocolonialisme. En effet, lorsque, par sa Résolution 1547 du 11 juin 2004, le Conseil de sécurité de l'ONU priait « le Secrétaire général de le tenir informé de l'évolution de la situation au Soudan (...) et de lui présenter un rapport »[602], l'institution panafricaine était encore loin de se douter que cet organe onusien allait s'immiscer davantage dans cette question africaine. Moins de deux mois plus tard, ce même organe adoptait la Résolution 1556 du 30 juillet 2004 par laquelle il se déclarait « résolu à faire tout ce qui est en son pouvoir pour prévenir une catastrophe humanitaire, y compris en prenant d'autres mesures, s'il y a lieu » et décidait « de rester saisi de la question »[603]. Dans la même lancée, le Conseil de sécurité avait adopté la Résolution 1564 du 18 septembre 2004 par laquelle il priait « le Secrétaire général de créer rapidement une commission internationale d'enquête pour enquêter immédiatement sur les informations faisant état de violations du droit international humanitaire et des instruments internationaux relatifs aux droits de l'homme par toutes les parties dans le Darfour, pour déterminer également si des actes de génocide ont eu lieu et pour identifier les auteurs de ces violations afin de s'assurer que les responsables aient à répondre de leurs actes ». Il avait aussi prévenu « qu'il (envisageait) de prendre des mesures supplémentaires, telles que celles prévues à l'Article 41 de la Charte des Nations unies, à l'encontre notamment du secteur pétrolier, du Gouvernement soudanais ou de certains de ses membres... »[604]. Dès qu'il avait pris note du rapport de cette commission internationale, le Conseil de sécurité avait décidé,

---

soutient-omar-el-bechir.html). Le 15 octobre 2013, Paul KAGAME, Président du Rwanda avait déclaré que la CPI représente « une justice sélective aux mains des nations puissantes ». (Disponible sur http://www.rfi.fr/afrique/20131016-rwanda-nouvelle-charge-president-kagame-contre-cpi).

[602] Conseil de sécurité des Nations unies, Résolution 1547 (2004) du 11 juin 2004 sur la situation au Soudan.

[603] Conseil de sécurité des Nations unies, Résolution 1556 (2004) du 30 juillet 2004 sur la situation au Soudan.

[604] Conseil de sécurité des Nations unies, Résolution 1564 (2004) du 18 septembre 2004, adoptée au titre du Chapitre VII de la Charte des Nations Unies.

à travers sa Résolution 1593 du 31 mars 2005, de déférer au Procureur de la CPI « la situation au Darfour depuis le 1er juillet 2002 » conformément aux recommandations dudit rapport[605].

Le Conseil de sécurité avait imposé au Soudan de « coopérer pleinement » avec la CPI, mais certains de ses membres, comme les États-Unis, avaient pris le soin de préciser dans le document adopté qu'aucune obligation ne pesait sur les États non parties au Statut de Rome. Ils avaient surtout exclu du champ de la saisine les ressortissants des pays concernés en affirmant qu'ils relevaient de « la compétence exclusive » desdits États[606]. Cette démarche singulière avait tôt nourri des sentiments de discrimination.

En effet, l'Algérie, membre du Conseil de sécurité à cette époque, avait, à travers son Représentant, Abdallah BAALI, « estimé que l'Union africaine (était) la mieux placée pour prendre en charge cette entreprise sensible et délicate. L'Union africaine (pouvait) satisfaire à l'impératif de paix sans sacrifier l'exigence de justice ». Elle a surtout regretté que le Conseil de sécurité n'ait pas examiné la proposition du Président de l'Union africaine en ce sens et s'est désolée de ce que « ceux-là même qui défendent le principe d'une justice universelle aient confirmé que la politique des ''deux poids, deux mesures'' puisse trouver, de manière inattendue, un champ d'expression ».

Le Représentant du Soudan, El Fatih Mohamed Ahmed ERWA lui avait emboîté le pas en déclarant que le Conseil de sécurité avait démontré « que la justice ne peut s'exercer qu'avec ces exceptions, en épargnant les forts et punissant les faibles », d'autant plus que le Soudan n'était pas membre de la CPI à laquelle ils l'avaient déféré. Il avait dénoncé, devant ses pairs, « une justice à double vitesse (qui) prévoit des exceptions pour les grandes puissances qui agissent en violation du droit international et ne cessent d'imposer d'interminables sanctions à d'autres pays »[607].

Ces pertinentes remarques n'avaient pu empêcher l'affaire Al Bashir d'atterrir sur la table du Procureur de la CPI Luis Moreno OCAMPO, lequel avait, le 1er juin 2005, décidé d'ouvrir une enquête. Il avait ensuite requis des mandats d'arrêt contre Ahmad HARUN, Ali KUSHAYB et Omar AL BASHIR et la Chambre préliminaire I y avait fait droit le 27 avril 2007 contre les deux premiers nommés et le 4 mars 2009 contre le Président soudanais.

Les chefs d'État africains avaient d'abord réagi par des déclarations percutantes mais dispersées, avant de profiter du Sommet de Syrte de juillet 2009 pour décider ensemble de ne pas coopérer avec la CPI, ni pour l'arrestation ni pour le transfert du Président Al Bashir. Ils n'avaient pas aussi

---

605 Conseil de sécurité des Nations unies, Résolution 1593 (2005) du 31 mars 2005, adoptée par le à la 5158e séance.

606 Organisation des Nations unies, Assemblée générale, Conseil de sécurité, Résolution 1593 (2005), S/RES/1593 (2005), 31 mars 2005, p. 2.

607 Voir https://www.un.org/press/fr/2005/CS8351.doc.htm

manqué de fustiger « le comportement du Procureur de la CPI »[608] et avaient dénoncé, lors du Sommet de juillet 2010 de Kampala en Ouganda, ses « déclarations grossières et condescendantes »[609] dans les affaires concernant des Africains. En fait, lors des sept sommets successifs de juillet 2009 à juillet 2012, les chefs d'État avaient exprimé leur indignation face à « la politisation et l'utilisation abusive des inculpations des dirigeants africains par la CPI »[610]. Ils avaient ainsi fini par surseoir à l'examen de la demande de cette juridiction d'ouvrir un bureau de liaison à leur siège à Addis-Abeba.

En se mettant vent debout contre la CPI, « une instance critiquée pour ne s'en prendre qu'à des représentants du continent »[611], les États africains, y compris les trente pays ayant ratifié le Statut de Rome, avaient mis en jeu leurs rapports avec cette juridiction internationale. Cette vaste fronde était un pas vers la rupture d'avec cette institution qu'ils avaient été les premiers à magnifier.

Il n'est pas inutile de rappeler que dans le même sillage, la Conférence des chefs d'État de l'Union africaine avait voulu accélérer le processus du jugement de Monsieur Hissein HABRE à travers des « contributions au budget du procès »[612] et un « soutien au Gouvernement de la République du Sénégal dans l'exécution du mandat de l'Union africaine »[613].

Face à l'organe panafricain, la CPI avait réagi, appuyée par de nombreuses ONG, l'Union européenne et les États-Unis. Ainsi, la Chambre préliminaire I avait rendu des décisions publiques, en application de l'article 87-7 du Statut de Rome, pour d'une part rappeler l'obligation conventionnelle des États parties d'arrêter et de remettre à la Cour les personnes qui font l'objet de mandats d'arrêt, dont le Président Al Bashir, et d'autre part que l'Union africaine ne saurait invoquer l'article 98-1 du Statut de Rome pour justifier son refus d'accéder aux demandes de coopération de la CPI. Lesdites décisions étaient clôturées par une saisine formelle du Conseil de sécurité de l'ONU et de l'Assemblée des États parties au Statut de Rome.

Cette posture de la CPI n'était pas du goût de l'Union africaine et celle-ci l'avait fait savoir lors de ses sessions de janvier et de juillet 2011 et également de janvier 2012, lorsqu'elle affirmait, d'un côté, qu'elle regrettait que la CPI réfère au Conseil de sécurité les refus du Tchad, du Kenya, du Malawi et de

---

608 Union africaine, Décision sur le rapport de la Commission sur la réunion des États africains parties au Statut de Rome de la Cour pénale internationale (CPI), Doc. Assembly/AU/13(XIII)

609 Union africaine, Décision sur la mise en œuvre de la Décision Assembly/ AU/ DEC.270 (XIV) relative à la deuxième réunion ministérielle sur le Statut de Rome de la Cour pénale internationale (CPI), Doc. Assembly/AU/10(XV).

610 Union africaine, Décision sur les relations de l'Afrique avec la Cour pénale internationale (CPI), Ext/Assembly/AU/Dec.1 (octobre 2013), par. 10(vI)

611 Le mot est de Jean-Marie FARDEAU, Directeur du bureau français de Human Rights Watch. Disponible sur http://www.rfi.fr/afrique/20150619-cpi-justice-internationale-afrique-du-sud-zuma-bensouda-el-bechir

612 Union africaine, Décision sur l'affaire Hissène HABRE, Op. cit.

613 Union africaine, Décision sur le cas Hissène HABRE, Doc. Assembly/AU/12 (XII).

Djibouti d'exécuter le mandat d'arrêt contre Al Bashir, et de l'autre, que l'accueil réservé à ce dernier par ces pays était une application de ses décisions de refus de coopérer.

Le second mandat d'arrêt de la CPI du 12 juillet 2010 contre le Président soudanais pour le chef de génocide, celui émis contre Muammar GADDAFFI, dans une procédure similaire à celle du Darfour, et les deux mandats d'arrêt et six citations à comparaître visant des dirigeants kenyans, dont Uhuru Muigai KENYATTA, Francis Kirimi MUTHAURA, William Samoei RUTO et Henry Kiprono KOSGEY, n'avaient nullement contribué à rapprocher l'Union africaine et la CPI.

Au contraire, les dirigeants africains, de plus en plus outrés par des poursuites visant directement des présidents et ministres en exercice, avaient envisagé un retrait collectif des États qui avaient déjà ratifié le Statut de Rome. Ceux qui n'étaient pas encore membres de la CPI étaient encouragés à ne pas la rejoindre. Une rupture se profilait à l'horizon[614] et les États africains comptaient concrétiser leur intention de mettre sur pied une juridiction africaine ayant une compétence pénale pour connaître des crimes internationaux imputables à des dirigeants africains. Cette volonté rejoignait la pensée de nombreux auteurs quant à la nécessité d'une approche régionale de la justice pénale internationale.

Section II : La mise en place d'un dispositif pénal africain

Le droit international pénal s'accommode, sans grande difficulté, de l'approche régionale de la justice internationale pénale défendue par beaucoup d'auteurs. Ce régionalisme du droit international est, sous l'impulsion de l'Union africaine, un phénomène singulier largement influencé par les idées panafricanistes.

L'africanisation du droit pénal international traduit la volonté des Africains de rompre avec des décennies de mainmise de l'Occident sur la résolution de leurs litiges, surtout en cas de commission de crimes internationaux dont ils ne cessent de rappeler qu'elle n'est pas leur apanage.

L'Union africaine qui ne cesse, dans chaque décision dénonçant les poursuites contre ses dirigeants entreprises ailleurs, de marquer son attachement à la lutte contre l'impunité, encourage aussi la mise en place d'un mécanisme pénal régional propre à l'Afrique. Ses efforts sur ce point sont concentrés sur deux axes : le premier est relatif à l'harmonisation des textes nationaux prévoyant la compétence universelle (**Paragraphe 1**) et le second

---

[614] Surprenantes n'avaient pas été les déclarations de certains États africains sur le retrait de la CPI ainsi que sur la proposition kenyane, faite au Sommet de l'Union africaine de janvier 2016, relative à un retrait collectif des pays africains de la CPI.

concerne l'octroi d'une compétence pénale à la Cour africaine de justice et des Droits de l'Homme (CAJDH) (**Paragraphe 2**).

L'union africaine a préféré l'harmonisation à l'unification et à l'uniformisation. Ces deux dernières visent une identité de contenu législatif ou réglementaire de second degré et ne laissent en principe aucune marge substantielle aux États concernés dans le domaine qu'elles entendent régir. À l'opposé, l'harmonisation se borne à un niveau d'identité ou d'unité de premier degré, ménageant ainsi une partie de la souveraineté des États africains et prenant en compte leur volonté de mener prudemment leur processus d'intégration juridique. Au demeurant, l'harmonisation contribue à un rapprochement et une coordination entre les textes nationaux ainsi qu'à une coopération entre les organes chargés de la mise en œuvre.

Paragraphe 1 : La régionalisation du droit pénal international

L'exercice de la compétence universelle par certaines juridictions des États occidentaux à l'égard de personnalités africaines et la focalisation de nombreuses poursuites de la CPI sur celles-ci ont déclenché un sentiment de révolte et de repli sur le vieux continent. L'Union africaine, porteuse de cette dynamique, s'est alors engagée dans un processus d' « africanisation du droit international pénal », pour reprendre le mot du Professeur Abdoulaye SOMA[615]. En effet, la plus haute institution africaine a fait de la régionalisation du droit pénal international un moyen d'intégration juridique. Ce panafricanisme dans le domaine du droit pénal international s'est alors traduit par la ferme résolution de créer des normes et des organes propres pour concurrencer, voire supplanter, les juridictions étrangères exerçant leur compétence sur le continent.

Ainsi, l'Union africaine a porté sur les fonts baptismaux un organe africain chargé de la codification du droit international (**A**) et a invité ses États membres à harmoniser leurs textes internes qui prévoient la compétence universelle (**B**).

A. La création d'un organe africain de codification du droit international

Le régionalisme en droit international, qui vise à promouvoir un ensemble de normes et d'organes propres à une partie de la communauté internationale, s'oppose à l'universalisme. Comme il tend à instaurer un droit international particulier ou régional, il n'emporte pas l'adhésion de certains auteurs qui le considèrent comme un risque de fragmentation et d'affaiblissement du droit international général[616]. Cependant, d'autres, comme George SCELLE,

---

615 Abdoulaye SOMA, Op. cit., p. 7.

616 Patrick DAILLIER, Mathias FORTEAU et Alain PELLET, Droit international public (Nguyen Quoc Dinh), 8e éd. Paris, LGDJ, 2009, pp. 86 et s.

estiment qu'il s'agit plutôt d'une « évolution naturelle » du droit international[617], lequel s'affranchit progressivement de l'européocentrisme, pour exprimer « le pluralisme, le particularisme et le relativisme immanents à la société internationale »[618].

Dans la droite ligne de ce régionalisme, sous son aspect pénal, l'Union africaine a amorcé une dynamique irréversible d' « africanisation du droit international pénal »[619]. Elle a ainsi créé la Commission de l'Union Africaine sur le Droit International (CUADI). En fait, c'est d'abord lors de sa session de juin-juillet 2004 que le Conseil exécutif de l'Union africaine avait retenu la proposition de créer une Commission africaine du droit international. Ensuite, lors de sa quatrième session ordinaire de janvier 2005 tenue au Nigeria, la Conférence de l'Union avait décidé d'adopter un projet de pacte de non-agression et de défense commune, dans lequel les États membres s'engageaient, à l'article 14 (a), à créer une telle commission. Enfin, les ministres de la Justice/ Procureurs généraux des États membres avaient, lors de leur réunion tenue du 3 au 4 avril 2008, élaboré un projet de statut pour ce nouvel organe décidé à faire son entrée dans l'ordonnancement institutionnel africain. Cette incursion avait toutefois été rendue possible par la Conférence des ministres puis par le Conseil exécutif qui s'étaient, lors de leurs sessions respectives de 2009, penchés sur ce projet de statut avant de l'adopter. Par la suite, la Conférence de l'Union s'était prêtée au même exercice lors de sa douzième session ordinaire du 4 février 2009, scellant ainsi le processus de création de la CUADI. En juillet 2009, sur recommandation du Conseil exécutif, la Conférence avait nommé les membres devant composer cette commission, lesquels sont censés être des experts en droit international. Les principes de la représentation géographique régionale équitable, de la représentation des différents systèmes juridiques du continent et de la parité avaient été pris en compte. En outre, ladite commission ne comptait pas plus d'un ressortissant par État membre.

L'idée de mettre sur pied ce type d'organe n'est pas une première en Afrique. L'Organisation de l'Unité Africaine (OUA) avait, lors de son sommet du 17 juillet 1964 tenu au Caire en Égypte, opté pour la création d'une commission de juristes sur les questions spécifiquement africaines, conformément à l'article 20 de la Charte de l'OUA. Cette idée avait finalement été abandonnée au sommet de 1965 qui avait eu lieu à Accra au Ghana, faute de moyens et d'accord sur la forme et le fond.

S'inspirant d'autres commissions de droit international[620], celle créée par l'Union africaine en est un organe à part entière, sur le fondement de l'article 5 de l'Acte constitutif de la plus haute institution panafricaine.

---

617 Georges SCELLE, Précis du droit des gens-Principes et systématique, Paris, Sirey, 1932, p. 271 et s.
618 Abdoulaye SOMA, Op. cit., p. 9.
619 Abdoulaye SOMA, Op. cit., p. 7.
620 Nous pensons notamment à la Commission interaméricaine de juristes qui est un organe de l'Organisation des États américains, créé en 1906, à la CDI qui est un organe subsidiaire de

Ses objectifs sont exposés à l'article 4 du Statut. Ainsi, la CUADI doit mener des travaux sur la codification et le développement du droit international en Afrique. Dans ce cadre, elle devra mettre l'accent sur les différents textes générés par l'Union africaine, à savoir les traités et les décisions des organes délibérants. Elle pourra aussi s'appuyer sur le droit coutumier international africain relevant de la pratique des États membres. La CUADI est aussi appelée à proposer des textes (projets d'accords-cadres, projets de règlement-type) et procéder à des études sur les tendances émergeant de la pratique des États membres, afin de faciliter la codification et le développement du droit international. L'article 4 a aussi prévu que la commission devra participer à la révision des traités existants et à l'élaboration de normes dans les domaines nouveaux où elle estimera nécessaire d'y procéder. Ses travaux porteront également sur des questions juridiques qui intéressent l'Union africaine, sans compter la promotion de l'enseignement, de la recherche scientifique, de la production et de la diffusion d'ouvrages sur le droit international dans le contexte africain. Dans ce cadre, le Statut a mis l'accent sur le règlement pacifique des conflits, la paix et la sécurité, la démarcation et la délimitation des frontières ainsi que l'intégration politique et socio-économique en Afrique. Ces sujets ont une résonance particulière sur le continent et cela permettra d'éviter les conflits qui sont à l'origine des crimes internationaux qui interpellent l'Union africaine.

En confiant ces missions à la CUADI, l'Union africaine n'a pas manqué d'élaborer la méthodologie par laquelle celle-ci pourra les mener à bien.

Ainsi, dans le cadre du développement progressif du droit international, l'article 5 du Statut précise que lorsque la CUADI est saisie en ce sens par un organe de l'Union africaine, elle devra successivement désigner un rapporteur, distribuer un questionnaire à renseigner aux États membres et consulter des institutions et experts compétents en la matière. Ce préalable lui permettra d'élaborer un avant-projet de texte qu'elle soumettra au Président de la Commission pour sa publication. Les États membres, les organes ou institutions de l'Union seront ensuite invités à faire des observations qui seront prises en compte dans l'avant-projet de texte final. C'est ce dernier document que la CUADI devra proposer à la Conférence de l'Union africaine, par le biais du Conseil exécutif, en vue de son adoption.

Si elle n'est pas à l'initiative des textes, la CUADI pourra néanmoins examiner les propositions et les avant-projets de conventions multilatérales soumis par les États membres et les organes de l'Union africaine.

En ce qui concerne la codification d'un secteur particulier du droit international, l'article 6 du Statut indique que la CUADI devra solliciter, au niveau des États membres, la transmission des textes de lois, règlements, décrets, décisions judiciaires, traités, correspondances diplomatiques et tous

---

l'Assemblée générale des Nations unies, créé en 1947 et à la CNUDCI, créée en 1966 et spécialisée en droit commercial international.

autres documents afférents au sujet, afin d'en faire une étude exhaustive. L'avant-projet de texte devra contenir une analyse approfondie des traités, de la jurisprudence et de la doctrine, ainsi que les points d'accord et de désaccord avec les arguments pertinents à l'appui. Ce document sera ensuite publié à la diligence du Président de la Commission. Les observations des États membres serviront ensuite à élaborer le texte final qui sera soumis, avec des recommandations, à la Conférence, par le biais du Conseil exécutif.

D'une manière générale, la CUADI doit procéder à la codification dans les secteurs où une longue pratique étatique, une jurisprudence et une doctrine sont déjà assises en Afrique, dans le but d'en faire des règles de droit international.

Ces missions de la CUADI dénotent une volonté réelle de l'Union africaine de participer à la formation du droit international et de transcender l'impression que l'Afrique a toujours eue d'être étrangère à l'élaboration de cette matière. Aussi, depuis le début de ses activités en 2010, la CUADI s'est penchée sur divers sujets comme la ratification et la révision des traités par les États membres de l'Union africaine, l'application abusive de la compétence pénale universelle, l'immunité des fonctionnaires des États, le crime de changement anticonstitutionnel de gouvernement et la mise en place d'une Cour constitutionnelle internationale suggérée par l'Union africaine. Elle a produit, sur ces questions, des rapports soumis à l'Union africaine. Elle a aussi eu à donner des avis, comme celui sur les implications juridiques des actions militaires et nouvelles mesures relatives aux résolutions 1970 et 1973 du Conseil de sécurité de l'ONU sur la Libye, à la demande du Conseil de paix et sécurité de l'Union africaine. C'est ainsi que pour ce premier avis du 12 mai 2011, la CUADI avait recommandé un règlement pacifique du différend et avait préconisé une réflexion sur le rôle de la CPI comme mécanisme de sanction des atteintes au droit international, prouvant par la même occasion qu'elle mérite sa place dans le domaine du développement et de la codification du droit international.

La CUADI contribue ainsi efficacement à la régionalisation du droit international pénal. Néanmoins, l'Union africaine n'en a pas fait son seul cheval de bataille. L'organisation continentale mise aussi sur l'harmonisation des textes en matière de compétence universelle.

B. L'harmonisation des textes nationaux prévoyant la compétence universelle

Le processus d' « africanisation du droit international pénal », amorcé par l'Union africaine, passait aussi par l'harmonisation des textes internes des pays membres sur certains principes juridiques comme la compétence universelle. L'organe panafricain avait ainsi exhorté ses États parties à adopter ou renforcer leurs législations nationales relatives aux poursuites des crimes de droit international commis en Afrique par des Africains. Cette idée, émise dès la treizième session ordinaire de la Conférence des chefs d'État tenue à

Syrte en Libye du 1er au 3 juillet 2009, avait été concrétisée lors de la vingt et unième session ordinaire du Conseil exécutif de l'Union africaine qui avait eu lieu à son siège à Addis-Abeba du 09 au 13 juillet 2012. L'Union africaine prônait une harmonisation des législations internes des États membres.

Du latin « *harmonia* », l'harmonisation[621] est différente de l'uniformisation[622] et de l'unification[623], même si dans la pratique, les organisations internationales les utilisent indifféremment au moment de légiférer. L'harmonisation vise à rapprocher des systèmes juridiques et à anéantir les différences.

Pour justifier une telle démarche, l'institution continentale pouvait se fonder sur son Acte constitutif du 11 juillet 2000. En effet, l'article 4 (h) a prévu « le droit de l'Union d'intervenir dans un État membre sur la décision de la Conférence, dans certaines circonstances graves, à savoir : les crimes de guerre, le génocide et les crimes contre l'humanité ». La formulation de cet article laisse croire que le consentement de l'État membre n'est pas requis et que la Conférence de l'Union peut prendre souverainement ce type de décision dans le domaine et selon les modalités qu'elle aura définis.

Ce droit d'intervention dans les affaires internes des pays membres est encadré par ce même texte qui prévoit des cas explicites et implicites dans le but de protéger les droits de l'Homme ou de restaurer la paix et la sécurité. Parmi les cas expressément prévus nécessitant l'intervention de l'organe continental, il y a lesdites « circonstances graves » renvoyant, entre autres, à la commission des crimes internationaux. L'hypothèse d'une intervention préventive n'est pas exclue pour éviter d'éventuelles violations du droit international pénal, notamment par l'effet dissuasif de textes d'incrimination et de sanctions, mais aussi par l'existence de structures chargées de les appliquer.

Cette base textuelle et l'interprétation large qui peut en être donnée avaient permis à l'Union africaine de prendre une décision recommandant à ses États membres d'adopter une loi-type en matière de compétence universelle. Cette volonté, esquissée à la session de juillet 2009, avait été concrétisée à celle de juillet 2012 qui avait eu lieu à Addis-Abeba en Éthiopie, suite à l'élaboration du projet en mai 2012 par les ministres de la Justice et Procureurs généraux de l'organisation panafricaine. Le Conseil exécutif avait invité les États membres à tirer pleinement profit de cette loi-type qui, en plus de prévoir les crimes de droit international et des crimes transfrontaliers, avait aussi régi les

---

621 L'harmonisation désigne « un simple rapprochement entre deux ou plusieurs systèmes juridiques » afin d'en réduire ou d'en supprimer certaines contradictions (Gérard CORNU, Vocabulaire juridique, 8e éd., Quadrige, Paris, PUF, 2007, p. 423).

622 L'uniformisation est l'élaboration d'un cadre normatif (unité de second degré) contenu dans un instrument unique qui lie les États parties, lesquels ne font qu'adhérer autant sur le fond que sur la forme.

623 L'unification consiste à élaborer une réglementation identique dans un domaine pour tous les États parties qui ont toutefois le choix de la modalité de sa mise en œuvre.

règles de compétence et de procédure, ainsi que les questions de responsabilité individuelle, d'immunité, d'entraide judiciaire et d'extradition.

Pour montrer son attachement aux droits de l'Homme et à la lutte contre l'impunité, l'Union africaine a insisté sur le fait que la commission de crimes internationaux devait faire l'objet de poursuites effectives, à travers un dispositif juridique national approprié.

Ainsi, la compétence universelle large a été retenue, puisque les juridictions nationales pourront connaître des infractions prévues quels que soient le lieu de commission ou la nationalité des victimes, pourvu que l'auteur présumé soit présent sur le territoire de l'État poursuivant. La loi-type prévoit toutefois que la priorité sera accordée aux juridictions de l'État sur le territoire duquel le crime aura été commis, si ce dernier aura la volonté et la capacité de mener des poursuites et d'organiser un procès.

Comme pour la CPI, le Procureur pourra déclencher des poursuites dès lors que les éléments en sa possession lui apparaîtront être une « base raisonnable » pour considérer que l'un des crimes susmentionnés a été consommé ou tenté. Les poursuites devront néanmoins tenir compte des droits de la défense et de l'immunité juridictionnelle, ainsi que du principe « *aut judicare aut dedere* ».

L'analyse de cette loi-type nous amène à reconnaître qu'elle constitue une avancée majeure, même si elle n'a pas écarté l'immunité que pourront invoquer des auteurs de crime poursuivis. Cette question avait été, entre autres, au cœur des différends entre l'Union africaine d'un côté, et la CPI et les juridictions internes occidentales ayant exercé la compétence universelle, de l'autre. D'aucuns considèrent que cette partie du texte ne permet pas de combattre efficacement l'impunité et ne permet donc pas aux Africains d'instaurer une compétence concurrente aux juridictions sus-évoquées de sorte que ces dernières n'aient pas de fondement juridique pour agir. L'autre grief est que l'État territorial, qui est prioritaire, peut juste manifester sa volonté et sa capacité de poursuivre l'auteur d'un crime international, sans agir concrètement, ce qui peut retarder voire compromettre les poursuites à l'encontre de ce présumé auteur établi à l'étranger. Cet obstacle ne permet pas d'atteindre l'objectif de l'Union africaine de réprimer les crimes internationaux et d'éviter que des institutions extra-africaines s'y mêlent.

Malgré ces critiques, la loi-type de l'Union africaine sur la compétence universelle permet aux États membres d'avoir un texte qui rapproche leurs systèmes juridiques et d'éviter les contrariétés de législations. Cette harmonisation est « un moyen qui sert à établir les grandes lignes d'un cadre juridique (unité législative de premier degré) en laissant aux différentes parties prenantes à l'intégration le soin de compléter l'ossature commune par des dispositions qui correspondent mieux à leurs valeurs, à leurs préférences ou à leur niveau de développement »[624]. La réussite d'une telle démarche dans le domaine pénal est une prouesse car cette matière est, par excellence, le lieu de l'expression de la souveraineté étatique.

Comme toute harmonisation, il reviendra donc aux États de recourir à leurs législations internes pour compléter cette loi-type, comme la fixation du quantum des peines applicables. Différente de l'unification et de l'uniformisation qui prônent une identité de contenu législatif ou réglementaire de second degré, cette harmonisation laisse ainsi survivre certaines spécificités nationales au risque de causer quelques divergences normatives entre États membres. Cependant, ce qui semble ici être une faiblesse constitue un atout majeur car elle permet aux États parties de parvenir plus aisément à un accord. L'autre avantage est qu'elle laisse le soin auxdits pays de choisir le support et la procédure d'adoption, contrairement à l'uniformisation par exemple qui implique un fond législatif ou réglementaire commun et une forme unique.

En choisissant cette voie pour la mise en œuvre de la compétence universelle au sein des États parties, l'Union africaine facilite un alignement continental sur les lignes essentielles de la mise en œuvre de ce principe de droit international, à savoir une base commune et des moyens d'action similaires. La pertinence d'une telle démarche réside dans le rapprochement entre des systèmes juridiques internes d'origine et d'inspiration différentes (notamment à cause du passé colonial) pour les rendre compatibles à travers la réduction des différences et la suppression des contradictions et ce, pour atteindre facilement les objectifs communautaires.

La mise en place d'un dispositif pénal africain, vœu cher à l'Union africaine, ne passe pas seulement par l'institution d'un organe de codification et l'harmonisation des textes. Elle passe également par l'attribution d'une compétence pénale à son plus important organe judiciaire.

Paragraphe 2 : L'attribution d'une compétence pénale à la CAJDH

La fusion de la Cour africaine des droits de l'Homme et des peuples (CADHP)[625] et de la Cour de justice de l'Union africaine (CJUA)[626] en une seule cour dénommée « Cour africaine de justice et des droits de l'homme » (CAJDH), avait été une décision remarquable prise à la troisième session ordinaire de la Conférence de l'Union africaine de juillet 2004. Quatre années plus tard à Sharm-El-Sheikh en Égypte, lors de la onzième session, les États

---

[624] Innocent FETZE KAMDEM, « Harmonisation, unification et uniformisation. Plaidoyer pour un discours affiné sur les moyens d'intégration juridique », in *Revue juridique Thémis*, n° 43, 2009, p. 617.

[625] La CADHP a été créée en 1998 par le Protocole de Ouagadougou et est entrée en vigueur le 25 janvier 2004.

[626] Le Statut de la CJUA a été adopté par le Protocole de Maputo de 2003 et est entré en vigueur en 2008.

africains avaient adopté le Protocole relatif aux statuts de ladite cour avant d'exhorter les États membres à le signer et le ratifier pour que celui-ci puisse rapidement entrer en vigueur et devenir opérationnelle.

Toutefois, sans attendre l'effectivité de ce protocole, qui avait institué une section des affaires générales (en lieu et place de la CJUA), chargée du règlement des affaires interétatiques et du contentieux administratif de l'Union africaine, et une section des droits de l'Homme et des peuples (en lieu et place de la CADHP), l'Union africaine avait décidé de reconsidérer les pouvoirs judiciaires de cette Cour en lui conférant une compétence pénale.

Ce processus de mise en place d'une Cour dotée d'une compétence pénale s'est révélé être complexe (**A**). Malgré tout, la création d'une Section de droit pénal international apparaît comme une alternative crédible à la CPI (**B**).

A. Un processus complexe de mise en place d'une Cour dotée d'une compétence pénale

L'idée de créer une juridiction panafricaine, chargée de juger des crimes de droit international, taraude l'esprit des dirigeants africains depuis des décennies. En effet, lors de l'élaboration du projet de la Charte africaine des droits de l'Homme et des peuples à la fin des années soixante-dix, la mise en place d'une Cour africaine des droits de l'Homme paraissait une idée intéressante pour les États membres. Durant l'élaboration de ladite charte au début des années quatre-vingt, la Guinée avait suggéré l'institution d'une telle cour pour connaître des violations des droits humains ainsi que des crimes de droit international[627]. Toutefois, en lieu et place d'un projet si ambitieux, une Commission africaine des droits de l'Homme et des peuples avait été instituée. Pour compléter et renforcer cette commission et assurer une protection efficace des droits de l'Homme et des libertés sur le continent, la CADHP avait finalement été créée. Il y avait d'abord eu, en septembre 1995 au Cap en Afrique du Sud, un projet de Protocole élaboré par des experts sous l'égide du Secrétariat de l'OUA, en collaboration avec la Commission africaine et la Commission internationale des juristes, document adopté en décembre 1997 par la Conférence des ministres de la Justice/ Procureurs généraux de l'OUA. Il y avait ensuite eu l'adoption du Protocole à la Charte africaine portant création de la Cour par la Conférence des chefs d'État et de gouvernement de l'OUA, réunie à Ouagadougou au Burkina Faso le 10 juin 1998, texte entré en vigueur le 25 janvier 2004.

À la Conférence de l'Union africaine de juillet 2004, suite à l'ajournement de l'élection des juges de cette juridiction régionale à cause du faible nombre de candidats nommés, l'idée d'ériger une Cour pénale africaine avait ressurgi. En effet, le président nigérian Olusegun OBASANJO, Président de la

[627] Réunion des ministres, 7-19 janvier 1981 citée par Fatsah OUGUERGOUZ, La Charte Africaine des Droits de l'Homme et des Peuples, Paris, PUF, 1993, p. 72.

Conférence, avait, dans son intervention, proposé la fusion de la Cour africaine de justice et de la Cour africaine des droits de l'Homme en une seule entité divisée en plusieurs sections dont une chargée des « questions pénales transfrontalières »[628]. Cette proposition tombait à une période où l'Union africaine avait, l'année précédente, adopté le Protocole de la Cour de justice de l'Union africaine qui avait déterminé les modalités pour l'opérationnalisation de la Cour africaine de justice en tant qu'« organe principal de l'Union », ce qui avait été suivi, en janvier 2004, de l'entrée en vigueur du Protocole de la Charte africaine pour l'établissement d'une Cour africaine des droits de l'Homme et des peuples. La proposition de fusion avait été retenue par la Conférence, contrairement à la position du Conseil exécutif de l'Union africaine qui préférait que la CADHP reste une institution distincte et séparée de la CJUA.

À cause de l'affaire Habré, un pas avait été marqué dans la réflexion sur la mise sur pied d'une Cour pénale africaine ou l'attribution d'une compétence pénale à la Cour africaine de justice. En effet, le comité d'éminents juristes africains, mis sur pied en janvier 2006 pour dégager les options possibles pour l'organisation du procès de l'ancien Chef d'État tchadien, avait, dans ses conclusions, penché pour l'octroi d'une compétence pénale à ladite cour « pour faire du respect des droits de l'homme aux niveaux national, régional et continental un principe pour la gouvernance en Afrique ». Persuadés que le Statut de Rome n'était pas réticent à une telle démarche, ces éminents juristes avaient proposé un champ de compétence *ratione materiae* pour « cette nouvelle juridiction », à savoir qu'elle pourrait connaître « des crimes de génocide, des crimes de guerre, des crimes contre l'humanité et des violations de la Convention contre la torture »[629].

La Charte africaine sur la démocratie, les élections et la bonne gouvernance, adoptée en janvier 2007 par la Conférence de l'Union africaine, avait aussi insinué la future mise en place d'une Cour pénale africaine pour juger notamment les auteurs de changement anticonstitutionnel de gouvernement.

Lors des douzième et treizième conférences des chefs d'État et de gouvernement de février et juillet 2009, l'Union africaine avait confié à sa Commission la tâche de se pencher sur cette piste qui semblait ouvrir des perspectives intéressantes. En effet, à la session d'Addis-Abeba qui avait eu lieu du 1er au 3 février 2009, elle avait tenu à ce qu'elle examine les conséquences de la compétence matérielle de la future cour. À la session de Syrte qui avait eu lieu du 1er au 3 juillet 2009, elle avait explicité cette mission

---

[628] Rapport sur la décision de la Conférence de l'Union africaine de fusionner la Cour africaine des droits de l'homme et des peuples avec la Cour de justice de l'Union africaine, Conseil exécutif, Sixième session ordinaire, 24-28 janvier 2005, Abuja, Nigeria, EX.CL/162, pp. 1-2.
[629] Rapport du Comité d'éminents juristes africains sur l'affaire Hissène Habré, par. 35 et 39. Disponible sur https://www.hrw.org/legacy/french/themes/CEJA_Report0506fr.pdf.

qui consistait donc à étudier « les implications de l'octroi à la Cour de la compétence à juger de cas de crimes graves de préoccupation internationale tels que le génocide, les crimes contre l'humanité et les crimes de guerre, qui seraient complémentaires des juridictions et processus nationaux de lutte contre l'impunité »[630]. Cette précision n'était pas anodine puisque durant la même session, les chefs d'État s'étaient penchés, entre autres, sur la question de l'utilisation abusive du principe de compétence universelle, sur le rapport de la réunion des États africains parties au Statut de Rome de la CPI et sur le cas Hissein HABRE, et avaient pris des décisions fortes, comme le refus de coopérer avec la CPI. Ainsi, bien qu'elle envisageât la possibilité d'octroyer une compétence pénale continentale à la CAJDH, l'organe panafricain entendait malgré tout promouvoir la compétence universelle des juridictions internes des États parties qui a l'avantage de préserver la souveraineté nationale. En vertu du principe de la complémentarité, la juridiction continentale ne devrait alors intervenir qu'en cas de carence des tribunaux nationaux qui ne pourraient pas ou ne voudraient pas mettre en œuvre ladite compétence.

Durant la même année 2009, le groupe d'experts techniques *ad hoc* sur le principe de la compétence universelle n'avait pas manqué d'aborder cette préoccupation des Africains de doter la Cour panafricaine d'une compétence pénale. Cette nécessité figurait ainsi en bonne place dans ses recommandations adressées à l'Union africaine.

Chemin faisant, l'attribution d'une compétence pénale à la Cour de justice, préférée à une Cour pénale africaine, emportait l'adhésion des chefs d'État du continent. Elle rendrait efficiente cette dynamique de faire juger les Africains par les Africains, sous l'égide de l'institution panafricaine, laquelle avait dès lors chargé ses ministres de la Justice et/ ou Procureurs généraux de se pencher sur la question. Ainsi, ces autorités judiciaires des États membres de l'Union africaine s'étaient réunies à Addis-Abeba en mai 2012 et avaient inscrit, à l'ordre du jour, plusieurs points dont l'élaboration du « Projet de Protocole sur les amendements au protocole relatif au statut de la Cour africaine de justice et des droits de l'Homme ». Elles avaient, comme principal dessein, de proposer des amendements importants qui, une fois adoptés par l'institution continentale, allaient permettre à la Haute Cour africaine d'atteindre ses objectifs. C'est ainsi qu'elles avaient pu élaborer un texte ambitieux pour faire de l'organe judiciaire principal de l'Union africaine une juridiction conforme aux normes les plus élevées en matière de juridiction internationale.

Le projet de protocole prévoyait une cour composée de trois sections que sont la Section des affaires générales, la Section des droits de l'Homme et des peuples et la Section du droit international pénal. En plus des crimes

---

630 Union africaine, Décision sur le rapport de la réunion des États africains parties au Statut de Rome de la Cour pénale internationale (CPI). Doc. Assembly/AU/13(XIII) ; Assembly/Dec. 213 (XII), Treizième session, 03 juillet 2009, par. 5.

internationaux classiques que sont le génocide, les crimes contre l'humanité, les crimes de guerre et le crime d'agression, la compétence pénale de cette juridiction devrait être étendue à d'autres crimes transnationaux comme la piraterie, le terrorisme, le mercenariat, le blanchiment d'argent, la corruption, la traite des personnes, le trafic illicite de stupéfiants, le trafic illicite de déchets dangereux et des crimes spécifiques comme l'exploitation illicite des ressources naturelles et le changement anticonstitutionnel de gouvernement.

Cet ambitieux projet de protocole avait été soumis à la Conférence de l'Union africaine qui devait procéder à son adoption lors de sa dix-neuvième session ordinaire tenue en juillet 2012. Toutefois, cet organe avait d'abord préféré demander à la Commission de l'Union africaine, en collaboration avec la CADHP, de préparer une étude sur les incidences financières et structurelles de l'élargissement de la compétence de la CAJDH et de proposer une définition du crime relatif au changement anticonstitutionnel de gouvernement[631]. La Commission s'y était attelée en décembre 2012 lors de sa réunion tenue à Arusha en Tanzanie. La question du soulèvement populaire pouvant être constitutif de crime relatif au changement anticonstitutionnel de gouvernement ayant constitué un point d'achoppement, il était convenu, en janvier 2013, que la Commission allait y réfléchir davantage, conjointement avec le Conseil de paix et de sécurité de l'Union africaine. Cette commission devait, en même temps, élaborer un nouveau rapport sur l'aspect structurel et financier. Les évènements s'étaient ensuite vite enchaînés. La première réunion ministérielle de l'Union africaine des Comités techniques spécialisés sur la justice et les affaires juridiques, tenue les 15 et 16 mai 2014 à Addis-Abeba en Éthiopie, avait été l'occasion d'examiner le projet de Protocole de 2012 et il était retenu, entre autres, de supprimer le point relatif au soulèvement populaire pour le crime de changement anticonstitutionnel de gouvernement et d'accorder l'immunité aux chefs d'État et de gouvernement ainsi qu'aux hauts fonctionnaires ; ce qui allait au-delà du projet de protocole.

Le processus de mise en place d'une CAJDH dotée d'une compétence pénale avait connu un aboutissement à la 23e session ordinaire de la Conférence de l'Union africaine tenue à Malabo en Guinée équatoriale en 2014, avec l'adoption du Protocole définitif. Ce « Protocole de Malabo » ne devrait cependant entrer en vigueur que 30 jours après le dépôt des instruments de ratification par quinze États membres.

L'institution de la Section de droit international pénal constitue une évolution majeure. Au-delà des attentes légitimes, elle se pose comme l'alternative tant recherchée à la CPI.

---

[631] Union africaine, Décision concernant le Protocole portant amendements au Protocole relatif au statut de la Cour africaine de justice et des droits humains. Doc. Assembly/AU/Dec.427(XIX), par. 2.

B. L'institution d'une Section de droit international pénal comme alternative à la CPI

L'institution de la Section de droit international pénal, qui sera effective en même temps que la CAJDH, trente jours après le dépôt du quinzième instrument de ratification, est appelée à constituer une alternative à la CPI tant décriée par les dirigeants africains. Cette solution n'allait probablement pas être préconisée s'il n'y avait pas eu les procédures de la CPI dirigées contre des hauts responsables africains et dans une moindre mesure, celles de juges européens visant aussi des officiels africains.

Le Protocole de Malabo, qui scelle l'existence de cette juridiction, confère à celle-ci, au niveau continental, les mêmes compétences que la CPI avec une extension à d'autres crimes. Le texte ne fait cependant aucune référence expresse à cette juridiction internationale universelle.

La CAJDH, qui compte donc se substituer à la CPI, prendra une place de Cour pénale régionale appelée à combattre l'impunité dans le continent touché par de nombreuses violations du droit international relatif aux droits humains et du droit international humanitaire. Les conflits armés, généralement internes, ou tout simplement les régimes oppressifs, ont causé plusieurs victimes et cette cour pourrait pallier la défaillance des systèmes judiciaires nationaux.

Le texte élaboré en 2012 et adopté en 2014, avec quelques modifications, a puisé dans les statuts, la pratique et la jurisprudence des juridictions internationales. Ainsi, certaines dispositions du Statut de Rome ainsi que les précisions jurisprudentielles de la CPI ont été reprises, voire étendues, comme la définition du génocide, des crimes contre l'humanité, des crimes de guerre et des crimes d'agression[632], ou encore les différents droits des accusés. Les statuts de la CIJ, du TPIR et du TSL ont aussi été une source d'inspiration.

En choisissant cette option, la CAJDH, organe judiciaire principal de l'Union africaine, entend fonctionner suivant les standards les plus élevés en matière de justice pénale internationale. La Section du droit international pénal devra, à côté de la Section des affaires générales et de celle des droits de l'Homme et des peuples, comporter trois chambres, à savoir une Chambre préliminaire où siège un juge, une Chambre de première instance avec trois juges et une Chambre d'appel avec cinq juges. Sa compétence matérielle large couvre tant les crimes internationaux classiques (génocide, crimes contre l'humanité, crimes de guerre et crimes d'agression) que les infractions

---

[632] Á titre illustratif, dans le Protocole de Malabo, la définition du génocide va plus loin que le Statut de Rome, car elle inclut les actes de « viols ou autres formes de violence sexuelle ». Pour les crimes contre l'humanité, le Protocole a ajouté le terme « entreprise » qui est un élément contextuel du crime contre l'humanité au même titre qu'une « attaque ». S'agissant des crimes de guerre, et spécifiquement dans le cadre d'un conflit armé international, le texte de Malabo en a énuméré six de plus que le Statut de Rome, et dans le cadre d'un conflit armé non international, le Statut de la CAJDH a listé vingt-deux actes.

internationales comme le crime de changement anticonstitutionnel de gouvernement, la piraterie, le terrorisme, le mercenariat, la corruption, le blanchiment d'argent, la traite des personnes, le trafic illicite de stupéfiants, le trafic illicite de déchets dangereux et l'exploitation illicite des ressources naturelles. Le texte a entendu donner un contenu à la plupart de ces quatorze infractions et a précisé d'une part, que la liste peut être allongée par la Conférence et que d'autre part, aucune d'elles ne pourrait souffrir de limitation. Toutefois, le principe de légalité criminelle est clairement exprimé de sorte que la Cour ne pourra connaître de faits antérieurs à l'entrée en vigueur de son statut ou de faits commis dans un État devenu membre postérieurement. Les autres types de compétence permettent néanmoins de limiter ses effets. Ainsi, la Cour pourra exercer sa compétence si les faits, même commis en dehors de sa compétence *ratione loci*, ont eu lieu à bord d'un navire ou d'un aéronef dont l'État du pavillon ou l'État d'immatriculation est un État membre, si le présumé auteur ou la victime est un ressortissant d'un État membre, si les actes incriminés menacent un intérêt vital d'un État membre et si un État, bien que n'étant pas partie au Statut, a fait une déclaration d'acceptation de la compétence de la Cour. Le principe de *non bis in idem* prévu est étendu aux décisions rendues par une autre cour pour des infractions visées au Statut, sous réserve d'un procès effectif et équitable conformément aux normes admises en droit international.

Dans le contexte africain, la plupart des infractions susvisées sont liées les unes aux autres dans une relation de cause à effet. Les conflits sont les causes incontestées de certains comportements criminels. Par exemple, la piraterie maritime et le trafic de migrants vers la péninsule arabique sont une résultante du conflit qui perdure en Somalie. De même, l'exploitation illégale des ressources naturelles en Angola, en Sierra Leone, au Liberia, en RDC et en Centrafrique a favorisé ou est à l'origine des violents conflits qui ont sévi dans ces zones.

Les poursuites de ces crimes seront à la charge du Bureau du Procureur qui sera composé du titulaire, élu par la Conférence pour un mandat non renouvelable de sept ans, et de deux adjoints, élus pour un mandat de quatre ans renouvelable une fois. Le texte octroie à cet organe séparé de la Cour des pouvoirs importants en matière de mise en mouvement et d'exercice de l'action publique. Le Procureur pourra ainsi ordonner d'office une enquête pour toutes les infractions visées dans le texte et saisir la Section de droit international pénal. Les États parties, la Conférence des chefs d'État et de gouvernement et le Conseil de paix et de sécurité de l'Union africaine pourront lui soumettre une affaire, mais il conservera le principe de l'opportunité des poursuites.

Le Procureur pourra recueillir des témoignages et informations complémentaires auprès des États, des organes de l'Union africaine ou des Nations unies, des organisations intergouvernementales ou non gouvernementales, ou auprès d'autres sources fiables ou appropriées. Dès qu'il estimera qu'il y a une base raisonnable pour procéder à une enquête, il soumettra une demande d'autorisation à cet effet à la Chambre préliminaire qui pourra, après examen de la requête et des documents à l'appui, y faire droit. En cas de refus de la Chambre préliminaire d'autoriser l'enquête, le Procureur pourra soumettre une nouvelle demande sur la base de faits nouveaux ou preuves supplémentaires.

La Cour pourra compter sur la coopération des États parties à toutes les étapes de la procédure. Les formes d'assistance auxquelles elle pourra prétendre, en vue de faciliter l'enquête, les poursuites, le jugement et l'exécution des arrêts, sont multiples, pourvu qu'elles ne soient pas interdites par la loi interne des États membres. En dehors de ces derniers, la Cour pourra conclure des accords de coopération et d'entraide judiciaire avec d'autres États, des organisations internationales ou des juridictions régionales et internationales.

Un Bureau de la défense, dirigé par un avocat expérimenté nommé par la Cour avec l'aide d'un personnel, sera aussi institué en tant qu'organe indépendant de la Cour, pour garantir principalement les droits des suspects et des accusés, mais aussi pour assister les avocats. Cette structure va compléter les dispositions visant à garantir un procès équitable aux accusés et constitue une consécration du principe de l'égalité des armes.

En dehors de l'organisation et de la compétence de la Cour en matière pénale, le Protocole a prévu les modes de responsabilité. Il a ratissé large pour inclure tous les modes de participation à la commission des infractions susceptibles d'être déférées devant cette juridiction. Les peines encourues seront l'emprisonnement, l'amende et la perte de biens de ressources acquis illégalement par leur restitution au légitime propriétaire (État ou particulier).

Le texte prévoit que la Cour tiendra compte des principes de complémentarité et de subsidiarité caractéristiques des juridictions internationales. Ces principes s'appliqueront vis-à-vis des juridictions nationales et communautaires, sous réserves pour ces dernières, d'une disposition expresse contenue dans leurs statuts. Ainsi, devraient être irrecevables les cas faisant l'objet d'enquête ou de poursuites dans un État compétent (à moins que ce dernier ne manifeste une réticence ou un retard injustifié pour traduire la personne concernée devant la justice ou est incapable de le faire), en cas de jugement définitif sur un fait ou contre une personne (sauf si les poursuites devant la juridiction nationale visaient en réalité à protéger l'accusé contre sa responsabilité pénale internationale ou sauf si le procès ne remplissait pas les conditions d'indépendance et d'impartialité), ou lorsque des faits répréhensibles ne sont pas suffisamment graves pour justifier d'autres actions par la Cour.

Le projet de Protocole avait prévu que les personnes poursuivies ne sauraient invoquer leur qualité officielle, ni en tant que Chef d'État ou de gouvernement ni en tant que ministre ou haut fonctionnaire du gouvernement, pour échapper aux poursuites ou atténuer la sanction pénale. Cette disposition a toutefois été ultérieurement revue à Malabo de même que le contenu du crime de changement anticonstitutionnel de gouvernement relativement au soulèvement populaire qui avait finalement été supprimé. En définitive, l'immunité a été octroyée aux chefs d'État et de gouvernement ainsi qu'aux hauts fonctionnaires.

La création de la Section de droit international pénal, par les dirigeants africains, n'a pas emporté l'enthousiasme d'une certaine frange de la société civile quant à son aptitude à remplir ses missions[633]. Les critiques portent essentiellement sur la compétence *ratione materiae* très large, qui pourrait réduire l'efficacité d'une Cour aux ressources humaines, matérielles et financières insuffisantes, ainsi que sur l'immunité dont jouiront les hauts responsables gouvernementaux qui pourra entraîner leur impunité.

---

[633] Quarante-sept ONG avaient eu à adresser une lettre ouverte aux ministres de la Justice et aux Procureurs généraux des États africains parties au Statut de Rome pour s'inquiéter de la compétence étendue de la CAJDH.

Chapitre II : La structure des Chambres africaines extraordinaires

Instituées le 22 août 2012 par l'accord signé entre l'Union africaine et le Sénégal afin de « poursuivre le ou les principaux responsables des crimes et violations graves du droit international, de la coutume internationale, et des conventions internationales ratifiées par le Tchad et le Sénégal, commis sur le territoire tchadien du 7 juin 1982 au 1er décembre 1990 »[634], les Chambres africaines extraordinaires ont été intégrées dans l'ordre judiciaire sénégalais par la Loi n° 2012-29 du 28 décembre 2012 modifiant l'article 1er de la Loi n° 84-20 du 2 février 1984 fixant l'organisation judiciaire. Cet accord a prévu que les Chambres africaines sont de caractère international et appliquent leur Statut, le droit pénal international, le Code pénal et le Code de procédure pénale sénégalais ainsi que les autres lois sénégalaises pertinentes.

Outre la compétence circonscrite desdites chambres (**Section II**), cette juridiction « sur mesure » s'est davantage singularisée par une « hybridité » organique et fonctionnelle (**Section I**).

Section I : Une « hybridité » organique et fonctionnelle

Juridiction de substitution, les Chambres africaines extraordinaires au sein des juridictions sénégalaises sont la douzième juridiction pénale à caractère international à être créée depuis 1945. Elles sont caractérisées par leur perméabilité, à l'instar des juridictions pénales internationalisées, mais évoluent suivant des règles d'organisation et de fonctionnement précises déterminées par leur statut.

Cette juridiction *sui generis*, s'assimile quasiment aux tribunaux internes avec une participation internationale, et comporte des éléments étrangers qui permettent de maintenir son caractère « internationalisé ». Elle bénéficie néanmoins d'une autonomie relative par rapport au système judiciaire national, à cause des circonstances et des missions spécifiques qui ont présidé à sa création.

Installées le 8 février 2013, lesdites chambres ont une composition particulière (**A**). Elles sont organisées autour d'organes aux missions

---

[634] Accord entre le Gouvernement de la République du Sénégal et l'Union africaine sur la création de Chambres africaines extraordinaires au sein des juridictions sénégalaises, Dakar, 22 août 2012.

différentes, avec le seul objectif de tenir un procès conforme aux normes internationales.

La nature de ce procès a permis à l'Union africaine d'affiner le mandat donné au Sénégal. Il s'agit certes de juger des faits imputables principalement à Monsieur Hissein HABRE, même si la mise en cause d'éventuels coauteurs ou complices n'est pas théoriquement exclue, mais il a fallu, en plus de préciser le lieu et la période concernée pour ne pas donner une œuvre herculéenne à cette juridiction inédite en Afrique, déterminer les règles procédurales et substantielles applicables.

Ce tribunal, appelé à disparaître à la fin de sa mission, a donc l'avantage de statuer sur une affaire aux contours définis, notamment par la détermination du droit applicable (**B**).

Paragraphe 1 : La composition des Chambres africaines extraordinaires

Les juridictions nationales internationalisées se caractérisent, dans leur composition, par la juxtaposition d'éléments nationaux et internationaux. Selon Antonio CASSESE, « la notion de tribunaux mixtes ou internationalisés inclut des organes judiciaires de composition mixte comprenant des juges internationaux et des juges ayant la nationalité de l'État où le procès a lieu »[635]. L'appareil institutionnel est mixte, mais le degré de mixité varie d'une juridiction à une autre. Tantôt, on se trouve face à une prédominance d'éléments internationaux, tantôt c'est le contraire avec une large majorité d'éléments nationaux.

Dans le cas des Chambres africaines extraordinaires, nous constatons une forte présence des Sénégalais et ce n'est que la présidence des juridictions de jugement (première instance et appel) qui est réservée à des ressortissants originaires d'autres États africains.

Les membres desdites chambres, qui ont des missions différentes, sont répartis entre les organes administratifs (**A**) et les organes juridictionnels (**B**).

A. Les organes administratifs

Les aspects administratifs ont précédé ceux juridictionnels au niveau des Chambres africaines extraordinaires. Le jugement de Monsieur Hissein HABRE ne pouvait évidemment se dérouler sans une préparation et un encadrement non juridictionnel, afin que les magistrats désignés pour le procès puissent convenablement exercer leurs missions une fois installés.

Pour alléger le processus de nomination et les modalités d'exercice des missions de ces organes administratifs, l'Union africaine avait confié la tâche aux autorités sénégalaises. Ces organes administratifs que sont

[635] Antonio CASSESE, International criminal law, Vol. 14, n° 1, OUP, 2003, p. 343.

l'Administration, le Contrôle interne et le Greffe avaient ainsi été nommés par le ministre de la Justice.

C'est l'article 15 du Statut des Chambres africaines extraordinaires qui dispose que « le ministre de la Justice de la République du Sénégal nomme un Administrateur des Chambres africaines extraordinaires ». Le ministre, Aminata TOURE, y avait procédé par arrêté du 8 janvier 2013 en nommant le Magistrat Ciré Aly BA, lequel avait précédemment quitté ses fonctions de Conseiller à la Cour suprême du Sénégal pour rejoindre l'Administration centrale du Ministère de la Justice pour les besoins de la cause. En effet, le Conseil supérieur de la magistrature sénégalaise avait déjà avalisé le détachement de ce magistrat, conformément au statut de cette corporation.

Monsieur Ciré Aly BA n'est pas un novice dans l'affaire Habré qu'il avait déjà connue en tant qu'Avocat général représentant le Parquet général près la Cour de cassation sénégalaise en 2000-2001. À cette époque et comme sus-exposé, les victimes de l'ancien Chef d'État avaient saisi cette haute juridiction d'un pourvoi contre l'arrêt de la Chambre d'accusation de la Cour d'appel de Dakar du 4 juillet 2000 annulant la procédure. Prenant le contrepied de cette décision d'annulation, il avait, dans ses conclusions, demandé la cassation de l'arrêt d'appel en soutenant que la Chambre d'accusation, qui avait assujetti la compétence du juge sénégalais à une réforme législative préalable, avait violé les articles 79 de la Constitution et 5 paragraphe 2 de la Convention contre la torture. Il avait estimé que les conventions et traités internationaux régulièrement adoptés « s'intègrent au droit national de manière spontanée, sans intervention quelconque de celui-ci (effet *self-executing*) » et « priment sur les dispositions de droit interne antérieures ou postérieures »[636].

Ces conclusions n'avaient pas emporté la conviction des juges de cassation qui avaient confirmé leurs collègues de la Chambre d'accusation. Elles ont toutefois permis à cet ancien Avocat général de figurer dans la liste restreinte des magistrats sénégalais qui ont une maîtrise de l'affaire Habré. Cette connaissance antérieure de l'affaire a sans doute joué dans sa nomination comme Administrateur des Chambres. Cette fonction lui sied, car une nomination à un poste où il exercerait des fonctions juridictionnelles aurait inévitablement entaché les règles d'impartialité et d'indépendance requises dans le dossier de l'ancien président de la République tchadienne. Néanmoins, les défenseurs de ce dernier avaient dénoncé sa nomination.

Au niveau des Chambres, ce haut magistrat exerce donc des fonctions qui revêtent des « aspects non judiciaires » comme précisé à l'article 15 sus-évoqué. Ainsi, il est chargé de l'Administration, du service et du personnel

---

[636] Il avait invoqué, à l'appui, les arrêts français suivants : Cass. Crim., 22 octobre 1970 arrêt Ramel ; Cass. Ch. Mixte, 24 mai 1975 ; CE, 15 mars 1972, Dame Veuve Sadok Ali ; CE, 20 octobre 1972 Kenniche ; CE Ass. 20 octobre 1982, Nicolo ; CC, décision n° 86.216 DC du 3 septembre 1986.

des Chambres, en collaboration avec les différents Présidents des chambres et le Procureur général. Il est en même temps le représentant de la juridiction dans les relations internationales de celle-ci. Dans ce cadre, il s'occupe des modalités de coopération judiciaire entre le Sénégal et d'autres États et peut conclure des accords entrant dans le cadre de la sensibilisation et de l'information du public sur le travail des Chambres.

L'Administrateur est également chargé d'orienter et d'aider les témoins et les victimes qui comparaissent devant les Chambres et d'assurer leur protection et leur sécurité, en relation avec les États concernés (Sénégal, Tchad, ...). Il a ainsi pris en charge les frais de voyage, d'hébergement et de transport de ceux-ci. Ces charges sont inscrites à son budget, de même que la rémunération des agents spéciaux requis pour leur protection et des assistants sociaux devant leur apporter un soutien psychologique.

Les autres personnes qui ne comparaissent pas mais dont les dépositions des témoins peuvent faire courir un risque, bénéficient de mesures de protection prises par l'Administrateur. Ce dernier assiste aussi les victimes à éventuellement former des groupes et à désigner un ou des représentants. Il peut même se substituer à celles-ci pour la désignation des représentants, si elles n'y sont pas parvenues à l'expiration d'un délai imparti par la chambre saisie. Il statue sur la demande d'assistance d'un groupe de victimes pour la rémunération de leur représentant commun.

C'est par le même arrêté nommant Monsieur Ciré Aly BA comme Administrateur des Chambres que le ministre de la Justice avait également nommé Monsieur Mamadou Dia, Administrateur civil de classe exceptionnelle, comme Contrôleur interne desdites Chambres. La nomination de ce haut fonctionnaire sénégalais, qui a une expérience avérée, est appropriée, si l'on sait qu'il a servi comme Directeur de l'Administration Générale et de l'Équipement (DAGE) au Ministère de la Justice et qu'il est apte à la mission de contrôle interne qui lui est confiée.

Le Greffe des Chambres africaines extraordinaires est assuré par un Greffier en chef, Maître Cheikh Oumar SALL, et trois greffiers, Maîtres Boucounta MENDY, Abdoul Abass SY et Aboubacry BA, tous nommés par arrêté du ministre de la Justice. L'article 13 du Statut a précisé que leurs attributions sont celles prévues par le Code de procédure pénale sénégalais. Ainsi, ils assistent les différentes chambres d'instruction et d'accusation, en préparant matériellement les actes d'instruction, en mettant en forme les procès-verbaux, en recevant et en conservant certains objets et pièces (rapports d'expertise, scellés...). Ils reçoivent les constitutions de partie civile introduites au cours de l'instruction et les communiquent à la Chambre concernée, ainsi qu'au Ministère public et à la Défense. Ils tiennent en outre la plume à l'audience des Chambres d'assises et d'appel, en plus des tâches administratives qui leur sont confiées, notamment l'information et l'orientation des justiciables et des avocats. La présence de ces officiers ministériels, à toutes les étapes de la procédure judiciaire, est obligatoire à peine de nullité des actes des juges. Ils détiennent les différents registres, notamment le plumitif d'audience où sont consignés les débats ainsi que le registre des appels et oppositions où sont mentionnés les recours exercés par les parties.

Ces différents organes, qui ont des prérogatives administratives, jouent un rôle essentiel dans l'organisation et le fonctionnement des Chambres africaines extraordinaires. C'est pour cette raison que dans l'exercice de leurs fonctions et au même titre que les juges et les procureurs des Chambres, ils jouissent, conformément à la Convention générale de l'OUA sur les privilèges et immunités, de l'immunité de juridiction pénale et civile et de l'exonération de tout impôt sur les traitements, indemnités et émoluments qui leur sont versés dans le cadre de leur participation aux Chambres africaines extraordinaires.

À leur côté, il y a les organes qui exercent des tâches juridictionnelles.

B. Les organes juridictionnels

Les aspects juridictionnels au sein des Chambres africaines extraordinaires sont dévolus aux organes juridictionnels que sont les autorités de poursuite, d'instruction et de jugement. Ces organes n'ont pas été installés simultanément car leurs missions sont distinctes. C'est ainsi que les magistrats qui les composent ont été mis en place selon l'ordre établi par l'article 31 du Statut : D'abord, le Procureur et les procureurs adjoints, ensuite les juges d'instruction et enfin les juges du fond.

Le processus de nomination de ces magistrats, notamment sénégalais, est assez singulier. Le Statut prévoit qu'ils sont nommés par le Président de la Commission de l'Union africaine sur proposition du ministre de la Justice du Sénégal. Concrètement, le Conseil supérieur de la magistrature sénégalaise, présidé par le Chef de l'État, s'était réuni le 22 janvier 2013, pour désigner, sur proposition du ministre susnommé, les « magistrats autorisés à être nommés au niveau des Chambres africaines extraordinaires au sein des juridictions sénégalaises ». Par la suite, le président de la République avait pris le Décret n° 2013-212 du 30 janvier 2013 pour autoriser le Président de la Commission de l'Union africaine à nommer lesdits magistrats qui doivent composer les Chambres africaines extraordinaires. Ainsi, cette institution de l'Union africaine a donné son cachet à la nomination de magistrats effectuée par le Conseil supérieur de la magistrature sénégalaise[637].

[637] Le processus de nomination avait d'ailleurs fait l'objet d'un recours devant la Cour suprême sénégalaise. Celle-ci avait décidé de surseoir à statuer pour inviter le Conseil Constitutionnel à se prononcer sur l'exception d'inconstitutionnalité visant l'Accord sur la création des Chambres africaines extraordinaires. Le Conseil constitutionnel avait toutefois considéré, dans sa décision du 02 mars 2015, que cet « accord du 22 août 2012 n'a pas violé l'article 90 de la Constitution ».

Pour les membres du Ministère public, le choix a été porté sur des « parquetiers » rompus à la tâche pour avoir exercé de telles fonctions dans la magistrature debout pendant plus d'une décennie pour les procureurs adjoints, et le double pour le Procureur général Mbacké FALL. Ce dernier, qui a eu à diriger les parquets des tribunaux régionaux de Kolda et de Saint Louis, avant de poursuivre sa carrière à la Cour suprême comme Conseiller délégué puis à la Cour d'appel de Dakar comme Avocat général, a accumulé une longue expérience en matière d'enquêtes et de poursuites pénales. Ses adjoints, Moustapha KA, Youssoupha DIALLO et Anta Ndiaye DIOP, ont eu à exercer, dans le passé, au Parquet du Tribunal régional de Dakar devenu Tribunal de grande instance, juridiction hors classe centrale dans le contentieux pénal au Sénégal. Ils ont, par la suite, emprunté des trajectoires différentes avant d'être mutés à la Cour d'appel comme Substituts généraux pour les besoins de leur nomination aux Chambres africaines extraordinaires.

Ces représentants du Ministère public sont chargés de mettre en mouvement l'action publique et de l'exercer contre Monsieur Hissein HABRE et toutes autres personnes impliquées dans les crimes commis au Tchad entre 1982 et 1990. Leurs réquisitions précèdent obligatoirement les actes juridictionnels des juges d'instruction et des juges du fond.

Installés à la suite des membres du Ministère public, les magistrats instructeurs sont répartis entre deux chambres que sont la Chambre africaine extraordinaire d'instruction rattachée au Tribunal régional hors classe de Dakar (actuellement Tribunal de grande instance hors classe de Dakar) et la Chambre africaine extraordinaire d'accusation rattachée à la Cour d'appel de Dakar. La première est composée, suivant l'article 11 du Statut, de quatre juges d'instruction titulaires et deux juges suppléants, et la seconde de trois juges titulaires et d'un juge suppléant.

Les juges qui ont été nommés à la Chambre africaine extraordinaire d'instruction comme titulaires sont Jean KANDE, Souleymane TELIKO, Abdoul Aziz DIALLO et Absatou LY DIALLO et comme suppléants Barou DIOP et Oumar SALL. En dehors du dernier nommé qui a pratiqué l'instruction au Tribunal régional de Saint Louis, ces magistrats expérimentés ont tous eu à exercer, durant leur carrière, des fonctions de juge d'instruction au Tribunal régional hors classe de Dakar, même s'ils ont eu des itinéraires différents antérieurement ou postérieurement.

Ces magistrats ont la lourde tâche de mener l'instruction à charge et à décharge dans l'affaire Habré. Dans le cadre de cette procédure inquisitoire obligatoire en matière criminelle, ils posent tous les actes utiles à la manifestation de la vérité.

Leurs collègues qui ont été nommés à la Chambre africaine extraordinaire d'accusation comme titulaires sont Assane NDIAYE, André Bop SENE et Lamine SOW, et comme suppléant Hippolite Anquédiche NDEYE. Ils étaient précédemment Président de Chambre, pour le sieur Ndiaye, et Conseillers, pour les autres, à la Cour d'appel de Dakar.

Ces magistrats sont chargés de contrôler, en cas de recours, la régularité de la procédure d'information. La Chambre qu'ils composent dispose des pouvoirs d'annulation et de réformation. Juridiction d'instruction du second degré, elle connaît en appel des ordonnances juridictionnelles de la Chambre d'instruction et peut évoquer l'affaire ou ordonner un supplément ou une extension de l'information. Elle ne peut toutefois intimer l'ordre à la Chambre de l'instruction d'effectuer telle diligence[638].

L'institution de cette chambre est une garantie procédurale et Bernard CHENOT, Commissaire du gouvernement français, disait que « la règle du double degré de juridiction est un principe général de procédure qui consacre une garantie essentielle aux intérêts des plaideurs et à l'intérêt supérieur de la justice »[639].

Ces magistrats instructeurs, qui décident si des charges suffisantes sont réunies pour éventuellement ordonner la mise en accusation et le renvoi de Monsieur Hissein HABRE devant la Chambre africaine extraordinaire d'assises, « n'ont point à rechercher si le prévenu est coupable, mais seulement s'il est probable qu'il le soit », comme disait Faustin HELIE[640]. Ils s'effacent, après renvoi de l'affaire en jugement, au profit de leurs collègues chargés du jugement en première instance et en appel.

Ces derniers, qui composent la Chambre africaine extraordinaire d'assises et la Chambre africaine extraordinaire d'assises d'appel, sont tous de nationalité sénégalaise hormis les deux présidents desdites chambres qui sont des ressortissants d'autres États membres de l'Union africaine. En l'espèce, les titulaires de la Chambre d'assises, nommés le 6 avril 2015, sont le Burkinabé Gberdao Gustave KAM comme Président et les Sénégalais Amady DIOUF et Moustapha BA comme assesseurs, et Pape Ousmane DIALLO comme suppléant. Les titulaires de la Chambre d'appel, nommés le 28 septembre 2016, sont le Malien Wafi OUGADEYE comme Président et les Sénégalais Matar NDIAYE et Bara GUEYE comme assesseurs, et Amadou Tidiane SY comme suppléant.

Gberdao Gustave KAM, sur qui pèse la délicate mission d'appeler à la barre de l'audience publique un ancien Chef d'État africain, a une expérience qui lui permet d'honorer cette mission. Magistrat hors hiérarchie accessible aux plus hautes fonctions judiciaires dans son pays, il a été Procureur général près la Cour d'appel de Ouagadougou en 1996. Il a également été juge au Tribunal pénal international pour le Rwanda, à Arusha en Tanzanie, de 2003 à 2009. Son expérience en droit international pénal provient en outre du fait

---

[638] Cass. Crim., 30 décembre 1842, Bull. crim n° 344 ; Cass. Crim, 22 décembre 1959, Bull. Crim. n° 569 ; Cass. Crim, 13 février 1984, n° 82-93.814, Bull. Crim. n° 50 ; Cass. Crim. 25 juin 1996, n° 96-81.239, Bull. Crim. n° 272).

[639] CE, 04 février 1944, Vernon, Revue du droit public, 1944, p. 171, Conclusions Bernard CHENOT.

[640] Faustin HELIE, Traité de l'instruction criminelle, 2e éd., Tome III, Paris, Plon, 1866-1867. Disponible sur www.dalloz.fr

qu'il a participé à la rédaction du Statut de Rome, en sa qualité de membre de la délégation du Burkina Faso. Il a été nommé par la Présidente de la Commission de l'Union africaine, suite à un appel à candidatures.

À la droite de ce juge, siège Amady Diouf, qui était détaché au Ministère de la Justice du Sénégal comme Directeur adjoint des Affaires criminelles et des grâces. Il a passé la majeure partie de sa carrière de magistrat dans les juridictions comme membre du Ministère public, ayant notamment dirigé les parquets de Ziguinchor et de Thiès.

Moustapha BA, qui complète ce trio, a quitté la vice-présidence du Tribunal régional hors classe de Dakar ainsi que les fonctions de Président de la première chambre correctionnelle et du Tribunal militaire pour rejoindre les Chambres africaines. Il a été juge d'instruction au Tribunal régional de Dakar et a eu une expérience de Chef de juridiction, en l'occurrence le Tribunal régional de Fatick.

Leur suppléant, Pape Ousmane Diallo, était Conseiller à la Cour d'appel de Dakar puis de Saint Louis. Il a une certaine connaissance de l'affaire Habré pour avoir participé à des travaux sur l'organisation du procès de l'ancien Chef d'État. Il a été juge au tribunal régional de Dakar et président des tribunaux régional de Fatick et départemental de Guédiawaye.

Concernant les membres de la Chambre africaine extraordinaire d'assises d'appel, il n'est pas inutile de relever que le Président Wafi OUGADEYE, qui était Conseiller à la Cour Suprême du Mali, est accessible aux plus hautes fonctions judiciaires dans son pays, comme l'exige le Statut des chambres. Il a été Conseiller à la Cour d'appel de Bamako en 1993 puis Président de la Chambre d'accusation de cette juridiction en 1995 et aussi Procureur général près cette cour en 2000. Il a aussi exercé des fonctions politiques, notamment comme Chargé de mission à la Présidence de la République du Mali et Consul général de ce pays à Paris.

Les membres titulaires de cette chambre, Matar NDIAYE et Bara GUEYE, étaient respectivement Avocat Général près la Cour Suprême du Sénégal et Président de la première chambre correctionnelle du Tribunal de grande instance hors classe de Dakar.

Le suppléant, Amadou Tidiane SY, était conseiller à la Cour d'appel de Dakar, mais a exercé des fonctions de Président de chambre au Tribunal régional hors classe de Dakar, à l'instar de Matar NDIAYE qui y a aussi dirigé un cabinet d'instruction.

À l'instar de tous les magistrats des Chambres africaines extraordinaires, les exigences d'impartialité et d'intégrité ont été mises en avant pour ces juges qui doivent aussi jouir d'une haute considération morale. Cela est d'autant plus important qu'ils décident, en définitive, du sort de l'ancien président de la République du Tchad, afin de clore un « interminable feuilleton politico-judiciaire »[641].

Ces différents organes administratifs et juridictionnels des Chambres africaines extraordinaires sont chargés de l'organisation et du fonctionnement de celles-ci. Les organes juridictionnels ont cette tâche supplémentaire de dire le droit. En l'espèce, il s'agit d'un droit particulier, puisque les Chambres africaines extraordinaires sont une juridiction internationalisée.

Paragraphe 2 : Le droit applicable devant les Chambres africaines extraordinaires

Les Chambres africaines extraordinaires ont été créées à des fins déterminées. Elles ne pouvaient donc être instituées que selon une formule singulière et n'être dotées que de normes strictement nécessaires à l'atteinte de l'objectif de leur création. La nécessité a fait loi. Lors de leur établissement, le but visé n'était pas de mettre en place des tribunaux spéciaux sur le modèle des tribunaux pénaux internationaux *ad hoc* comme le TPIY et le TPIR. L'objectif était plutôt d'établir une juridiction soumise à un contrôle de l'Union africaine qui devait dès lors en déterminer les règles. C'est pour cette raison qu'il est prévu, conformément à l'article 16, qu'elles appliquent leur Statut, et éventuellement « la loi sénégalaise » « pour les cas non prévus » au Statut.

Derrière cette formule, on comprend aisément que les Chambres africaines extraordinaires présentent un caractère hybride, associant deux ordres normatifs : le droit international et le droit national. Pour Yann KERBRAT, « cette proximité est le trait distinctif des tribunaux internationalisés »[642].

Ainsi, en plus de la juxtaposition entre éléments nationaux et internationaux comme ci-dessus développé, cette juridiction instituée « sur mesure » se particularise par une combinaison spécifique du droit international et du droit interne, tant procédural (**A**) que substantiel (**B**).

A. Le droit procédural

Les Chambres africaines extraordinaires au sein des juridictions sénégalaises se singularisent par l'application d'un droit qui associe à la fois les règles internes et internationales en matière procédurale. Cela permet une incorporation facilitée du droit international, en l'espèce le Statut et les

---

[641] Pour reprendre le mot de Desmond TUTU, Archevêque sud-africain et ancien prix Nobel de la paix. Disponible sur http://www.chambresafricaines.org/index.php/l-affaire-habre/presentation.html

[642] Yann KERBRAT, Juridictions internationales et juridictions nationales internationalisées : les tribunaux hybrides pour le Cambodge et la Sierra Leone, in *Actualité de la jurisprudence pénale internationale à l'heure de la mise en place de la Cour pénale internationale*, Paul TAVERNIER (Dir.), Bruxelles, Bruylant, 2004, p. 263.

conventions internationales applicables, dans l'ordre interne et parallèlement un recours au droit national pour les cas échappant au droit international pénal. Le droit procédural applicable devant ces chambres repose ainsi sur ces deux piliers. Cette juxtaposition de normes internes et internationales induit que d'un côté, les modalités de déclenchement de l'action publique sont principalement prévues par le Statut. Il en est de même des règles liées à l'amnistie, à la prescription, aux droits des parties, à la détention provisoire, aux peines applicables, au droit de recours et à l'exécution de la sentence pénale. Dans ces cas, le droit interne n'est admis que pour combler les situations non prévues. De l'autre côté, les règles qui encadrent la conduite de l'instruction et du jugement, ainsi que les modalités d'exécution de la détention sont essentiellement prévues par le droit interne.

Le Statut prévoit ainsi que le Procureur général a la possibilité de déclencher d'office les poursuites, sur la base des « renseignements obtenus de toutes sources »[643]. Il peut aussi attendre d'être saisi par les victimes quel que soit leur lieu de résidence, ou toutes autres personnes physiques ou morales intéressées, notamment les « gouvernements, organisations internationales et non gouvernementales ». Le Procureur représente ainsi « le centre de gravité » de cette justice internationalisée, pour reprendre le mot d'Élise Le GALL[644]. Cette « véritable cheville ouvrière de la lutte contre l'impunité »[645] enclenche et conduit l'action publique au sein des Chambres africaines extraordinaires, aux différentes étapes de la procédure. L'opportunité des poursuites lui est dévolue. Ce pouvoir discrétionnaire est toutefois limité par le Statut autant pour les infractions et les justiciables que pour la procédure à suivre. En effet, si l'initiative des poursuites est de sa compétence exclusive, l'article 17 du Statut prévoit implicitement qu'il ne peut emprunter que la voie de l'information judiciaire par la saisine obligatoire de la Chambre de l'instruction.

Dans l'exercice de cette opportunité de poursuites qui ne semble avoir qu'un versant, à savoir l'obligation d'engager des poursuites, il doit prendre un réquisitoire introductif qui s'appuie sur les indices graves et concordants et sur les fortes présomptions issues des informations à lui transmises par les victimes, les ONG, les États comme le Tchad, la Belgique et le Sénégal, mais aussi les organisations internationales comme l'Union africaine et l'ONU.

Ce réquisitoire introductif ou aux fins d'informer est pris conformément au droit interne. Même si le Code de procédure pénale, notamment en ses

643 Le Procureur général tire ce pouvoir de l'article 17-4 du Statut des Chambres africaines extraordinaires.

644 Elise Le GALL, « L'opportunité des poursuites du procureur international : du pouvoir arbitraire au contrôle insuffisant », in *RIDP*, Vol. 84, Eres, 2013, p. 495.

645 Ibid.

articles 71 et 73, ne précise pas la forme et le contenu de cet acte juridique, la jurisprudence a estimé qu'il n'est soumis qu'à des règles minimales[646].

La kyrielle de renseignements provenant de sources variées sur lesquels le réquisitoire introductif s'appuie, entre autres, peut receler diverses violations du droit, mais il ne peut en être retenu que celles constitutives de crimes internationaux tel que précisé dans le Statut.

Cette place incontournable du Procureur se situe également dans les éventuelles investigations tendant à s'assurer de la fiabilité des renseignements et à réunir les éléments de preuve suffisants pour justifier la mise en mouvement et l'exercice de l'action publique. Cette enquête pénale internationale est différente de l'enquête classique menée dans les États, laquelle est facilitée par la prérogative de puissance publique dont dispose la police judiciaire et par la territorialité des faits objet de l'enquête. Elle tire son efficacité de la coopération judiciaire. C'est pour cette raison que l'article 18 du Statut ouvre cette voie, d'autant plus que les Chambres africaines extraordinaires, installées au Sénégal, sont appelées à connaître de faits ayant eu lieu au Tchad. Pour davantage faciliter les investigations, le même article prévoit la possibilité d' « emprunter » des résultats d'enquêtes effectuées par les autorités judiciaires d'autres États. Il s'agit essentiellement du Tchad, où mis à part le rapport de la Commission nationale d'enquête sur « *les crimes et détournements de l'ex Président Habré et de ses complices* », une information judiciaire avait été ouverte en 2000, mais aussi de la Belgique où une procédure d'instruction avait également été ouverte en 2001. Les actes dressés par les autorités judiciaires compétentes de ces pays peuvent donc être valablement produits devant les Chambres par l'effet de « transferts de poursuite pénale »[647].

S'agissant des magistrats instructeurs, ils sont saisis « *in rem* », laquelle saisine implique, dans le cadre des Chambres africaines extraordinaires, qu'ils ne peuvent inculper que les principaux responsables des faits constitutifs de crimes internationaux prévus au Statut. Ils procèdent à tous les actes utiles à la manifestation de la vérité (interrogatoires, inculpations, auditions, commissions rogatoires, expertises, transports, perquisitions, ...). À ce niveau, c'est le Code de procédure pénale sénégalais qui s'applique. Ces magistrats jouissent d'une totale liberté dans la conduite de l'instruction et quant aux actes d'information qu'ils jugent opportuns (ordre des actes, nombre d'actes, moment des actes, fin des actes...). Ces pièces sont tenues en double et sont cotées et paraphées, conformément à l'article 72 du Code de procédure pénale. À la clôture de l'information, ils prennent une ordonnance de soit-communiqué pour transmettre l'ensemble du dossier au Procureur pour

---

646 Crim. 11 juillet 1972, Bull. Crim. n° 235 ; Crim. 6 novembre 1978, Bull. Crim. n° 301 ; Crim. 6 août 1991).

647 Expression utilisée à l'article 28 du Statut des Chambres africaines extraordinaires.

son réquisitoire définitif, avant de prendre une ordonnance définitive de règlement qui va, en même temps, consacrer leur dessaisissement.

La conduite de cette phase, comme des étapes postérieures, est encadrée par certains principes juridiques énoncés dans le Statut, comme celles applicables devant les juridictions internationales.

Pour la règle « *non bis in idem* » prévue dans le Statut, elle empêche les Chambres de poursuivre un individu déjà jugé par une autre juridiction pour les crimes internationaux prévus au Statut.

Cela semble être le seul obstacle pour les Chambres, car le Statut a expressément écarté les fins de non-recevoir liées à la prescription, à l'immunité tirée de la qualité officielle et à l'amnistie.

Ledit Statut organise aussi les droits de toutes les parties au procès.

Ainsi, il est prévu à l'article 14, que les victimes ou leurs ayants droit peuvent se constituer parties civiles à toute étape de la procédure. Leurs interventions dans la procédure d'instruction sont régies par le Code de procédure pénale sénégalais, en ses articles 76 et suivants. Ils ont des droits équivalents à ceux des accusés et peuvent faire comparaître des témoins ou solliciter des expertises et autres actes d'instruction. À l'audience, ces parties civiles participent activement aux débats et peuvent formuler, avant les réquisitions du Ministère public, leurs demandes d'allocation de dommages-intérêts en guise de réparation des préjudices nés des crimes internationaux pour lesquels les accusés sont renvoyés en jugement.

Concernant les témoins et experts, le Statut met leur protection à la charge de l'État du Sénégal sur son territoire jusqu'à la fin du procès, afin qu'ils puissent faire leurs dépositions ou exercer leurs missions en toute liberté et indépendance.

Quant aux modalités de déposition sur lesquels le Statut est muet, les Chambres doivent recourir au droit sénégalais. Le Code de procédure pénale prévoit, en ses articles 91 et suivants, que les témoins sont entendus séparément et hors la présence de l'inculpé par le juge d'instruction[648]. En ce qui concerne les experts, ils apportent leur concours pour résoudre des questions d'ordre technique[649].

À l'audience, les témoins et les experts déposent dans les mêmes conditions formelles qu'à l'instruction. Ils interviennent dans l'administration de la preuve. Le témoignage, comme toute autre preuve, peut emporter l'intime conviction des juges, de même que l'expertise, même si elle ne lie pas ces derniers.

S'agissant des droits des accusés à l'aune desquels est jaugé le caractère équitable du procès, le Statut leur garantit une égalité de traitement, la

---

[648] Ils peuvent, préalablement à leur audition, être tenus de prêter serment dont mention est faite au procès-verbal.

[649] Après avoir sacrifié à la formalité de prestation de serment, ils procèdent à leur mission sous le contrôle du juge et donnent leur avis technique sur la question.

présomption d'innocence, l'accès au dossier et aux charges retenues contre eux (nature et motifs de l'accusation), un délai raisonnable pour le jugement, le droit de ne pas s'auto-incriminer et le droit d'organiser leur défense y compris par la comparution de témoins à décharge et par un contre-interrogatoire des témoins à charge.

Les autres droits et règles liés à leur comparution et leur interrogatoire sont réglés par le Code de procédure pénale sénégalais puisque le Statut n'a pas fait de développements à ce propos. Les standards internationaux doivent néanmoins être respectés depuis leur comparution à la barre jusqu'au prononcé de la décision.

Comme dans tout procès pénal, ces accusés peuvent faire l'objet de détention provisoire et de condamnation. Ces étapes fondamentales ont été énoncées dans le Statut. Ce texte prévoit que la détention provisoire d'un accusé peut être ordonnée et elle est exécutée dans un établissement pénitentiaire sénégalais, « conformément à la pratique et au droit sénégalais »[650]. En vertu de l'article 129 du Code de procédure pénale, l'accusé peut solliciter la mainlevée du mandat de dépôt à tout moment. À défaut de mise en liberté et en cas de condamnation à une peine d'emprisonnement ferme, la sentence est purgée « conformément aux standards internationaux » au Sénégal ou dans un État membre de l'Union africaine qui a conclu un accord d'exécution des peines avec le Sénégal[651]. Néanmoins, la loi interne organise les conditions de détention et les procédures relatives à celles-ci, intervenues postérieurement à la dissolution des Chambres africaines extraordinaires. Le Décret n° 2001-362 du 4 mai 2 001 relatif aux procédures d'exécution et d'aménagement des sanctions pénales est applicable pour ses dispositions qui n'entrent pas en contradiction avec le Statut et les normes internationales.

La décision de condamnation dont il s'agit est écrite et motivée. Elle est rendue en audience publique à la majorité des juges composant la juridiction de jugement, à savoir la Chambre d'assises d'abord et la Chambre d'appel, ensuite, en cas de recours et en dernier ressort. Le recours est effectué par le Procureur, les personnes condamnées ou les parties civiles (sur leurs intérêts civils). Ce droit d'appel n'est cependant ouvert par le Statut que dans des cas limités. En effet, il ne peut être fondé que sur une erreur de procédure, une erreur sur une question de droit matériel qui invalide la décision, une erreur sur la compétence ou une erreur de fait qui a entraîné un déni de justice. La décision querellée peut être confirmée, infirmée ou réformée, suivant un arrêt définitif insusceptible de recours même extraordinaire. Selon le Statut, la

---

[650] La loi sénégalaise distingue les maisons d'arrêt réservés aux détenus provisoires et les maisons de correction et camps pénaux, réservés aux condamnés, sans compter les établissements pénitentiaires mixtes.

[651] Cela ressort des dispositions de l'article 26-2 du Statut des Chambres africaines extraordinaires.

Chambre d'appel peut puiser dans la jurisprudence des autres juridictions internationales.

Au sillage, le droit procédural des Chambres africaines extraordinaires a une nature hybride. Cela est aussi valable pour le droit substantiel.

B. Le droit substantiel

Le droit substantiel applicable devant les Chambres africaines extraordinaires, à l'instar des juridictions nationales internationalisées, révèle la juxtaposition de normes pénales internes et internationales, avec une prééminence du Statut desdites chambres et des sources internationales conventionnelles et coutumières. Cela s'infère en effet, des dispositions combinées des articles 3, 4 et 16 du Statut.

Pour les infractions prévues au Statut, les règles de fond dégagées par ce texte s'inscrivent dans la droite ligne des textes et de la jurisprudence internationaux. Le droit interne vient en appoint pour donner un contenu à certaines notions, notamment les infractions sous-jacentes.

Pour le génocide, c'est la définition internationale classique qui a été retenue, à savoir un acte légalement répréhensible (*actus reus*), commis dans l'intention spécifique (*dolus specialis*) de détruire totalement ou partiellement un groupe protégé. L'origine étymologique du mot est grecque, à savoir « *genos* » qui renvoie à « race » et « *caedere* » qui signifie « tuer », mais on attribue le concept au Professeur Raphael LEMKIN[652] qui l'a théorisé en 1943 afin de spécifier les crimes nazis. Par la suite, le TMI de Nuremberg l'a consacré dans son Statut de 1945 et l'Assemblée générale des Nations unies en a retenu une définition le 11 décembre 1946[653]. Après l'échec du projet de Code des crimes contre la paix et la sécurité de l'humanité de la CDI, l'organisation universelle a élaboré la Convention pour la prévention et la répression du crime de génocide du 9 décembre 1948, entrée en vigueur en 1951[654]. Ce texte n'a pas reçu d'application, malgré sa ratification par de nombreux États et le fait que l'infraction ait été déclarée imprescriptible dans la Convention sur l'imprescriptibilité des crimes de guerre et des crimes contre

---

[652] Quatre mois après le discours de Winston CHURCHILL en août 1943, faisant état « d'un crime sans nom » pour désigner l'horreur de l'extermination des juifs par les nazis, il avait forgé le mot « génocide » dans un ouvrage intitulé « *Axis Rule in Occupied Europe (Le régime de l'Axe dans l'Europe occupée)* », publié en 1944.

[653] Assemblée générale des Nations unies, 55e séance plénière, 11 décembre 1946, Résolution 96.

[654] Selon cette Convention, « le génocide s'entend de l'un quelconque des actes ci-après commis dans l'intention de détruire, en tout ou en partie, un groupe national, ethnique, racial ou religieux, comme tel : a) meurtre de membres du groupe, b) atteinte grave à l'intégrité physique ou mentale de membres du groupe, c) soumission intentionnelle du groupe à des conditions d'existence devant entraîner sa destruction physique totale ou partielle, d) mesures visant à entraver les naissances au sein du groupe) transfert forcé d'enfants d'un groupe à un autre groupe ».

l'humanité du 26 novembre 1968. C'est seulement avec les tribunaux pénaux internationaux que ce crime international a reçu une application. Depuis les arrêts du TPIR dans les affaires Akayesu, Rutaganda, Musema et Kayishema[655] et du TPIY dans l'affaire Krstic[656], la répression du génocide est considérée comme une norme de *jus cogens* et la Convention sur le génocide comme faisant partie du droit international coutumier. Ainsi, celle-ci est applicable dans tous les États, y compris ceux qui ne l'ont pas ratifiée.

Bien qu'il soit devenu une infraction autonome, le génocide comporte des éléments qui recoupent d'autres infractions de droit international. Il a pour soubassement un motif discriminatoire comme le crime contre l'humanité qui est également prévu par le Statut des Chambres africaines extraordinaires.

Le crime contre l'humanité suppose une attaque généralisée et systématique dirigée contre une population civile et qui a été attentatoire aux personnes ou aux biens.

Le terme « crime contre l'humanité » est apparu pour la première fois dans une déclaration conjointe du 18 mai 1915 de la France, de la Grande-Bretagne et de la Russie, lesquels dénonçaient le massacre des Arméniens de Turquie, en parlant de « crimes de la Turquie contre l'humanité et la civilisation » [657]. La première consécration juridique de ce concept a toutefois eu lieu avec l'article 6 de la Charte du TMI de Nuremberg[658].

La gravité de ce crime a poussé les États à le rendre imprescriptible à travers la Convention du 26 novembre 1968. À partir des années quatre-vingt-dix, il a été intégré dans les statuts du TPIY et du TPIR et a été appliqué à des cas spécifiques, ce qui l'a fait évoluer. Le Statut de Rome de 1998 a étendu la définition, avec onze crimes sous-jacents visés.

Dans le Statut des Chambres, ces crimes sous-jacents sont prévus, mais leur définition ressort du droit sénégalais, comme pour le meurtre[659], ou des conventions internationales, comme pour l'enlèvement suivi de disparition[660].

---

[655] TPIR, 26 mai 2003, Procureur c. Jean Paul AKAYESU ; TPIR, 01er juin 2001, Clément KAYISHEMA et Clément RUZINDANA ; TPIR, 26 mai 2003, Procureur c. Georges E. RUTAGANDA.

[656] TPIY, 2 août 2001, Procureur c. Radislav KRSTIC (Jugement), par. 559-560 ; 19 avril 2004, Arrêt, par. 23 et 28.

[657] Jean-Paul BAZELAIRE, Thierry CRETIN, La justice pénale internationale : son évolution, son avenir, de Nuremberg à La Haye, Paris, PUF, 2000, p 13.

[658] L'article 6 de la Charte définit les crimes contre l'humanité comme étant « l'assassinat, l'extermination, la réduction en esclavage, la déportation et tout autre acte inhumain commis contre toutes populations avant ou pendant la guerre, ou bien les persécutions pour des motifs politiques, raciaux ou religieux, lorsque ces actes ou persécutions, qu'ils aient constitué ou non une violation du droit interne du pays où ils ont été perpétrés, ont été commis à la suite de tout crime rentrant dans la compétence du tribunal, ou en liaison avec ce crime ».

[659] L'homicide volontaire est prévu à l'article 280 du Code pénal sénégalais.

[660] Ce crime est prévu dans des traités internationaux, comme la Déclaration des Nations unies sur la protection de toutes les personnes contre les disparitions forcées du 18 décembre 1992.

Le crime contre l'humanité n'est pas uniquement d'ordre conventionnel, il relève aussi du droit international coutumier, car comme l'a rappelé le TPIY, « si le droit coutumier détermine le type de conflit requis pour que l'on ait un crime contre l'humanité, leur prohibition fait nécessairement partie du droit international coutumier » [661].

Au demeurant, la définition retenue par le Statut des Chambres africaines extraordinaires diffère de celle contenue dans les statuts du TPIY et du TPIR car d'une part, un lien avec un conflit armé quelconque n'est pas nécessaire, et d'autre part, l'intention discriminatoire n'est pas basée sur une appartenance nationale, ethnique, raciale ou religieuse.

Les éléments qui caractérisent cette infraction sont nettement distincts de ceux constituant le crime de guerre qui est également prévu dans le Statut des Chambres africaines extraordinaires.

Le crime de guerre suppose l'existence d'un conflit armé international ou non international à l'occasion duquel ont été commis des actes attentatoires aux personnes et aux biens bénéficiant d'une protection spéciale.

La notion de crime de guerre est la plus ancienne incrimination de crime de droit international. Elle incluait même le génocide et le crime contre l'humanité, avant que ces infractions ne deviennent autonomes. Le souci d'humanisation de la guerre n'est pas récent. Les religions révélées, comme l'Islam[662], et différentes civilisations[663] ont prévu le « *jus in bello* ».

En droit international, la notion de crime de guerre a été systématisée en 1863 par le Professeur Francis LIEBER, à travers un code. Les efforts de codification ont été poursuivis par l'IDI en 1880[664] et par les Puissances alliées après la guerre 14-18[665]. Ce n'est toutefois qu'après la Seconde Guerre mondiale, avec la création des TMI de Nuremberg et de Tokyo, qu'une définition internationale de cette infraction a été donnée[666]. Par la suite, l'adoption des Conventions de Genève de 1949, complétées par les Protocoles additionnels de 1977, a permis de cerner les actes qualifiables de violations

[661] TPIY, 07 mai 1997, Dusko TADIC, par. 623. Ce caractère coutumier lui a permis d'évoluer.

[662] Plusieurs versets du Coran traitent du droit humanitaire. Selon Gabriel MARTINEZ-GROS, « L'Islam a inventé le droit de la guerre » (Coll. 38, janvier-mars 2008, Disponible sur https://www.lhistoire.fr/lislam-inventé-le-droit-de-la-guerre).

[663] Selon Henckaerts et Doswald-Beck, les différentes civilisations ont énoncé des normes encadrant la conduite de la guerre (Jean-Marie HENCKAERTS et Louise DOSWALD-BECK, Droit international humanitaire coutumier, Vol. 1, Bruxelles, Bruylant, 2006, p. XVII).

[664] Le « Manuel d'oxford » de l'IDI de 1880 a servi de base à l'élaboration des codes et manuels militaires relatifs aux lois et coutumes de la guerre.

[665] Les puissances alliées avaient mis en place « une commission des responsabilités » pour engager la responsabilité des auteurs des violations des lois et coutumes de la guerre.

[666] L'article 6 du Statut du TMI de Nuremberg définit le crime de guerre comme étant les violations des lois et coutumes de la guerre, à savoir « l'assassinat, les mauvais traitements ou la déportation pour les travaux forcés ou pour tout autre but, des populations civiles dans les territoires occupés, l'assassinat ou les mauvais traitements des prisonniers de guerre ou des personnes en mer, l'exécution des otages, le pillage des biens publics ou privés, la destruction sans motif des villes et villages ou la dévastation que ne justifient pas les exigences militaires ».

graves du droit international humanitaire et donc de crimes de guerre. L'obligation de poursuivre et de juger les auteurs de tels actes est dès lors universellement admise. Les juridictions internationales ont diversement repris la définition du crime et ont adopté, en sus, les différentes conventions élargissant l'incrimination[667].

S'agissant des éléments constitutifs des infractions sous-jacentes, ils sont prévus soit par le Code pénal sénégalais (homicide volontaire, détention illégale…), soit par le droit international (torture et traitements inhumains, privation des prisonniers de guerre de leur droit d'être jugés équitablement, détention illégale et transfert illégal ou déplacement forcé de personnes protégées, …).

La dernière infraction introduite dans le Statut des Chambres africaines extraordinaires est la torture. Il ne pouvait en être autrement d'autant plus que ce crime, dont le caractère international a été consacré par la Convention de New York de 1948, est l'épine dorsale des poursuites menées contre Habré depuis le début des ennuis judiciaires de celui-ci. Donc, bien qu'elle puisse être une infraction sous-jacente du crime de guerre et du crime contre l'humanité, la torture mérite d'être retenue isolément. En outre, elle peut être envisagée en dehors d'une attaque généralisée ou systématique contre une population civile, et en dehors d'un conflit armé, ce qui fait que ses tentacules débordent les crimes internationaux sus-exposés. Par ailleurs, la torture est « un consensus représentatif du droit coutumier »[668], tel que rappelé par le TPIY, ce qui le rend applicable pour les faits commis au Tchad, malgré la ratification postérieure de la Convention de New York par ce pays.

En plus de donner un contenu aux infractions relevant de la compétence des Chambres, le Statut a également dégagé des règles sur la responsabilité pénale des accusés.

Il y a d'une part, le principe de la responsabilité pénale individuelle repris à l'article 10 du Statut[669]. Beaucoup de textes internationaux l'ont codifié, comme la Convention sur la répression du crime du génocide, les Conventions de Genève de 1949 et les statuts des tribunaux pénaux internationaux[670].

---

667 Le TPIY et le TPIR ont repris cette incrimination en posant une définition et en adoptant les règles dégagées par les Conventions de Genève. C'est la technique adoptée par les Chambres africaines extraordinaires.

668 TPIY, 16 novembre 1998, Delalic et consorts, par. 459.

669 L'article 10 du Statut dispose que « quiconque a commis, ordonné, planifié ou incité à commettre, ou de toute autre manière aidé et encouragé à planifier, préparer ou exécuter un crime visé aux articles 5 à 8 du présent Statut est individuellement responsable dudit crime en tant qu'auteur ou complice ».

670 Nous examinerons ce type de responsabilité en profondeur dans le Titre II de la seconde partie de notre étude.

Il y a d'autre part le principe de la responsabilité du supérieur hiérarchique contenu dans le même article[671] et également codifié au niveau international[672].

Si la culpabilité d'un accusé est retenue à l'issue du procès en vertu de ces principes de responsabilité, les Chambres appliquent l'une des deux peines principales prévues par l'article 24 du Statut, à savoir une peine d'emprisonnement à temps de trente ans au plus ou une peine d'emprisonnement à perpétuité. Les juges peuvent aussi prononcer une peine d'amende, et en pareille occurrence, il est fait recours à la loi sénégalaise autant sur la fixation des montants que sur l'exécution de ladite peine. Des peines accessoires et complémentaires peuvent également être prononcées par les juges, comme la confiscation des profits, biens et avoirs tirés directement ou indirectement des crimes prévus dans le Statut. Dans le cas d'espèce, les mesures de confiscation relèvent du droit interne de tout État où se trouvent les biens et avoirs concernés.

Les Chambres sont aussi habilitées à se prononcer sur les intérêts civils et peuvent, à ce titre, ordonner la restitution, l'indemnisation et/ ou la réhabilitation en faveur d'une partie civile. Pour rendre effective ladite réparation, les juges peuvent décider que l'indemnité accordée soit versée par l'intermédiaire du fonds créé à cet effet.

De ce qui précède, il est aisé de remarquer que le droit applicable devant les Chambres africaines extraordinaires a une nature mixte, combinant des normes internes et internationales. Cela particularise cette juridiction. Cette spécificité se prolonge jusque dans les critères de compétence de ce tribunal.

Section II : Une compétence circonscrite

La compétence des Chambres africaines extraordinaires est prévue par le Statut de ladite juridiction. En raison des faits pris en considération, à savoir les crimes commis au Tchad entre le 7 juin 1982 et le 1er décembre 1990, cette compétence a été circonscrite dans l'espace et dans le temps. Les magistrats chargés de s'y pencher ont vu aussi le champ de compétence matérielle et personnelle délimité.

Il ne pouvait en être autrement si l'on sait que les Chambres africaines extraordinaires ont été spécialement instituées à la suite de la forte pression des victimes du régime de Habré, épaulées par la communauté internationale. Son objectif étant clair, à savoir le jugement de cet ancien Chef d'État, la

[671] Le supérieur hiérarchique tombe sous le coup de l'incrimination lorsqu'il savait ou avait des raisons de savoir que ses subordonnés avaient commis ou étaient sur le point de commettre des crimes, sans pour autant prendre les mesures nécessaires pour les en empêcher antérieurement ou les punir postérieurement.

[672] Ce mode de responsabilité sera analysé dans le Titre II de la seconde partie de notre étude.

détermination des différents critères ne pouvait que baigner dans ce microcosme. Autrement, c'est une œuvre titanesque qui se présenterait et une juridiction *ad hoc* est inadéquate pour tenir ce rôle.

Ainsi, nous examinerons successivement les éléments factuels délimitant la compétence *ratione loci* et *ratione temporis* (**Paragraphe 1**) et les critères juridiques restreignant la compétence *ratione materiae* et *ratione personae* (**Paragraphe 2**).

Paragraphe 1 : Les éléments factuels délimitant la compétence spatiotemporelle

Les Chambres africaines extraordinaires au sein des juridictions sénégalaises ont été instituées par l'Union africaine pour connaître uniquement de faits susceptibles d'être qualifiés de crimes internationaux, commis au Tchad entre le 7 juin 1982 et le 1er décembre 1990, au moment où Monsieur Hissein HABRE était aux commandes de ce pays.

Ces faits déférés devant les Chambres sont complexes et diversifiés[673]. Ils se sont déroulés sur près d'une dizaine d'années à divers endroits du vaste territoire tchadien. Dès lors, pour mieux en spécifier les circonstances de temps et de lieu (**B**), il importe de préciser, de prime abord, le contexte géographique et historique dans lequel ils s'inscrivent (**A**).

A. Le contexte géographique et historique

Pour mieux cerner la compétence *ratione loci* et celle *ratione temporis* des Chambres africaines extraordinaires au sein des tribunaux sénégalais, il est important de connaître la phase prodromique des faits qui ont été déférés devant celles-ci. En effet, la connaissance de la géographie et de l'histoire du Tchad ainsi que les conditions de l'accession de celui dont l'exercice du pouvoir, de 1982 à 1990, a justifié l'érection d'un tribunal spécial, sont incontournables.

Situé au cœur de l'Afrique sans bordure maritime, l'État du Tchad a une superficie de 1 284 000 km², ce qui en fait le cinquième pays le plus vaste du continent[674]. De 1980 à 1990, sa population était passée de 4 477 000 à 5 552 000 habitants. La distance séparant les frontières septentrionale et méridionale fait plus de 2000 kilomètres et celle séparant les frontières orientale et occidentale fait plus de 1 000 kilomètres. Il est limité au nord par la Libye, au sud par la République centrafricaine et le Cameroun, à l'est par

---

[673] Certains de ces faits ont été poursuivis et jugés au Tchad et Monsieur Hissein HABRE a été condamné, par contumace, à la peine capitale. Mais ce procès n'a pas emporté l'adhésion de la communauté internationale.

[674] Le Tchad est le 5e pays le plus vaste d'Afrique après l'Algérie (2.381.471 km²), la RDC (2.345.409 km²), le Soudan (1.886.068 km²) et la Libye (1.759.540 km²).

le Soudan et à l'ouest par le Niger et le Nigeria. Le pays a trois zones naturelles, mais comptait quatorze régions sous la présidence de Monsieur Hissein HABRE. Les régions naturelles sont la zone saharienne ou désertique (600 000 km²), la zone sahélienne et la zone soudanaise.

Dans ces vastes étendues, cohabitent près de 200 groupes linguistiques et ethniques dont certains se distinguent nettement des autres, pour avoir été au cœur de l'histoire politique tchadienne depuis un demi-siècle.

Il y a ainsi les Arabes (de souche, métissés et négro-africains arabisés) qui représentent 30 % de la population totale et qui occupent principalement le nord (nord-ouest du Kanem), le centre (Batha, Guéra, Chari-Baguirmi et nord du Ouaddaï) et le sud-est (Salamat). Ils ont été pris entre le marteau et l'enclume lors du conflit opposant le Tchad à la Libye. Les Toubous ou Goranes sont au nord avec les Tedas et les Dazas et font 6 % de la population. Monsieur Hissein HABRE est issu de ce groupe ethnique. Les Hadjerais, qui représentent 8,5 % de la population, peuplent la région montagneuse du Guéra dans le centre est. Les Zaghawas vivent à la frontière soudanaise, notamment à Biltine. Les Hadjerais et les Zaghawas ont été les alliés de Habré, avant de lui tourner le dos successivement. Le Président Idriss DEBY ITNO, remplaçant du sieur Habré à la tête de l'État tchadien, est issu de l'ethnie Zaghawa. Autour du lac Tchad, se trouvent les Buduma et au sud, les Sarahs, Mundanes et Massas qui font ensemble 46 % de la population installés sur 10 % du territoire. Les Sudistes ont dominé le Tchad au début de l'Indépendance, avant d'être relégués au second plan.

Le Tchad est un pays rythmé par les conflits armés, depuis son accession à l'indépendance le 11 août 1960. Le premier Président, François Ngarta TOMBALBAYE, avait dû faire face aux clivages entre les élites du nord et celles du sud. Il était, en partie, responsable de cette situation, pour avoir réprimé et arrêté des cadres et dignitaires nordistes lors des manifestations publiques de septembre 1963, et pour avoir mis en avant une politique régionaliste dite d'authenticité nationale valorisant les coutumes ancestrales des Sudistes, dont l'ethnie Sarah auquel il appartient.

Suite à la guerre civile qui avait éclaté en 1965 entre le nord et le sud, le Front de Libération Nationale du Tchad (FROLINAT), fondé par Ibrahima ABACHA, avait vu le jour le 22 juin 1966 à Nyala au Soudan. Le Président tchadien avait dû faire appel à l'Armée française qui était intervenue en 1969 contre les rebelles et indirectement contre la Libye du Colonel Mouammar GADDAFI, principal soutien du FROLINAT, mais intéressé aussi par la bande d'Aouzou[675]. La menace croissante de cette rébellion, dont le bureau politique était établi à Tripoli en Libye, avait obligé Tombalbaye à entamer une politique nationale de réconciliation en 1971 et à charger Monsieur Hissein HABRE, un haut fonctionnaire, d'une mission en Libye auprès du chef coutumier des Toubous, le Derdei Oueddei KOCHIDEMI, lequel était

[675] La bande d'Aouzou est une zone de 114.000 km² située à la frontière tchado-libyenne.

aussi le père du rebelle Goukouni OUEDDEI. Contre toute attente, Monsieur Hissein HABRE s'était allié au Docteur Abba SIDDICK, Secrétaire général du FROLINAT, avant de lui tourner rapidement le dos pour se joindre à Goukouni OUEDDEI avec qui il avait fini par mettre sur pied, le 25 avril 1972 à Goumour, le Conseil de Commandement des Forces Armées du Nord (CCFAN). Par la suite, Goukouni OUEDDEÏ, d'ethnie Teda, avait exclu son rival Hissein HABRE le 18 octobre 1976 et avait créé les Forces Armées Populaires (FAP) avec le soutien de la Libye. Habré, d'ethnie Gorane, avait alors créé les Forces Armées du Nord (FAN) avec l'appui du Soudan, et un an après l'annexion de la bande d'Aouzou par la Libye, soit le 21 avril 1974, il avait pris en otage, dans le désert du Tibesti, trois Européens, à savoir le médecin allemand Christophe STAEWEN, l'archéologue française Françoise CLAUSTRE et le mécanicien français Marc COMBE. Cette prise d'otage allait permettre à Habré de sortir de l'anonymat et de financer son mouvement grâce aux rançons. Le Capitaine français Galopin, venu négocier leur libération, avait été enlevé en juillet 1974, puis torturé et exécuté. L'année suivante, à la date du 13 avril, le président François Ngarta TOMBALBAYE avait été renversé et tué par une junte militaire de sudistes qui avait fait libérer le Général Félix MALLOUM pour le porter à la tête de l'État tchadien. En 1976, Habré avait rallié le gouvernement du Président Malloum qui le nomma ensuite Premier ministre à la faveur de l'accord de Khartoum de 1978, mais aussi pour contrer les troupes de Oueddeï qui avaient repris leurs offensives en 1977. Monsieur Hissein HABRE, nommé le 29 août 1978, avait formé un gouvernement d'Union Nationale de Transition (GUNT) deux jours plus tard, mais au bout de quelques mois, en 1979, une guerre civile avait éclaté entre les Forces Armées Tchadiennes (FAT) loyales au Président Malloum et les troupes de Habré, lesquels s'étaient emparées de N'Djamena et avaient renversé Malloum.

Cet épisode allait provoquer l'implication de l'OUA qui avait organisé, en août 1979, une conférence de réconciliation à Lagos, suivie de la mise en place d'un nouveau GUNT, avec Goukouni OUEDDEI comme Président de la République, le Colonel Abdelkader Wadal KAMOUGUE comme Vice-Président et Monsieur Hissein HABRE comme ministre d'État à la Défense puis comme Premier ministre. Malheureusement, comme les précédentes coalitions, celle-ci allait faire place à « *la guerre des neuf mois* » déclenchée le 21 mars 1980 par Monsieur Hissein HABRE contre les autres membres du GUNT[676]. Le coup d'État contre Oueddeï avait échoué grâce à l'intervention armée de la Libye avec laquelle Oueddeï avait annoncé une fusion en 1981. Néanmoins, Monsieur Hissein HABRE avait rééquipé et réorganisé ses troupes et était parvenu à prendre le pouvoir le 7 juin 1982, après une année

[676] La guerre dite « *des neufs mois* » a opposé les troupes de Habré à celles du Président Malloum et ce dernier, défait, s'était exilé au Nigeria.

de combats et malgré la présence sur le terrain de la Force d'Interposition Africaine (FIA) composée de Sénégalais, de Nigérians et de Zaïrois[677].

La connaissance de ce contexte géographique et historique est primordiale pour cerner les évènements qui ont été le théâtre des exactions reprochées à Habré. Ces évènements ont une séquence temporelle et une dimension spatiale précises.

B. Les circonstances de temps et de lieu

Les éléments factuels qui ont déterminé la compétence *ratione loci* et *ratione temporis* des Chambres africaines extraordinaires ont un lien indissociable avec l'exercice du pouvoir par Monsieur Hissein HABRE.

Ce dernier n'avait pas pu faire l'unanimité et fédérer les différentes composantes d'un pays fortement marqué par un tribalisme chronique. Il s'était plutôt attelé à conserver son pouvoir à tout prix. Il avait instauré le monopartisme en dissolvant le CCFAN, le 22 juin 1984, pour fonder l'Union Nationale pour l'Indépendance et la Révolution (UNIR). Au nord comme au sud, des conflits épisodiques avaient éclaté. Dans la partie méridionale, zone de repli des Forces Armées du Tchad (FAT), qui vivaient dans une quasi-autonomie sous la coupe du Comité Permanent dirigé par le Colonel Kamougué, Habré avait entamé une campagne dite de pacification, trois mois après son coup d'État. En réalité, ses troupes procédaient à des pillages, des arrestations arbitraires et d'autres exactions qui avaient fini par provoquer la naissance de la rébellion des CODOS[678], ce qui allait plonger la zone dans une guerre intermittente de 1983 à 1987. Dans la partie septentrionale, en 1983 puis en 1986, les troupes de Habré s'étaient affrontées aux forces de Oueddeï soutenues par la Libye et qui avaient eu à former un gouvernement parallèle à Faya-Largeau, ville natale de Habré, qu'ils avaient conquise le 24 juillet 1983, perdue le 29 juillet et reprise le 10 août de la même année. Entre-temps, à savoir le 30 juillet, sept ministres du GUNT, de nombreux officiers et des civils avaient été exécutés par les FANT, tandis que d'autres ministres avaient été arrêtés et transférés avec 150 autres personnes pour être exécutés près de la ville. Le 10 août 1983, Habré avait réussi à obtenir l'intervention de la France, laquelle avait repoussé Oueddeï grâce à l'Opération « *Manta* » avant de signer, le 17 septembre 1984, un accord avec la Libye pour le retrait de leurs forces respectives. Toutefois, moins de deux années plus tard, soit le 16 février 1986, la Libye avait repris l'offensive, obligeant la France à bombarder l'aéroport de Ouadi-Doum et à déployer de nouvelles troupes à

---

677 Le déploiement d'une force d'interposition avait été décidé lors de la XVIIIe Conférence des chefs d'États de l'OUA tenue à Nairobi au Kenya en juin 1981 (Résolution AHG/RES-IO2 (XVIID/ Rev.1).

678 CODOS est un diminutif de « Commandos du sud ». il s'agissait de plusieurs comités d'auto- défense dont les principaux dirigeants étaient Abdel Kader Wadal KAMOUGUE, Pierre TOKINON et Kotiga GUIRINA.

N'Djamena dans le cadre de l'Opération « *Épervier* ». En 1987, le conflit armé était devenu international, mettant en scène la Libye contre le Tchad soutenu par la France et les États-Unis. Cette intervention étrangère avait contraint les troupes libyennes à se retirer du pays, à l'exception de la bande d'Aouzou.

Parallèlement à ces différents conflits et pour ne pas perdre son pouvoir précaire comme ses prédécesseurs, Monsieur Hissein HABRE avait mis sur pied plusieurs structures de surveillance, de renseignement et de répression. Il en était ainsi de la Direction de la Documentation et de la Sécurité (DDS), des Renseignements Généraux (RG), de la Sécurité Présidentielle (SP), du Service d'Investigation Présidentielle (SIP), de la Brigade Spéciale d'Intervention Rapide (BSIR) et de l'Union Nationale pour l'Indépendance et la Révolution (UNIR).

La DDS, rendue tristement célèbre par ses enlèvements, ses arrestations massives, ses centres de détention, ses tortures et ses exécutions sommaires, occupait un bâtiment et une piscine, l'un servant de bureaux et l'autre de prison. Elle dépendait du Président Hissein HABRE, lequel disposait du pouvoir de nomination, de révocation et de contrôle et ses agents étaient soumis à une séance de prestation de serment. Les RG étaient une entité de la Direction de la Sûreté nationale qui était rattachée au Ministère de l'Intérieur et de l'Administration du Territoire. Le SIP était un service de renseignements parallèle rattaché à la Présidence de la République. La SP était une protubérance des FANT composée essentiellement des membres de la tribu du Président. L'UNIR, parti unique, était aussi un appareil de renseignements et d'oppression, doté de miliciens.

Cet appareil répressif était responsable de plusieurs exactions, dont la plupart étaient commises dans leur réseau de lieux de détention secrets, comme la « piscine » (prison souterraine de la DDS), « les locaux », « le camp des martyrs », la prison du Camp de la gendarmerie, la prison de la Présidence, la prison de BSIR, la prison de Moursal et la maison d'arrêt de N'Djamena. Les prisons des régions servaient de lieu de séjour des opposants arrêtés, avant leur transfèrement vers la capitale.

Toutes ces prisons surpeuplées avaient été successivement alimentées par des arrestations massives d'opposants, de Sudistes, d'Arabes et de membres des ethnies Hadjerai et Zaghawa.

Concernant les opposants politiques, c'est l'entité de la DDS, nommée « Service Mission Terroriste », qui était chargée de les arrêter ou de les tuer.

Au sud du pays, de nombreux meurtres, arrestations, viols, tortures et pillages avaient été commis à partir du 6 septembre 1982 par les FAN. Cette période, dénommée « *septembre noir* », avait été marquée par l'exécution de plusieurs civils. De septembre 1983 à avril 1984, lors des pourparlers entre le Gouvernement tchadien et les CODOS, de nombreux individus avaient été arrêtés et sommairement exécutés. Pour d'autres, leur enlèvement avait été suivi de disparition.

Concernant les Arabes, ils étaient soupçonnés de liens avec la Libye et étaient ainsi victimes d'arrestations et de tortures. Ils avaient mis en place le mouvement armé du Conseil Démocratique Révolutionnaire (CDR), une faction du GUNT dirigée par Açyl Ahmat AKHABACH, ce qui avait accentué les représailles contre leur groupe ethnique. Ces exactions s'étaient davantage intensifiées de 1982 à 1984 lors des conflits armés au nord du pays. En août 1983, parmi le millier de prisonniers de guerre du GUNT, il y avait plusieurs Arabes, de même que parmi les cent cinquante-trois personnes exécutées au village d'Ambing à 25 kilomètres de N'Djamena. Beaucoup d'autres avaient trouvé la mort en détention.

S'agissant des Hadjerais, ils étaient des alliés avant de devenir des ennemis du Président Habré[679]. C'est ainsi qu'ils avaient mis sur pied le Mouvement pour le Salut National du Tchad (MOSANAT) le 26 octobre 1986. En 1987, ce mouvement dirigé par le Colonel Maldoum Bada ABBAS avait subi une offensive anti-insurrectionnelle dans la préfecture du Guéra, et des dizaines de Hadjerais avaient été arrêtées et brûlées vives en public. À partir de mars 1987, les membres de cette ethnie avaient subi une répression brutale avec des vagues d'arrestation sur tout le territoire tchadien, principalement à l'est (Abéché, Biltine, Oum Hadjer), au centre (Mongo, Bikine et Meiji), au sud (Moundou et Sarh) et à N'Djamena[680].

À l'instar des Hadjerais, les Zaghawas, qui avaient fini par se révolter contre la « goranisation » du pouvoir de Habré, avaient initié le mouvement du 1er avril 1989, avec la dissidence de trois ténors du régime, à savoir Hassan DJAMOUS, Commandant en chef des FANT, Idriss DEBY ITNO, Conseiller militaire à la Présidence et Ibrahim Mahamat ITNO, ministre de l'Intérieur. Leur coup d'État manqué avait causé des arrestations massives de Zaghawas dans plusieurs localités, à l'est (Biltine, Abéché, Am-Timan, Iriba et Tim), au sud (Moundou et Sarh), au nord (Ouadi-Doum, Faya et Ounianga Kebir), à la frontière tchado-soudanaise, mais aussi à N'Djamena[681].

En dehors des Tchadiens qui alimentaient quotidiennement les prisons[682], il y avait des étrangers parmi lesquels ont été dénombrés, selon la Commission nationale d'enquête, six Camerounais, cinq Libyens, quatre Centrafricains, deux Sénégalais, deux Nigériens, un Malien, un Nigérian, un Zaïrois, un Éthiopien, un Syrien, un Yéménite et une Française[683].

La plupart des personnes victimes d'arrestations arbitraires voyaient leurs biens confisqués illégalement au profit de la DDS. Certaines étaient portées

[679] Ils étaient remontés contre la « goranisation » du pouvoir et par la « mort », en 1984, du ministre des Affaires étrangères d'ethnie Hadjerai, Idriss MISKINE.

[680] Amnesty International, Tchad. Violations des droits de l'homme en 1988 et pendant le premier semestre 1989, pp. 9-10.

[681] Amnesty International, Rapport annuel sur l'année civile 1990-1991, p. 264.

[682] Les archives de la DDS font état de 100 détenus le 05 août 1983, 238 le 02 juillet 1985, 511 le 03 avril 1986, 210 le 17 janvier 1987 et 102 le 08 février 1988.

[683] Rapport de la Commission d'enquête nationale, Op. cit., p.69.

disparues, probablement exécutées ou mortes à cause des conditions de détention inhumaines et dégradantes ou de la torture systématique. La mortalité dans les prisons secrètes avait connu un pic entre le 1er septembre 1985 et le 31 janvier 1987, selon l'expert Patrick BALL, lequel avait conclu, dans un rapport produit devant les Chambres africaines extraordinaires, que « dans les prisons de la DDS (elle) fut substantiellement plus élevée que celle des pires contextes du vingtième siècle de prisonniers de guerre »[684].

Tous ces faits commis durant les huit années de la présidence de Habré, à divers endroits du Tchad, entrent dans le champ de compétence des Chambres, pourvu qu'ils soient constitutifs de crimes internationaux. En déterminant implicitement les éléments factuels que ces dernières doivent connaître, l'Union africaine a voulu être pragmatique.

En dehors de la compétence *ratione loci* et *ratione temporis*, le Statut des Chambres africaines extraordinaires a également circonscrit la compétence *ratione materiae* et *ratione personae*.

Paragraphe 2 : Les critères juridiques restreignant les compétences matérielle et personnelle

Les faits relatés ci-dessus, qui délimitent la compétence spatiotemporelle des Chambres africaines extraordinaires, recèlent beaucoup d'infractions impliquant plusieurs auteurs, coauteurs et complices. Certains crimes et délits relevaient des lois pénales tchadiennes en vigueur au moment de leur commission. D'autres infractions entrent dans le champ du droit international pénal, domaine où la plupart des États africains, dont le Tchad, ont un vide juridique à combler. La nature et les circonstances dans lesquelles ces exactions ont été commises du 7 juin 1982 au 1er décembre 1990 interpellent davantage le droit international que le droit interne. En outre, le système judiciaire du Tchad ne semblait pas assez solide et outillé pour connaître des crimes très graves qui avaient été relevés par la Commission nationale d'enquête, dans son rapport de mai 1992, d'autant plus que d'éventuels auteurs, coauteurs ou complices avaient longtemps continué à occuper des positions stratégiques dans l'appareil d'État. Ces éléments ont déteint sur la compétence *ratione materiae* (**A**) et *ratione personae* (**B**) des Chambres africaines extraordinaires au sein des juridictions sénégalaises, de sorte que la première est précise, contrairement à la seconde.

A. Une compétence *ratione materiae* précise

Le Statut des Chambres africaines extraordinaires prévoit, en son article 3, que celles-ci « sont habilitées à poursuivre et juger le ou les principaux

---

684 Patrick BALL, Rapport d'expertise sur la mortalité dans les prisons de la DDS au Tchad, 1985-1988, 24 Août 2014.

responsables des crimes et violations graves du droit international, de la coutume internationale et des conventions internationales ratifiées par le Tchad ».

Les infractions dont il s'agit ont été clairement exposées dans le Statut, tant dans leurs intitulés que dans leurs éléments constitutifs. En effet, les crimes relevant de la compétence des Chambres africaines extraordinaires sont indiqués à l'article 4 du Statut. Ainsi, cette juridiction connaît du génocide, des crimes contre l'humanité, des crimes de guerre et de la torture. Ces différentes infractions ont été définies dans le même texte qui a repris, en substance, la doctrine et la jurisprudence internationales.

Le génocide est défini à l'article 5 du Statut comme étant « l'un quelconque des actes ci-après, commis dans l'intention de détruire, en tout ou en partie, un groupe national, ethnique, racial ou religieux, comme tel : l'homicide volontaire de membres du groupe, l'atteinte grave à l'intégrité physique ou mentale de membres du groupe, la soumission intentionnelle du groupe à des conditions d'existence devant entraîner sa destruction physique totale ou partielle, les mesures visant à entraver les naissances au sein du groupe, le transfert forcé d'enfants du groupe à un autre groupe »[685].

Il s'agit d'une définition classique (*actus reus* + *dolus specialis*) résultant de la conception actuelle dégagée par la doctrine et la jurisprudence internationales[686].

En ce qui concerne le crime contre l'humanité, l'article 6 du Statut dispose qu'il est constitué par « l'un des actes ci-après commis à l'occasion d'une attaque généralisée ou systématique lancée contre toute population civile : le viol, l'esclavage sexuel, la prostitution forcée, la stérilisation forcée ou toute autre forme de violence sexuelle de gravité comparable ; l'homicide volontaire ; l'extermination ; la déportation ; le crime d'apartheid ; la réduction en esclavage ou la pratique massive et systématique d'exécutions sommaires, d'enlèvement de personnes suivi de leur disparition ; la torture ou les actes inhumains causant intentionnellement de grandes souffrances ou des atteintes graves à l'intégrité physique ou à la santé physique et psychique inspirées par des motifs d'ordre politique, racial, national, ethnique, culturel, religieux ou sexiste ».

Le terme attaque, contrairement aux lois de la guerre, renvoie à toute opération dirigée contre une population civile, prise comme cible principale. Elle est généralisée, lorsqu'elle est menée à grande échelle contre un grand nombre de victimes et est systématique lorsqu'elle est « soigneusement organisée selon un modèle régulier, en exécution d'une politique concertée

---

[685] Le Statut des Chambres africaines extraordinaires semble être muet sur les crimes « inchoatifs », à savoir l'incrimination de l'expression verbale susceptible de provoquer ou d'influencer la commission du crime, même si ledit crime n'a pas été consommé, contrairement aux statuts du TPIY, du TPIR et de la CPI.

[686] Pour la complicité de génocide, ce sont les trois formes matérielles qui sont concernées, à savoir la fourniture de moyens, l'aide ou assistance et l'instigation.

mettant en œuvre des moyens publics et privés considérables »[687]. Ce type d'attaque doit avoir un lien avec l'un des crimes énumérés[688] et doit viser une population civile[689], pour que l'infraction soit consommée[690]. Ainsi, comme en droit international humanitaire, la qualité de « civil » est conférée à toute personne qui ne participe pas aux hostilités[691].

Ces éléments matériels, commis intentionnellement, consomment le crime contre l'humanité. En l'espèce, l'élément moral ou « *mens rea* » découle de la connaissance, par l'auteur, de l'existence de l'attaque généralisée ou systématique contre une population civile et du lien entre cette attaque et l'acte commis[692].

Les crimes sous-jacents sont définis par le droit interne (viol, homicide, ...) ou par le droit international (enlèvement suivi de disparition, déportation, ...) comme la Déclaration des Nations unies sur la protection de toutes les personnes contre les disparitions forcées du 18 décembre 1992.

Pour le crime de guerre, l'article 7 du Statut prévoit qu'il est constitué par « l'un des actes ci-après lorsqu'il concerne des membres des forces armées, des prisonniers de guerre ou des civils ou des biens protégés par des dispositions des conventions de Genève du 12 août 1949 : l'homicide volontaire ; la torture ou les traitements inhumains, y compris, les expériences biologiques ou causant intentionnellement de grandes souffrances à l'intégrité physique et psychique ; la destruction et l'appropriation des biens, non justifiées par des nécessités militaires et exécutées sur une grande échelle de façon illicite et arbitraire ; le fait de contraindre un prisonnier de guerre ou toute autre personne protégée à servir dans les forces armées ; le fait de priver un prisonnier de guerre ou toute autre personne protégée de son droit d'être jugé régulièrement et impartialement ; la déportation ou le transfert illégal ou la détention illégale ; la prise d'otages ».

Ce même article prévoit que les Chambres sont compétentes pour juger les personnes ayant commis des violations graves de l'article 3 commun aux Conventions de Genève du 12 août 1949 pour la protection des victimes en

---

687 TPIR, 02 septembre 1998, Jean-Paul AKAYESU, par. 580 ; TPIY, 03 mars 2000, Tihomir BLAKIC, p. 70.

688 Le lien entre l'attaque et les crimes ne nécessite pas que ces derniers soient perpétrés dans la période de l'attaque (TPIY, 22 février 2001, Dragoljub KUNARAC, pp. 131 et s.).

689 « Population civile » renvoie aux victimes qui ne sont pas membres des forces armées. En cas de doute, les victimes sont considérées comme étant des civils (TPIR, 07 juin 2001, Procureur c. Baglishema, par. 80).

690 TPIY, 22 février 2001, Dragoljub KUNARAC, Op. cit.

691 Cela est prévu par les articles 43 et 50 du Protocole Additionnel I et 4 de la troisième Convention de Genève.

692 Pour le TPIY, à défaut d'aveu, l'élément moral peut s'inférer des autres éléments factuels.

temps de guerre et du Protocole additionnel II auxdites Conventions du 8 juin 1977[693].

Pour retenir une telle infraction, le lien étroit entre l'acte commis et l'existence d'un conflit armé doit être caractérisé[694], de même que la qualité des personnes et les biens atteints[695]. L'article 7 du Statut distingue implicitement les infractions commises dans le contexte d'un conflit armé international (paragraphe 1) et celles commises dans le cadre d'un conflit armé non international (paragraphe 2).

Le droit international considère comme conflits armés internationaux les conflits armés interétatiques[696], les conflits armés découlant d'une occupation[697] et les guerres de libération nationale[698].

Le conflit armé non international est implicitement prévu par l'article 7-2 du Statut des Chambres qui renvoie à l'article 3 commun aux Conventions de Genève de 1949 et l'article 1 du Protocole additionnel II de 1977. Au regard de l'article 3, un conflit armé a un caractère non international s'il oppose soit un ou des groupes armés à un État, soit des groupes armés entre eux et que le niveau de violence a atteint un certain seuil. Au sens du Protocole additionnel II, un conflit armé a un caractère non international s'il se déroule sur le territoire d'un État et oppose des forces armées dissidentes ou des groupes armés organisés exerçant, sur une partie du territoire de l'État national, un contrôle tel qu'il leur permet de mener des opérations continues et concertées. Le niveau d'intensité élevé des violences est également requis pour faire le départ d'avec les tensions internes ou les troubles intérieurs.

Les personnes et biens protégés sont les membres des forces armées, les prisonniers de guerre et les civils ainsi que les biens énumérés par les Conventions de Genève du 12 août 1949[699].

Comme pour le crime contre l'humanité, les infractions sous-jacentes sont définies par le Code pénal sénégalais (homicide volontaire, détention

---

693 Le Statut ne prévoit pas, à l'instar de la CPI, les autres violations graves des lois ou coutumes de la guerre relatives aux moyens et méthodes liés à la conduite des hostilités.

694 TPIY, 12 Juin 2002, Procureur c. Drogoljub KURANAC, Radomir KOVAC et Zoran VUKOVIC, par. 59 ; TPIR, 26 mai 2003, Procureur c. Georges E. RUTAGANDA, par. 570).

695 TPIR, 02 septembre 1998, Akayesu, par. 629.

696 Prévus par l'article 2 alinéa 1 commun aux Conventions de Genève, les conflits armés interétatiques peuvent revêtir la forme d'une confrontation directe entre États ou celle de l'intervention d'un État tiers dans un conflit armé interne.

697 Cette situation est prévue par l'article 2 alinéa 2 commun aux Conventions de Genève, mais aussi par l'article 42 du Règlement de la Haye de 1907 qui dispose qu' « un territoire est considéré comme occupé lorsqu'il se trouve placé de fait sous l'autorité de l'armée ennemie ».

698 L'article 1 du Protocole 1 additionnel aux Conventions de Genève, qui n'est pas visé par le Statut des Chambres africaines extraordinaires, assimile aux conflits armés internationaux « les conflits armés dans lesquels les peuples luttent contre la domination coloniale et l'occupation étrangère et contre les régimes racistes dans l'exercice du droit des peuples à disposer d'eux-mêmes ».

699 Ce sont les biens à caractère civil, à savoir tous les biens qui ne sont pas des objectifs militaires (article 52 du Protocole additionnel I aux Conventions de Genève).

illégale...) ou par les conventions internationales (torture, privation des prisonniers de guerre de leur droit d'être jugés équitablement, transfert illégal ou déplacement forcé de personnes protégées, ...).

La dernière infraction relevant de la compétence des Chambres africaines extraordinaires est la torture. En plus d'être prévue comme un crime sous-jacent du crime de guerre ou du crime contre l'humanité, cette infraction est aussi érigée en crime autonome.

Dans le Statut, la torture « désigne tout acte par lequel une douleur ou des souffrances aiguës, physiques ou mentales, sont intentionnellement infligées à une personne aux fins notamment d'obtenir d'elle ou d'une tierce personne des renseignements ou des aveux, de la punir d'un acte qu'elle ou une tierce personne a commis ou est soupçonnée d'avoir commis, de l'intimider ou de faire pression sur elle ou d'intimider ou de faire pression sur une tierce personne, ou pour tout autre motif fondé sur une forme de discrimination quelle qu'elle soit, lorsqu'une telle douleur ou de telles souffrances sont infligées par un agent de la fonction publique ou toute autre personne agissant à titre officiel ou à son instigation ou avec son consentement exprès ou tacite ».

À la différence du Statut de la CPI qui n'intègre pas la qualité officielle de l'auteur de l'acte de torture, celui des Chambres africaines est conforme à la Convention de New York de 1948. Le libellé conforte, par ailleurs, la conception du TPIY selon laquelle les agents officiels ou agissant à titre officiel peuvent ne pas être des agents des États, afin que ceux des entités non étatiques, impliqués dans des cas de torture, puissent être sanctionnés.

Ces quelques infractions restreignant la compétence matérielle n'ont pas forcément toutes été commises durant le règne de Monsieur Hissein HABRE. Il revient aux magistrats des Chambres africaines extraordinaires de subsumer les faits à ces crimes et de retenir, à partir des éléments constitutifs constants, ceux pour lesquels les personnes à juger pourraient être condamnées. En ce qui concerne ces justiciables, le Statut les désigne en des termes vagues.

B. Une compétence *ratione personae* imprécise

La revue des infractions relevant de la compétence des Chambres africaines extraordinaires nous a permis de mieux cerner la compétence *ratione materiae*. Celle-ci est précise, contrairement à la compétence *ratione personae*. Le Statut dispose que les justiciables de cette juridiction sont les auteurs, coauteurs ou complices des infractions sus-exposées. L'article 3 du Statut indique que seuls « les principaux responsables » sont traduits devant les Chambres. Cette formule limite certes la compétence *ratione personae*, mais elle reste imprécise car cela permet à plusieurs autres auteurs, coauteurs et complices de se soustraire à l'action de la justice. Cette « sélection » a fait que seuls les mis en cause qui ont occupé certains postes de responsabilité dans l'appareil d'État sont justiciables de cette juridiction, même s'il n'est pas évident de les viser sans risque d'omission.

Au premier chef, se trouve celui vers qui tous les regards se tournent et qui a principalement justifié l'institution d'une telle juridiction internationalisée, à savoir Monsieur Hissein HABRE.

L'ancien président de la République du Tchad, du 7 juin 1982 au 1er décembre 1990, a dirigé son pays d'une main de fer et plusieurs exactions lui ont été reprochées, ainsi qu'à ses collaborateurs. La Commission nationale d'enquête, mise en place aussitôt après sa chute, avait fait état de dizaines de milliers de victimes et d'ayants droit de victimes.

Hissein HABRE, qui avait la haute main sur les structures qu'il avait créées, à savoir la DDS, les FANT, les RG, la SP, le SIP, la BSIR et l'UNIR, leur ordonnait ou les laissait se livrer à toutes sortes de crimes et violations graves du droit international. Il recevait des comptes rendus réguliers de ces forfaits commis sur des groupes ethniques comme les Hadjerais, les Zaghawas et les Arabes, mais aussi sur des ressortissants du sud du pays et sur les opposants politiques.

Il s'était appuyé sur les quatre directeurs successifs de la DDS, à savoir Younous SALEH, Guihini KOREI, Ahmat ALLATCHI et Toké DADY, mais aussi sur les principaux responsables des différents services, à savoir, Mahamat DJIBRINE El Djonto, Abakar Torbo RAHMA, Djada El Hadj MALLAH, Abbas ABOUGRENE, Doudet Yalade BANG, Mahamat Moussa ADOUM, Samuel YALDE, Abdelkader HASSAN dit Rangers, Moussa Outman ABDERAMANE, Ali NOKOURI, Chah ALLANGA, Albdelkadré KOCHE, Brahim DJIDDA, Mahamat FADIL, Nodjigoto HAUNAN, Touka HALIKI, Mahamat WAKAYE et Idriss DEBY ITNO.

Parmi ces nombreux responsables de premier plan des exactions commises durant les huit années de règne absolu de Habré, certains ont été directement visés par les poursuites entreprises par les Chambres africaines extraordinaires. Il s'agit de Younous SALEH, Guihini KOREI, Mahamat DJIBRINE El Djonto, Abakar Torbo RAHMA et Zakaria BERDEI.

Younous SALEH, qui avait dirigé la DDS pendant quatre années, avait activement participé à la politique de répression. Il avait eu à occuper des postes de responsabilité jusqu'à sa condamnation en 2015 aux travaux forcés à perpétuité par la Cour d'appel de N'Djamena.

Guihini KOREI, neveu de Habré, avait exercé au sein de la BSIR, des RG, du SIP et de la DDS, dernière structure qu'il avait dirigée de 1987 à juillet 1989. Il a été condamné par contumace en 2008, par la Cour criminelle de N'Djamena, suite à l'échec d'un coup d'État.

Mahamat DJIBRINE El Djonto avait servi à la BSIR et à la DDS comme Chef du service Contre-espionnage, Coordonnateur de la documentation, Commissaire à la Commission d'investigations et Chef du service Mission Terroriste. Il avait occupé des fonctions au Service d'identification de la Police et avait même fait partie, en 2005, des agents du Tchad envoyés à

Abidjan en Côte d'Ivoire pour une mission onusienne. Il a été arrêté suite à un mandat d'arrêt du Doyen des juges du Tribunal de Première Instance de N'Djamena.

Abakar Torbo RAHMA était le contrôleur des prisons. Il a été identifié comme tortionnaire par des victimes et témoins. Il était aussi chargé de faire établir de faux certificats de décès pour dissimuler les causes réelles des décès de nombreux détenus.

Zakaria BERDEI était le responsable de la DDS dans la zone sud. Il y coordonnait la répression. Après le départ de Habré, il avait exercé les fonctions de Préfet à Abéché.

À part ces personnes poursuivies par les Chambres africaines extraordinaires, d'autres personnages centraux dans le régime de répression de Habré n'ont pas été inquiétés par cette juridiction internationale. On peut citer, à ce propos, certains de ceux qui ont été inculpés dans la procédure d'information ouverte en 2000 par le Juge d'instruction du premier cabinet du Tribunal de grande instance de N'Djamena et qui ont été condamnés par la Cour d'appel de N'Djamena pour les chefs d'assassinats, de tortures, de séquestrations, de détentions arbitraires, de coups et blessures volontaires, de coups et blessures volontaires mortels et autres actes de barbarie[700]. Ainsi, sans risquer de se heurter à la règle du « *non bis in idem* », ceux-ci pouvaient bien être poursuivis et jugés par les Chambres pour les chefs de crimes contre l'humanité, de crimes de guerre et de torture, dès lors qu'ils ont tous été formellement identifiés par des témoins et victimes. Il en est ainsi d'Abdelkader KOCHE et de Nodjigoto HAUNAN, anciens directeurs de la Sûreté nationale et l'adjoint Mahamat Wakaye MAHAMAT, de Laoutaye Nestor MBAIKOUBOU, Directeur adjoint de la DDS, et des chefs de différents services de la DDS, à savoir Abdelkerim IBEDOU, Abdelkerim HASSANE dit Rangers, Boukari Moussa MBODOU, Khalil DJIBRINE, Samuel YALDE, Abbas Abougrene DAOUD, Ali Mahamat SEID dit Yek, Modinguem Gérôme NODJINAN et Fadoul Ali WAROU, mais aussi Oumar Souni CHAHA, Commandant de la BSIR et Mahamat Mbodou, Chef du Bureau de Renseignements de la BSIR.

En dehors de ceux-ci, d'autres, qui sont restés dans l'impunité jusqu'à la dissolution des Chambres, ont pourtant joué les premiers rôles dans la répression organisée par le régime de Habré. Il s'agit principalement de Idriss DEBY ITNO, actuel Chef de l'État du Tchad. Bien qu'ayant été Commandant en chef des FANT de 1983 à 1987, puis Conseiller militaire de Habré de 1987 à 1989, et qu'il ait participé à plusieurs campagnes au nord comme au sud, aucun crime international ne lui a été imputé. Toutefois, certaines ONG, défenseurs des droits de l'Homme et opposants lui reprochent sa participation

[700] C'est en mai 2013, après la création des Chambres africaines extraordinaires, que la justice tchadienne a condamné certains anciens responsables sous le régime de Habré, pour des infractions relevant du droit interne.

dans plusieurs exactions, dont les fameux évènements de « septembre noir » et les représailles contre les Arabes durant le conflit contre la Libye.

Il y a également d'autres ténors du régime de terreur de Habré comme Toké DADY et Ahmat ALLATCHI anciens directeurs de la DDS, Moussa Outmane ABDERAMANE, Chef du Service intérieur et extérieur de la DDS, Touka HALIKI, Directeur de la Police judiciaire et responsable du Service des RG de 1987 à 1990, Ali NOUKOURI, Chef du Service de la Sécurité intérieure de la DDS, Djada El Hadj MALLAH, Responsable du Service de recherche et Chef du Service Mission Terroriste de la DDS, Mahamat Moussa ADOUM, Chef du Service Contre-Espionnage de la DDS, Chah ALLANGA, Commandant de la BSIR... etc.

L'omission ou l'absence remarquable de toutes ces personnes n'a pas empêché les Chambres africaines extraordinaires de siéger. Puisque Monsieur Hissein HABRE, principal mis en cause et raison fondamentale de sa création, était à sa disposition, cette juridiction a pu mettre en œuvre des poursuites et organiser un procès.

Titre II : Le jugement de Monsieur Hissein HABRE pour crimes internationaux

La répression des crimes internationaux reprochés à Monsieur Hissein HABRE est rendue effective par l'avènement des Chambres africaines extraordinaires au sein des juridictions sénégalaises. Cette juridiction *ad hoc* est certes créée pour juger les « principaux responsables des crimes et violations graves du droit international, de la coutume internationale et des conventions internationales (...) commis sur le territoire tchadien du 7 juin 1982 au 1er décembre 1990 »[701], mais force est de reconnaître que Monsieur Hissein HABRE, qui était le président de la République du Tchad exactement pendant cette période, en est le principal justiciable.

Les Chambres africaines extraordinaires, instituées le 22 août 2012, ont été installées le 8 février 2013 au Palais de justice de Dakar. Dès le 25 mars de la même année, Moussa OUTMAN victime agissant en son nom et au nom de plusieurs parties civiles, a saisi le Procureur général près lesdites Chambres d'une plainte contre Monsieur Hissein HABRE, pour crimes de guerre, crimes contre l'humanité, génocide, tortures et autres violations graves du droit international humanitaire, sur le fondement des articles 5, 6, 7 et 8 du Statut des Chambres et 431-1 à 431-5 du Code pénal sénégalais. Les victimes y ont exposé, en substance, qu'elles sont d'ethnie Hadjerai et ont été soupçonnées, par le pouvoir de Habré, d'appartenir à un groupe d'opposants dirigé par Maldom Bada ABBAS et ont été, de ce fait, arrêtées ou enlevées avant d'être torturées dans différentes prisons. Elles ont soutenu que Hissein HABRE était au courant de ces actes criminels commis par les agents de la DDS, lesquels crimes, planifiés et ordonnés par l'ancien Chef d'État, ont entraîné des morts et infirmités de toutes sortes.

Cette plainte a été jointe à celle de Satta GAYE et d'autres victimes, déposée au Parquet général près la Cour d'appel de Dakar le 16 septembre 2008.

Le Procureur général a décidé de mettre en mouvement l'action publique sur la base de ces plaintes ainsi que de nombreux documents, notamment le rapport de la Commission nationale d'enquête du Ministère tchadien de la Justice sur les « *crimes et détournements de l'ex Président Habré, de ses coauteurs et/ ou ses complices* », le rapport de *Human Rights Watch* et de la

---

[701] Accord entre le Gouvernement de la République du Sénégal et l'Union africaine sur la création de Chambres africaines extraordinaires au sein des juridictions sénégalaises, Op. cit.

Fédération Internationale des Ligues de Droits de l'Homme intitulé « *les crimes de Hissein Habré, Tchad 1982-1990* », les rapports d'Amnesty International et les dossiers d'information belge et tchadienne[702]. C'est ainsi que le 30 juin 2013, Monsieur Hissein HABRE a été arrêté et placé en garde à vue, avant d'être déféré le 2 juillet au Parquet des Chambres africaines. C'est le même jour que le Procureur général a pris un réquisitoire introductif pour demander l'inculpation de l'ancien Chef d'État pour les chefs de crimes contre l'humanité, de crimes de guerre et de torture. La Chambre de l'instruction l'a suivi en engageant la responsabilité pénale du sieur Habré.

Nous verrons, de prime abord, les fondements juridiques de ce type de responsabilité au regard du droit international (**Chapitre I**).

Par la suite, étant donné que l'ancien Chef d'État tchadien a été formellement condamné, nous ne manquerons pas d'analyser l'essence et la portée de cette décision (**Chapitre II**).

[702] Les pièces du dossier d'information pendant devant le cabinet du Doyen des juges d'instruction du Tribunal de première Instance de Ndjamena au Tchad ont par exemple été transmises suite à la demande d'entraide pénale internationale du 07 mai 2013.

Chapitre I : Les fondements juridiques de la responsabilité pénale de Monsieur Hissein HABRE

Le réquisitoire introductif du Procureur général près les Chambres africaines au sein des juridictions sénégalaises est le premier acte juridictionnel, hormis les plaintes, qui a mis en cause Monsieur Hissein HABRE. Dans cette pièce primordiale, cet ancien Chef d'État, « chef supérieur des armées et de l'UNIR »[703], est dépeint comme celui qui a orchestré une politique globale de répression, caractérisée par des exactions graves sur les opposants politiques, les Sudistes, les Arabes, les Hadjerais et les Zaghawas[704].

En plus de ces faits constitutifs de crimes contre l'humanité et de torture, Monsieur Hissein HABRE avait, selon le Procureur général, commis des crimes de guerre.

Fort de ces éléments, cette autorité judiciaire a demandé le placement sous mandat de dépôt de Habré ainsi que des mandats d'arrêt internationaux contre ses acolytes[705].

Les magistrats instructeurs l'ont suivi en inculpant Monsieur Hissein HABRE et en le plaçant en détention provisoire. En engageant, par cet acte majeur, la responsabilité pénale de Monsieur Hissein HABRE, ces magistrats ont mis en œuvre deux principes juridiques internationaux : la responsabilité pénale individuelle du Chef d'État (**Section I**), et celle du supérieur hiérarchique (**Section II**).

---

[703] Chambres africaines extraordinaires, 02 juillet 2015, MP c. Hissein HABRE et autres, Réquisitoire introductif, p. 43.

[704] Dans son réquisitoire introductif, le Procureur général n'a visé que Younous SALEH, Guihini KOREI, Mahamat DJIBRINE El Djonto, Abakar Torbo RAHMA et Zakaria BERDEI.

[705] Le Procureur général a aussi demandé la prise de mesures conservatoires sur les biens des inculpés ainsi que des expertises graphologique et anthropo-médico-légale.

Section I : La responsabilité pénale individuelle du Chef d'État

La problématique de la responsabilité des dirigeants étatiques, et singulièrement celle du Chef d'État, a connu une « véritable révolution juridique »[706], car on est passé de l'impunité générale à l'affirmation d'une responsabilité pénale internationale. Autant les juridictions internationales que les tribunaux internes se sont inscrits dans une logique d'écarter tout obstacle qui pourrait mettre en échec une telle responsabilité pour la commission de crimes internationaux. Ces crimes odieux, dont l'impunité des auteurs est difficile à admettre, ont cette particularité de troubler l'ordre public interne et international et d'interpeller la communauté internationale dans son ensemble.

Aussi, le développement de la protection de l'individu au niveau international a impliqué la reconnaissance de sa responsabilité pénale internationale, en tant que sujet devant rendre compte de ses actes devant la société internationale. C'est sous cet angle que les mécanismes internationaux de répression des crimes de droit international se sont affermi. C'est ainsi que l'individu et en particulier le Chef d'État, pris comme sujet de droit international, est susceptible de poursuites internationales. Monsieur Hissein HABRE n'a pas échappé à cette règle. Après plus de deux décennies d'impunité, il est appelé à faire face aux crimes internationaux imprescriptibles qui lui sont reprochés.

Sa responsabilité pénale individuelle en tant qu'ancien Chef d'État, est un principe acquis en droit international (**Paragraphe 1**). Il convient d'en faire état ainsi que du régime juridique singulier de ce type de responsabilité pénale (**Paragraphe 2**).

Paragraphe 1 : Un principe acquis en droit international pénal

À la fin de la Seconde Guerre mondiale, le monde a découvert l'horreur des crimes commis par tous les belligérants[707]. Les crimes inédits commis par les dirigeants nazis, dans le cadre d'une politique d'État, ont spécialement heurté la conscience internationale. Face à ce drame innommable qui faisait suite à une Première Guerre mondiale meurtrière quelques années auparavant[708], la communauté internationale a jugé nécessaire d'instaurer un système juridique et judiciaire à caractère dissuasif et sanctionnateur.

La construction d'une théorie visant à sanctionner de telles atteintes à l'humanité s'est faite à travers la thèse de la responsabilité pénale individuelle internationale et son application par les juridictions internes et internationales.

---

[706] Alain FENET, « La responsabilité pénale internationale du chef d'État », in *Revue générale de droit*, Vol. 32, n° 3, 2002, p. 587.

[707] La seconde guerre mondiale a fait entre 50 et 85 millions de morts.

[708] La première guerre mondiale a fait environ 18,6 millions de morts.

Cette thèse a pour soubassement la protection de l'humanité, « en s'appuyant sur les êtres humains eux-mêmes, leurs droits bien sûr mais aussi leurs obligations sacrées à l'égard de la collectivité humaine »[709], comme l'a suggéré Frédéric MEGRET. Cet auteur a poursuivi en indiquant que « la responsabilité pénale individuelle en droit international symbolise quelque chose de plus large, de presque hégélien dans son ampleur historique »[710]. Ce type de responsabilité, appliqué en prolongement aux hauts dirigeants comme les chefs d'État, a une connotation singulière (**B**). Il ne serait pas inutile d'en comprendre les justifications juridico-philosophiques (**A**).

A. Les justifications juridico-philosophiques

La responsabilité pénale individuelle internationale est le fruit d'une construction intellectuelle à la fois juridique et philosophique. En effet, pour aller au-delà de la responsabilité internationale collective engageant l'État violateur de ses obligations internationales, il a fallu conceptualiser un statut international spécifique pour l'individu en tant que sujet de droit, dont la responsabilité doit nécessairement être engagée pour les crimes graves qu'il a commis. D'aucuns se sont interrogés sur « cette attention aux individus (qui fait) entrer le droit international dans une ère de modernité épistémologique, plus pragmatique et moins encline à voir dans de simples fictions les sujets et causes agissantes de l'Histoire »[711]. Mais force est de constater que cette démarche, qui prend de l'ampleur au point de s'intéresser à ceux qui représentent les États au plus haut niveau, traduit une évolution positive du droit international pénal.

Pendant des lustres, l'individu a été absorbé par l'humanité, à savoir « l'ensemble indifférencié des êtres humains »[712], une fiction qui était censée cristalliser l'ordre juridique international. Les atrocités du siècle dernier, notamment durant la Seconde Guerre mondiale, l'ont propulsé au-devant de la scène internationale. Pour amorcer cette nouvelle donne, les TMI de Nuremberg et de Tokyo ont été créés. Ne pouvant pas proposer une sanction pénale efficiente contre des États, les concepteurs de ces juridictions ont théorisé la nécessité de juger les individus qui en détiennent les commandes. Le Statut de Nuremberg a ainsi eu le mérite d'envisager l'individu en tant que tel et non plus comme une partie d'un ensemble qui le phagocyte. Cette théorie audacieuse a d'emblée emporté l'adhésion de beaucoup de juristes et l'engouement de l'opinion publique internationale, d'autant plus qu'elle

[709] Frédéric MEGRET, « Les angles morts de la responsabilité pénale individuelle en droit international », in *RIEJ,* Vol. 71, Bruxelles, 2013, p. 84.
[710] Ibid.
[711] Ibid.
[712] Frédéric MEGRET, Op. cit., p. 86.

demeurait adéquate et pragmatique pour sanctionner les dirigeants nazis dont l'État n'existait quasiment plus.

L'individu qu'on voyait entre les lignes du droit international est dorénavant apparu en première ligne. Plusieurs justifications de cette nouvelle donne ont été avancées.

La première raison est d'ordre utilitaire, car fondée sur les objectifs du droit international. Le constat est partagé sur l'inaptitude de la responsabilité collective à résoudre le problème de la perpétration des crimes internationaux. Une telle responsabilité partagée n'a pas de fonction dissuasive, alors que la responsabilité individuelle interpelle les hauts dirigeants, notamment les chefs d'État, qui entrevoient la possibilité d'avoir à rendre compte personnellement, devant une juridiction pénale, des actions commises au nom de l'État. À cet effet, Georges SCELLE disait que « c'est la considération d'exemplarité, qui est la base de tout ordonnancement pénal. On s'est convaincu, en effet, que la responsabilité de l'État, précisément parce qu'elle n'affecte pas les responsables, reste illusoire (et) surtout n'est pas de nature à prévenir les guerres »[713]. En guise d'illustration, le Traité de Versailles du 28 juin 1919, signé après la tragédie de la Première Guerre mondiale, avait imposé des sanctions pécuniaires à l'Allemagne considérée comme responsable. Les Alliés avaient exigé de cet État vaincu la réparation de tous les dommages qu'ils avaient subis, sans compter les autres sanctions. En mettant sur le dos de l'ensemble de la population allemande la responsabilité de la Première Guerre mondiale et l'obligation de réparer les dommages causés[714], les Alliés avaient mis les Allemands dans une situation humiliante[715]. Au contraire de l'effet escompté, les revendications des groupes nationalistes, notamment les nazis, avaient émergé avant que ceux-ci ne décident de prendre le contrôle de l'État et d'entreprendre une guerre de revanche, à savoir la Seconde Guerre mondiale. Les sanctions imposées à l'Allemagne ne relevaient pas juridiquement du droit pénal, mais elles étaient perçues chez les vainqueurs et chez les vaincus comme punitives. Ainsi, derrière la fiction juridique de l'État allemand sanctionné, c'était toute la population qui en ressentait les effets. Ce mode de sanction avait à nouveau été appliqué aux Allemands d'Europe de l'Est par les Alliés, après la Seconde Guerre mondiale, lorsque ces derniers leur avaient imposé des mesures de rétorsion collective.

L'esprit de Nuremberg, qui est aux antipodes de ce type de sanction, a impacté les développements doctrinaux sur l'inefficience de la responsabilité collective, d'autant plus qu'elle est propice à raviver des sentiments d'injustice qui sont le lit de propagandes politiques, de révisionnisme et même

---

713 Georges SCELLE, Cours de droit international public, Paris, Domat-Montchrestien, 1948, pp. 970-971 cité par Frédéric MEGRET, Op. cit., p. 87.

714 Voir article 231 et 232 du Traité de Versailles.

715 Dans ses mémoires, le Prince de Bullow qualifiait l'accord de paix de Versailles de honteux. (Mémoires du Chancelier Prince de Bülow, T. 3. Plon, 1931. Disponible sur http://www.cndp.fr/entrepot/index.php?id=56.

de guerres de revanche. C'est ainsi que Richard GOLDSTONE avait relevé que « la leçon très importante tirée de Nuremberg et de Tokyo était la nécessité d'individualiser la responsabilité. En amenant les coupables à rendre compte, l'application de la loi sert le but très important d'éviter le syndrome de la responsabilité collective : éviter de porter la responsabilité sur tout un peuple, un groupe ethnique ou national à cause des méfaits et de la manipulation des auteurs associés au groupe en question. (...) Dans le cadre du procès pénal, on a mis l'accent sur les accusés en tant que criminels ou dirigeants individuels et pas en tant que représentants du peuple allemand »[716]. Beaucoup d'auteurs ont salué ce mécanisme de la responsabilité pénale individuelle traduisant « une vision conséquentialiste ou utilitariste de la justice pénale internationale »[717] qui « contraint et justifie son rétributivisme »[718]. C'est dans cette perspective que l'ONU a mis en place les juridictions internationales post-conflits. D'ailleurs, à la veille de l'institution de l'une d'elles, à savoir le TPIY, Sir Hartley SHAWCROSS, ancien procureur britannique à Nuremberg, rappelait qu'« il ne peut y avoir aucune réconciliation à moins que la responsabilité individuelle pour les crimes épouvantables de ces dernières années remplace la théorie pernicieuse de la responsabilité collective sur laquelle tant de haine raciale pèse »[719]. Il ne savait pas si bien dire car peu de temps après, le Procureur du TPIY, Carla Del PONTE, faisait remarquer que « trop de Croates ordinaires considèrent tous les Serbes et tous les Musulmans comme responsables des atrocités commises pendant le conflit contre les Croates. De même, trop de Serbes ordinaires considèrent tous les Croates et tous les Musulmans comme responsables des atrocités commises contre les Serbes. Et aussi, trop de Musulmans ordinaires considèrent tous les Croates et tous les Serbes comme responsables des atrocités commises contre les Musulmans. Ces notions de responsabilité collective sont fausses et entraveront la réconciliation. La vérité est que tous les Serbes, tous les Musulmans et tous les Croates ne sont pas responsables des crimes commis par un nombre relativement faible de délinquants »[720]. Le même sentiment avait été noté chez les Tutsis, après le génocide rwandais, lesquels considéraient tous les Hutus comme responsables.

En fait, la mise en jeu de la responsabilité collective a montré ses limites, comparée à la responsabilité individuelle qui est pragmatique et utilitaire. L'efficience de la responsabilité pénale individuelle est aussi perceptible en droit international humanitaire par la distinction qu'elle instaure entre les dirigeants de l'État coupables de crimes contre la paix et les simples

---

[716] Richard GOLDSTONE, « The United Nations' War Crimes Tribunals : An Assessment », in *CJIL*, Vol. 12, 1997, p. 229 cité par Frédéric MEGRET, Op. cit., p. 89.

[717] Julie SAADA, « La justice pénale internationale, entre idéaux et justification », in *Revue Tiers Monde*, n° 205, 2011, p. 54.

[718] Frédéric MEGRET, Op. cit.

[719] International Herald Tribune, 23 mai 1996, p. 8 cité par Frédéric MEGRET, Op. cit., p. 90.

[720] TPIY, 08 juillet 1996, Procureur c. Ratko MLADIC, p. 894.

exécutants. Ce principe est devenu la *doxa* de la justice pénale internationale[721].

Par ailleurs, la théorie de la responsabilité pénale individuelle a un soubassement moral ontologique, car elle révèle « une foi humaniste dans le libre arbitre et l'autodétermination comme essence de l'homme »[722]. Contrairement à l'État qui n'a pas de conscience ou de morale[723], l'individu est conscient de ce que représente la culpabilité. En lui imputant une responsabilité pénale, on fait de l'individu en général, et du Chef d'État en particulier, un sujet qui ne peut se soustraire à l'action de la justice internationale pénale en se réfugiant derrière une responsabilité d'État. Cela contribue, entre autres, à moraliser les relations internationales.

La responsabilité pénale internationale de ce premier personnage de l'État n'est rien d'autre qu'un prolongement de la théorie de la responsabilité individuelle.

B. Un prolongement de la responsabilité pénale individuelle internationale

La reconnaissance de la responsabilité pénale individuelle internationale a un lien intime avec la protection internationale des droits de l'Homme. On ne peut garantir la protection de l'individu, sans la possibilité d'engager la responsabilité pénale de l'auteur des atteintes à celui-ci. Cette prise de conscience a été matérialisée, après la Seconde Guerre mondiale, par la mise sur pied, entre autres, de l'ONU et des TMI de Nuremberg et de Tokyo. D'aucuns ont dorénavant soutenu que même si l'acte en cause est un acte d'État souverain, ceux qui l'exécutent sont des individus rationnels dotés de la capacité de discernement. En se positionnant ainsi, ils mettent en échec l'immunité de l'individu agissant au nom de l'État et consacrent la responsabilité de celui-ci devant la société internationale.

Il n'est pas inutile de relever, à ce propos, que contrairement au droit interne de certains États, le droit international pénal ne permet pas d'engager la responsabilité pénale des personnes morales. La responsabilité de l'État s'inscrit dans le régime général de la responsabilité pour fait illicite en droit international général, sans qu'un consensus ne puisse se dégager quant à la nécessité de pénaliser ce régime. Quant aux dispositions de l'article 9 du Statut du TMI de Nuremberg qui permet à cette juridiction de déclarer responsable

721 Dorothy Q. THOMAS & Michele E. BEASLEY, « Domestic Violence as a Human Rights Issue », ALB. L. REV., 1995, cité par Allison Marston DANNER et Jenny S. MARTINEZ, « Guilty associations : Joint criminal enterprise, command responsibility, and the development of international criminal law », in *California Law Review*, Vol. 93, n° 1, 2005, p. 9. Disponible sur https://www.law.berkeley.edu/files/fall04_Martinez.pdf.

722 Frédéric Mégret, Op. cit., p. 94.

723 Cécile APTEL, « Justice pénale internationale : entre raison d'État et État de droit », in *RIS*, Vol. 3, n° 67, 2007, p. 79.

un groupe ou une organisation criminelle « lors d'un procès intenté contre tout membre d'un groupe ou d'une organisation quelconque », elles ne sont pas à proprement parler un mécanisme de mise en œuvre de la responsabilité pénale d'une personne morale, mais ont plutôt été énoncées pour faciliter la condamnation d'individus membres de ces groupes ou organisations par des tribunaux internes ou d'occupation, tel que précisé à l'article 10 du même texte. Les juges de Nuremberg ont d'ailleurs relevé qu'en l'espèce, l'individu mis en cause est condamné non pour son appartenance à ce groupe ou organisation, mais pour sa participation à la réalisation du dessein criminel poursuivi par l'organisation.

Ainsi, le libre arbitre de chaque individu implique que la responsabilité internationale pénale soit strictement individuelle. À ce propos, Claude LOMBOIS a fait remarquer qu'il est inutile et injuste de sanctionner pénalement un État. Une telle sanction est éloignée de la fonction répressive du droit pénal, à savoir l'amendement, la prévention ou l'intimidation, car comme il l'a précisé, « l'État n'est pas sensible à la sanction pénale (il) ne peut souffrir et les châtiments qu'on lui inflige ne peuvent être ressentis que par ses nationaux », lesquels peuvent pourtant « se désolidariser de son activité »[724].

La construction de la responsabilité pénale individuelle pour les crimes internationaux est ainsi justifiée et a pris forme. En plus des statuts des TMI de Nuremberg et de Tokyo, elle est formulée dans les deux projets de Code des crimes contre la paix et la sécurité de l'humanité rédigés par la CDI en 1954 et en 1996. La CPI l'a aussi consacré, tout en relevant que la reconnaissance de la responsabilité d'un agent de l'État pour un crime international est toutefois sans préjudice de la reconnaissance de la responsabilité de l'État lui-même.

Cette construction juridique demeure toutefois singulière car elle fait de l'individu un sujet passif du droit international pénalement responsable, sans pour autant posséder la personnalité juridique internationale. Mais, comme le disent les juges de Nuremberg, on « fait valoir que le Droit international ne vise que les actes des États souverains et ne prévoit pas de sanctions à l'égard des délinquants individuels. On a prétendu encore que lorsque l'acte incriminé est perpétré au nom d'un État, les exécutants n'en sont pas personnellement responsables ; ils sont couverts par la souveraineté de l'État. (…) Ce sont des hommes, et non des entités abstraites, qui commettent les crimes dont la répression s'impose, comme sanction du Droit international »[725].

La survie de la société internationale est tributaire de la répression des crimes les plus graves susceptibles de lui nuire et elle ne peut efficacement

---

[724] Claude LOMBOIS, Op. cit., p. 98, par. 87.

[725] Procès des grands criminels de guerre devant le Tribunal militaire international de Nuremberg, 14 novembre 1945-1er octobre 1946, cité par Elsa MARIE, « Vers une pénalisation du droit international ? L'illustration avec la situation au Darfour », in *La pénalisation du droit international,* Bureau des jeunes Chercheurs, SFDI, Septembre 2017, p. 5. Disponible sur http://www.sfdi.org/wp-content/uploads/2018/03/RJC-2017-MARIE.pdf.

sanctionner que « les hommes détenant les manettes du pouvoir »[726] d'État. A défaut, et pour reprendre la formule de Lombois, « l'État (serait) l'étiquette commode collée sur l'anonymat dans lequel se diluent des volontés et des actes individuels difficiles à identifier »[727].

Le principe de la responsabilité pénale individuelle est désormais entré dans l'escarcelle du droit international pénal. Les juridictions internationales l'ont ancré dans le droit positif. Cette capacité de « voir les individus derrière les structures, et de les forcer à rendre des comptes » est sans doute la plus « grande conquête du droit international » [728].

« Pilier central de la justice pénale internationale »[729], le principe de la responsabilité pénale internationale individuelle n'épargne évidemment pas les plus hauts dirigeants de l'État dont celui qui est au sommet, à savoir le Chef d'État. Celui-ci a longtemps profité de larges immunités, eu égard à la nécessité de préserver la souveraineté et l'indépendance de l'État qu'il incarne. Après l'échec de l'engagement de la responsabilité de Guillaume II, troisième et dernier Empereur allemand que les Pays Bas avaient refusé de livrer, mais aussi de l'Empereur japonais Hiro Hito, protégé par les États-Unis, la responsabilité pénale individuelle des chefs d'État n'a reçu application que tardivement. Elle a pourtant été clairement exprimée à l'article 7 du Statut du TMI de Nuremberg et au principe III de la CDI en 1950, mais c'est avec l'affaire du Général Augusto PINOCHET, devant la Chambre des Lords, qu'elle a connu un tournant décisif. Par ailleurs, la volonté exprimée par l'ONU, dans les statuts des TPI pour l'ex-Yougoslavie et le Rwanda est sans équivoque quant à la résolution de poursuivre les auteurs des crimes internationaux quel que soit leur rang ou fonction. Ce « défaut de pertinence de la qualité officielle »[730] a facilité les poursuites contre d'anciens chefs d'État, de Pinochet à Taylor, en passant par Milosevic, Babic et Karadzic.

Cette trajectoire du droit international pénal est définitive et est ancrée au point que le TPIY a considéré que le principe relève désormais du droit international coutumier[731].

Ce principe qui semble clair dans son énoncé a un régime juridique singulier.

Paragraphe 2 : Un régime juridique particulier

La mise en œuvre de la responsabilité pénale internationale de l'ancien Chef d'État n'est pas aisée. Elle est soumise à un régime juridique singulier. Dès qu'il est apparu évident que l'État, entité abstraite, ne peut être sanctionné

---

726 Aurélien-Thibault LEMASSON, Op. cit.
727 Claude LOMBOIS, Op. cit., p. 105, par. 99.
728 Frédéric MEGRET, Op. cit., p. 84.
729 Frédéric MEGRET, Op. cit., p. 85.
730 Expression empruntée au Statut de Rome en son article 27.
731 TPIY, 10 décembre 1998, Anto FURUNDZIJA (Jugement), par. 140.

pénalement, il a fallu trouver un substitut concret, d'où la naissance et le développement de cette théorie. Cette doctrine s'est montrée efficiente puisqu'elle permet d'atteindre ceux qui, au nom de l'État, commettent des crimes qui dépassent l'entendement humain. C'est ainsi que les juges de Nuremberg écrivaient que « les infractions en droit international sont commises par des hommes et non par des entités abstraites. Ce n'est qu'en punissant les auteurs de ces infractions qu'on peut donner effet aux dispositions du droit international »[732].

La responsabilité pénale individuelle du Chef de l'État est ainsi un mode spécifique de responsabilité pour crimes internationaux (**A**). Comme elle a fait l'objet d'application, nous verrons les précédents judiciaires (**B**).

A. Un mode spécifique de responsabilité pour crimes internationaux

La responsabilité pénale individuelle des chefs d'État est un aspect spécifique de la responsabilité pénale des personnes physiques. Elle s'en démarque eu égard au statut des auteurs et à l'ampleur des actes commis. Les deux guerres mondiales, qui ont dévoilé une dimension incommensurable des atrocités humaines, ont fait écrire à Dautricourt que celles-ci « ont révélé l'existence d'une (...) catégorie de crimes dont le caractère spécifique est qu'ils dépassent le cadre des lois pénales internes, tant par leur nature que par la qualité de leurs auteurs. (...) »[733].

Le nœud du problème se situe au niveau de l'imputation de l'acte d'un « individu organe »[734] en droit international. L'imputation est un élément crucial qui permet de faire le départ entre l'État et ceux qui l'incarnent. Aussi, si tout acte étatique est le fait de ses représentants, tout fait de ces derniers n'est pas forcément un acte étatique.

L'articulation des éléments légal, matériel et moral, les formes de participation à la commission des actes criminels ainsi que les circonstances de temps et de lieu ont une connotation singulière lorsque la responsabilité du Chef d'État est mise en jeu. Il n'y a pas un critère autonome pour la mise en œuvre de cette responsabilité, mais cela n'empêche pas l'existence de critères particuliers permettant d'impliquer pénalement celui-ci dans l'établissement de la matérialité et de l'imputabilité des crimes de droit international.

Au niveau international, les poursuites et la répression des crimes graves imputables au Chef d'État n'entrent pas nécessairement dans le schéma rigide

[732] Alain FENET, Op. cit., p. 587.

[733] Joseph Y. DAUTRICOURT, « Op. cit., pp. 1029-1030 cité par Isabelle FOUCHARD, « De l'utilité de la distinction entre les crimes supranationaux et transnationaux : traduire les processus d'incrimination complexes alliant droit international et droits pénaux internes », in *RIEJ*, 2013, Vol. 71, p. 63.

[734] Pour reprendre le mot de Anne LAPORTE (Anne LAPORTE, Essai sur les conditions de la responsabilité pénale des chefs d'État et de gouvernement en droit international public, Thèse pour obtenir le grade de Docteur de l'Université du Maine, p. 273).

des principes traditionnels du droit pénal, comme celui de la légalité criminelle. Cela est d'autant plus compréhensible que le droit international est fondamentalement un droit coutumier et que le droit pénal international, en tant que branche, est inéluctablement empreint de cette tradition.

Il faudrait aussi relever que la nature évolutive du droit international fait de la codification le principal inconvénient[735], car elle est de nature à « figer le droit, (à) stopper net son évolution dans un moment crucial »[736]. Ainsi, l'incrimination, au sens du droit international pénal, déroge au champ classique de la légalité restrictive car la liste des obligations incombant au justiciable est en perpétuelle extension au même titre que les actes pouvant être constitutifs de violation. Dans le même ordre d'idées, il n'est pas aisé de prévoir des sanctions pénales « strictement et évidemment nécessaires »[737] car l'ampleur des atrocités varie en fonction de beaucoup de paramètres. C'est ainsi que beaucoup de textes internationaux laissent le soin aux juges de prononcer « toute peine (estimée) juste », toutes « peines qu'ils jugeront utiles »[738].

Sur le plan de la commission des actes constitutifs d'infractions internationales, l'élément matériel peut revêtir plusieurs formes, eu égard à la position du Chef d'État dans la hiérarchie étatique. En principe, la violation du comportement prohibé se matérialise par un fait extérieur, mais ledit comportement n'est pas toujours objectivement constatable. Le Chef d'État, en tant que dirigeant suprême, est en arrière-plan ; il planifie, incite, encourage, commande… et d'autres exécutent en chaîne[739]. Toutefois, la volonté et l'acte criminel sont diffus depuis le dirigeant jusqu'à l'exécutant, en passant par les intermédiaires dans la chaîne de commandement. Et pour « reconstruire dans son unité l'infraction ainsi atomisée, il faut donc considérer qu'elle est imputée en bloc à tous ceux qui ont contribué à la commettre »[740]. C'est une responsabilité directe. Toutefois, la solidarité de la responsabilité ne dilue pas la responsabilité particulière de chaque participant à l'acte, mais l'exacerbe davantage.

---

735 La nature coutumière principale du droit international n'entrave toutefois pas les efforts de codification. Cette tendance se développe à travers notamment les statuts des juridictions internationales qui énoncent et définissent des infractions et prévoient des sanctions.

736 Stefan GLASER, Introduction à l'étude du droit international pénal, Paris, Sirey, 1954, p. 132 cité par Anne LAPORTE, Op. cit., p.355.

737 C'est la formule utilisée à l'article 8 de la DUDH.

738 On peut citer, à ce propos, la CDI en 1954 (article 5), le projet de Code des crimes contre la paix et la sécurité de l'humanité de 1990 (par. 27), les statuts des TMI de Nuremberg et de Tokyo.

739 Selon Claude LOMBOIS, « l'infraction internationale, par son ampleur, rend nécessaire la conjonction d'un grand nombre de comportements particuliers que l'unité du dessein criminel interdit de considérer isolément ». Par une expression très imagée, il a fait remarquer qu' « on ne connait pas d'autocrate si absolu qu'il n'ait eu besoin, pour se maintenir, du dévouement libre et conscient de quelques séides » (Claude LOMBOIS, Op. cit., p. 101.

740 Claude LOMBOIS, Op. cit.

Il peut aussi être retenu à l'encontre du Chef d'État la commission par omission ou responsabilité indirecte. Ce type de responsabilité permet de suppléer l'absence de responsabilité pénale du fait d'autrui par la négligence. Il ne s'agit pas à proprement parler de l'abstention légalement prohibée (érigée en crime ou délit en droit interne), mais plutôt du manquement au devoir d'agir pour empêcher un résultat dommageable[741].

D'une manière générale, la concertation, la coaction, l'entreprise criminelle commune et la complicité sont les techniques juridiques principalement utilisées pour établir la responsabilité pénale du plus haut dirigeant de l'État, en alliant d'une manière particulière les éléments matériel et moral. Ces notions sont différentes de l'association de malfaiteurs constituée par l'entente établie entre deux ou plusieurs personnes dans le but de préparer ou de commettre un ou plusieurs crimes contre les personnes ou les propriétés.

La concertation (« *conspiracy* » en anglais) ou plan concerté ou encore complot a été le premier procédé par lequel la responsabilité des dirigeants étatiques a été engagée. Issue du droit anglo-saxon, elle a été soutenue par l'Accusation lors du procès de Nuremberg. Elle est constituée lorsqu'il y a une entente pour commettre un acte contraire à la loi ou à la morale, à savoir la réunion d'une résolution commune et d'un accord sur le *modus operandi*. Ainsi prise, la personne peut être poursuivie et jugée, même lorsque la résolution criminelle concertée n'a pas reçu de commencement d'exécution, concept obligatoire en matière de tentative.

La coaction[742] est un concept qui a d'abord été envisagé par les juridictions internationales sous l'angle subjectif[743], avec la notion d'« entreprise criminelle commune » (« *joint common enterprise* » en anglais), avant que la CPI ne l'aborde sous l'angle objectif[744] avec la notion de « contrôle conjoint ». En droit, le coauteur renvoie à la « personne qui, participant directement à la commission d'une infraction aux côtés d'une ou plusieurs autres personnes, en est considérée comme l'un des auteurs principaux, par opposition au

[741] Le devoir est plus moral que légal, mais le mis en cause doit aussi avoir le pouvoir d'agir. Il sait ou aurait dû savoir, et s'est volontairement abstenu d'agir pour mettre fin aux crimes commis par des personnes étant plus ou moins sous son commandement. L'élément moral, qui prend plus de place que celui matériel, repose sur un dol spécial.

[742] Le mot est issu du latin « *cum ago* » et signifie « agir, pousser ensemble ».

[743] Dans l'approfondissement du concept, le courant subjectif, fondé sur la psychologie des participants, se focalise sur la « direction de la volonté » du participant, à savoir l'état d'esprit de celui-ci lors de la commission de l'infraction.(À ROUX, note sous Cass. Crim. 24 juin 1922, S. 1923, 1, p.41 cité par Elisa BARON, Op. cit., p. 16).

[744] En ce qui concerne le courant objectif, l'attention est portée sur les manifestations extérieures de la participation. Parmi les différentes théories émises, celle de la doctrine française semble être convaincante puisqu'elle considère comme co-auteurs les individus réunissant sur leur tête les éléments constitutifs de l'infraction.

complice »[745]. D'une manière générale, la doctrine considère comme coauteurs « les individus qui réunissent en leur personne tous les éléments de l'infraction commise en participation »[746].

La coaction est une technique déterminante pour établir la responsabilité pénale du Chef d'État, mais le TPIY a considéré qu'elle n'a pas de fondement en droit international coutumier[747]. D'ailleurs, il n'est pas facile de retenir la coaction à l'encontre du Chef d'État, car même si certains d'entre eux posent des actes matériels concrets au même titre que leurs subordonnés, la plupart préfèrent « faire faire » tout en gardant le contrôle. C'est pour cette raison que la notion d'entreprise criminelle commune apparaît comme étant une technique efficace pour établir sa responsabilité pénale. Celle-ci a été théorisée dans l'arrêt Dusko TADIC du TPIY du 15 juillet 1999[748], afin d'atteindre toutes les personnes impliquées dans la commission de crimes de droit international, sans avoir posé d'actes extérieurs concrets et ne pas ainsi limiter la responsabilité du crime à son seul auteur matériel[749]. L'entreprise criminelle commune « est une forme de mise en œuvre de la responsabilité pénale de personnes dont elles ne sont pas les exécutants directs de crimes mais auxquels elles ont participé, d'une manière ou d'une autre, notamment, au stade de leur planification, de leur organisation ou de leur poursuite »[750]. Cette « criminalité collective », dont doivent répondre tous ceux qui y ont pris part, n'est pas une infraction en soi, mais a cette caractéristique d'impliquer une pluralité de personnes qui partagent un but commun, qui est celui de commettre un crime international, et contribuent à la réalisation de ce but[751]. Proche de l'association de malfaiteurs et de l'organisation criminelle dont elle se distingue[752], elle se décline sous trois formes selon le TPIY : élémentaire, systémique et élargie. Dans la forme élémentaire de l'entreprise criminelle commune, tous les coauteurs, agissant dans un but commun, ont la même

---

745 Gerard CORNU, Vocabulaire juridique, 9e éd., PUF, 2011, cité par Elisa BARON, Op. cit., p. 12.

746 Roger MERLE et André VITU, Traité de droit criminel, Problèmes généraux de la science criminelle, Droit pénal général, 7e éd., Tome 1, Paris, Cujas, 1997, n° 523, cité par Elisa BARON, Op. cit.

747 TPIY, 22 mars 2006, Milomir STAKIC, par. 62.

748 TPIY, 15 juillet 1999, Dusko TADIC, par. 197 et s.

749 Pour le TPIY, l'entreprise criminelle commune est une responsabilité pénale collective faisant partie du droit international coutumier, si on se fonde sur la jurisprudence des TMI, sur certaines conventions internationales et sur le droit interne de nombreux États (Rapport du Secrétaire général des Nations unies établi conformément au par. 2 de la Résolution 808 (1993) du Conseil de Sécurité. Doc. ONU S/25704, par. 54).

750 Éric DAVID, « L'entreprise criminelle commune, un miroir aux alouettes ? », in *Hommage à Jean Picte*, RQDI, Montréal, Blais, 2016, p. 397.

751 TPIY, Mitar VASILJEVIC, 25 février 2004, par. 100.

752 L'entreprise criminelle commune n'est pas une infraction « *per se* » comme l'association de malfaiteurs et l'organisation criminelle, lesquelles sont en outre des infractions de droit interne ou transnationales (criminalité organisée).

intention criminelle[753]. La forme systémique « se caractérise par l'existence d'un système organisé de mauvais traitements. Entrent, par exemple, dans cette catégorie les camps d'extermination ou de concentration, dans lesquels les prisonniers sont tués ou maltraités en exécution d'une entreprise criminelle commune »[754]. La forme élargie englobe « les affaires impliquant un but commun, celui de commettre un crime, et dans lesquelles l'un des auteurs commet un acte qui, quoique débordant le cadre du but commun, est une conséquence naturelle et prévisible de sa réalisation »[755].

L'élaboration de cette théorie n'a pas remis en cause le fait que le participant à l'entreprise criminelle commune soit assimilé à un coauteur, comme rappelé par le TPIY dans l'affaire Vasiljevic[756].

La responsabilité pénale du Chef d'État peut aussi être envisagée sous l'angle de la complicité. Pour englober les actes même préparatoires, les statuts des juridictions internationales ont ratissé large lors de l'énumération des actes de complicité[757]. Il est ainsi fait état de la planification, de l'incitation, des ordres, de l'aide, de la sollicitation, de l'encouragement, de la provocation... à la commission d'une infraction internationale. Chacun de ces comportements rend l'auteur individuellement responsable de l'infraction ; ce qui permet de ne plus parler de complice mais plutôt de coauteur.

La responsabilité pénale individuelle internationale a fait l'objet d'une application sous différentes formes, autant à l'encontre des dirigeants étatiques en général que du Chef d'État en particulier.

B. Les précédents judiciaires

L'idée de poursuivre, au nom des principes supérieurs d'humanité, de hauts responsables présumés auteurs de crimes graves est ancienne. Elle est née avec les prémices du droit de la guerre et on relève déjà une application de ce principe au Moyen Âge. En effet, en 1268, Conradin Von HOHENSTAUFEN, Roi de Sicile, avait été condamné à mort à Naples pour le déclenchement d'une « guerre injuste ». Deux siècles plus tard, en 1474, Peter Von HAGENBACH, Lieutenant du Duc de Bourgogne Charles le Téméraire, avait été condamné, en Alsace, pour crimes contre « les lois de Dieu et des hommes ». Ce procès pour crimes de guerre, considéré comme le premier dans l'histoire du droit international, a vu la responsabilité de

---

753 C'est le cas d'un projet de meurtre, commun aux participants à l'entreprise criminelle commune, même si chacun peut jouer un rôle différent » (TPIY, 25 février 2004, Op. cit., par. 97).

754 TPIY, 25 février 2004, Op. cit., par. 97, 98.

755 TPIY, 25 février 2004, Op. cit., par. 99.

756 TPIY, 25 février 2004, Op. cit., par. 101.

757 TPIY, Article 7 par. 1, TPIR, Article 6 par. 1, CPI, Article 25 par. 3.

Hagenbach engagée en tant que commandant responsable des crimes commis par les soldats sous son contrôle[758].

En 1815, suite à la victoire de la coalition de l'Europe sur l'empereur français Napoléon BONAPARTE, l'idée de le faire juger par un tribunal européen composé de magistrats issus des pays victimes de ses agressions avait été émise par les Britanniques avant d'être abandonnée. Une autre tentative de juger un dirigeant vaincu avait ressurgi en 1919, avec le Traité de Versailles qui prévoyait que Guillaume II, Empereur d'Allemagne, soit jugé pour « offense suprême contre la morale internationale et l'autorité sacrée des traités ». Malgré la mise en place d'un tribunal *ad hoc* réunissant des juges issus de chaque pays allié, les Pays Bas refusèrent de l'extrader. Les autres responsables allemands, considérés comme des criminels de guerre, avaient été attraits à la barre du tribunal du Reich de Leipzig en 1921-1922 et certains avaient été condamnés[759].

Ces procès ont constitué un précédent historique important, puisque les auteurs de crimes guerre étaient concrètement susceptibles de comparaître devant une juridiction pour répondre de leurs actes.

En 1945, un scénario similaire à celui de Guillaume II s'était reproduit avec le refus du Général américain Mac Arthur de livrer l'Empereur Hiro-Hito au TMI pour l'Extrême-Orient (Tokyo) pour qu'il y soit jugé pour les crimes commis par l'armée nipponne durant la Seconde Guerre mondiale.

C'est d'ailleurs à partir de cette époque que le principe de la responsabilité pénale individuelle internationale avait véritablement commencé à recevoir une application judiciaire avec les procès intentés devant les TMI de Nuremberg et de Tokyo.

Le procès de Nuremberg, tenu du 20 novembre 1945 au 1er octobre 1946, a impacté l'évolution du droit international pénal. Sur vingt et un hauts responsables nazis mis en accusation pour complot, crimes contre la paix, crimes de guerre et crimes contre l'humanité, dix-neuf avaient été déclarés coupables. Les Principes de Nuremberg, document juridique réalisé pendant le jugement, avaient proposé des définitions des crimes contre la paix et des crimes contre l'humanité[760]. Malgré tout, c'est l'adoption du principe de la responsabilité personnelle dans les crimes d'État ou de « bureau » qui a marqué les esprits.

Le procès de Tokyo, qui avait duré du 3 mai 1946 à décembre 1948, avait débouché sur la condamnation de tous les accusés (contrairement à

---

[758] Ce procès inédit est aussi le premier où, pour assurer sa défense, l'accusé a invoqué les ordres reçus de son supérieur.

[759] Les accusés étaient au nombre de 901. Á l'issue du procès, 888 d'entre eux avaient été acquittés. D'aucuns dépeignèrent ce procès comme étant la « *comédie de Leipzig* » à cause des simulacres de procès.

[760] Les crimes contre l'humanité étaient ainsi définis par le Statut de Nuremberg : « assassinat, extermination, asservissement, déportation… ou persécutions pour des motifs politiques, raciaux ou religieux ».

Nuremberg où certains nazis avaient été acquittés). Les décisions rendues ont contribué à l'affermissement du principe de la responsabilité pénale individuelle internationale. Ce concept, ainsi acquis, permettait dorénavant aux juges de mettre en jeu la responsabilité de hauts dirigeants impliqués dans des crimes de droit international.

Le principe était ensuite resté en apnée pendant plusieurs années. C'est seulement dans les années quatre-vingt-dix, avec la création du TPIY et du TPIR, qu'il va émerger à nouveau pour rester permanent en surface. En effet, en plus des tribunaux pénaux internationaux mis sur pied, les juridictions nationales se sont approprié le principe à travers la compétence universelle. Au gré des affaires impliquant des chefs d'État ainsi que de hauts dirigeants étatiques, le principe de la responsabilité pénale individuelle internationale va se consolider.

L'un des cas les plus marquants est celui du Général Augusto PINOCHET devant la Chambre des lords[761]. Cette dernière avait rendu, le 25 novembre 1998, une décision déniant toute immunité au Général, en qualité d'ancien Chef d'État, pour les actes de torture prétendument commis durant sa présidence[762]. Un nouvel arrêt, rendu le 24 mars 1999 avait cependant précisé que l'immunité ne pouvait être écartée que pour les actes commis postérieurement au 8 décembre 1988, date de la ratification par le Royaume-Uni de la Convention des Nations unies contre la torture. Les autorités britanniques avaient toutefois décidé, le 11 janvier 2000, de ne pas extrader l'ancien Chef d'État pour des raisons humanitaires, puisqu'ils avaient considéré que l'état de santé de celui-ci, âgé de 84 ans, ne lui permettait pas d'affronter un procès[763].

Même si Pinochet avait pu rentrer au Chili le 2 mars 1999, suite à la décision du ministre de l'intérieur britannique Jack STRAW, après cinq cent trois jours de détention, il était dorénavant acquis qu'un ancien Chef d'État ne pouvait jouir d'une immunité pour des crimes de droit international commis durant sa présidence, que ce soit devant une juridiction nationale ou internationale. Le principe de la responsabilité pénale internationale du Chef d'État s'était affirmé à travers ce feuilleton judiciaire qui avait donné naissance au « précédent Pinochet ». Le juge Theodor MERON avait relevé, à ce propos, que « cette affaire (était) extrêmement importante pour le droit

---

761 Cet ancien Chef d'État chilien, de 1973 à 1990, avait été arrêté le 16 octobre 1998 à Londres.

762 Au lendemain de la signature de l'autorisation de poursuivre la procédure d'extradition, effectuée le 09 décembre 1998 par le ministre britannique de l'Intérieur, les conseils du Général Pinochet avaient introduit un recours en annulation de la décision du 25 novembre 1998, au motif qu'une suspicion légitime pesait sur l'un des juges, Lord Hoffman. La réouverture de la procédure d'appel avait alors été ordonnée le 17 décembre 1998, après la « mise à l'écart » de la décision querellée.

763 Les autorités britanniques avaient convenu, avec les juges, que Pinochet ne bénéficiait pas d'immunité, ni en qualité d'ancien chef d'État ni en celui de chef de mission spéciale. Elles avaient toutefois été sensibles aux rapports médicaux constatant la détérioration « significative de l'état de santé du sénateur Pinochet ».

international » et « le fait qu'un accusé précis ne puisse pas être jugé sur la base de critères médicaux n'affaiblit en rien le précédent »[764]. D'ailleurs, après sa rentrée au bercail, l'ancien Chef d'État devenu sénateur avait été poursuivi par la justice chilienne. En effet, suite aux nombreuses plaintes qui le visaient, le juge Guzman TAPIES avait demandé et obtenu la levée de son immunité parlementaire[765]. Augusto PINOCHET était ainsi inculpé le 1er décembre 2000 et placé en résidence surveillée, mais il décéda avant son jugement.

À l'instar du cas Pinochet, l'affaire mettant en cause l'ancien Président de la Serbie puis de la République Fédérale de Yougoslavie, Slobodan MILOSEVIC, a aussi renforcé le principe de la responsabilité pénale internationale du Chef d'État. Même si ce dernier a été retrouvé, le 11 mars 2006, mort de cause naturelle dans sa cellule du quartier pénitentiaire, les poursuites qui le visaient pour crimes contre l'humanité, crimes de guerre et génocide, ont impacté le principe sus-évoqué, puisque le TPIY a démontré que la plus haute fonction occupée par un individu ne peut plus lui permettre de s'abriter derrière une quelconque immunité[766]. D'ailleurs, les victimes avaient été contentées par la mise en accusation et la condamnation, à l'issue de leurs procès, entre autres, des dirigeants des Serbes de Croatie Milan MARTIC[767] et Milan BABIC[768] et des dirigeants des Serbes de Bosnie Momcilo KRAJISNIK[769] et Biljana PLAVSIC[770].

Bien qu'étant de moindre envergure, les affaires Babic et Karadzic avaient aussi contribué à consolider le principe de responsabilité pénale individuelle internationale de l'ancien Chef d'État. Le premier s'était livré au TPIY et a été reconnu atteint et convaincu de crimes contre l'humanité, puis condamné à treize ans d'emprisonnement (grâce à un accord de plaider coupable)[771]. Le second a été condamné à quarante ans d'emprisonnement pour génocide,

---

764 https://www.nouvelobs.com/monde/20000302.OBS2567/l-affaire-pinochet-un-tournant-dans-le-droit-international.html

765 La Cour de Santiago d'abord, le 23 mai 2000, la Cour suprême chilienne ensuite, le 8 août 2000, avaient donné suite à cette demande de levée de l'immunité du Sénateur.

766 Slobodan MILOSEVIC, qui avait été le Président de la Serbie de mai 1989 à 1995, puis Président de la République Fédérale de Yougoslavie, du 15 juillet 1997 au 24 septembre 2000, avait été publiquement mis en cause le 24 mai 1999 par Carla del PONTE, Procureur du TPIY, pour les chefs de crimes contre l'humanité, de crimes de guerre et de génocide commis au Kosovo (en 1998-1999), en Croatie (août 1991 à juin 1992) et en Bosnie-Herzégovine (1991 à 1995).

767 TPIY, 08 octobre 2008, Milan MARTIC.

768 TPIY, 18 juillet 2005, Milan BABIC.

769 TPIY, 17 mars 2009, Momcilo KRAJISNIK.

770 TPIY, 27 février 2003, Biljana PLAVSIC.

771 Milan BABIC avait été le Président de la « République serbe de Krajina » de 1991 à 1994, après avoir été le Commandant en chef des forces armées de cet État. Du 01er août 1991 au 15 février 1992 et même au-delà, ses forces avaient commis de multiples exactions sur la population principalement constituée de croates. Le 05 mars 2006, soit quelques mois après sa condamnation, il s'était suicidé.

crimes contre l'humanité et crimes de guerre par la même juridiction internationale, laquelle a retenu sa responsabilité pénale individuelle[772].

L'affaire Taylor qui a été instruite par le TSSL entre dans le même cadre, puisque l'inculpation de l'ancien Chef d'État libérien pour les chefs de crimes de guerre, de crimes contre l'humanité et autres violations graves du droit international, a débouché sur sa condamnation à cinquante ans d'emprisonnement[773]. L'acte d'accusation avait clairement indiqué que l'ancien Chef d'État était poursuivi sur la base de la responsabilité pénale individuelle pour les actes qu'il a planifiés, incités, ordonnés, commis, ou pour lesquels il a aidé et encouragé leur planification, leur préparation et leur exécution, et sur celle de la responsabilité de commandement car il avait occupé des postes de responsabilité de supérieur hiérarchique et exercé le commandement et le contrôle des membres subalternes de son mouvement armé.

En dehors du TPIY et du TSSL, les Chambres extraordinaires au sein des tribunaux cambodgiens ont connu d'une affaire impliquant un ancien Chef d'État, en l'occurrence Khieu SAMPHAN des Khmers rouges. Cet ancien dirigeant de l'État du Kampuchéa Démocratique a été condamné pour crimes contre l'humanité, crimes de guerre et génocide[774].

D'autres affaires impliquant d'anciens chefs d'État, sur le fondement de la responsabilité pénale internationale individuelle, alimentent de plus en plus la jurisprudence internationale en la matière. À ce titre, nous pouvons relever le dossier de l'ancien Président ivoirien Laurent GBAGBO pendant devant la

---

[772] Radovan KARADZIC avait été le Président de la République serbe du 17 décembre 1992 au 19 juillet 1996, après avoir été Président du Conseil de sécurité nationale de la République serbe de Bosnie du 27 mars 1992 au 12 mai 1992, et membre de la présidence à trois de la République serbe. Il avait participé, dès juillet 1991, à la mise en œuvre d'exactions visant principalement les musulmans des régions de Bosnie-Herzégovine et ayant causé des milliers de victimes.

[773] Charles TAYLOR avait été le Président du Libéria du 02 août 1997 à août 2003, après avoir réussi à renverser Samuel K. DOE, grâce à son mouvement rebelle « Front national patriotique du Libéria ». Durant son règne, il avait été à l'origine de nombreuses exactions dans son pays et dans les États voisins (Sierra Leone, Guinée, Côte d'Ivoire), ce qui avait entrainé la naissance de groupes rebelles en 1999 qui l'avaient combattu. Cette rébellion ainsi que la pression internationale consécutive à l'acte d'accusation du 07 mars 2003, établi à son encontre par le TSSL, l'avaient obligé à démissionner et à se rendre au Nigeria où il avait bénéficié d'un asile, avant d'être extradé brièvement au Libéria, puis transféré à la Haye. Il est le premier ancien Chef d'État à être définitivement condamné par une juridiction pénale internationale depuis Nuremberg. Il a été transféré en Grande-Bretagne en octobre 2013, soit quelques semaines après sa condamnation définitive, à la prison de Frankland à Durham, en vertu d'un accord conclu avec le TSSL.

[774] Khieu SAMPHAN avait été le Chef de l'État du Kampuchéa Démocratique le 11 avril 1976, après plusieurs années de conflit militaire, entre les forces gouvernementales de la République Khmère et les forces du Parti Communiste du Kampuchéa (PCK). Á partir du 17 avril 1975 jusqu'au-delà du 06 janvier 1979, beaucoup de civils et de militaires avaient été exécutés. Des déplacements forcés suivis de travaux forcés avaient touché une bonne partie de la population et avaient entrainé environ deux millions de morts.

CPI[775]. Cet ancien Chef d'État avait fait l'objet d'un mandat d'arrêt du 23 novembre 2011 pour quatre chefs de crimes contre l'humanité (meurtres, viols, autres actes inhumains, persécutions) commis en 2010-2011, dans le contexte du conflit post-électoral qui avait secoué la Côte d'Ivoire. Il a été transféré le 30 novembre 2011 à La Haye avant de comparaître à la barre le 5 décembre de la même année. Il a été acquitté en première instance le 15 janvier 2019, décision confirmée le 31 mars 2021 par la Chambre d'appel, suite à l'appel du Procureur Fatou BEN SOUDA. Laurent GBAGBO a été le premier ancien Chef d'État africain à comparaître devant la CPI.

Dans les différentes affaires sus-évoquées, les juges ont retenu la responsabilité pénale individuelle internationale du Chef d'État. Les poursuites et/ ou condamnations ont été principalement établies autour de la théorie de l'entreprise criminelle commune, pour les crimes contre l'humanité. Concernant les crimes de guerre, c'est la responsabilité du supérieur hiérarchique qui a été retenue.

Section II : La responsabilité pénale du supérieur hiérarchique

Le droit pénal s'est longtemps accommodé du principe selon lequel « nul n'est punissable qu'à raison de son fait personnel »[776], ou encore « nul n'est responsable pénalement que de son propre fait »[777]. Cette règle, qui tend à exclure la responsabilité du fait d'autrui, souffre pourtant de beaucoup d'exceptions, tant en droit interne[778] qu'en droit international. Pour ce dernier champ, l'efficience de la sanction de certains crimes graves voudrait que toute personne qui concourt, activement ou passivement, à la commission desdits actes, soit tenue pour responsable à part entière. À ce propos, il a été dit, au procès de Nuremberg qu' « il existe, dans tout service étatique hiérarchisé, un circuit continu de l'autorité, qui est en même temps un circuit continu de la responsabilité »[779].

Le droit international pénal a prévu le mécanisme de mise en œuvre de la responsabilité du supérieur hiérarchique civil ou militaire, pour s'assurer que

---

775 La CPI avait également poursuivi Omar Al BASHIR du Soudan, Uhuru KENYATTA du Kenya et Muammar GADDAFI de la Libye. Le Président soudanais est sous le coup de deux mandats d'arrêt. Le Président kenyan a vu les poursuites à son encontre abandonnées. Le Président libyen étant décédé, l'action publique s'est éteinte à son encontre.

776 Cass. Crim. 16 décembre 1948, Bull. Crim. n° 291, p. 1011 et Cass. Crim. 3 Mars 1933, Bull. Crim. n° 49, p. 145

777 Code pénal français, Article 121-1

778 Á titre d'exemple le Code pénal punit celui qui dirige ou organise un mouvement insurrectionnel même s'il n'a pas personnellement accompli d'actes. De même, le chef d'entreprise peut être sanctionné pour certains actes de ses employés (pollution, nuisance, ...).

779 C'est le Substitut du Procureur Edgar FAURE qui avait fait cette affirmation. (Florent BRAYARD, Le génocide des juifs : entre procès et histoire, 1943-2000, p. 117. Disponible sur https://books.google.sn/).

tout au long de la chaîne de commandement, toute personne ayant violé des règles du droit international soit poursuivie et condamnée. Ce système permet d'atteindre les plus hauts responsables, dans les situations de conflit armé où il est souvent difficile d'identifier formellement les auteurs directs des crimes de droit international.

Dans le cadre de cette responsabilité pénale, c'est la conduite illégale du subordonné qui induit la responsabilité du supérieur. Il s'agit d'un mode de responsabilité classique (**Paragraphe 1**) qui comporte un régime juridique autonome (**Paragraphe 2**).

Paragraphe 1 : Un mode de responsabilité classique

La conviction selon laquelle les supérieurs militaires ou civils portent la responsabilité des graves exactions commises par une masse d'exécutants, souvent sans noms ni visages, est ancrée depuis longtemps dans l'opinion publique. Celle-ci est, à juste raison, persuadée que de tels actes, commis à grande échelle d'une manière méthodique et sur une période plus ou moins longue, sont le résultat d'un plan élaboré au haut niveau et exécuté en bas de l'échelle.

La responsabilité pénale du supérieur hiérarchique est une règle ancrée en droit international conventionnel et coutumier (**A**). C'est une théorie fondée sur la relation de supériorité (**B**).

A. Une règle ancrée en droit international conventionnel et coutumier

Le principe de la responsabilité pénale du supérieur hiérarchique n'est pas une construction juridique récente. Déjà au 15e siècle, l'ordonnance de Charles VII, Roi de France, énonçait qu'un capitaine « est responsable des infractions (de ses subordonnés), comme s'il les avait commises lui-même, et encourt la même peine ». Cette ordonnance du 2 novembre 1439 avait été prise « pour obvier et donner remèdes aux pierreries et vexations des gens d'armes ». Dans la même veine, elle prévoyait que « chacun capitaine ou lieutenant sera tenu de répondre des excès, maux et outrages commis par ceux de sa compagnie »[780] et sera traduit devant la justice civile et non celle militaire, indulgente à leur égard, pour répondre de crime de lèse-majesté et encourir des peines privatives de liberté et pécuniaires[781]. Même si cette ordonnance n'avait pas été mise en application jusqu'en 1445 en raison des révoltes qu'elle avait suscitées, elle avait permis de jeter les bases de la règle

---

780 Louis-Guillaume De VILEVAULT & Louis-Georges De BREQUIGNY, Ordonnances des rois de France de la troisième race recueillies par ordre chronologique, Vol. 13, Imprimerie Royale, France, 1782. Disponible sur https://gallica.bnf.fr/

781 Dans cette ordonnance, le Roi s'était interdit le droit de grâce pour que la punition soit systématiquement appliquée.

de la responsabilité du supérieur hiérarchique et servi de modèle reproduit en droit interne dans d'autres États, comme la Suède en 1621 et les États-Unis en 1863. Près d'un siècle auparavant, dans ce dernier pays, en prélude à la codification, le Congrès provisoire du Massachusetts de 1775 avait déclaré que les commandants qui ne puniraient pas leurs officiers ou soldats seraient sanctionnés « comme s'ils avaient eux-mêmes perpétré les crimes ou été à l'origine des troubles reprochés »[782].

En droit international, la règle a connu ses premiers balbutiements en 1474, grâce à un panel de vingt-huit juges suisses, allemands et alsaciens réunis pour juger le Gouverneur de Breisach, Peter Von HAGENBACH, pour les crimes commis sur les habitants de cette ville. Son procès avait été organisé par les villes impériales auxquelles il avait porté atteinte et il avait été décapité après sa condamnation pour crimes de guerre. Durant ce jugement, considéré dans l'histoire du droit international comme une première, c'est la responsabilité de comme commandant, et donc comme supérieur hiérarchique, qui avait été retenue. Les juges avaient considéré que les soldats qui avaient commis les crimes étaient sous son contrôle[783].

Plusieurs siècles étaient ensuite passés avant que la règle de la responsabilité du supérieur pour les actes du subordonné ne soit codifiée en droit international, grâce à la Convention de La Haye de 1907. En effet, l'article 1er du Règlement concernant les lois et coutumes de la guerre sur terre annexé à la quatrième Convention de La Haye sur les lois et coutumes de la guerre sur terre du 18 octobre 1907 avait prévu que « les lois, les droits et les devoirs de la guerre ne s'appliquent pas seulement à l'armée, mais encore aux milices et aux corps de volontaires réunissant les conditions suivantes : d'avoir à leur tête une personne responsable pour ses subordonnés () et de se conformer dans leurs opérations aux lois et coutumes de la guerre ».

Dans le même sillage, la Commission des responsabilités des auteurs de la guerre et sanctions mise sur pied le 25 janvier 1919, lors de la Conférence des préliminaires de paix de Paris, afin de désigner les personnes devant porter la responsabilité de la Première Guerre mondiale de 1914-1918, avait présenté son rapport préliminaire le 29 mars 1919 à la Conférence de paix de Versailles. Cette commission avait proposé la création d'un tribunal international chargé de juger les crimes commis durant cette guerre et préconisé la poursuite de tous ceux « qui auraient ordonné des actes en violation des lois ou coutumes de la guerre, ou qui, en connaissance de cause et ayant le pouvoir d'intervenir, se seraient abstenus d'empêcher ou de prendre

---

[782] Stuart E. HENDIN, « Command Responsibility and Superior Orders in the Twentieth Century - A Century of Evolution », in *MUEJL*, 10, 2003 : 1, par. 6 à 8. Disponible sur http://classic.austlii.edu.au/au/journals/MurUEJL/2003/4.html

[783] Gregory S. GORDON, The Trial of Peter Von Hagenbach : Reconciling History, Historiography, and International Criminal Law, February 16, 2012. Disponible sur http://ssrn.com/abstract=2006370

les dispositions pour empêcher, arrêter ou réprimer de pareils actes »[784]. Lesdites propositions n'ont reçu d'échos favorables qu'après la Seconde Guerre mondiale avec les procès des criminels de guerre nazis et japonais.

S'inspirant des principes dégagés lors des procès des TMI de Nuremberg et de Tokyo, les Conventions de Genève de 1949 ont prévu la nécessité de faire juger les « personnes ayant commis, ou donné l'ordre de commettre » une des infractions graves qu'elles ont prévues[785]. Les articles 86 paragraphes 1 et 2 ainsi que 87 du Protocole additionnel I de 1977 ont respectivement traité de l'obligation générale de réprimer ou de faire cesser les infractions qui résultent d'une omission, de la responsabilité du supérieur qui n'a pas pris les mesures nécessaires pour empêcher ou réprimer une infraction commise par un subordonné et du devoir des commandants. L'article 43 dudit Protocole est une reprise du Règlement de La Haye de 1907 qui exige que les forces armées soient placées « sous un commandement responsable de la conduite (des) subordonnés ». Les articles 86 paragraphes 1 et 2 ainsi que 87 sus-évoqués doivent être combinés, et en l'espèce, même si le texte ne le prévoit pas explicitement, l'élément intentionnel est déterminant pour l'imputation de la responsabilité. Par ailleurs, l'article 87 s'était singularisé par sa nouveauté à l'époque de son adoption, car il n'y avait aucune disposition similaire ni dans les Conventions, ni dans le projet proposé par le CICR. Il était issu d'un amendement présenté lors de la troisième session tenue du 21 avril au 11 juin 1976 à Genève. En l'espèce, le commandant militaire désigne toute personne ayant des responsabilités de commandement, depuis les commandants supérieurs jusqu'aux chefs n'ayant que quelques hommes sous leurs ordres. La responsabilité s'exerce de l'échelon supérieur à celui inférieur. Cela est d'autant plus compréhensible que les rapports de subordination sont en principe clairs et sans équivoque au sein des forces armées, lesquelles sont régies par un système de discipline intrinsèque à leur statut.

Le texte impose au commandant le devoir de faire respecter les Conventions et le Protocole susmentionnés, mais l'oblige également à sanctionner ou dénoncer leur violation. Ces obligations lui incombent en sa position de détenteur de l'autorité sur les subordonnés, laquelle lui permet de réagir pour prévenir, réprimer ou porter à la connaissance des autorités compétentes les faits graves afin que celles-ci y donnent suite.

Au-delà de la codification, il faut reconnaître que la responsabilité pénale du supérieur hiérarchique fait aussi partie du droit international coutumier[786]

---

[784] La documentation internationale, La paix de Versailles, Vol. III, Paris, éd. internationales, 1930, p. 480. Disponible sur https://ihl-databases.icrc.org/applic/ihl/dih.nsf/COM/470-750112

[785] Ces infractions sont prévues aux paragraphes 1 et 2 des articles 86 et 87 du Protocole additionnel I de 1977.

[786] CIJ, 09 avril 1949, Affaire du Détroit de Corfou (fond), Recueil 1949, p. 22 ; CIJ, 27 juin 1986, Activités militaires et paramilitaires au Nicaragua et contre celui-ci, Recueil 1986, pp.112 et 114.

et cela a été consacré par l'article 3 commun aux Conventions de Genève de 1949. Le TPIY l'a rappelé dans l'arrêt Tadic[787]. Ce droit international coutumier inclut la responsabilité du supérieur hiérarchique du fait de crimes de guerre commis pendant un conflit armé international[788] ou non international. Quelle que soit la nature du conflit, les violations graves du droit de la guerre doivent être empêchées ou réprimées par les supérieurs militaires. Ce principe apparaît à l'Annexe à la quatrième Convention de La Haye de 1907 concernant les lois et coutumes de la guerre sur terre, à l'article 19 de la dixième Convention de La Haye et à l'article 26 de la Convention de Genève de 1929 pour l'amélioration du sort des blessés et malades dans les armées en campagne.

Tous ces textes, qui prévoient ce type de responsabilité, le fondent sur le lien de subordination ou, en d'autres termes, sur le lien de supériorité.

B. Une théorie fondée sur la relation de supériorité

Dans le cadre de la responsabilité pénale du supérieur hiérarchique, ce dernier encourt une responsabilité du fait des crimes commis par une personne placée sous son contrôle. Le lien de subordination entre ce dernier et le supérieur doit être effectif. Ainsi, le supérieur doit avoir une autorité réelle sur le subordonné.

Dans la chaîne de commandement, le supérieur hiérarchique concerné est celui qui a une responsabilité pénale personnelle relativement aux infractions commises par ceux qui sont sous son contrôle, et ce, indépendamment de la responsabilité pénale desdits subordonnés. Le lien existant entre le supérieur et le subordonné doit être effectif, de sorte que les ordres du premier sont exécutés, en principe, par le second. Prise sous cet angle, la notion de supérieur hiérarchique n'englobe pas uniquement ceux qui ont été officiellement nommés à un poste de commandement. Elle concerne aussi bien l'autorité *de facto* que *de jure*, dans une structure hiérarchique.

La relation de supériorité doit être caractérisée par la position d'autorité ou l'aptitude à donner des ordres aux subordonnés. À cela, il faut ajouter le pouvoir de contrôle effectif du supérieur sur les subordonnés.

Les notions de supériorité et de contrôle effectif n'ont pas toujours été associées pour atteindre les autorités exerçant certaines fonctions dans l'appareil étatique. Le TMI de Nuremberg n'avait retenu aucun de ces deux critères, préférant, conformément à son statut, condamner les accusés sur la base, entre autres, d'une participation directe aux crimes relevés. Son *alter ego*, le TMI de Tokyo, avait cependant retenu le critère de supériorité pour

[787] TPIY, Dusko TADIC, Op. cit., par. 134.
[788] TPIY, 20 février 2001, Procureur c. Zejnil DELALIC et consorts, par. 222 à 241 ; TPIR, 13 décembre 2002, Procureur c. Ignace BAGILISHEMA, par. 35 à 37.

déclarer atteints et convaincus certains officiels japonais, en prenant en compte leur inaction face aux infractions commises par leurs subordonnés[789].

Quant au critère du contrôle effectif, il a été utilisé par les tribunaux pénaux internationaux. Dans l'affaire Celebici, le TPIY a assis la nécessité d'un contrôle effectif que doit avoir le supérieur sur ses subordonnés, comme condition *sine qua non* pour envisager sa responsabilité pénale[790]. Le contrôle effectif serait le pouvoir réel de donner des ordres et de les faire respecter. Les affaires connues ultérieurement par cette juridiction n'ont pas donné lieu à un revirement[791]. Au niveau du TPIR, les juges ont abondé dans le même sens dans les affaires Kayishema et Ruzindana, Bagilishema et Kamuhanda[792]. La CPI, faisant écho à son statut, a adopté le même schéma. Ainsi, il appert de l'article 28 du Traité de Rome que le contrôle effectif est un élément essentiel pour déterminer la qualité de supérieur. La CPI a fait application de ce critère dans l'affaire Jean Pierre BEMBA GOMBO[793], avec la précision que le terme « commandement » vise le supérieur militaire *de jure*, qui a une position « établie sur la foi d'une nomination officielle ou d'une attribution officielle de pouvoirs »[794], alors que le terme « autorité » désigne le supérieur *de facto*, qui a un contrôle sur les personnes qui ont commis les infractions[795].

La responsabilité du supérieur militaire *de jure* est de nature verticale. Les ordres sont transmis de haut en bas, mais il serait utile de savoir jusqu'à quel niveau hiérarchique le supérieur serait tenu responsable des actes des subordonnés. Selon le Professeur Ilias BANTEKAS, il existe quatre niveaux de commandement dans les structures militaires[796]. Au premier niveau, se situe le commandement politique, à savoir les autorités chargées de déterminer la politique de l'État à mettre en œuvre. Ensuite, il y a le commandement stratégique où interviennent les commandements militaires qui sont chargés d'élaborer un plan militaire viable. Ce plan est ensuite transmis au troisième niveau occupé par les supérieurs opérationnels sur le champ de bataille. Au

---

789 Hervé ASCENSIO et Raphaëlle MAISON, « L'activité du Tribunal pénal international pour l'ex-Yougoslavie », in *AFDI*, 2002, p. 403.

790 TPIY, 16 novembre 1998, Celebici, par. 364-378.

791 TPIY, 03 juillet 2008, Naser ORIC, par. 91 ; TPIY, 16 novembre 2005, Sefer HALILOVIC, par. 59 ; TPIY, 31 janvier 2005, Pavle STRUGAR, par. 360 ; TPIY, 22 février 2001, Dragoljub KUNARAC, par. 396.

792 TPIR, 01er juin 2001, Clément KAYISHEMA et Clément RUZINDANA, par. 294 ; TPIR, 03 juillet 2002, Ignace BAGILISHEMA, par. 50 (arrêt) ; 7 juin 2001, par. 39 (jugement) ; TPIR, 22 janvier 2003, Jean de Dieu KAMUHANDA, par. 604.

793 CPI, 15 juin 2009, Jean Pierre BEMBA GOMBO, par. 415.

794 Cette définition est tirée du jugement du TPIY dans l'affaire Dario KORDIC et Mario CERKEZ (TPIY, 26 février 2001, Dario KORDIC et Mario CERKEZ, par. 418).

795 Philippe CURRAT, Les crimes contre l'humanité dans le Statut de la Cour pénale internationale, Bruxelles, Bruylant ; LGDJ ; Schulthess, 2006, p. 674 cité par Ahmed Fathy KHALIFA, « Les conditions préalables à la responsabilité du supérieur hiérarchique devant les juridictions pénales internationales », in *RSC*, 2010, n° 4, par. 9.

796 Ilias BANTEKAS, « The contemporary law of superior responsibility », in *AJIL*, 1999, p. 578 cité par Ahmed F. Khalifa, Op. cit., par. 14.

quatrième et dernier niveau, se trouvent les commandements tactiques qui exercent un contrôle direct sur les unités qui exécutent le plan sur le terrain. Cette hiérarchie met en scène plusieurs niveaux de supériorité et il s'agira d'indiquer si la responsabilité d'un supérieur est limitée ou non aux infractions commises par ses subordonnés directs. La solution adoptée par les juridictions pénales internationales est qu'il n'est pas nécessaire que le lien de supériorité soit direct ou immédiat pour engager la responsabilité pénale du supérieur pour les crimes perpétrés par les subordonnés, pourvu que le contrôle exercé par le supérieur sur lesdits actes criminels soit effectif[797]. L'écart entre les deux protagonistes n'est pas déterminant. Seulement la responsabilité du supérieur le plus élevé sur l'échelle n'exclut pas celle du supérieur intermédiaire ou immédiat, même de hiérarchies différentes[798], et *vice versa.*

Pour la responsabilité du supérieur *de facto*, elle est de nature horizontale et s'applique à tout supérieur hiérarchique, militaire ou civil. Elle est plus large que la précédente et les tribunaux pénaux internationaux n'ont pas manqué de le relever. Ainsi, « la responsabilité traditionnellement associée au pouvoir de commander de l'autorité militaire, peut englober celle de quiconque occupant une position supérieure dans une structure hiérarchique et s'étend non seulement aux chefs militaires, mais aussi aux dirigeants politiques et autres civils possédant le contrôle effectif sur les subordonnés impliqués dans la commission des crimes »[799]. Cette spécification de la responsabilité pénale hiérarchique du civil, qui ne fait pas l'unanimité[800], introduit une nouveauté dans la jurisprudence et pose le problème de la distinction entre « supérieur militaire » et « supérieur non-militaire ». La CPI n'a pas encore réellement tracé la frontière[801].

Dans tous les cas, dans le cadre de la responsabilité pénale du supérieur hiérarchique civil comme militaire, le contrôle effectif est l'élément déterminant. Cet élément incontournable pour imputer la responsabilité au supérieur hiérarchique rend insuffisant en lui-même le statut de supérieur militaire *de jure*.

---

[797] TPIY, 20 février 2001, Celebici, par. 303 ; TPIY, 30 juin 2006, Naser ORIC, par. 310 ; TPIY, 30 novembre 2005, Fatmir LIMAJ, par. 522.

[798] TPIY, 24 mars 2000, Zlatko ALEKSOVSKI, par. 103.

[799] TPIY, 2 novembre 2001, Miroslav KVOCKA et al., par. 315 ; TPIY, 26 février 2001, Dario KORDIC et Mario CERKEZ, par. 416 et 446.

[800] Voir Greg R. VETTER., « Command responsibility of Non-military superiors in the International Criminal Court », in *YJIL*, 2000, p. 89 cité par Ahmed Fathy Khalifa, Op. cit., par. 13 ; Alexander ZAHAR, « Command responsibility of Civilian superiors for genocide », in *LJIL*, 2001, Vol. 14, p. 591 cité par Ahmed Fathy Khalifa, Op. cit. ; Jon D. LEVINE, « The Doctrine of Command Responsibility and its Application to Superior Civilian Leadership : Does the International Criminal Court have the Correct Standard ? » in *Military Law Review*, Vol. 193, 2007, p. 52 cité par Ahmed Fathy Khalifa, Op. cit.).

[801] La CPI n'a pas établi un critère juridique de distinction. (CPI, 15 juin 2009, Jean Pierre BEMBA GOMBO, par. 406-446).

En ce qui concerne la preuve de l'existence du contrôle effectif, elle est libre. Différents arrêts rendus par les juridictions pénales internationales ont permis de dégager de multiples indices d'ordre factuel[802]. La preuve de l'existence du contrôle effectif est appréciée « *in concreto* » et ainsi, la responsabilité pénale de n'importe quel supérieur hiérarchique n'est pas engagée, mais seulement de celui qui exerce un « contrôle effectif ».

La responsabilité pénale du supérieur hiérarchique ne repose pas seulement sur le lien de subordination et un contrôle effectif exercé par le supérieur sur le subordonné. Elle s'appuie également sur la capacité et le devoir d'agir dudit supérieur, tel qu'énoncé par l'article 86 paragraphe 1 du Protocole additionnel I sus-évoqué. L'action est en amont pour prévenir des crimes et en aval pour punir leur commission. La capacité d'agir admet un minimum d'action comme le fait d'adresser des rapports aux autorités compétentes afin qu'elles prennent des mesures appropriées contre le subordonné qui a commis un crime grave[803].

Le principe de la responsabilité du supérieur hiérarchique, tel que caractérisé ci-dessus, a un régime juridique particulier.

Paragraphe 2 : Un régime juridique autonome

La responsabilité pénale du supérieur hiérarchique est mise en œuvre si d'une part, celui-ci « savait ou avait des raisons de savoir »[804] qu'un subordonné était sur le point de commettre un crime ou avait commis un acte criminel, et si d'autre part, en tant que supérieur, il s'était abstenu de prendre « les mesures nécessaires et raisonnables pour empêcher que ledit acte ne soit commis ou en punir leurs auteurs »[805].

Ainsi, pour mettre en œuvre une telle responsabilité, il faudra établir que le supérieur avait une connaissance réelle ou déductive des crimes du subordonné **(A)** sans avoir anticipé pour les prévenir ou posé des actes pour les réprimer. C'est en quelque sorte une responsabilité par omission d'agir **(B)**.

---

802 TPIY, 10 juillet 2008, Ljube BOSKOSKI et Johan TARCULOVSKI, par. 411 ; TPIR, Juvenal KAJELIJELI, Op. cit., par. 90-91 ; TPIY, 29 juillet 2004, Tihomir BLASKIC, par. 485 ; TPIY, 16 novembre 2005, Sefer HALILOVIC, par. 58 ; TPIY, 31 janvier 2005, Pavle STRUGAR, par. 395-398 ; TPIR, 21 mai 1999, Clément KAYISHEMA et Clément RUZINDANA, par. 501-504. CPI, 15 juin 2009, Jean Pierre BEMBA GOMBO par. 417 ; TSSL, 20 juin 2007, Alex Tamba BRIMA and others, par. 788-789

803 TPIY, 16 novembre 1998, Celebici, par. 346 ; TPIY, 17 janvier 2005, Vidoje BLAGOJEVIC et Dragan JOKIC, par. 275 ; TPIR, 15 mai 2003, Laurent SEMANZA, par. 400 ; TPIR, 25 février 2004, André NTAGERURA et al., par. 627 ; TPIY, 24 mars 2000, Zlatko ALEKSOVSKI, par. 72 ; TPIR, 07 juill. 2006, Sylvestre GACUMBITSI, par. 143 ; TPIY, 30 juin 2006, par. 294 ; TPIR, Ferdinand NAHIMANA, Jean Bosco BARAYAGWIZA et Hassan NGEZE, Op. cit., par. 484.

804 Statut des Chambres africaines extraordinaires, Article 10 (4).

805 Ibid.

A. Une connaissance réelle ou déductive des crimes du subordonné

Le supérieur hiérarchique a une relation étroite avec ses subordonnés. Dès lors qu'il exerce un contrôle effectif sur eux, il ne saurait ignorer les actes qu'ils perpètrent en leurs qualités d'exécutants. Les textes qui font référence à la mise en œuvre de ce type de responsabilité exigent de la part du supérieur un minimum de connaissance des infractions graves commises par les subordonnés.

Selon l'article 30 du Statut de Rome, « il y a connaissance (…) lorsqu'une personne est consciente qu'une circonstance existe ou qu'une conséquence adviendra dans le cours normal des événements ». Cette définition est conforme à la maxime latine « *actus non facit reum nisi mens rea* »[806].

La connaissance peut être personnelle. Cette situation, où le supérieur hiérarchique « savait » induit une connaissance effective du fait que les subordonnés étaient sur le point de commettre des actes illicites constitutifs de crimes internationaux, ou qu'ils en avaient commis. Cette connaissance, qui est subjective, est le reflet de l'état d'esprit du mis en cause. La preuve est rapportée de manière directe ou circonstancielle[807].

Elle peut aussi être tirée de la position d'autorité du supérieur, mais cette conclusion va au-delà de la simple présomption. Le TPIY a eu à rappeler, à ce propos, qu'il n'existe pas de « présomption de connaissance à l'encontre du supérieur hiérarchique, laquelle entraînerait en quelque sorte automatiquement la culpabilité de ce supérieur dès lors qu'un crime aurait été commis. La Chambre considère, néanmoins, que la position de supérieur hiérarchique d'un individu constitue en soi un indice sérieux de ce que cet individu a connaissance des crimes commis par ses subordonnés. Le poids qu'il convient de conférer à cet indice dépend toutefois des circonstances notamment, de temps et de lieu. Ainsi, plus la commission des faits sera éloignée dans l'espace, plus il sera difficile d'établir leur connaissance par le supérieur en l'absence d'autres indices. À l'inverse, la commission d'un crime en un lieu immédiatement proche de celui où le supérieur exerce habituellement ses fonctions suffirait à créer un indice sérieux de la connaissance par ce supérieur de ce crime, *a fortiori* dans l'hypothèse où des crimes seraient commis de manière répétée »[808]. Dans l'affaire Kordic et Cerkez, le TPIY a ajouté que le niveau de preuve exigé, afin d'établir la connaissance effective du supérieur hiérarchique, diffère en fonction de sa position dans l'échelle de commandement[809]. Ainsi, la responsabilité du supérieur hiérarchique militaire est facile à rapporter s'il est au sein d'une

---

[806] « *Mens rea* » signifie en latin « esprit criminel » ou « intention de commettre une infraction ». Il renvoie au fait que l'acte ne rend pas un individu criminel à moins que l'esprit de cet individu ne soit aussi coupable.

[807] TPIY, Celebici, Op. cit., par. 386.

[808] Ibid.

[809] TPIY, Dario KORDIC et Mario CERKEZ, Op. cit., par. 428

chaîne de commandement parfaitement structurée, dotée de mécanismes de surveillance efficaces et de créneaux de communication fluides.

Néanmoins, la notion de connaissance inclut l'élément intentionnel[810], lequel est une faute ou au moins une légèreté flagrante qui s'apparente à un consentement ou à une intention délictueuse.

À côté de cette connaissance subjective, il y a aussi ce qui pourrait être qualifié d'aveuglement volontaire, d'insouciance[811] et dans une moindre mesure de négligence. C'est le cas où le supérieur « avait des raisons de savoir ». Grâce à l'arrêt Celebici, un contenu a été donné à cette expression. Il a ainsi été jugé qu'« un supérieur ne peut être tenu pour pénalement responsable que s'il avait à sa disposition des informations particulières l'avertissant des infractions commises par ses subordonnés »[812]. L'adjectif « particulières » ne renvoie pas nécessairement à des informations comportant des détails précis sur des infractions commises ou sur le point d'être commises par des subordonnés, et c'est ce qu'explique le TPIR dans l'affaire Bagilishema[813]. Cette juridiction a jugé que « le critère ''avait des raisons de savoir" n'exige pas que la connaissance réelle, qu'elle soit prouvée de manière directe ou indirecte, soit établie. Il n'exige pas non plus que la Chambre de première instance soit convaincue que l'Accusé savait effectivement que des crimes avaient été commis ou étaient sur le point d'être commis. Il exige seulement que la Chambre soit convaincue que l'Accusé disposait de "certaines informations générales, de nature à le mettre en garde contre d'éventuels agissements de ses subordonnés »[814]. Il n'est ainsi pas nécessaire que le supérieur prenne effectivement connaissance desdites informations. Sur ce point, un supérieur ne peut invoquer l'ignorance de rapports qui lui ont été adressés ou une absence momentanée pour dégager sa responsabilité. C'est pour cette raison que dans l'affaire Blaskic, le TPIY a indiqué que « si donc un commandant a exercé la diligence due dans l'accomplissement de ses devoirs mais ignore pourtant que des crimes sont sur le point d'être commis ou l'ont été, cette ignorance ne peut être retenue contre lui. Cependant, lorsque compte tenu de sa position personnelle dans la hiérarchie et des circonstances du moment, l'ignorance résulte d'une négligence dans l'accomplissement de ses devoirs, elle ne saurait constituer un moyen de défense : ce commandant avait des raisons de savoir au sens du Statut du TPIY et du TPIR »[815].

---

[810] Certains auteurs ont soutenu que la *mens rea* est relative puisque la responsabilité du supérieur hiérarchique peut être retenue en l'absence d'intention délictueuse.

[811] Marie-Pierre ROBERT, « La responsabilité du supérieur hiérarchique basée sur la négligence en droit pénal international », in *Les Cahiers de droit*, Vol. 49, n ° 3, Septembre 2008, p. 423.

[812] TPIY, Celebici Op. cit., par. 241.

[813] TPIR, Ignace BAGILISHEMA, Op. cit., par. 42

[814] TPIR, Ignace BAGILISHEMA, Op. cit., par. 28.

[815] TPIY, Tihomir BLASKIC, Op. cit., par. 332.

Suivant cette logique, on peut considérer que lorsqu'il est retenu contre le supérieur hiérarchique qu'il « avait des raisons de savoir », c'est qu'il lui est imputée une négligence. Le TPIY n'a pas manqué de préciser que la responsabilité du supérieur hiérarchique est en réalité retenue « pour omission en connaissance de cause. (...) sa responsabilité ne pouvant être mise en cause que parce qu'il n'a pas pris les mesures nécessaires et raisonnables pour empêcher ou punir »[816]. Cette juridiction a ainsi jugé « qu'un commandant a des ''raisons de savoir »[817] s'il se montre gravement négligent et se garde d'obtenir les informations voulues »[818]. Ainsi, le supérieur doit détenir les informations faisant état de crimes commis ou sur le point d'être commis par ses subordonnés, ou omettre délibérément de recueillir des informations en ce sens, consommant ainsi une faute morale. Ainsi, dans l'affaire Halilovic, le TPIY a estimé que la responsabilité du supérieur hiérarchique était engagée si celui-ci avait à sa disposition des « informations suffisantes » [819] pour justifier la nécessité d'une enquête plus approfondie de sa part, même si ces informations ne sont pas suffisantes pour conclure à l'existence de crimes graves[820].

En l'espèce, le comportement du supérieur est déterminant quant à la connaissance des informations ou des éléments qui peuvent conduire à cette connaissance. Il peut avoir eu connaissance d'actes préparatoires ou de violations antérieures. À ce propos, le Tribunal de Tokyo avait considéré qu'un faisceau d'indices pourrait établir la connaissance imputable au supérieur hiérarchique.

Devant les TPI de l'ex-Yougoslavie et pour Rwanda, la connaissance pouvant engager la responsabilité du supérieur hiérarchique est traitée différemment par rapport à la CPI. Cette dernière a introduit une distinction, à l'article 28 de son statut, entre le supérieur militaire et le supérieur civil. Si le premier « aurait dû savoir », le second doit savoir. C'est donc la négligence qui semble être reprochée au supérieur militaire, alors que pour le supérieur civil, c'est l'aveuglement volontaire. L'élément intentionnel diffère ainsi entre les deux.

Au final, le supérieur hiérarchique qui a une connaissance réelle ou déductive des crimes de ses subordonnés sans réagir, tombe sous le coup de la loi. C'est sa responsabilité par omission d'agir qui est engagée.

---

[816] TPIY, 20 février 2001, Celebici, par. 226.

[817] Ibid.

[818] TPIY, Celebici, Op. cit., par. 226.

[819] TPIY, Sefer HALILOVIC, Op. cit., par. 68 ; TPIY, Celebici, Op. cit., par. 216 à 241.

[820] Ibid.

B. Une responsabilité par omission d'agir

Le supérieur hiérarchique qui « sait ou aurait dû savoir » que des infractions graves étaient commises par ses subordonnés ou étaient sur le point de l'être, ne peut être poursuivi que s'il a failli à son obligation de prendre les mesures idoines pour les réprimer ou les prévenir. Sa responsabilité pénale découle de son omission d'agir, c'est-à-dire un devoir de faire ou de dire quelque chose. Elle tranche d'avec la tradition du droit pénal qui criminalise généralement l'action et non l'omission[821]. La tendance, tant en droit interne qu'international, est l'incrimination de l'inaction.

Le droit international s'est très tôt intéressé à la question de la responsabilité du supérieur hiérarchique par omission d'agir.

Le Règlement de La Haye de 1907 concernant les lois et coutumes de la guerre avait prévu, en son article premier, que « les lois, les droits et les devoirs de la guerre » s'appliquent aux forces armées ayant « à leur tête une personne responsable pour ses subordonnés ». Les articles 42 et 43 dudit règlement avaient aussi enjoint à l'armée d'occupation de prendre « toutes les mesures qui dépendent (d'elle) en vue de rétablir et d'assurer, autant qu'il est possible, l'ordre et la vie publics, en respectant, sauf empêchement absolu, les lois en vigueur dans le pays ».

À la fin de la Première Guerre mondiale, le rapport de la Commission des responsabilités des auteurs de la guerre et sanctions du 29 mars 1919 avait proposé la poursuite de tous ceux « qui auraient ordonné des actes en violation des lois ou coutumes de la guerre, ou qui, en connaissance de cause et ayant le pouvoir d'intervenir, se seraient abstenus d'empêcher ou de prendre les dispositions pour empêcher, arrêter ou réprimer de pareils actes »[822].

Après la Seconde Guerre mondiale, les TMI de Nuremberg et de Tokyo avaient retenu la responsabilité pénale des supérieurs hiérarchiques qui avaient omis d'intervenir pour empêcher des infractions commises par les soldats ou les faire cesser. Ces juridictions s'étaient notamment appuyées sur l'article premier du Règlement de La Haye de 1907 sus-évoqué et sur le droit interne.

Les Conventions de Genève du 12 août 1949 et les Protocoles additionnels de 1977 ont perpétué le principe de la responsabilité pénale du supérieur par omission. Suivant les dispositions de ces traités, une telle responsabilité est consommée lorsque le supérieur s'est abstenu d'agir alors qu'il était en devoir de le faire. En effet, l'article 86 du Protocole I dispose que « les Hautes Parties contractantes et les Parties au conflit doivent réprimer les infractions graves et prendre les mesures nécessaires pour faire cesser toutes les autres

---

[821] Les délits d'omission sont rares. On peut en citer la non-assistance à personne en péril ou en danger, la non dénonciation de crime ou délit, le refus de témoigner en faveur d'un innocent, la mise en danger d'autrui.

[822] La documentation internationale, La paix de Versailles, Op. cit.

infractions aux Conventions ou au présent Protocole qui résultent d'une omission contraire à un devoir d'agir. Le fait qu'une infraction aux Conventions ou au présent Protocole a été commise par un subordonné n'exonère pas ses supérieurs de leur responsabilité pénale ou disciplinaire, selon le cas, s'ils savaient ou possédaient des informations leur permettant de conclure, dans les circonstances du moment, que ce subordonné commettait ou allait commettre une telle infraction, et s'ils n'ont pas pris toutes les mesures pratiquement possibles en leur pouvoir pour empêcher ou réprimer cette infraction ».

S'il est admis que c'est la loi nationale qui détermine les compétences et les pouvoirs de ses agents civils ou militaires, il est tout aussi accepté que ces compétences et pouvoirs sont exercés conformément aux exigences posées par les règles conventionnelles. La loi internationale régit l'exercice des compétences et pouvoirs dans le domaine soumis à sa réglementation. C'est en ce sens qu'il faut envisager l'incrimination, par ce texte, de l'« omission contraire à un devoir d'agir ».

La Convention sur l'imprescriptibilité des crimes de guerre et crimes contre l'humanité du 26 novembre 1968 avait prévu, en son article 2, son applicabilité à l'encontre des représentants de l'autorité de l'État et des particuliers auteurs ou complices de crimes de guerre et de crimes contre l'humanité ainsi que des « représentants de l'autorité de l'État qui toléreraient (leur) perpétration ». L'article précédent avait précisé que ces crimes étaient entendus dans le sens des définitions retenues dans le Statut du TMI de Nuremberg du 8 août 1945 et confirmées par les résolutions 3 (I) et 95 (I) de l'Assemblée générale des Nations unies des 13 février et 11 décembre 1946, notamment les infractions graves énumérées dans les Conventions de Genève du 12 août 1949 pour la protection des victimes de la guerre.

Au demeurant, l'omission qui permet de retenir l'infraction comporte deux facettes : le défaut de prévenir et le défaut de punir.

Le défaut de prévenir vise l'omission pour le supérieur hiérarchique d'anticiper la commission de crimes internationaux par ses subordonnés par des actions concrètes de sa part. Sa position d'autorité et d'influence vis-à-vis de ses subalternes met ces derniers dans une situation de subordination. Il a aussi, en principe, un certain degré de connaissance des réalités du terrain et des opérations à mener et doit prendre « toutes les mesures nécessaires et raisonnables qui (sont) en son pouvoir »[823] pour empêcher la perpétration d'actes illicites constitutifs de crimes internationaux. Ces mesures sont diverses et variées et dépendent de la nature militaire ou civile du lien entre les subordonnés et leur supérieur. Néanmoins, la responsabilité de ce dernier ne saurait être engagée si les mesures à prendre ne relevaient pas de son pouvoir. C'est là que la notion de contrôle effectif tient tout son sens, c'est-à-dire la capacité matérielle de contrôle du supérieur sur les subordonnés. Cette

[823] Statut de Rome de la CPI, Article 28.

capacité matérielle n'est pas envisagée dans l'abstrait, mais plutôt concrètement au cas par cas, en fonction des circonstances de l'espèce[824].

Le défaut de prévenir est une violation d'un devoir de prudence. La négligence du supérieur est liée à son manque de précaution. Selon Pradel, cette négligence suppose que le résultat _ prévu ou imprévu, mais prévisible _ aurait pu être évité par l'emploi de précautions commandées par les circonstances[825]. Le supérieur hiérarchique est sous le coup de la loi pour ne pas avoir empêché la commission présente d'infractions ou une éventuelle commission, alors qu'il est dans son pouvoir et dans son devoir de le faire. Sa capacité d'enrayer les actes attentatoires à l'intégrité physique et morale des victimes a été neutralisée par son inaction.

S'agissant du supérieur militaire, la négligence peut entraîner des conséquences irréparables, car les soldats qui font fi de leurs obligations internationales peuvent être auteurs de très graves exactions. Les armes qu'ils utilisent et l'entraînement qu'ils ont subi sont potentiellement dangereux si la vigilance du supérieur fait défaut. Celui-ci dispose, en principe, de moyens suffisants pour faire respecter les règles conventionnelles internationales. Détenteur de l'autorité, il exerce un contrôle sur la troupe et sur les armes et est donc bien placé pour prévenir la commission d'actes illicites. Il peut, à ce propos, créer un état d'esprit approprié et maintenir un niveau de discipline tel qu'il reste maître des ordres exécutés par les subordonnés.

Ces pouvoirs du commandant existent en théorie et en pratique et le devoir de prévention inclut l'instruction des membres des forces armées ainsi que le rappel permanent du nécessaire respect des règles conventionnelles internationales. À défaut, le comportement non encadré de la troupe armée est susceptible de mener à des dommages incommensurables. Comme la pratique des forces armées est fortement marquée par le lien de subordination, la responsabilité s'exerce du haut en bas de la hiérarchie, à savoir du commandant en chef au simple soldat. C'est ainsi que des auteurs comme Robert CRYER ont soutenu que la responsabilité pénale du commandant est justifiée par l'ampleur du risque ou le préjudice potentiel[826].

Néanmoins, le lien de causalité entre l'attitude du supérieur hiérarchique et le crime qu'il aurait pu prévenir doit être évident. Il doit être avéré que son omission d'agir pour prévenir a entraîné la commission de crimes. C'est en ce sens que l'article 28 du Statut de Rome prévoit qu' « un chef militaire ou une personne faisant effectivement fonction de chef militaire est pénalement responsable des crimes relevant de la compétence de la Cour commis par des forces placées sous son commandement et son contrôle effectifs, ou sous son

---

[824] TPIR, Ignace BAGILISHEMA, Op. cit., par. 48.

[825] Jean PRADEL, Droit pénal comparé, 2e éd., Paris, Dalloz, 2002, p. 302.

[826] Robert CRYER, « General Principles of Liability in International Criminal Law », in *The Permanent International Criminal Court : Legal and Policy Issues*, Dominic McGOLDRICK, Peter ROWE et Eric DONNELLY (Dir.), Hart, Oxford, 2004, p. 233.

autorité et son contrôle effectifs, selon le cas, lorsqu'il ou elle n'a pas exercé le contrôle qui convenait sur ces forces ». Ce lien de causalité est important, même s'il faut reconnaître qu'il ne fait pas l'unanimité. En effet, le TPIY et le TPIR, dont les statuts n'exigent pas de lien de causalité entre l'omission et la commission du crime, ont soutenu que cet élément n'est pas une condition distincte pour l'établissement de la responsabilité du supérieur hiérarchique. Cette démarcation entre l'omission et la commission du crime a été faite dans l'affaire Celebici, lorsque le TPIY a retenu que « nonobstant la place centrale qu'occupe le principe de causalité en droit pénal, l'existence d'un lien de cause à effet n'est traditionnellement pas considérée comme la condition *sine qua non* pour engager la responsabilité pénale d'un supérieur coupable de ne pas avoir empêché ses subordonnés de commettre des infractions ou de ne pas les en avoir punis »[827]. Cette position a été confortée dans l'affaire Blaskic[828].

La mise en œuvre de la responsabilité pénale par défaut de prévenir tient compte des limites des pouvoirs du supérieur hiérarchique. S'il atteint les limites des pouvoirs qui lui incombent, il pourra écarter sa responsabilité, mais s'il avait encore une marge de manœuvre et que l'objectif de prévention n'avait pas été atteint, il encourt des poursuites car il n'a pas mis en œuvre toutes « les mesures nécessaires et raisonnables qui sont en son pouvoir »[829]. Aussi, il ne pourra pas se soustraire à l'action de la justice en se réfugiant derrière l'existence d'une pluralité de supérieurs sur la chaine de commandement, car chacun est tenu responsable d'une omission d'agir pour ce qui relève de ses pouvoirs. En outre, si chaque omission a un lien de causalité avec la commission des crimes, tous les supérieurs concernés sont tenus responsables surtout si l'intervention d'un seul pouvait prévenir la perpétration d'actes illicites.

Par ailleurs, le défaut de prévenir n'étant pas alternatif avec celui de punir, le supérieur ne saurait se soustraire à sa responsabilité pénale en punissant postérieurement des actes illicites qu'il était en mesure d'anticiper[830].

S'agissant du défaut de punir, c'est la situation où le supérieur hiérarchique omet de sanctionner ses subordonnés qui ont commis des actes graves constitutifs de crimes de droit international. Les mesures que le supérieur hiérarchique est appelé à prendre dépendent du caractère militaire ou civil du lien de subordination. Elles peuvent revêtir la forme d'une sanction ou d'un renvoi « aux autorités compétentes aux fins d'enquête et de poursuites »[831]. Le cadre militaire offre plus de possibilités de sanctions que celui civil, mais dans tous les cas, la responsabilité pénale du supérieur n'est retenue que pour son omission de prendre les mesures « nécessaires et raisonnables qui étaient en

827 TPIY, Celebici, Op. cit., par. 398-399.
828 TPIY, Tihomir BLASKIC, Op. cit. (appel) par. 77.
829 Statut de Rome, Article 28 (a).
830 TPIR, Ignace BAGILISHEMA, Op. cit., par. 48-49 ; TPIY, Tihomir BLASKIC, Op. cit., par. 336 (jugement), par. 78-85 (arrêt).
831 Statut de Rome, Article 28 (a) (ii) et 28 (b) (iii).

son pouvoir »[832] après qu'il a eu connaissance de la commission de crimes internationaux par ses subordonnés. Elle est calquée sur la nature des crimes commis par les subordonnés et le degré de connaissance desdits actes illicites.

Cette responsabilité pénale du supérieur, pour son comportement postérieur face aux actes illicites de ses subordonnés, n'est cependant pas une forme de complicité. La complicité, en droit, est antérieure ou concomitante à l'infraction principale, à moins qu'il y ait une entente préalable. Il s'agit bien d'une responsabilité *sui generis*, basée sur l'omission d'agir.

Le devoir de prévenir et celui de punir se recoupent car la punition des infractions commises par les subordonnés a pour finalité de prévenir de tels actes à l'avenir. La sanction est dissuasive à l'encontre des subordonnés qui pourraient être tentés par la perpétration d'actes illicites, alors que l'omission d'agir peut-être perçue par la troupe comme une forme d'encouragement ou d'incitation.

Ce principe de la responsabilité du supérieur hiérarchique et celui de la responsabilité pénale individuelle internationale ont été les poumons du jugement rendu contre Monsieur Hissein HABRE. Il serait utile de jauger cette décision à l'aune de la pratique juridique internationale.

[832] Ibid.

Chapitre II : L'essence et la portée de la condamnation de Monsieur Hissein HABRE

Le jugement de Monsieur Hissein HABRE a été l'aboutissement d'une bataille juridique épique. L'inculpation et la traduction de l'ancien Chef d'État à la barre de la juridiction de jugement ont été caractérisées par une célérité qui a contrasté avec la longue période d'incertitudes et de tergiversations précédente.

En effet, placé en garde à vue le 30 juin 2013 sur instructions du Procureur général près les Chambres africaines extraordinaires, Habré a par la suite été inculpé le 2 juillet 2013 par la Chambre d'instruction de ladite juridiction pour crimes contre l'humanité, torture et crimes de guerre commis au Tchad durant sa présidence, et placé sous mandat de dépôt. Au bout de vingt mois, l'information judiciaire a été clôturée et autant le réquisitoire définitif du 6 février 2015 que l'ordonnance de renvoi du 13 février 2015 ont retenu la mise en accusation du sieur Habré pour les chefs d'infractions susmentionnés.

Le 20 juillet 2015, le procès a été ouvert au Palais de justice de Dakar. Toutefois dès l'entame, la Chambre d'assises a été confrontée au refus de Monsieur Hissein HABRE de comparaître et au boycott du procès par ses avocats qui considéraient la juridiction comme étant illégale et illégitime. Cette situation a justifié la commission d'office de trois avocats et le renvoi du procès à quarante-cinq jours pour permettre à ceux-ci de préparer leurs moyens de défense. À la reprise du procès en septembre 2015, la Défense n'a pas manqué de soulever des exceptions pour éviter à l'ancien Chef d'État d'être jugé sur le fond de l'affaire et subir une condamnation qui semblait évidente. En face, l'Accusation, persuadée de la culpabilité de l'ancien président de la République tchadienne, a présenté les éléments de preuve allant dans ce sens et au bout de quelques mois, un premier jugement a été rendu le 30 mai 2016, confirmé en grande partie par l'arrêt de la Chambre d'appel du 27 avril 2017.

Les Chambres africaines extraordinaires ont ainsi déclaré Monsieur Hissein HABRE coupable de crimes contre l'humanité, de torture, de crimes de guerre et de violations graves de l'article 3 commun aux quatre Conventions de Genève du 12 août 1949 et du Protocole additionnel II du 8 juin 1977 et l'ont condamné à la peine d'emprisonnement à perpétuité, en retenant des circonstances aggravantes. Elles ont aussi reçu la constitution de partie civile des victimes et leur ont alloué diverses sommes d'argent à titre de dommages-intérêts.

Pour en arriver à cette décision qui a une portée indéniable (**Section II**), les juges ont dû établir la matérialité et l'imputabilité des crimes internationaux à l'encontre de l'ancien Chef d'État (**Section I**).

Section I : La matérialité et l'imputabilité des crimes internationaux

La culpabilité de Monsieur Hissein HABRE a été établie par les Chambres africaines extraordinaires à travers la matérialité des crimes internationaux commis et leur imputabilité à Monsieur Hissein HABRE.

Le statut de Chef d'État de l'accusé au moment des faits et la nature des crimes ont fait qu'il ne pouvait être déclaré atteint et convaincu desdites infractions que sur le fondement de la responsabilité pénale tel que régie en droit international. Ainsi, les Chambres africaines extraordinaires se sont évertuées à donner aux faits commis au Tchad, entre le 7 juin 1982 et le 1er décembre 1990, leur exacte qualification. En effet, les éléments constitutifs de crimes contre l'humanité, de torture et de crimes de guerre ont été rapportés et subsumés aux articles 6 (1), 7 et 8 du Statut des Chambres qui les ont prévus. D'abord, pour les crimes contre l'humanité, les juges ont constaté l'existence d'attaque généralisée ou systématique lancée contre la population civile et à l'occasion de laquelle ont été commis plusieurs crimes sous-jacents. Ensuite, pour le crime autonome de torture, ils ont relevé la commission délibérée de graves sévices, par des agents étatiques, infligeant aux victimes une douleur ou des souffrances aiguës, physiques ou mentales, dans le but d'obtenir des renseignements ou des aveux, de punir, d'intimider ou de contraindre. Enfin, pour les crimes de guerre, ils ont caractérisé l'existence de crimes commis contre des victimes protégées dans le cadre de conflits armés international et non international.

Après avoir établi les faits dans leur matérialité, les juges ont retenu la responsabilité pénale individuelle de Monsieur Hissein HABRE pour les crimes contre l'humanité et la torture (**Paragraphe 1**), tandis que pour les crimes de guerre, ils ont pris en considération sa responsabilité pénale de supérieur hiérarchique (**Paragraphe 2**).

Paragraphe 1 : La responsabilité pénale individuelle pour crimes contre l'humanité et torture

La culpabilité de Monsieur Hissein HABRE pour crimes contre l'humanité et torture a été construite autour du principe de la responsabilité pénale individuelle internationale, et plus précisément sur la théorie de l'entreprise criminelle commune.

Ce mode de responsabilité n'est pas prévu explicitement par le Statut desdites chambres, mais les juges ont fait le parallèle entre les dispositions similaires des articles 10 dudit statut, 7 (1) du Statut du TPIY, 6 (1) du Statut du TPIR, 6 (1) du Statut du TSSL et 29 (1) de la loi relative à la création des CETC[833]. C'est ainsi qu'ils ont pu démontrer l'existence d'un système criminel organisé durant le règne de Habré (**A**) ainsi que l'adhésion de celui-ci à la réalisation d'un objectif criminel commun (**B**).

A. L'existence d'un système criminel organisé durant le règne de Habré

L'entreprise criminelle commune, qui est à la base de la reconnaissance de la responsabilité pénale de Monsieur Hissein HABRE pour crimes contre l'humanité et torture, n'est pas nécessairement l'œuvre d'une structure militaire, politique ou administrative[834]. Les trois formes d'entreprise criminelle commune, consacrées par la jurisprudence (élémentaire, systémique et élargie), comportent les mêmes éléments matériels même si leurs éléments moraux diffèrent. La manifestation extérieure de l'élément matériel est l'existence d'un système criminel organisé[835]. Pour mettre en exergue cet élément, les juges s'étaient penchés sur les leviers mis en place par Monsieur Hissein HABRE pour se maintenir au pouvoir durant huit années. Ce dernier avait, en effet, créé plusieurs structures de surveillance, de renseignement et de répression, à savoir la DDS, la BSIR, la Mission Terroriste (MT), les RG, la SP, le SIP et l'UNIR.

La DDS, organe de répression créé par décret présidentiel et directement subordonné au président de la République, faisait parvenir à ce dernier des comptes rendus quotidiens. Monsieur Hissein HABRE disposait du pouvoir de nomination, de révocation et de contrôle et les agents étaient soumis à une séance de prestation de serment. Ses structures étaient passées de trois (Service Administratif, Service de la Documentation comprenant un Bureau d'exploitation et un Bureau des archives, et Service « Action ») à une vingtaine au fil des années de répression. Elles participaient d'une manière ou d'une autre à l'institutionnalisation de la répression. Les différents services avaient une compétence couvrant le Tchad et l'étranger. Au niveau national, chaque circonscription territoriale était dotée d'une antenne ayant au moins deux agents (un chef et son adjoint). À l'étranger et surtout au niveau des pays limitrophes, chaque ambassade comportait un agent de la DDS nommé conseiller militaire ou culturel qui envoyait ses comptes rendus directement à

[833] L'article 10 paragraphe 2 du Statut des Chambres africaines extraordinaires dispose effectivement, en des termes similaires à ces textes, que « quiconque a commis, ordonné, planifié ou incité à commettre, ou de toute autre manière aidé et encouragé à planifier, préparer ou exécuter un crime visé aux articles 5 à 8 du présent statut est individuellement responsable dudit crime en tant qu'auteur ou complice ».

[834] TPIY, Tadic, Op. cit., par. 227.

[835] TPIY, Stakic, Op. cit., par. 65 ; TPIY, Martic, Op. cit., par. 17 ; TPIY, Tadic, Op. cit., par. 228.

la Présidence de la République, sans compter les agents spécialement formés et envoyés sur le terrain.

La DDS a été à l'œuvre de plusieurs enlèvements et arrestations massives d'individus qui étaient ensuite détenus dans son réseau de prisons, puis torturés et/ ou exécutés. Elle était l'organe de répression centrale aveugle du régime de Habré. Son premier directeur, Younous SALEH, avait même confié à la Commission nationale d'enquête que la mission de la DDS avait progressivement glissé pour devenir « un instrument de terreur »[836]. Les autres structures étaient secondaires et lui venaient en appoint. C'était le cas des RG, entité de la Direction de la Sûreté nationale, du SIP, service de renseignements parallèle rattaché à la Présidence de la République, de la SP, cyphose des FANT composée essentiellement des membres de la tribu du Président et de l'UNIR, parti unique doté de miliciens et de sympathisants pourvoyeurs de renseignements.

Tous ces organes concouraient à la consolidation du pouvoir de Monsieur Hissein HABRE, à travers des arrestations massives de personnes considérées comme des opposants politiques (comme les membres du GUNT), d'Arabes soupçonnés de collusion avec la Libye, de Sudistes considérés comme des rebelles et des membres des ethnies Hadjerai et Zaghawa. Ces personnes étaient détenues dans des conditions inhumaines et dégradantes dans les différentes prisons et étaient soumises à la torture par des agents de la DDS et de la BSIR, comme Issa Arawaï, Guihini KOREI, Abakar Torbo RAHMA, Mahamat SAKER dit Bidon, Mahamat DJIBRINE El Djonto et Moussa ABBA, lesquels ont été désignés par des victimes et des témoins. Les parents de ces détenus ne pouvaient obtenir de nouvelles de ceux-ci ni sur leur lieu de détention ni sur leur sort. Les cadavres des détenus exécutés ou décédés des suites des conditions pénibles de détention étaient généralement enfouis dans des fosses communes. Les femmes détenues étaient victimes de viols et d'esclavage sexuel. Dans certains lieux de détention comme les camps de Kalaït et de Ouadi-Doum situés dans le désert, elles étaient quasiment les seules femmes accessibles aux militaires s'y trouvant et s'exposaient inévitablement à toutes sortes de violences sexuelles.

Les différentes prisons formaient un réseau secret, parallèlement à la maison d'arrêt de N'Djamena. Ces lieux de détention, dont les plus célèbres sont « La piscine », « Les locaux », « Le camp des martyrs », « Le camp de la gendarmerie », les prisons de la Présidence, de la BSIR et de Moursal, avaient été le théâtre de scènes de torture horribles, causant des douleurs très aiguës, des blessures, des infirmités et même la mort. Les victimes et témoins ont rapporté certaines formes de torture qui étaient pratiquées sur des détenus,

---

[836] Selon Younous SALEH, la mission de la DDS « a été progressivement modifiée par le Président lui-même », qui « en a fait un instrument de terreur » (Rapport de la Commission d'enquête nationale, Op. cit., pp. 31-32).

comme le ligotage dit « Arbatachar »[837], le supplice des baguettes[838], la diète noire[839], le pot d'échappement[840], la pulvérisation de gaz[841], la pulvérisation de piment[842], les brûlures[843], la cohabitation avec des cadavres[844], les viols et abus sexuels[845], la suspension par les mains ou les pieds[846], la quasi-asphyxie, le tabassage, la flagellation, l'extraction d'ongles, l'ingurgitation forcée d'eau, les décharges électriques[847], ... Les auteurs désignés occupaient, pendant cette période, des fonctions importantes au sein de la DDS, de la BSIR, de la SP, de la GP, du SIP, des services pénitentiaires, ... et avaient comme motif d'extorquer des aveux sur d'éventuelles subversions contre le régime de Habré.

Les victimes, au nombre approximatif de 40 000 selon le rapport de la Commission nationale d'enquête tchadienne, étaient répertoriées au sein des CODOS et de la population du sud du Tchad, des Arabes, des Hadjerais et des

---

[837] C'est une forme de torture consistant à « attacher les deux bras au dos au point que les deux coudes se joignent presque par derrière et que la poitrine se bombe au maximum. Quelques-unes des victimes ayant subi cette forme de torture pendant un temps assez long ont complètement perdu l'usage de leurs membres supérieurs d'autres sont demeurés difformes, la poitrine toujours bombée » (Rapport de la Commission d'enquête nationale, Op. cit., p. 42).

[838] En l'espèce, deux baguettes de bois sont placées au niveau des tempes, les bouts joints, solidement liées par des cordes ou des fils élastiques. Plus elles sont serrées, plus elles font croitre la pression si bien que la victime a l'impression que sa tête va exploser. Des coups sur ces baguettes entrainent des vibrations insupportables dans le crâne, comparables selon les victimes à des électrochocs (Rapport de la Commission d'enquête nationale, Op. cit.).

[839] Elle consiste à laisser mourir les détenus de faim et de soif (Rapport de la Commission d'enquête nationale, Op. cit., pp. 42-43).

[840] C'est l'introduction dans la bouche du détenu ligoté d'un pot d'échappement d'une voiture dont le moteur est en marche ; des coups d'accélérateur projettent du gaz provoquant d'atroces brûlures à la bouche et aux poumons (Rapport de la Commission d'enquête nationale, Op. cit., p. 42).

[841] La victime solidement attachée subit la pulvérisation de gaz dans les yeux, le nez, les oreilles, la bouche. Ce qui cause cécité et décès (Rapport de la Commission d'enquête nationale, Op. cit.).

[842] C'est l'introduction de la tête de la victime dans un trou communicant avec un autre trou contenant du feu ardent dans lequel du piment est déversé puis soufflé afin de projeter de la cendre chaude pimentée vers le premier orifice (Rapport de la Commission d'enquête nationale, Op. cit.).

[843] C'est l'application de métaux chauffés ou de buchettes d'allumettes enflammées ou encore de bouts incandescents de cigarettes sur des parties sensibles du corps (Rapport de la Commission d'enquête nationale, Op. cit.).

[844] C'est l'enferment des détenus au milieu de cadavres dans les cellules pendant plusieurs jours jusqu'au pourrissement afin de les torturer moralement (Rapport de la Commission d'enquête nationale, Op. cit.).

[845] Cela était souvent commis par introduction de piment dans les parties intimes (Rapport de la Commission d'enquête nationale, Op. cit.

[846] Après la suspension, un fût plein d'eau peut être placé en dessous de la victime afin de l'y noyer en rompant les liens au moment voulu (Rapport de la Commission d'enquête nationale, Op. cit.).

[847] Elles étaient souvent faites sur les parties sensibles du corps (Rapport de la Commission d'enquête nationale, Op. cit.).

Zaghawas. Les Sudistes avaient fait l'objet de répressions cruelles à partir de septembre 1984, dénommé « septembre noir », jusqu'en août 1985, avec des arrestations et exécutions massives de civils par la « délégation présidentielle » dirigée par Mahamat FADIL, les FANT, la BSIR, la DDS, la GP et le SIP. Les Arabes subissaient des exactions au gré des confrontations entre le GUNT et les FANT et entre le Tchad et la Libye. La répression visant les Hadjerais et les Zaghawas, en 1987 et en 1989, était menée en représailles aux rébellions successives de ceux-ci. Des commissions, composées de membres de la DDS, de la BSIR, des FANT, de la GP et du SIP, avaient spécialement été créées à cet effet. Cette période avait été marquée par des arrestations systématiques, des enlèvements, des exécutions et des disparitions multiples commis par des membres des structures sus-évoquées.

Les juges ont soutenu que ces milliers de victimes avaient été l'objet d'une attaque indiscriminée à grande échelle, à travers des actes de violence répétés, délibérés et réguliers (arrestations, détentions, sévices, disparitions, exécutions…). Le caractère organisé de ces violences est évident, eu égard au fonctionnement des différentes structures mises en place par Monsieur Habré pour un but commun qualifiable de criminel. Ils ont fait remarquer, à cet effet, qu'il y avait une similitude entre les différentes répressions à grande échelle et qu'il existait des archives de la DDS faisant état des moyens mis en œuvre pour neutraliser toute opposition au règne de Habré[848]. Cet objectif criminel était commun au Président Hissein HABRE et aux hommes qu'il avait nommés aux postes stratégiques de l'État, dont Younous SALEH, Guihini KOREI, Abakar Torbo RAHMA, Mahamat Djibrine El Djonto, Moussa ABBA, Issa ARAWAI, Mahamat SAKER dit Bidon et Mahamat FADIL. Les structures qui étaient sous leur contrôle (DDS, BSIR, GP, SIP, FANT…) avaient toutes été créées par Monsieur Hissein HABRE pour les besoins de cette répression à grande échelle[849].

C'est ainsi que les Chambres africaines ont définitivement retenu que ces organes sécuritaires et militaires étaient destinés à la réalisation de l'objectif criminel sus-évoqué. Les ordres provenaient du sieur Habré, Chef d'État, Chef suprême des Armées, Chef du parti unique l'UNIR, et supérieur hiérarchique de toutes les structures de répression qui lui rendaient compte régulièrement. Selon la Chambre, il est même arrivé que Monsieur Hissein HABRE, qui annotait les fiches transmises par ses agents, menât ou assistât physiquement ou par téléphone ou talkie-walkie à des interrogatoires et tortures. Ce qui démontre qu'il adhérait largement à ce système criminel.

[848] Chambres africaines extraordinaires, 30 mai 2016, (jugement), p. 111.
[849] Chambres africaines extraordinaires, Op. cit., p. 279.

B. L'adhésion de Habré à la réalisation d'un objectif criminel commun

L'existence d'un système criminel organisé, durant le règne de Monsieur Hissein HABRE au Tchad, n'a pas fait l'objet de doute. Les juges sont aussi arrivés à la même conclusion quant à l'adhésion ou la participation de l'ancien Chef d'État à la réalisation d'un objectif criminel commun.

Pour retenir la participation d'un individu à la réalisation d'un objectif criminel commun, il n'est pas nécessaire que celui-ci commette un acte criminel objectivement constatable[850]. Il suffit qu'il fasse partie d'une pluralité de personnes ayant mis en œuvre un objectif criminel commun[851] et que son action[852] ou omission[853] contribue d'une manière quelconque à la réalisation de l'objectif criminel commun[854]. Toutefois, même si sa contribution n'est pas nécessairement substantielle, « elle doit être à tout le moins importante pour (qu'il) soit responsable de ces crimes »[855].

Les TPI ont, dans différentes décisions, écarté les excuses exonératoires qui pourraient être soulevées comme moyens de défense. Ainsi, un accusé ne pourrait exciper du prétexte que sa participation à l'entreprise criminelle commune se limitait à ses obligations routinières[856] ou qu'il n'était pas sur les lieux au moment de la commission du crime[857], ou encore qu'il n'a pas participé à la commission de chacun des crimes retenus[858]. Au fond, c'est l'élément moral qui est déterminant. L'adhésion est retenue dès lors que l'accusé a eu l'intention soit de commettre le crime ou les crimes, soit de participer à la réalisation du but criminel commun[859]. Cette intention doit être partagée par l'ensemble des membres de l'entreprise criminelle commune[860] et elle peut être constituée lorsque l'accusé a eu personnellement connaissance

---

850 TPIY, Miroslav KVOCKA, Op. cit., par. 98-193-421 ; TPIY, 30 janvier 2015, Vujadin POPOVIC, par. 1653.

851 TPIY, Dusko TADIC, Op. cit., par. 227 ; TPIY, 03 avril 2007, Radoslav BRDANIN, par. 364 ; TPIY, Dusko TADIC, Op. cit., par. 227 ; TPIY, Radoslav BRDANIN, Op. cit., par. 427 ; TPIY, 17 mars 2009, Momcilo KRAJISNIK, par. 215-218-695-696 ; TPIY, Vujadin POPOVIC, Op. cit., par. 1615-1653.

852 TPIY, Dusko TADIC, Op. cit., par. 228.

853 TPIY, Miroslav KVOCKA, Op. cit., par. 186 ; TPIY, Momcilo KRAJISNIK, Op. cit., par. 204.

854 TPIY, 23 janvier 2014, Nikola SAINOVIC, par. 985 ; TPIY, Momcilo KRAJISNIK, Op. cit., par. 215-695-696 ; TPIY, Vujadin POPOVIC, Op. cit., par. 1653.

855 TPIY, Radoslav BRDANIN, Op. cit., par. 430 ; TPIY, Momcilo KRAJISNIK, Op. cit., par. 215.

856 TPIY, Vujadin POPOVIC, Op. cit., par. 1615.

857 TPIY, 17 septembre 2003, Milorad KRNOJELAC, par. 81.

858 TPIY, Miroslav KVOCKA, Op. cit., par. 263.

859 TPIY, Radoslav BRDANIN, Op. cit., par. 365 ; TPIY, Vujadin POPOVIC, Op. cit., par. 1652.

860 TPIY, Dusko TADIC, Op. cit., par. 228.

du système criminel organisé[861]. Elle peut aussi être déduite de la connaissance, par l'accusé, de l'objectif commun et de sa participation continue à la réalisation de cet objectif[862].

L'adhésion de Habré à la réalisation d'un objectif criminel commun est corroborée par son comportement tout au long de son règne à la tête du Tchad. En mettant en place différentes structures de répression dont la DDS, et en donnant des ordres explicites d'arrestation et d'exécution, l'ancien président de la République avait suffisamment manifesté son intention, aux yeux des juges, « de commettre les crimes prévus par l'entreprise criminelle commune, à savoir l'homicide volontaire, la pratique massive et systématique d'exécutions sommaires, l'enlèvement de personnes suivi de leur disparition, la torture et des actes inhumains »[863]. Comme il était « le chef d'orchestre du système de répression », ils ont ainsi logiquement retenu que Monsieur Hissein Habré était membre de l'entreprise criminelle commune et avait « l'intention de participer au but criminel commun qu'il partageait avec les autres membres de l'entreprise criminelle commune »[864].

Monsieur Hissein HABRE était effectivement le concepteur d'un système criminel organisé qu'il contrôlait d'une main de maître. Il était constamment informé des exactions commises sur la population par les structures qu'il avait créées, lesquelles ont été impliquées, sur une longue période, dans l'exécution de l'entreprise criminelle commune. En guise d'illustration, la DDS avait été créée le 18 octobre 1982, quatre mois après sa prise forcée du pouvoir et il en avait fait une structure « directement subordonnée à la Présidence de la République, en raison du caractère confidentiel de ses activités »[865]. Cette ferme volonté avait été relayée par la note d'instruction n° 52/ PR/ DDS/ 87 du 26 août 1987 du Directeur de la DDS qui rappelait aux agents que « la Documentation et la Sécurité, service spécial, constituant le nerf de l'État, est placée sous la responsabilité du chef de l'État de qui elle dépend et à qui elle rend compte de ses activités. (...) Constituant l'œil et l'oreille du président de la République, la Direction de la Documentation et de la Sécurité doit s'informer du bon fonctionnement des services étatiques, para-étatiques, privés ainsi que la gestion des deniers publics ».

Monsieur Hissein HABRE détenait exclusivement les pouvoirs de nomination et de révocation des agents de cet organe. C'est le décret créant cette structure qui prévoyait explicitement que la nomination du Directeur et de son adjoint relevait de la compétence du président de la République. Ce dernier nommait aussi aux postes les plus importants comme les chefs des

---

[861] TPIY, Radoslav BRDANIN, Op. cit., par. 365 ; TPIY, Dusko TADIC, Op. cit., par. 228 ; TPIY, Milomir STAKIC, Op. cit., par. 65.
[862] TPIY, Momcilo KRAJISNIK, Op. cit., par. 202-204-697 ; TPIY, Vujadin POPOVIC, Op. cit., par. 1652 ; TPIY, 27 janvier 2014, Vlastimir DORDEVIC, par. 512.
[863] Chambres africaines extraordinaires, 30 mai 2016, (jugement), p. 496.
[864] Ibid.
[865] Article 1er du Décret présidentiel créant la DDS

services centraux et leurs adjoints, les officiers de sécurité dans les régions, les traducteurs… En fait, la DDS était si stratégique que le président de la République ne pouvait s'empêcher de s'assurer que seuls ses hommes de confiance pouvaient occuper les postes importants. D'ailleurs, la plupart des personnes nommées étaient ses proches, à savoir des membres de sa famille ou de son ethnie[866]. Il procédait, par décret, à la révocation de ces agents occupant lesdits postes. C'est ainsi par exemple qu'il avait successivement changé les directeurs de cet organe répressif par décret.

Les ordres les plus importants, comme les arrestations et exécutions, provenaient directement du président de la République ou du Directeur de la DDS qui exécutait, en fait, ses instructions. L'ancien Chef d'État recevait constamment des fiches de compte rendu sur lesquels il faisait des annotations pour la suite à réserver aux détenus[867]. Parallèlement, il pouvait seul faire libérer un individu arrêté ou détenu[868]. En fait, le réseau de lieux de détention fonctionnait sous ses ordres, afin que rien ne lui échappât.

La mainmise de Monsieur Hissein HABRE sur la DDS était même étendue aux décisions de moindre importance, comme l'acquisition de matériel pour le fonctionnement de l'organe. En ce qui concerne les structures secondaires, le contrôle de Monsieur Hissein HABRE est également avéré, selon les juges.

En effet, le Service pénitentiaire de la DDS avait, pendant huit années, réservé aux détenus des conditions de séjour inhumaines et dégradantes, entraînant la mort de plusieurs d'entre eux. Le président de la République donnait des instructions directes à son chef Abakar Torbo RAHMA et s'impliquait dans sa gestion administrative (aménagement, ration alimentaire, médicaments, …).

La BSIR, qui était prévue par l'article 15 du décret instituant la DDS, avait été mise sur pied et fonctionnait suivant les instructions du président de la République. Celui-ci procédait aux nominations et révocations du Commandant de cet organe et de son adjoint, de même que des responsables des commissions de répression des Hadjeraïs et des Zaghawas. Bras armé de la DDS, la BSIR assurait la garde des détenus dont certains étaient

---

[866] Par exemple, Younous SALEH est son proche de longue date, Guihini KOREI est son neveu, Ahmat ALLATCHI est son gendre, Issa ARAWAI, Saleh BATRAKI et Toke DADI sont des Goranes. Saleh, Korei, Allatchi et Dadi ont successivement été les directeurs de la DDS.

[867] Un document du Service pénitentiaire de la DDS du 17 mai 1990 a par exemple révélé que plusieurs personnes avaient été arrêtées en 1985 sur « ordre » ou « instruction du Président de la République ». (Chambres africaines extraordinaires, 30 mai 2016, (jugement), p. 443).

[868] Plusieurs personnes, dont des agents de la DDS, ont témoigné en ce sens devant les Chambres, confirmant des écrits ainsi que les propos d'anciens directeurs de la DDS et des parents de victimes recueillis par la Commission d'enquête nationale en 1990. Le témoin Bandjim BANDOUM a ainsi révélé que le Directeur de la DDS se rendait quotidiennement au bureau du Président de la République avec des fiches sur des détenus et leurs auditions et en ressortait avec diverses annotations. La mention « L » signifiait que le détenu devait être libéré, « E » qu'il devait être exécuté et « V » renvoyait à « Vu ». (Chambres africaines extraordinaires, 30 mai 2016, (jugement), p. 445).

régulièrement extraits et exécutés sur ordre du président de la République. Celui-ci recevait des fiches de cet organe qu'il annotait comme indiqué ci-dessus.

Le SIP, créé par le président, faisait indépendamment un travail similaire à la DDS. Les personnes que ses agents arrêtaient, étaient directement amenées à la Présidence où se trouvait son siège. Il était essentiellement composé de Goranes, qui exécutaient, sous les ordres de Monsieur Hissein HABRE, certaines missions spéciales.

La Garde présidentielle était une unité d'élite principalement composée de Goranes. Elle n'intervenait que sur ordre du président de la République, dont elle dépendait exclusivement, et était au centre de la répression contre les Sudistes, aux côtés de la « délégation présidentielle », mais aussi contre les Hadjerais et les Zaghawas.

Ces différentes structures avaient servi de moyens de répression à la disposition du président de la République. Ce dernier donnait les ordres d'arrestation, de torture et d'exécution et ses subordonnés les mettaient promptement en application pour prouver leur loyauté. Il arrivait toutefois que Monsieur Hissein HABRE assistât à la commission de certains crimes de droit international ou les exécutât personnellement[869].

Ces différents actes constituent les éléments matériels de l'adhésion de Monsieur Hissein HABRE à la réalisation d'un objectif criminel commun.

L'élément intentionnel de sa participation à l'entreprise criminelle commune était aussi manifeste. Durant son règne, ses sources d'information étaient diverses et élaborées. L'enjeu était la survie de son régime.

La DDS avait un système efficace, telle une sorte de « toile d'araignée »[870], qui faisait constamment remonter les informations au président de la République. Celui-ci était très souvent informé avant que les fiches ne lui parviennent. Le Directeur de la DDS faisait des comptes rendus journaliers sur les arrestations, exécutions et autres[871]. Les autres services, qui alimentaient la DDS, faisaient souvent directement parvenir leurs informations au président de la République, lequel tirait beaucoup d'avantages de cette variété de sources. Ce dernier prenait également connaissance des informations fournies par les sources externes[872], notamment les médias étrangers et les ONG, même si elles lui étaient défavorables.

---

[869] En effet, comme affirmé par plusieurs témoins, il assistait à certains interrogatoires durant lesquels les victimes étaient torturées ou y procédait lui-même, dans les différentes prisons ou au niveau de la Présidence.

[870] Cette expression est empruntée au témoin Bandjim BANDOUM.

[871] Il se basait sur les informations reçues des différents services qui étaient sous sa tutelle. Les bureaux et antennes de la DDS étaient présents sur tout le territoire national et dans les représentations diplomatiques tchadiennes à l'étranger et disposaient d'un chef de service radio pour les communications à faire.

[872] Un service de la DDS s'occupait de la collecte des informations des sources externes.

Ces différents éléments ont amené les juges à retenir la culpabilité de Monsieur Hissein HABRE qui avait participé, en connaissance de cause, à la réalisation de l'objectif criminel commun. L'ancien Chef d'État a donc logiquement été déclaré atteint et convaincu de crimes contre l'humanité, au sens de l'article 8 du Statut des Chambres africaines extraordinaires, et de crime de torture, au sens de l'article 10 (2) dudit statut.

En ce qui concerne le crime de guerre pour lequel l'ancien Chef d'État a également été condamné, les juges ont appliqué un autre principe du droit international pénal, dont les éléments constitutifs sont différents, à savoir le principe de la responsabilité du supérieur hiérarchique.

Paragraphe 2 : La responsabilité pénale du supérieur hiérarchique pour crimes de guerre

La culpabilité de Monsieur Hissein HABRE, pour crimes de guerre, a essentiellement reposé sur le principe de la responsabilité du supérieur hiérarchique. Ce mode de responsabilité pénale est prévu par l'article 10 (3) du Statut qui dispose que « le fait que l'un quelconque des actes visés aux articles 5 à 8 du présent Statut ait été commis par un subordonné n'exonère pas son supérieur de sa responsabilité pénale s'il savait ou avait des raisons de savoir que le subordonné s'apprêtait à commettre cet acte ou l'avait fait et que le supérieur n'a pas pris les mesures nécessaires et raisonnables pour empêcher que ledit acte ne soit commis ou en punir les auteurs ».

Pour les Chambres africaines extraordinaires, ce principe, classique en droit international coutumier et conventionnel, était applicable au moment des faits reprochés à Monsieur Hissein HABRE, Chef suprême des Armées cumulé avec le titre de ministre de la Défense à partir de 1986. C'est ainsi qu'elles ont pu établir l'existence d'un lien de subordination entre Habré et les auteurs ou complices de crimes de guerre (**A**) et l'omission de l'ancien Chef d'État de prévenir ou de réprimer lesdits crimes dont il avait connaissance (**B**).

A. L'existence d'un lien de subordination entre Habré et les auteurs ou complices de crimes de guerre

L'existence d'un lien de subordination est le premier élément à rapporter en vue de l'établissement de la culpabilité d'un supérieur hiérarchique pour crimes de guerre. Ces crimes doivent effectivement avoir été commis ou sur le point de l'être, et c'est pour cette raison que les juges ont dû les spécifier, au vu des éléments du dossier qui étaient à leur disposition.

À l'instar du TPIY, les Chambres africaines extraordinaires ont donné au verbe « commettre » un sens large[873]. C'est ainsi que selon les juges, la formulation « le subordonné s'apprêtait à commettre cet acte ou l'avait fait »

---

[873] TPIY, Vidoje BLAGOJEVIC et Dragan JOKIC, Op. cit., par. 280.

recouvre tous les modes de participation envisagés à l'article 10 (4) du Statut desdites chambres, similaire aux articles 7 (3) et 6 (3) des statuts du TPIY et du TPIR. Dès lors, ils ont considéré qu'il importait peu que « le subordonné ait participé au crime par l'entremise de tiers, tant que sa responsabilité pénale est établie »[874] ou que le « supérieur hiérarchique connaisse l'identité exacte de ceux de ses subordonnés qui ont commis des crimes pour être tenu responsable sur la base de l'article 10 (4) »[875].

Pour cerner le concept de lien de subordination, les juges se sont alignés sur la jurisprudence internationale qui exige la possession « d'un réel pouvoir de contrôle sur les agissements des subordonnés »[876]. Ce contrôle effectif, défini comme étant « la capacité matérielle d'empêcher ou de punir un comportement criminel »[877], peut être exercé par l'intermédiaire d'autres subordonnés. C'est dans cet ordre d'idées que le TPIY a jugé que s'il « est nécessaire de démontrer que l'auteur du crime était le ''subordonné'' de l'accusé (...), il ne faut pas forcément rapporter la preuve d'un lien de subordination direct ou formel, mais (plutôt) établir que l'accusé avait, de par sa place dans une hiérarchie officielle ou autre, un rang supérieur à celui de l'auteur du forfait. La capacité d'exercer un contrôle effectif, c'est-à-dire la possibilité matérielle de prévenir ou de punir, (...) condition minimale nécessaire pour reconnaître l'existence d'un lien de subordination, suppose presque invariablement un tel lien »[878]. En outre, le contrôle effectif exercé par un commandant n'exclut pas nécessairement qu'un autre commandant exerce aussi un contrôle effectif sur les mêmes subordonnés[879].

L'existence d'un lien de subordination entre Monsieur Hissein HABRE et les auteurs et/ ou complices des crimes de guerre commis au Tchad entre 1982 et 1990 découle même de l'organisation et du fonctionnement de l'État tchadien dont il était le président de la République et Chef suprême des armées. Ce dernier poste lui avait été conféré par l'article 5 de l'Acte fondamental de la République du Tchad du 29 septembre 1982. Les articles 20 et 21 de la Constitution précisaient effectivement que l'Armée nationale était « sous l'autorité du président de la République ».

Les membres des FANT et de la DDS, qui avaient commis beaucoup de violations du droit international humanitaire, notamment au sud, étaient sous le contrôle effectif de cette même autorité. Dans une interview accordée au journal « Jeune Afrique » en octobre 1983, Monsieur Hissein HABRE justifiait le cumul des fonctions de président de la République et de Chef

---

874 TPIY, Naser ORIC, Op. cit., par. 20.
875 TPIY, Vidoje BLAGOJEVIC et Dragan JOKIC, Op. cit., par. 287.
876 TPIY, Sefer HALILOVIC, Op. cit., par. 58.
877 TPIY, Sefer HALILOVIC, Op. cit., par. 58 ; TPIY, Naser ORIC, Op. cit., par. 20 ; TPIY, Vujadin POPOVIC, Op. cit., par. 1857,-1859.
878 TPIY, Sefer HALILOVIC, Op. cit., par. 59.
879 TPIY, Vujadin POPOVIC, Op. cit., par. 1892 ; TPIR, 29 septembre 2014, Ildéphonse NIZEYIMANA, par. 201-346.

suprême des Armées, en déclarant qu' « un chef militaire et un chef politique, c'est la même chose. (...) Les deux fonctions sont (...) complémentaires. L'une enrichit l'autre. Je me trouve très bien dans cette peau-là ». À partir du 23 mars 1986, il avait cumulé ces fonctions avec celles de ministre de la Défense, des anciens combattants et des victimes de guerre, ce qui supprimait automatiquement un des échelons dans la chaîne de commandement.

L'une des manifestations concrètes du contrôle effectif de Monsieur Hissein HABRE sur les FANT est qu'il détenait le pouvoir de nomination aux hautes fonctions militaires, en vertu de l'article 9 de la Constitution tchadienne. Il ne se limitait pas à ces seules fonctions puisqu'il nommait aussi les officiers qui dirigeaient les unités les plus importantes.

Suivant la jurisprudence internationale, ces deux critères suffisent pour établir le lien de subordination[880]. Les juges n'ont toutefois pas trouvé superfétatoire d'ajouter les autres éléments qui assoient davantage le lien de subordination entre Habré et les membres des FANT. En effet, l'ancien Chef d'État donnait des ordres aux militaires, des fois sans respecter la voie hiérarchique selon de nombreux témoins. S'il ne prenait pas personnellement toutes les décisions, certaines tâches ne pouvaient pas être exécutées sans son aval. À titre d'exemple, Gagibati Romain Ndjibeye NANDIGUINGAR, mécanicien navigant des FANT, a confié aux juges que Monsieur Hissein HABRE, qui contrôlait l'Armée de l'air, se réservait les ordres relatifs aux heures de décollage, aux destinations et aux personnes arrêtées à embarquer dans l'avion pour les convoyer des provinces à la capitale. Il arrivait aussi que Monsieur Habré participe directement aux combats pour renforcer son prestige, ou félicite ses hommes qui réussissaient certains exploits sur le terrain. À ce propos, dans son témoignage devant les Chambres, Kagbe Ngueitba Rhessa NGUENA, a fait remarquer que quand Hissein Habré est « sur le terrain, il prend en main le commandement des opérations. Le CEMGA et tous les autres deviennent des exécutants »[881]. Aussi, un document du 5 mars 1987 relate un message qu'il avait adressé au Chef des opérations de Tibesti et au Commandant d'escadron de Wour en énonçant : « Je vous adresse mes félicitations sur vos travaux d'Hommes concernant les offensives, les destructions infligées à l'ennemi. Je vous demande d'être vigilants car l'ennemi ne tarde pas à faire la riposte. Je suis toujours prêt à répondre à vos aspirations sur tout ce dont vous aurez besoin. Que Dieu soit avec vous »[882].

Par ailleurs, de la même manière qu'il procédait aux nominations importantes, Monsieur Hissein HABRE avait aussi le pouvoir de démettre et de sanctionner, même sans respecter la procédure disciplinaire militaire. En guise d'exemple, le témoin Nandiguingar a déclaré à la barre que Monsieur

---

[880] TPIY, Naser ORIC, Op. cit., par. 20. ; TPIY, Vidoje BLAGOJEVIC et Dragan JOKIC, Op. cit., par. 287.

[881] Chambres africaines extraordinaires, 30 mai 2016, (jugement), p. 511.

[882] Chambres africaines extraordinaires, Op. cit., p. 506.

Hissein HABRE l'avait sanctionné, avec un autre officier, lorsqu'un avion gros-porteur C 130 s'était embourbé lors d'une mission du 27 septembre 1988. Il leur avait directement notifié leur mise aux arrêts, sans formalité, et les avait enfermés à la prison de la Présidence, avant de les transférer dans le désert[883]. Après six mois de pénibles conditions de détention dans une grotte, il les avait fait libérer sur de simples instructions, avant de les recevoir pour leur signifier qu'il était en colère au moment de les faire arrêter. En dehors de ce cas patent, il a aussi été rapporté que ce sont de simples instructions que le Président Habré avait données pour l'exécution de deux hommes désignés comme étant responsables du massacre de Ngalo en juillet 1985 qui avait fait plusieurs victimes parmi les militaires des FANT.

Comme ces derniers, les éléments de la DDS étaient présents sur le terrain et certains crimes de guerre leur sont imputables. Il est établi que le Président Habré avait la mainmise sur cette structure.

Ces différents éléments ont démontré, à suffisance, qu'il existait un lien de subordination entre Monsieur Hissein HABRE et les auteurs ou complices de crimes de guerre commis durant son règne. Ayant été le maître d'œuvre de ces crimes de guerre, le Président Habré n'a conséquemment pas agi pour les prévenir ou les réprimer.

B. L'omission de Habré de prévenir ou de réprimer les crimes de guerre dont il avait connaissance

Les Chambres africaines extraordinaires ont, suite à l'établissement du lien de subordination entre Habré et les auteurs et/ ou complices des crimes de guerre commis, prouvé que l'ancien Chef d'État savait ou avait des raisons de savoir que lesdits crimes étaient commis ou étaient sur le point de l'être, et qu'il n'avait pas pris les mesures nécessaires pour les prévenir ou les réprimer.

À cet effet, les juges ont pris le soin de rappeler certaines positions jurisprudentielles auxquelles ils adhèrent. Ainsi, il a été jugé qu' « il n'est pas nécessaire de prouver que l'accusé était animé de la même intention que l'auteur de l'acte criminel »[884] ou que les informations à sa disposition contenaient des détails précis sur les actes illicites commis ou sur le point de l'être[885]. Les informations dont dispose le supérieur hiérarchique doivent juste être « suffisamment alarmantes pour justifier un complément d'enquête »[886] ou d'informations[887]. Il a aussi été jugé que l'obligation de punir exige au moins l'ouverture d'une enquête sur les crimes commis, suivie d'une sanction,

[883] Selon ce témoin, il avait été détenu dans la grotte où l'otage française Françoise CLAUSTRE avait été gardée par Habré dans les années 70.
[884] TPIR, Ferdinand NAHIMANA, Jean Bosco BARAYAGWIZA et Hassan NGEZE, Op. cit., par. 865 ; TPIR, 14 décembre 2011, Théoneste BAGOSORA, par. 384.
[885] TPIY, 17 septembre 2003, Milorad KRNOJELAC, par. 155.
[886] TPIY, Pavle STRUGAR, Op. cit., par. 304.
[887] TPIY, 22 avril 2008, Enver HADZIHASANOVIC, par. 30.

ou à défaut, d'un rapport aux autorités compétentes pour sanctionner[888]. Elle n'est pas remplie si le supérieur hiérarchique se contente de donner des assurances qui ne risquent pas d'être mises en œuvre[889].

Par ailleurs, le supérieur hiérarchique a l'obligation de s'informer et de prendre les mesures nécessaires et raisonnables, du fait de l'autorité dont il est investi[890]. Selon le TPIY, les mesures nécessaires sont celles qui se révèlent être appropriées pour que le supérieur hiérarchique s'acquitte de son obligation, celui-ci démontrant ainsi qu'il a véritablement tenté d'empêcher ou de punir[891]. Les mesures raisonnables sont celles qui sont « raisonnablement en son pouvoir »[892]. C'est pour cette raison qu'un supérieur hiérarchique ne peut être tenu pénalement responsable pour avoir omis de prendre des mesures qui ne sont pas dans son pouvoir, mais seulement pour celles qui étaient dans ses capacités matérielles[893]. Néanmoins, son degré de contrôle effectif sur ses subordonnés peut servir à déterminer les mesures nécessaires et raisonnables relevant de sa compétence[894].

Le TPIY a également jugé que « lorsqu'un supérieur sait ou a des raisons de savoir qu'un crime est en train d'être commis ou est sur le point de l'être, il a (...) l'obligation de le prévenir ; il ne peut attendre et le punir après-coup »[895]. « Lorsqu'un supérieur ne punit pas un crime dont il a effectivement connaissance, ses subordonnés sont portés à croire qu'il cautionne, voire qu'il encourage de tels agissements et ils sont alors plus enclins à commettre d'autres crimes »[896].

Après avoir rappelé ces différents principes relatifs à l'obligation du supérieur hiérarchique de prévenir ou de réprimer les crimes de guerre dont il avait connaissance, les Chambres africaines extraordinaires se sont évertuées à établir d'une part, que Monsieur Hissein HABRE savait ou avait des raisons de savoir, et d'autre part, qu'il n'avait pas pris les mesures nécessaires pour prévenir ou réprimer les crimes de guerre commis par ses subordonnés. Pour ce faire, elles se sont penchées sur plusieurs cas de violations graves du droit international humanitaire commis entre 1982 et 1990, au nord et au sud du Tchad.

Au nord, il y a eu plusieurs exactions durant le conflit armé, dont l'exécution de cent cinquante civils et militaires du GUNT survenue le

---

888 TPIY, Vujadin POPOVIC, Op. cit., par. 1932 ; TPIR, Théoneste BAGOSORA, Op. cit., par. 510.
889 TPIY, Vujadin POPOVIC, Op. cit., par. 1938.
890 TPIY, Sefer HALILOVIC, Op. cit., par. 63.
891 Ibid.
892 Ibid.
893 TPIY, Tihomir BLASKIC, Op. cit., par. 417 ; TPIY, Vujadin POPOVIC, Op. cit., par. 1928-1931 ; TPIR, Théoneste BAGOSORA, Op. cit., par. 683.
894 TPIY, Tihomir BLASKIC, Op. cit., par. 72 ; TPIY, Ljube BOSKOSKI, Op. cit., par. 231.
895 TPIY, Enver HADZIHASANOVIC, Op. cit., par. 260 ; TPIR, Théoneste BAGOSORA, Op. cit., par. 642 ; TPIY, Pavle STRUGAR, Op. cit., par. 373.
896 TPIY, Enver HADZIHASANOVIC, Op. cit., par. 30.

30 juillet 1983 à Faya-Largeau, constitutive de crime de guerre par meurtre. Les Chambres se sont principalement fondées sur des témoignages pour estimer que Monsieur Hissein HABRE était présent sur les lieux pendant cette période. En effet, Djétoldia Dakoye MIANMBAYE, Djibrine Ahmat BICHARA et Bechir Bichara DAGACHENE, anciens prisonniers de guerre du GUNT lors de la bataille de Faya-Largeau, ont déclaré avoir personnellement vu l'ancien Chef d'État à l'aéroport de ladite ville le 30 juillet 1983. Le sieur Dagachène a même ajouté que c'est Monsieur Hissein HABRE qui dirigeait la bataille de Faya-Largeau, confirmé en cela par Garonde DJARMA et Adam Hassaballah KEDELLAYE du GUNT, lequel a ajouté que Habré « s'était positionné à 25 km à l'arrière de ses troupes et il avançait à chaque fois que celles-ci ouvraient la voie ». Certains témoins, comme Ousmane Abakar TAHER et Mahamat ldriss ADAFIA ont attesté de la présence de Habré sur les lieux. D'autres témoins ont affirmé avoir vu Habré à la Préfecture de Faya-Largeau où étaient rassemblés les prisonniers avant d'être torturés et exécutés. Pour appuyer ces témoignages, les juges ont exhumé un article de presse publié en 1988 par Robert BUIJTENHUIJS qui écrivait que « les chefs militaires Toubous, contrairement aux leaders de la plupart des autres tendances politico-militaires tchadiennes, avaient l'habitude de monter eux-mêmes en première ligne pour galvaniser le moral de leurs troupes et ils ont perpétué cette tradition même après avoir accédé à des hautes fonctions politiques (...) ». C'est fort de ce constat que Buijtenhuijs a fait remarquer que « Hissène Habré, tout chef d'État qu'il était, ne dédaignait pas (...) de prendre personnellement en main les opérations militaires lors des batailles d'Abéché et de Faya qui ont précédé l'intervention militaire française déclenchée par le président Mitterrand en août 1983 »[897].

En plus des témoignages sur la présence de Monsieur Hissein HABRE qui laissent croire qu'il avait pleine connaissance du traitement cruel et de l'exécution, s'il ne les avait pas lui-même ordonnés comme affirmé au cours de l'instruction par Anar Brahim SOUGUI, ancien soldat du GUNT, les juges ont relevé que l'ancien Chef d'État savait au moins que ladite exécution allait avoir lieu ou avait eu lieu sans réagir. En effet, l'information collectée par le service de renseignements des FANT, ou B2, parvenait quotidiennement au président de la République, directement ou par voie hiérarchique. En retour, ce dernier donnait des instructions au Chef des opérations.

L'exécution des cent cinquante civils et militaires du GUNT s'était déroulée parallèlement à l'arrestation d'un millier de combattants qui avaient été détenus avant d'être transférés à N'Djamena. Les six jours de détention à l'aéroport de Faya-Largeau dans des conditions inhumaines avaient entraîné la mort de plusieurs d'entre eux. Durant leurs trois jours de transfert, les

[897] Robert BUIJTENHUIJS « Les Toubou et la rébellion tchadienne » in *Gens du roc et du sable : les Toubou,* Catherine BAROIN, Paris, CNRS, 1988. Disponible sur https://www.hrw.org/legacy/french/themes/PlainteBicharaDjibrineAhamat.pdf

militaires zaïrois, venus en renfort aux FANT, avaient exercé des sévices sur eux, avant que les FANT ne les livrassent quasiment au lynchage populaire dans la capitale. Selon les juges, la détention et le transfert d'un nombre si élevé de prisonniers ne pouvaient nullement être ignorés par Habré qui dirigeait les opérations pour la reprise de Faya-Largeau, vu les importants moyens humains et matériels que cela nécessitait. L'information sur cette capture et ce transfert avait même été relayée par l'agence tchadienne de presse « *Info Tchad* », dans ses éditions des 02 et 3 août 1983[898].

En outre, ces prisonniers avaient été détenus pendant des années, soumis aux brimades des agents de la DDS, accumulant maladies et décès. Cet organe tenait le président de la République quotidiennement informé de ses activités. En plus des comptes rendus, ce dernier recevait des listes de prisonniers de guerre, comme attesté par un soit transmis du Directeur de la DDS du 4 janvier 1989 faisant état, « pour toutes fins utiles », d'une liste de 140 prisonniers de guerre « FAT à la Maison d'arrêt », tous arrêtés plus de cinq années auparavant à Faya-Largeau. Les exactions de la DDS sur les personnes capturées à Faya-Largeau avaient commencé bien plus tôt, car peu de temps après leur arrivée à N'Djamena, les agents de cette sinistre structure avaient sélectionné et extrait cent cinquante d'entre elles pour les faire exécuter par des militaires à Ambing. Le même *modus operandi* avait été utilisé en 1987 pour l'exécution de dix-neuf prisonniers de guerre du CDR.

Ces crimes de guerre par homicide volontaire, torture, détention et transferts illégaux, n'avaient pas été commis à l'insu du président de la République, Chef suprême des Armées. Celui-ci n'avait pris aucune mesure à la suite de la première exécution visant à sanctionner les auteurs directs, ce qui semblait être un blanc-seing. Cela est d'autant plus vraisemblable que le 11 août 1983, cinquante-trois prisonniers de guerre avaient été exécutés, suite à la bataille de Kalaït-Oum-Chalouba.

En ce qui concerne le conflit armé qui avait eu lieu au sud du Tchad, il y a également eu plusieurs exactions. Par exemple, la « délégation présidentielle », envoyée pour neutraliser la rébellion des CODOS, avait procédé à des arrestations et exécutions sommaires massives de membres des CODOS, de civils, de cadres administratifs, de commerçants, de chefs de canton, de chefs traditionnels, de militaires soupçonnés de collaboration avec les CODOS… Elle avait une composition qui révélait l'emprise du président de la République sur sa mission. Elle avait en son sein Mahamat FADIL, Directeur de la sécurité nationale, Zakaria BERDEÏ, Conseiller de la sécurité à la présidence, Ahmat DARI, agent du SIP et Souleymane WARDOUGOU, Commissaire de police. Les éléments de la BSIR et de la garde présidentielle, mis à la disposition de cette délégation, pratiquaient des actes de torture selon des témoins. Durant cette période de septembre 1984, dénommée « septembre

---

898 Info Tchad, 02 et 03 août 1983 (Chambres africaines extraordinaires, 30 mai 2016, (jugement), p. 515).

noir », des milliers de victimes de crimes de guerre avaient été dénombrées et Habré en avait non seulement été l'instigateur, mais contrôlait également l'opération du début à la fin. De nombreux rapports de la DDS, adressés au président de la République, avaient explicitement relaté les exactions commises[899]. Cette « délégation présidentielle » avait été suivie d'une « délégation gouvernementale » dirigée par Ibrahim Mahamat ITNO, ministre de l'Intérieur, laquelle avait une mission similaire et avait été à l'origine de multiples violations du droit international humanitaire, notamment durant ce « septembre noir ».

Toutes les victimes, qui avaient échappé à la mort, étaient détenues dans des conditions atroces. Monsieur Hissein HABRE recevait régulièrement des alertes spécifiques sur la situation de ces prisonniers de guerre. Une correspondance du 3 avril 1984, adressée à la Présidence, attirait son attention sur la surpopulation carcérale et le problème d'hygiène et de nourriture qui affectaient la santé des détenus. Deux autres courriers des 16 juillet et 29 octobre 1984 allaient également dans le même sens et Monsieur Hissein HABRE avait même annoté sur le dernier document que « désormais aucun prisonnier de guerre ne (devait) quitter la maison d'arrêt sauf cas de décès »[900].

Cela était largement suffisant, aux yeux des juges, pour constituer des informations suffisamment alarmantes de nature à justifier un complément d'information ou d'enquête. Par ailleurs, ces magistrats ont fait remarquer que Monsieur Hissein HABRE, diplômé en droit, n'avait pas invité ses subordonnés à respecter les règles de droit international humanitaire relatives à la protection des prisonniers de guerre, alors qu'il savait que ces prisonniers s'exposaient à des représailles. C'est la même attitude que le Président Habré avait adoptée vis-à-vis des prisonniers de guerre issus des CODOS et des autres victimes sudistes.

Les Chambres africaines avaient définitivement retenu que Monsieur Hissein Habré n'était intervenu, à aucun moment, ni pour prévenir, ni pour punir les crimes de guerre commis par ses subordonnés, malgré son contrôle effectif sur les FANT et la DDS. Il avait pourtant la capacité de prendre les mesures nécessaires et raisonnables, en sa qualité de Chef suprême des Armées dès son accession au pouvoir, et de ministre de la Défense à partir de 1986. Aucune enquête n'avait été diligentée pour les crimes dont il avait connaissance et aucune sanction disciplinaire n'avait été prise pour dissuader les exactions qui s'étaient succédé par la suite. Les juges ont dès lors retenu sa responsabilité pour crimes de guerre au titre des deux conflits armés international au nord et non international au sud.

La condamnation de l'ancien Chef d'État qui s'ensuit est une première en Afrique. Malgré les « couacs », cette décision a une portée considérable dans la lutte contre l'impunité des dirigeants en Afrique.

---

[899] Chambres africaines extraordinaires, 30 mai 2016, (jugement), p. 470.
[900] Chambres africaines extraordinaires, 30 mai 2016, (jugement), p. 517.

Section II : La portée de la décision

Les Chambres africaines extraordinaires ont déclaré Monsieur Hissein HABRE coupable de crimes contre l'humanité, de crime de torture et de crimes de guerre, sur le fondement des articles 6 (1) (a), (b), (f), (g), 7 (1) (a), (b), 7 (2) (a), (e), (g), 10 (2) et (4) du Statut ainsi que de violations graves de l'article 3 commun aux quatre Conventions de Genève du 12 août 1949 et du Protocole additionnel II du 8 juin 1977. La déclaration de culpabilité a été suivie du prononcé de la peine et de l'allocation de dommages-intérêts aux parties civiles.

Dans la détermination de la peine, les juges ont principalement tenu compte de la gravité des crimes, de la conduite de Monsieur Hissein HABRE, de sa situation personnelle et des circonstances aggravantes. Les circonstances de commission des crimes internationaux retenus, leur forme et extrême gravité, la participation de Habré au titre de l'entreprise criminelle commune et le nombre de victimes ont particulièrement emporté la conviction des magistrats du siège. En plus de cela, la qualité et le mobile de l'accusé, la prolongation de la commission des infractions dans le temps et la préméditation ont été considérés comme étant des circonstances aggravantes. Mais malgré le nombre de crimes pour lesquels la culpabilité de Monsieur Hissein HABRE a été retenue, les Chambres ont jugé utile de ne condamner l'ancien Chef d'État qu'à une peine unique au motif que lesdites infractions procèdent d'une seule entreprise criminelle et des mêmes actes. La perpétuité prononcée est la sanction la plus élevée dans l'échelle des peines prévues par le Statut des Chambres.

Sur les intérêts civils, les Chambres ont déclaré recevables 7396 constitutions de partie civile et ont alloué des dommages-intérêts, en fonction de la gravité des infractions subies par les victimes, pour un montant total de 82 290 000 000 F.

Cette décision des Chambres africaines, qui a été diversement appréciée (**Paragraphe 1**), révèle une dynamique nouvelle dans la lutte contre l'impunité en Afrique (**Paragraphe 2**).

Paragraphe 1 : Une décision diversement appréciée

La célérité qui a marqué l'organisation du procès de Monsieur Hissein HABRE ne pouvait passer sans quelques imperfections et imprévus. Les juges, pour qui le procès d'un ancien Chef d'État constitue un baptême de feu, ont dû surmonter ces écueils afin de rendre une décision longtemps attendue par les victimes et l'opinion publique internationale.

Une analyse approfondie du jugement fait néanmoins ressortir deux revers n'ayant pas le même impact. Il y a, d'une part, l'incidence atténuée du silence de l'accusé et de l'enchevêtrement victimes-témoins (**A**) et d'autre part, le contrecoup sérieux des irrégularités de forme et de fond (**B**).

A. L'incidence atténuée du silence de l'accusé et de l'enchevêtrement victimes-témoins

Le chemin qui a mené au jugement de Monsieur Hissein HABRE a été parsemé d'embûches. Les incidents n'ont pas manqué durant le procès, mais ce qui a particulièrement attiré l'attention a été le silence de l'accusé. La singularité du procès et les conditions de son organisation ont par ailleurs entraîné un enchevêtrement des victimes et témoins.

Monsieur Hissein HABRE s'était effectivement emmuré dans un silence profond durant tout le procès[901]. Il avait même refusé d'assister aux audiences avant d'y être conduit *manu militari*. Les avocats, qu'il avait constitués bien avant le procès et qui l'ont assisté lors de l'interrogatoire de première comparution devant la Chambre d'instruction, ont préféré boycotter le jugement, persuadés que les Chambres africaines extraordinaires sont illégitimes. Leur attitude a obligé cette juridiction à commettre trois avocats d'office.

Le droit au silence, exercé par l'ancien Chef d'État, est reconnu en droit interne et en droit international, bien qu'il ne résulte pas de dispositions expresses. Parmi ses avantages, il protège l'accusé contre l'auto-incrimination. D'anciens chefs d'État, poursuivis devant des juridictions internationales, comme Milosevic, Karadzic et Taylor, ont eu à adopter une telle stratégie, afin de protester, comme Habré, contre des procès qu'ils jugent inéquitables.

Contrairement au système anglo-saxon où il est bien ancré depuis l'enquête préliminaire jusqu'au jugement, nos textes ne sont pas prolixes sur l'existence et la mise en œuvre de ce droit, de même que la doctrine civiliste[902] et la jurisprudence de tradition romano-germanique. Il faudrait en effet interpréter notre droit positif pour faire ressortir la possibilité, pour une personne mise en cause, d'exercer un droit au silence. Dans la phase de l'enquête préliminaire, le Code de procédure pénale a prévu certains droits du suspect comme celui d'être assisté par un conseil de son choix dès l'interpellation[903], duquel il pourrait s'inférer le droit de garder le silence jusqu'à l'arrivée dudit avocat. De même, le principe de légalité et de loyauté de la preuve voudrait que ledit suspect ne soit pas contraint de s'exprimer. Dans la phase de l'instruction

---

[901] Les seuls mots prononcés l'ont été devant les juges d'instruction (Chambres africaines extraordinaires, 2 juillet 2013, Procès-verbal d'interrogatoire de première comparution, D. 33).

[902] Selon les juges de la Chambre extraordinaire d'assises, Merle et Vitu ne consacrent dans leur traité de droit criminel qu'une phrase au droit au silence, à savoir que « la personne poursuivie peut toujours se refuser à répondre si elle estime cette attitude plus confortable aux intérêts de sa défense et sous réserve pour les magistrats et jurés, du droit de tirer de cette attitude toute conséquence utile à la formation de leur conviction » (Merle et Vitu, Traité de droit criminel, Tome II, Procédure pénale, Paris, Cujas, 1978 p. 166 cité par les Chambres africaines extraordinaires, 30 mai 2016, (jugement).

[903] Code pénal, Article 55 alinéa 9.

préparatoire, lors de l'interrogatoire de première comparution, l'inculpé se voit averti par le juge « qu'il est libre de ne faire aucune déclaration »[904]. À ce stade comme à la barre du tribunal, il peut choisir de se taire, et en raison de la présomption d'innocence, il reviendra à l'Accusation de rapporter la preuve de sa culpabilité.

À l'instar du droit interne, les textes internationaux ne mentionnent généralement pas ce droit d'une manière explicite. Il découle plutôt d'autres droits prévus et dont la mise en œuvre obéit à certains impératifs. À ce titre, les notions de procès équitable, de présomption d'innocence et de droits de la défense figurent dans la plupart des instruments juridiques internationaux et régionaux relatifs aux droits de l'Homme[905]. Ces différents textes reconnaissent également, explicitement ou implicitement le droit de ne pas s'auto-incriminer. Des organes chargés de veiller à l'application de ces textes au niveau régional, comme la Commission européenne des droits de l'Homme et la Cour européenne des droits de l'Homme, n'ont pas hésité à rappeler que ces principes englobent le droit au silence. D'abord, dans l'affaire Funke contre France du 25 février 1993, la Cour européenne des droits de l'Homme a écarté toute justification de l'atteinte au droit « de se taire et de ne pas contribuer à sa propre incrimination »[906]. Ensuite, dans l'affaire Murray contre Royaume-Uni du 8 février 1996, la Commission européenne des droits de l'Homme a rappelé que « le droit de se taire lors d'un interrogatoire de police et le droit de ne pas contribuer à sa propre incrimination sont des normes internationales généralement reconnues qui sont au cœur de la notion de procès équitable »[907]. Enfin, dans l'affaire Saunders du 17 décembre 1996, ladite commission a considéré qu'une personne ne saurait subir « une sanction pour avoir refusé de répondre à son détriment »[908]. Les tribunaux pénaux internationaux ont veillé au respect de ce droit au silence, même en l'absence d'une mention explicite dans leurs statuts.

---

[904] Code de procédure pénale, Article 101.

[905] Il y a, à ce propos, la Déclaration universelle des droits de l'Homme (articles 10 et 11), le Pacte international relatif aux droits civiques et politiques (article 14), la Convention européenne des droits de l'Homme (article 6), la Convention interaméricaine des droits de l'Homme (article 8) et la Charte africaine des droits de l'Homme (article 7).

[906] Funke avait refusé d'informer la Douane sur des intérêts de ses comptes à l'étranger et avait été contraint au paiement d'une astreinte journalière. Pour la CEDH, « les particularités du droit douanier ne sauraient justifier une telle atteinte au droit pour tout accusé (…) de se taire et de ne pas contribuer à sa propre incrimination » (CEDH, 25 février 1993, Funke c. France, p. 16).

[907] Murray avait été arrêté pour terrorisme (appartenance à l'Irish Republican Army - IRA). Il avait décidé de ne pas répondre à l'interrogatoire et de ne pas parler à son procès. Il avait été condamné sur la base de conclusions tirées de son silence (Commission européenne des droits de l'Homme, 08 février 1996, Murray c. Royaume-Uni).

[908] Saunders avait été obligé de répondre aux questions des enquêteurs car une loi britannique (*Companies Act 1985*) prévoyait des poursuites pour outrage en cas de refus de coopérer (Commission européenne des droits de l'Homme, 17 décembre 1996, Saunders).

Dans le même sillage, les Chambres africaines extraordinaires ont reconnu à Monsieur Hissein HABRE son droit au silence. La décision de l'ancien Chef d'État de faire usage de ce droit n'aurait pu être interprétée comme un indice de culpabilité ni un aveu. Cependant, l'usage de ce droit ne saurait empêcher une juridiction pénale de combiner d'autres éléments de preuve avec les conséquences du silence, pour parvenir à une déclaration de culpabilité. Cela ressort de l'affaire Murray sus-évoquée, mais aussi d'un arrêt du 5 octobre 2010 de la Cour de cassation belge[909]. Étant donné que le magistrat ne fait que constater le silence de l'accusé, sans l'interpréter sous l'angle de la preuve, la peine prononcée ne devrait pas non plus être une sanction de l'exercice de ce droit fondamental[910].

Les juges ont concédé à Monsieur Hissein HABRE son droit au silence, mais ils l'ont obligé à comparaître[911], lorsque celui-ci a décidé de boycotter les audiences, et ont commis d'office trois avocats pour remplacer ceux de l'ancien Chef d'État ayant boudé le procès[912].

Monsieur Hissein HABRE a été véhément défendu, contre sa volonté, par ces avocats commis d'office. Ces derniers ont plaidé son acquittement, persuadés que les éléments constitutifs des crimes internationaux allégués n'étaient pas réunis.

En face de l'ancien Chef d'État, l'Accusation a pleinement joué son rôle, appuyée en cela par les parties civiles qui apparaissaient également comme les principaux témoins de la procédure.

Bien que les victimes et les témoins aient été appelés à la barre selon leurs qualités, les juges ont indistinctement tiré conséquence de leurs dépositions dans la motivation de leur décision de condamnation.

Pourtant aux termes des dispositions de l'article 409 du Code de procédure sénégalais applicable devant les Chambres africaines extraordinaires, « la personne qui s'est constituée partie civile ne peut plus être entendue comme témoin ». Le contraire est possible.

Devant les Chambres africaines, les victimes étaient en même temps des témoins. Les juges n'ont pu faire le départ d'une façon claire et sans équivoque.

En droit international, le statut de victime a pris du temps à s'imposer. La place de celle-ci dans le procès de Monsieur Hissein HABRE est à l'image de la problématique du droit international pénal dont la finalité est la sanction des auteurs de crimes internationaux. Ainsi, la principale préoccupation des

---

[909] Cass., 5 octobre 2010, Pas., 2010, p. 2483.

[910] Crim. Cass., 24 février 1999 cité par I. DE LA SERNA., « Le droit au silence - discours prononcé par le Procureur général I. de la Serna à l'occasion de la rentrée solennelle de la Cour d'appel de Mons le 1er septembre 2014 », in *Pli juridique*, n° 32, Juin 2015, p. 10.

[911] C'est d'abord un huissier de justice qui a été requis pour constater le refus de comparaitre, avant que les Chambres ne fassent recours à la force publique.

[912] Les Chambres ont commis d'office trois avocats, sur la base d'une liste proposée par l'Ordre des avocats du Sénégal.

Chambres africaines extraordinaires étant le jugement des crimes de droit international commis par l'ancien Chef d'État tchadien, l'action civile n'est qu'accessoire, même si elle reste importante[913]. En effet, à l'instar du TPIY et du TPIR et contrairement à la CPI, le Statut des Chambres ne prévoit pas de droits procéduraux pour les victimes. Toutefois, comme devant toute juridiction, les parties sont tenues de justifier d'un intérêt[914] et d'une qualité pour agir[915].

Le nombre de victimes engendré par les crimes internationaux est généralement très élevé. L'affaire Habré n'a pas échappé à cette règle. Les milliers de parties civiles qui se sont déclarées ne pouvant pas être toutes individuellement prises en charge par les Chambres, le Statut a logiquement prévu qu'elles peuvent être représentées tant dans la déposition que dans la demande de réparation[916].

À côté des victimes, les témoins occupent une place essentielle dans le procès international[917]. Le procès de Habré a mis en exergue l'importance de

---

[913] En droit international pénal, les parties civiles ne peuvent, comme en droit interne, mettre en mouvement l'action publique. Elles ne peuvent non plus l'exercer. Mais depuis l'adoption du Statut de Rome, la tendance est de leur conférer un statut d'actrices à part entière. Après avoir été longtemps ignorées, elles ont ainsi le droit de se faire entendre sur toutes les questions pouvant intéresser leurs intérêts. C'est une mise en pratique de la Déclaration des principes fondamentaux de justice relatifs aux victimes de la criminalité et aux victimes d'abus de pouvoir de l'ONU de novembre 1985 (ONU, Assemblée Générale, Annexe Résolution 40/34, 29 novembre 1985), ce qui a favorisé aux victimes l'accès à la justice pénale internationale. Celles-ci ne sont plus associées aux procédures pénales internationales pour servir de moyens de preuve, mais bien pour avoir subi un préjudice.

[914] Cette exigence processuelle met sur le dos de la partie civile l'obligation de prouver que l'infraction internationale, pour laquelle l'accusé comparait, a été commise à son détriment.

[915] La qualité pour agir a un lien intime avec l'acception de la notion de « victime ». Selon la Déclaration de 1985, les victimes sont d'abord celles qui, individuellement ou collectivement, ont subi un préjudice né de la commission d'une infraction internationale : Ce sont les victimes directes. La notion inclut ensuite « la famille proche ou les personnes à charge de la victime directe et les personnes qui ont subi un préjudice en intervenant pour venir en aide aux victimes en détresse ou pour empêcher la victimisation » : Ce sont les victimes indirectes. Le terme « victime », selon le Statut de Rome, « peut aussi s'entendre de toute organisation ou institution dont un bien consacré à la religion, à l'enseignement, aux arts, aux sciences ou à la charité, un monument historique, un hôpital ou quelque autre lieu ou objet utilisé à des fins humanitaires a subi un dommage direct ». Á la lumière de ces différentes définitions, on peut considérer que la qualité pour agir repose sur quatre critères : la personnalité de la victime, le préjudice subi, le crime commis qui doit relever de la compétence de la juridiction internationale et le lien de causalité entre le crime et le préjudice.

[916] La plupart des parties civiles s'étaient regroupées au sein de l'association des victimes Clément ABAIFOUTA et consorts, ainsi qu'au sein du Réseau des Associations des Droits de l'Homme du Tchad (RADHT) et de l'Association des Victimes des Crimes et des Répressions Politiques au Tchad (AVCRP). Le nombre élevé de victimes a favorisé la représentation dans laquelle leur droit est envisagé à titre collectif. Cette idée de masse facilite l'application du droit international pénal et permet, entre autres, de légitimer l'action des Chambres.

[917] La preuve testimoniale peut aussi être le fait de spécialistes « témoins-experts » dont l'avis scientifique ou technique peut aider la juridiction à mieux apprécier les éléments à charge ou à décharge qui sont à sa disposition. Les juges ne sont toutefois pas liés par ces avis et conservent

la preuve testimoniale en droit international pénal. Le témoin a cette caractéristique principale d'avoir des informations décisives à fournir aux juges.

Les témoins peuvent être des victimes ou simplement des tiers, personnes physiques ou morales. Qu'ils soient des témoins de fait, qui rapportent ce qu'ils ont vu ou entendu, ou des témoins ayant travaillé avec les auteurs présumés et qui rapportent ce qu'ils ont vu dans le cadre de leurs fonctions, les témoins bénéficient d'une protection spéciale et le Statut des Chambres n'a pas dérogé à cette règle[918].

Les victimes-témoins ont largement contribué à la manifestation de la vérité. Face à eux, l'accusé a préféré garder le silence et on ne saura peut-être jamais sa version des faits. Ne risque-t-il pas de l'emporter dans sa tombe ?

L'attitude de l'accusé et l'enchevêtrement des victimes et témoins n'ont pas eu une incidence décisive sur le procès. Les Chambres africaines extraordinaires ont surmonté l'un, en commettant d'office des avocats pour le défendre malgré lui, et ont utilisé la verve des autres pour asseoir les différents crimes internationaux retenus dans le dossier. Elles n'ont toutefois pas eu la même aisance face aux autres « pierres d'achoppement ».

B. Le contrecoup sérieux des irrégularités de forme et erreurs de fond

Le jugement de Monsieur Hissein HABRE a abouti à la condamnation de celui-ci à la peine d'emprisonnement à perpétuité et au paiement de 82 milliards de dommages-intérêts. Aussi historique qu'il soit, le procès recèle néanmoins des irrégularités de forme et de fond qui ont failli entacher la

---

leur *imperium* quant à l'appréciation souveraine des éléments de preuve. La présence des témoins est nécessaire pour juger des crimes internationaux vu leur apport décisif pour la manifestation de la vérité et pour légitimer une éventuelle condamnation de l'accusé. Contrairement à la CPI, le Statut des Chambres n'a pas prévu la possibilité pour les juges de les faire comparaitre obligatoirement, et de les sanctionner en cas de refus de témoigner.

[918] La protection vise à éviter les risques de pression, de subornation ou de représailles. En guise d'illustration, Jean-Pierre BEMBA GOMBO, qui a été acquitté par la CPI pour les crimes de guerre et crimes contre l'humanité à lui reprochés, a par contre été déclaré coupable de subornation de témoins et a été condamné à douze mois d'emprisonnement. Il lui a été reproché d'avoir corrompu quatorze personnes, présenté de fausses preuves et sollicité la déclaration de faux témoignages. L'autre exemple est celui du TPIR avec l'affaire Kayishema/Ruzindana. Plusieurs personnes avaient été tuées en représailles, suite à leur témoignage devant le TPIR (Eric STOVER, The Witnesses. War Crimes and the Promise of justice in *The Hague*, HR Center, University of Pennsylvania Press, Berkeley, 2005, 248 p.). Les témoins peuvent ainsi bénéficier d'une protection par des gardes rapprochés, mais aussi avoir la possibilité de rester anonymes et/ ou d'être entendus grâce à la vidéo-conférence ou un enregistrement audio ou vidéo transmis ensuite à la juridiction. Le témoin dans le procès international bénéficie de protection, mais peut aussi s'exposer à des sanctions pour faux témoignage ou parjure, puisqu'il dépose sous serment de dire la vérité. Il comparait sur demande de l'Accusation (témoin à charge), des parties civiles ou de l'Accusé (témoin à décharge).

décision. Les irrégularités de forme ont trait à la composition des chambres d'assises et d'appel, alors que les erreurs de fond sont relatives à la qualification juridique de certains faits.

La composition des chambres d'assises et d'appel a suscité des interrogations légitimes de la part de la Défense quant à leur régularité. En droit, la notion de composition régulière a trait soit au nombre statutaire des magistrats, soit à leurs aptitude et nomination, soit aux incompatibilités procédurales. Ainsi, une décision peut encourir une annulation pour composition irrégulière si elle n'a pas été rendue par le nombre de juges légalement prescrit, ou si lesdits magistrats n'en ont pas réellement la qualité ou la compétence, ou encore si les incompatibilités légales, liées à la séparation des fonctions de poursuite, d'instruction et de jugement, n'ont pas été respectées.

La nomination des juges de la Chambre extraordinaire d'assises est prévue par l'article 11 alinéa 5 du Statut, lequel dispose qu'ils « sont choisis parmi des personnes (...) ayant exercé les fonctions de juges pendant au moins dix (10) ans ». Or, Monsieur Amady DIOUF, premier assesseur qui avait quasiment un quart de siècle d'ancienneté dans la magistrature au moment de sa nomination, l'a principalement passé au Parquet et à l'Administration centrale du Ministère de la Justice. Il n'a pas occupé un poste de magistrat du siège pendant dix années comme exigé par le Statut. Par conséquent, la composition de la Chambre d'assises apparaissait irrégulière.

Ce type d'irrégularité de la composition d'une juridiction, tirée de la qualité d'un magistrat participant à un procès, est une cause de nullité d'ordre public. Toutefois, elle doit être soulevée « *in limine litis* », à peine d'irrecevabilité[919]. La clôture des débats purge l'irrégularité et la partie intéressée est réputée y avoir renoncé, car elle était en mesure de la soulever à temps et non pas tardivement après que le jugement lui est défavorable[920].

---

[919] Dans un arrêt du 17 mai 1973, la Cour de cassation française a jugé que « la composition des juridictions est d'ordre public et qu'une décision rendue par une juridiction irrégulièrement composée est frappée de nullité » (Cass., Ch. sociale, du 17 mai 1973). Toutefois, cette haute juridiction a précisé « que les contestations afférentes à la régularité de la composition d'une juridiction, dont les parties avaient la possibilité d'avoir connaissance, doivent être présentées, à peine d'irrecevabilité, dès l'ouverture des débats, faute de quoi aucune nullité ne peut être ultérieurement prononcée de ce chef, même d'office » (Civ. 2e ,18 octobre 2018).

[920] Cette position est celle qui a principalement été retenue par la Chambre d'assises d'appel saisie de la question. Celle-ci a cité les jurisprudences sénégalaises et françaises concordantes sur la question. En effet, d'une part la Cour suprême sénégalaise a retenu que « l'irrégularité relative à la composition d'une juridiction ne peut être invoquée devant la Cour suprême si elle n'a pas été préalablement soulevée devant les juges du fond lors du prononcé de la décision » (Cour suprême, 04 janvier 2012, Sodata c. Amatco). D'autre part, la Cour de cassation française a estimé que « dès lors qu'aucune réclamation n'a été formulée devant la cour d'assises et qu'aucune preuve contraire ne résulte des pièces de procédure soumises à l'examen de la Cour de cassation, les magistrats appelés à composer la cour sont présumés avoir été nommés conformément à la loi aux fonctions leur donnant qualité pour être désignés comme président ou comme assesseur » (Cass. Crim., 04 février 1954, Bull. Crim. 1954 n° 53 ; Cass. Crim., 19

Même si l'exception tirée de l'irrégularité de la composition de la Chambre d'assises des Chambres africaines extraordinaires a été rejetée à bon droit, elle a constitué un sérieux revers.

Le problème de régularité de la composition a surgi à nouveau, relativement à la Chambre d'assises d'appel, mais sous un autre angle. En effet, l'un des titulaires, à savoir Monsieur Bara GUEYE, avait connu d'une affaire en diffamation et injures publiques impliquant Monsieur Hissein HABRE et la partie civile Khadija Hassan ZIDANE, relativement aux accusations de viols répétés formulées par celle-ci contre Habré, lors des débats devant la Chambre africaine extraordinaire d'assises[921]. La demande de décharge ou d'abstention introduite par les avocats du sieur Habré à son encontre a été rejetée par la Chambre d'appel, au motif qu'il n'existait pas un lien de connexité entre les délits qui avaient fait l'objet de citations directes devant le Tribunal de grande instance de Dakar et les crimes jugés par les Chambres africaines extraordinaires. Il est vrai, par ailleurs, qu'on ne peut pas parler, en l'espèce, de violation du principe de la séparation des fonctions de poursuite, d'instruction et de jugement qui aurait conduit à la nullité de l'arrêt de la Chambre d'assises d'appel pour irrégularité de sa composition, mais la connaissance par le juge Guèye d'une affaire touchant au procès de Habré apparaissait comme un risque sérieux de renvoi ou récusation pour cause de suspicion légitime. En fait, il est admis comme étant une règle générale de procédure relevant d'un principe général de droit qu'une juridiction ne peut comprendre un membre dont l'indépendance ou l'impartialité pourrait être contestée[922]. Le premier jugement d'un Chef d'État africain sur le continent, après des années de batailles procédurales, ne devait laisser de place à aucun

mars 1981, Bull. Crim. 1981 n° 100). Elle a aussi jugé qu'« en l'absence de toute réclamation formulée par l'accusé ou son Défenseur au cours des débats, il y a présomption légale que le (juge) a été désigné conformément à la loi, en sa qualité de juge » (Cass. Crim., 19 mars 1981). La Chambre d'assises d'appel a également invoqué l'arrêt de la Cour de cassation française du 10 janvier 1920 aux termes duquel « les magistrats investis de leurs fonctions par un acte de l'autorité publique ont en leur faveur une présomption légale qu'ils réunissent les conditions prescrites » (Cass. Crim., 10 janvier 1920, Bull. Crim. n° 25 V. S5 n° 61.11) ; « à défaut de preuve contraire résultant des pièces soumises à la Cour de cassation, (les) magistrats sont présumés avoir été légalement nommés aux fonctions qu'ils occupent » (Cass. Crim., 22 juin 1988).

921 Bara GUEYE avait siégé comme Président de la première chambre correctionnelle du Tribunal de grande instance hors classe de Dakar et avait statué sur la citation directe introduite par les avocats de la dame Zidane contre le conseiller en communication de Hissein HABRE qui avait utilisé des termes injurieux contre elle dans la presse. Cette action a été déclarée irrecevable. L'autre citation directe initiée par les avocats de Habré contre la dame Zidane, devant la deuxième chambre correctionnelle, a également été déclarée irrecevable.

922 CE, 25 juin 2014, Cne de Saint-André-Assoc. « Amicale du personnel communal de Saint-André ». CE, 2 mai 1973, Mme Arbousset ; CE, 5 avril 1996, Syndicat des avocats de France ; CE, 3 mai 1957.

doute raisonnable[923]. Même si la récusation n'a pas été explicitement requise, le magistrat concerné pouvait se déporter « *sponte sua* »[924] et céder la place au suppléant Amadou Tidiane SY[925].

Une autre irrégularité qui a été relevée dans ce procès est relative à la présence de certains témoins durant les débats. La diffusion radiotélévisée des débats a aussi permis à de nombreuses personnes, dont les témoins, d'avoir connaissance des différentes dépositions avant leur comparution à la barre aux mêmes fins.

Le Statut des Chambres africaines extraordinaires ne prévoit pas les modalités de déposition des témoins. Cette lacune est toutefois comblée par l'article 270 du Code de procédure pénale applicable auxdites chambres. Cet article dispose que « le président ordonne aux témoins de se retirer dans la salle qui leur est destinée. Ils n'en sortent que pour déposer. Le président prend, s'il en est besoin, toutes mesures utiles pour empêcher les témoins de se concerter avant leur déposition ». Il est vrai que comme l'a indiqué la Cour de cassation française, ces dispositions « n'étant pas prescrites sous peine de nullité, il n'importe que le témoin (...) ait assisté, avant d'être entendu, à une partie des débats », mais force est de constater que pour avoir été un élément de preuve déterminant, voire le plus déterminant, dans la condamnation de Monsieur Hissein HABRE, le témoignage devait remplir toutes les conditions d'intégrité et de sincérité requises pour être recevable et fonder la conviction des juges. Dans le même sillage, la diffusion radiotélévisée, bien que prévue par le Statut[926], ne devrait pas avoir pour effet d'influencer les dépositions des témoins.

La preuve testimoniale devant les Chambres africaines extraordinaires est en outre critiquable relativement à l'identité et la qualité de certains témoins. En effet, le juge d'instruction belge Daniel FRANSEN, qui avait mené une information judiciaire contre Monsieur Hissein HABRE et dont le dossier d'instruction a été mis à la disposition des Chambres africaines extraordinaires, a comparu comme un témoin à charge, à la requête du ministère public. Son témoignage n'est pas critiquable sous l'angle de sa légalité, mais plutôt sous celui de son opportunité. Ce magistrat avait fait

---

[923] La Cour de cassation française emploie indifféremment les expressions « suspicion légitime », « doute raisonnable », « doute légitime » ou « soupçon légitime ».

[924] La récusation *sponte sua* correspond à la situation dans laquelle le juge suppose en sa personne une cause de récusation ou estime en conscience devoir s'abstenir. Il est vrai aussi que la suspicion légitime n'a pas de définition légale. Ce qui la laisse à la libre appréciation des juges, lesquels sont très réticents à l'admettre.

[925] Ce magistrat a remplacé le juge Guèye lorsque la Chambre d'assises d'appel devait statuer sur l'exception soulevée par les avocats de Habré. Après le rejet prononcé par la juridiction, l'audience a été suspendue pour un nouveau changement de la composition afin que Bara GUEYE retrouve son siège.

[926] L'article 36 du Statut dispose que les audiences sont filmées et enregistrées pour diffusion, « sauf si cela contrevient aux mesures nécessaires à la protection des témoins et autres participants ».

montre d'une réelle détermination dans l'instruction de l'affaire Habré en Belgique (transport sur les lieux au Tchad, demande de levée de l'immunité de Habré, mandat d'arrêt international contre Habré, demandes d'extradition…). Son témoignage ne pouvait être qu'accablant et le contraire aurait rendu « sa procédure » mal fondée.

En dehors des irrégularités formelles, des erreurs de fond ont été notées dans le jugement de première instance presque entièrement confirmé par la Chambre d'assises d'appel. Si la confusion entre la responsabilité pénale individuelle et la responsabilité du supérieur hiérarchique, relevée dans certaines parties confirmées du jugement[927], peut être considérée comme étant mineure, bien qu'elle traduise une carence dans la maîtrise de ces principes distincts de droit international pénal, les erreurs de qualification des conflits, pouvant donner lieu à application du droit international humanitaire, constituent un revers majeur dans l'affaire Habré.

En effet, dans la qualification des confrontations armées qui ont eu lieu au Tchad durant le règne de Habré, les juges du fond ont retenu qu'il n'existait pas de conflit armé non international au sud entre les FANT et les CODOS et que le conflit armé au nord entre les FANT et le GUNT avait un caractère non international.

Au sens de l'article 3 commun aux Conventions de Genève de 1949, le conflit armé non international, dans lequel l'une au moins des parties impliquées n'est pas gouvernementale, peut mettre en scène un ou des groupes armés et des forces étatiques, ou uniquement des groupes armés[928]. Le seuil de violence requis peut être évalué en fonction de l'intensité des affrontements[929] et de l'organisation des parties[930].

La situation qui régnait dans la partie méridionale du Tchad, de 1983 à 1987, était caractérisée par une guerre intermittente entre les FANT et les CODOS, entraînant des centaines d'arrestations, de torture, de meurtres, sans compter les viols et pillages. Les évènements de « septembre noir » avaient

---

[927] Les pages 495 et 519 du jugement des Chambres sont assez illustratives de cette confusion entre ces principes distincts. (Chambres africaines extraordinaires, 30 mai 2016, (jugement) pp. 495 et 519).

[928] TPIY, 10 août 1995, Dusko TADIC, Exception préjudicielle d'incompétence, par. 70.

[929] L'intensité découle du caractère collectif de la lutte armée ou de l'impossibilité pour l'État de faire face à la situation avec ses forces de police, au point de recourir à son armée. Ces données indicatives recouvrent également les éléments non cumulatifs liés à la durée du conflit, le nombre et l'encadrement des groupes rebelles, leur installation ou leur action sur une partie du territoire, le degré d'insécurité, l'existence de victimes … (TPIY, 10 juillet 2008, Ljube BOSKOSKI, par. 177 ; TPIY, 30 novembre 2005, Fatmir LIMAJ, par. 168 ; TPIY, 3 avril 2008, Ramush HARADINAJ, par. 49 ; TPIR, 06 décembre 1999, Georges E. RUTAGANDA, par. 93).

[930] L'organisation des parties, notamment celles non gouvernementales, renvoie à la situation où celles-ci disposent d'une structure de commandement ou d'un règlement interne (TPIY, Ljube BOSKOSKI, Op. cit. ; TPIY, Fatmir LIMAJ, Op. cit. ; TPIY, Ramush HARADINAJ, Op. cit.), et de la capacité de lancer des opérations coordonnées, de recruter et de former de nouveaux combattants.

été particulièrement meurtriers. Les témoignages concordants décrivent les CODOS comme des groupes autonomes, mais organisés et hiérarchisés, avec une discipline intérieure. Néanmoins, pour les juges, comme il ne s'agissait pas d'« un groupe armé organisé »[931], alors que ce critère est cumulatif avec celui de l'intensité des violences, ils n'ont pas estimé nécessaire d'analyser ce second critère et ont conclu « qu'il n'existait pas de conflit armé non international dans le sud du Tchad entre 1983 et 1987 ».

Cette analyse nous semble erronée dans la mesure où l'existence d'un conflit armé non international ne repose pas uniquement sur des affrontements entre l'armée régulière et « un groupe armé organisé ». Le conflit peut opposer ladite armée et plusieurs « groupes armés organisés ou des groupes armés organisés entre eux », tel qu'il ressort de l'article 8 (2) (f) du Statut de Rome et de l'arrêt Tadic du TPIY[932]. L'essentiel est que ces groupes protagonistes soient chacun structurés. Les forces gouvernementales sont présumées satisfaire à cette exigence et c'était le cas pour les troupes de Habré[933]. Pour les CODOS, il résulte des témoignages qu'ils étaient « des groupements autonomes qui avaient chacun son État-major, son chargé des relations extérieures et des émissaires chargés de la transmission des communications entre les différents groupements. Il y avait une discipline stricte au sein des différents groupements CODOS ainsi qu'un commandement qui donnait des ordres pour la conduite des opérations militaires »[934]. Quant à l'intensité, le rapport d'Amnesty International de 1986 sur le Tchad avait rapporté que « les autorités ont insisté auprès des délégués d'Amnesty sur l'importance et l'intensité des combats se déroulant entre les forces gouvernementales et leurs adversaires au sud du pays à la fin de 1984 ».

Concernant la situation dans la partie septentrionale, en dehors de la confrontation directe entre la Libye et le Tchad, il y avait eu, en 1983 puis en 1986, des affrontements entre les FANT et le GUNT soutenu par la Libye. Le bilan fait état d'au moins un millier de prisonniers de guerre, dont plus de cent cinquante exécutions sommaires. La participation indirecte de la Libye s'est manifestée par le financement des forces de Monsieur Goukouni OUEDDEI, leur formation et l'appui logistique. De nombreux témoignages relatent l'utilisation de matériel de guerre libyen par les éléments du GUNT, la présence d'instructeurs et de militaires libyens durant certains combats entre

[931] Chambres africaines extraordinaires, 30 mai 2016, (jugement) p. 372.
[932] TPIY, Dusko TADIC, Exception préjudicielle d'incompétence, Op. cit., par. 70.
[933] TPIY, 3 avril 2008, Haradinaj, par. 60.
[934] Ce témoignage de Baningar KASSALA avait d'ailleurs emporté la conviction des juges d'instruction qui avaient retenu l'existence d'un conflit armé non international entre les FANT et les CODOS. Ils s'étaient aussi fondés, à juste raison, sur le critère d'intensité. (Chambres africaines extraordinaires, 13 février 2015, MP c. Hissein HABRE et autres, Ordonnance de non-lieu partiel, de mise en accusation et de renvoi devant la Chambre africaine extraordinaire d'assises, p. 114).

les FANT et le GUNT et des entraînements organisés en territoire libyen[935]. L'insuffisance de leur participation indirecte pour prendre le dessus sur les forces de Habré avait poussé la Libye à intervenir directement, par le déploiement de troupes et de matériel terrestres et aériens. La France avait, au soutien de Monsieur Hissein HABRE, lancé l'opération « Manta » en 1983, puis l'opération « Épervier » en 1986, sans compter le soutien des États-Unis et l'intervention des troupes zaïroises qui avaient même capturé des rebelles et avaient commis des actes de torture. La situation au nord du Tchad était en fait un « conflit mixte ».

Les juges du fond ont qualifié, à bon droit, de conflit armé international les affrontements entre la Libye et le Tchad, et à tort, de conflit armé non

[935] Dans le n° 1177 du 27 juillet 1983 du journal « Jeune Afrique », Cheikh Ibn OUMAR, ministre de la Défense du GUNT, avait expliqué que ce mouvement « dépendait militairement et idéologiquement de la Libye ». Dans ce journal, il était écrit à la page 27 « que les grandes décisions pendant la campagne nécessitaient l'aval des libyens ». « Certes, (la Libye) arme, nourrit et rémunère les combattants. Elle assure la logistique depuis Sheba : trois gros porteurs (Hercule C130) et trois Fokker, tous pilotés par des Libyens, font des va-et-vient quotidiens. Une cinquantaine de conseillers libyens (spécialistes de transmission notamment) sont aux côtés du GUNT. Supervise toute l'opération, un connaisseur des affaires tchadiennes, le Colonel Messaoud, Gouverneur de Fezzan et neveu par alliance de Goukouni Oueddei ». L'envoyé spécial de « Jeune Afrique », Mohamed SELHAMI avait ajouté que « durant notre séjour aux cotés des troupes du GUNT, nous avons surtout constaté la présence d'une grande quantité de véhicules légers tout terrain de fabrication japonaise (Toyota), de camions citernes allemands (Mercedes) et de quelques canons de 105 et 106. Par contre, aucun libyen parmi les combattants, sauf une cinquantaine, affectés aux retransmissions et à quelques secteurs de la logistique que supervise le Colonel Saleh BIANI, un tchadien. Les pilotes et les avions (Hercules C-130 et Fokker) chargés de ravitailler les troupes en munitions, en carburant et en nourriture, sont libyens. Pendant les quinze premiers jours des combats, ce soutien a suffi au GUNT pour investir avec une facilité surprenante Faya-Largeau, Fada, Oum Chalouba, Biltine et Abéché ». Il y a des témoins qui ont abondé dans le même sens devant les Chambres africaines. Adam Hassaballah KEDELLAYE a déclaré que « (...) des membres du GUNT qui nous avaient pris en charge nous ont transféré à bord de deux avions libyens à Sebba en Libye, plus précisément au centre de formation Tamar-Alhinde. Au bout d'une semaine, le groupe a été scindé en deux : le premier constitué de cent personnes, dont moi-même, a été transféré à Amar-Al-Abid tandis que le reste s'est retrouvé à Assas. Un mois plus tard, notre groupe a rejoint Assas et au bout de six mois de formation sous la conduite d'instructeurs libyens, les groupes ont été acheminés en début juin 1983 à Miski, en territoire tchadien, distant de Faya de 400 km, en passant par Zouar ». Djibrine Ahmat BICHARA a confié que « le GUNT était soutenu par la Libye sur le plan logistique (véhicules, armes, munitions) pendant les conflits contre le régime de Hissein HABRE ». Béchir Bichara DAGACHENE a déclaré que « le gouvernement libyen soutenait le GUNT. Les nouvelles recrues étaient formées par le gouvernement libyen sur son propre territoire. Après la formation, ils étaient entièrement équipés, armés et envoyés à Faya ». Djétoldia Dakoye MIANMBAYE a affirmé qu' « une nuit, nous avons embarqué à bord de grands cars à destination du Bénin, et après trois mois nous avons rejoint Sheba, au sud de la Libye majoritairement peuplé de noirs. Nous avons subi une formation au camp militaire d'Assas ». (Chambres africaines extraordinaires, 13 février 2015, Ordonnance de non-lieu partiel, de mise en accusation et de renvoi devant la Chambre africaine extraordinaire d'assises, pp. 105 et s.).

international ceux entre les FANT et le GUNT. Or, le soutien d'un État tiers à un groupe armé opposé aux forces gouvernementales entraîne l'internationalisation du conflit interne[936]. Et pour éviter une application fragmentée du droit international humanitaire, comme cela a été implicitement suggéré dans l'Affaire des activités armées au Nicaragua jugée en 1986 par la CIJ[937], qui soulève des difficultés juridiques et pratiques, d'aucuns ont estimé que seul le droit des conflits armés internationaux doit être appliqué dans tous les cas où un État tiers intervient dans des affrontements internes en faveur des forces gouvernementales ou non gouvernementales[938].

Malgré ces impairs, la décision de condamnation de Monsieur Hissein HABRE apparaît comme une dynamique nouvelle dans la lutte contre l'impunité en Afrique.

Paragraphe 2 : Une dynamique nouvelle dans la lutte contre l'impunité en Afrique

Les Chambres africaines extraordinaires constituent, sans doute, une avancée novatrice dans la répression pénale des crimes internationaux en Afrique, et font conséquemment montre d'une dynamique nouvelle dans la lutte contre l'impunité des hauts dirigeants dans le continent. S'inscrivant dans la droite ligne de l'essor des juridictions pénales internationalisées qui apportent un souffle nouveau au droit international pénal, elles sont parvenues, à travers la condamnation de Monsieur Hissein HABRE, à satisfaire le besoin de l'élite africaine d'une justice apportant une réponse appropriée au problème récurrent de l'impunité des dirigeants étatiques africains.

La nouvelle approche de la justice pénale internationale, que constituent les Chambres, réside sans doute dans l'originalité de leur création et la particularité de leur fonctionnement. Beaucoup voient en elles un progrès du droit pénal international africain en ce sens qu'elles fortifient les mécanismes de répression, en même temps qu'elles contribuent au développement du système institutionnel en matière pénale.

Les Chambres ont indubitablement imprimé un nouvel élan à la lutte contre l'impunité. Dorénavant les violations graves du droit international humanitaire dans le continent pourraient connaître une réponse prompte et efficace, dans le double respect de la souveraineté des États et des standards répressifs internationaux.

---

936 On parle plus précisément de « conflit mixte ».

937 CIJ, 27 juin 1986, Affaire des Activités militaires et paramilitaires au Nicaragua et contre celui-ci (fond) (Nicaragua c. États-Unis d'Amérique), Recueil 1986, par. 219. La Cour a distingué, dans son analyse du conflit, les affrontements entre d'une part, le gouvernement nicaraguayen et les « contras » et d'autre part, entre ce même gouvernement et celui des États-Unis.

938 Ingrid DETTER, The Law of War, London, Cambridge University Press, 2000, p. 49.

Si le caractère hybride est l'épicentre de ce modèle de juridiction, on peut estimer qu'à côté de l'appréciation de l'alternative qu'elles constituent aux déficiences de la répression pénale des crimes internationaux en Afrique (**A**), une attention particulière peut être portée aux perspectives ouvertes, en ce sens qu'elles constituent un modèle de répression pénale facilement reproductible (**B**).

A. Une alternative aux déficiences de la répression pénale des crimes internationaux en Afrique

La création des Chambres africaines extraordinaires semble être un aveu de l'échec du cadre juridictionnel existant tant au niveau de la répression pénale nationale que de la répression pénale internationale. Elles émergent comme une alternative aux déficiences de la répression pénale des crimes internationaux en Afrique.

Malgré les nombreux traités et conventions signés pour améliorer le cadre juridique de l'action pénale, les atrocités à grande échelle se poursuivent et obligent la communauté internationale, à travers des organes comme l'ONU ou l'Union africaine, à réagir. Depuis quelques décennies et malgré l'intervention du Conseil de Sécurité dans le cadre du chapitre VII des Nations unies, les conflits intra-étatiques se sont effectivement multipliés et les principaux responsables de crimes commis à ces occasions échappent à la répression pour plusieurs raisons, dont l'incapacité des mécanismes institutionnels existants. Cela a obligé l'ONU à étendre et diversifier son domaine d'action pour sauvegarder la paix et la sécurité internationales. L'ONU est passée du statut de gardien de la paix à celui d'artisan de la paix. À cet effet, Koffi ANNAN disait que « ... notre lutte commune peut faire en sorte qu'aucun gouvernant, qu'aucun État, aucune junte et aucune armée ne puissent nulle part porter atteinte aux droits de l'homme avec impunité. C'est alors et seulement que les innocents pris dans des guerres et conflits lointains sauront qu'eux aussi peuvent dormir à l'abri sous le manteau de la justice ; qu'eux aussi ont des droits et que ceux qui violent ces droits seront punis »[939]. L'Union africaine, conformément à son Statut, s'inscrit dans cette dynamique et consacre, avec l'avènement des Chambres, son droit d'intervenir dans les États africains en cas de nécessité.

Ainsi, loin d'être perçues comme un aspect négatif, les Chambres s'imposent comme une nécessité à l'heure où les États tardent à mettre sur pied la Cour pénale africaine[940]. Force est de constater que le modèle de juridiction pénale internationalisée qu'elles représentent, permet de renforcer

---

[939] Propos contenus dans son discours prononcé lors de la signature du Traité de Rome instituant la CPI, le 17 juillet 1998.

[940] Nous faisons ici référence à la Section de droit international pénal de la CAJDH. Elle n'est pas encore fonctionnelle à cause du nombre insuffisant de ratifications.

les mécanismes de répression des crimes internationaux en Afrique. En effet, la création des tribunaux mixtes est destinée à rendre prompte et efficace la justice internationale. Leur essor s'inscrit dans une dynamique large de lutte contre l'impunité et accompagne l'évolution du principe de responsabilité pénale individuelle pour les crimes internationaux.

Des décennies de constat amer d'une impuissance de la justice tchadienne et celle sénégalaise a indéniablement favorisé l'immersion d'un « tribunal *ad hoc* à caractère international ». Cela rentre dans la droite ligne des pratiques alternatives et complémentaires de la justice internationale consistant notamment en la mise sur pied de tribunaux mi-internes mi-internationaux.

À côté des TPI et de la CPI qui ont du mal à se défaire des préjugés d'une justice occidentale, les Chambres permettent de diversifier les méthodes de répression tant sur le plan institutionnel que procédural, respectivement en proposant d'autres organes capables de poursuivre et de juger efficacement les crimes de droit international commis en Afrique et en variant les procédures d'application de la responsabilité pénale individuelle, notamment par la mise en œuvre de deux ordres juridiques, interne et international. Cela accroît les possibilités de la communauté africaine qui ne peut que se réjouir de l'idée que peu de criminels échapperont désormais aux mailles du filet. En effet, là où pêcheront les juridictions internationales et nationales pour réprimer des crimes de droit international commis dans le continent, une juridiction hybride pourra être mise en place pour combler le désir de répression en même temps qu'elle fera éviter l'aberration de l'impunité.

En fait, l'Afrique a du mal à se départir de la triste réalité de l'image d'un continent marqué par des conflits entraînant de graves violations du droit international humanitaire, sans qu'une suite judiciaire adéquate s'ensuive. Ce sont des faits contraires à l'ordre public international, bien que commis dans des espaces de souveraineté interne, et qui sont constitutifs de crimes internationaux, tel que prévu par le droit conventionnel et coutumier. Il est vrai que la prévention et la répression de telles violations graves incombent aux États africains, mais la faiblesse des mécanismes juridiques et juridictionnels entraîne souvent l'immixtion d'institutions judiciaires étrangères ou internationales. Cela n'étant pas du goût des dirigeants africains, une « solution africaine » aux problèmes africains est la bienvenue. C'est ce qui a d'ailleurs présidé à la création des Chambres africaines extraordinaires.

Les commissions « Vérité et réconciliation » et les mécanismes de justice transitionnelle observés dans certains États qui sortent de conflits internes sont certes un processus de responsabilisation collective par la voie de la recherche de la vérité sur ce qui s'est passé, mais cette forme de justice met en avant la responsabilité des institutions dans la planification et la commission des crimes, plus que celle individuelle des présumés auteurs. Ainsi, bien qu'il soit bénéfique aux victimes, aux accusés et à la société par sa célérité et sa simplicité, le recours aux pratiques judiciaires traditionnelles reste insuffisant pour étancher la soif de justice des victimes.

En ce qui concerne la compétence universelle des juridictions nationales, elle est restée à l'état de législation sans qu'une réelle volonté de mise en œuvre soit notée. Quant aux textes relatifs aux crimes internationaux, ils font largement défaut dans les États africains ou ne sont pas incorporés dans le droit national.

Ainsi, comme une alternative prometteuse, les Chambres africaines, à l'instar des juridictions pénales internationalisées, ont relevé le défi de l'effectivité de la répression pénale des crimes internationaux commis en Afrique. Elles présentent, entre autres avantages, celui de diversifier les institutions de répression dans le continent. Elles s'inscrivent dans une large mouvance internationale, laquelle se nourrit d'un sentiment d'évidence que l'impunité ne peut plus être acceptée de nos jours.

En outre, conformément aux objectifs des tribunaux hybrides, les Chambres ont montré leur capacité à poursuivre les crimes les plus graves en moins de temps et à moindre coût, en même temps qu'elles participent au renforcement du système judiciaire sénégalais. Elles ont par ailleurs comblé une lacune intrinsèque à la compétence de la CPI, à savoir la non-rétroactivité, en couvrant des crimes commis avant l'entrée en vigueur de son statut.

Les Chambres africaines extraordinaires profitent aussi aux juges africains, en leur permettant de combler leurs lacunes en matière de droit international pénal. Quant aux accusés et la communauté internationale, ils sont rassurés par le caractère international du tribunal qui est un gage d'un procès équitable.

Par ailleurs, le jugement de condamnation reflète une approche africaine de la justice internationale en ce sens qu'il a accordé une large place aux victimes-témoins. La nature du conflit qui s'est déroulé au Tchad de 1982 à 1990, comme la plupart des conflits africains, justifie cette approche. En effet, les crimes graves commis en Afrique prennent généralement naissance dans des problèmes sociopolitiques, comme l'exclusion sociale, l'injustice, la haine ethnique… Les violences concernent de larges pans de la société et les auteurs ont souvent un sentiment d'accomplir un devoir. Les Chambres vont donc au-delà de la problématique individuelle en étendant leurs tentacules à l'organisation institutionnelle des États concernés par le procès.

À travers les Chambres africaines extraordinaires, l'Union africaine a certes mis en place un instrument supplétif de lutte contre l'impunité, mais on peut y voir un aveu d'échec tant au niveau préventif que répressif. La création des Chambres traduit évidemment une faillite des mécanismes préventifs internationaux et régionaux (Union africaine, CEDEAO), qui ont aussi pour mission d'éviter ou d'arrêter à temps les conflits, mais aussi des institutions répressives existantes comme les tribunaux internes et internationaux incapables de poursuivre les auteurs des crimes graves commis dans le cadre des conflits. Néanmoins, il faut reconnaître cette capacité intarissable de la communauté internationale de réagir face aux atrocités de toutes sortes. Ainsi, la démarche a l'avantage d'éviter qu'à l'horreur des abominables crimes s'ajoute le scandale de l'impunité.

C'est ainsi que les Chambres sont un moyen novateur dans la lutte contre l'impunité dans la mesure où elles offrent des moyens alternatifs dans le cadre de ce combat. Il s'agit aussi d'une dynamique nouvelle par le fait que non seulement elles étendent le champ d'action de la justice internationale, mais en plus, elles ont été capables d'intervenir efficacement après plus de deux décennies d'attente. Le jugement rendu a largement retracé les faits et les juges ont prononcé une sanction exemplaire qui a fait oublier la longue attente des victimes.

En plus des nombreuses opportunités qu'il offre dans la dynamique de lutte contre l'impunité, le modèle des Chambres africaines extraordinaires présente l'avantage de pouvoir être établi partout pour répondre à des besoins spécifiques ; en cela, elles constituent un type de répression pénale internationale facilement reproductible.

B. Un modèle de répression pénale facilement reproductible

Instituées pour principalement réprimer la commission des crimes internationaux et éviter l'aberration de l'impunité qui jetterait l'opprobre sur les États concernés et sur la communauté internationale, les juridictions pénales internationalisées, comme les Chambres africaines extraordinaires, semblent néanmoins être le produit d'un compromis. Elles empruntent aux TPI et à la CPI leurs avantages et tentent de combler leurs lacunes. En sus de ce qu'elles combinent le meilleur du droit international et du droit interne auquel elles apportent un soutien, elles facilitent l'incorporation du droit international dans l'ordre interne. Pour certains observateurs, ce nouveau modèle de juridictions hybrides permet de rendre une justice plus rapide, plus efficace et moins coûteuse.

Leurs compétences *ratione loci*, *ratione temporae* et *ratione personae* permettent de ménager la souveraineté des États et de satisfaire l'exigence de justice indépendante de la société internationale. C'est ainsi que le Tchad n'a pas hésité à contribuer intellectuellement et financièrement à la mise en place des Chambres et à collaborer avec les magistrats lors du rassemblement des preuves. Sa souveraineté politique et juridique n'a été mise en mal à aucune étape de la procédure et les Chambres africaines extraordinaires n'ont aucunement constitué une juridiction concurrente aux tribunaux tchadiens.

Les Chambres africaines extraordinaires symbolisent également la flexibilité qui singularise les juridictions pénales internationalisées. Celles-ci constituent un mécanisme malléable qui facilite leur établissement au gré des contextes propres à chaque situation. Elles élargissent les possibilités de la communauté internationale avec une perméabilité telle qu'elles peuvent être créées pour des compétences spécifiques (matérielle, temporelle, personnelle…) correspondant à la situation d'un État donné. Même si leur caractère disparate peut avoir des inconvénients à bien des égards, il faut toutefois noter la faculté qu'elles offrent d'être transposables. Chaque juridiction hybride instituée correspond aux spécificités d'un conflit ou d'une situation politico-sociale auxquels elle tente d'apporter une solution répressive appropriée. Il s'agit d'un accommodement pour permettre à la répression pénale internationale d'être facilement mise en œuvre.

Cette même facilité a été notée dans la décision que les Chambres ont rendue. Elle a été construite sur le droit international et le droit interne, l'un complétant l'autre. La condamnation de l'ancien Chef d'État, pour des crimes commis plus de vingt années auparavant, était ainsi devenue chose aisée. En plus, cette forme de répression des crimes de droit international épouse toutes les formes de conflit.

Ainsi l'établissement original de mécanismes institutionnels chargés de juger et de punir les individus responsables de crimes internationaux est l'option la plus prometteuse de nos jours, et ce, pour pallier les carences des systèmes pénaux nationaux et internationaux. Les tribunaux mixtes, comme les Chambres africaines, constituent ce nouveau souffle de l'institutionnalisation du droit international et permettent à celui-ci de rebondir d'une manière originale après les bilans mitigés des TPI *ad hoc* et de la CPI. Elles parviennent à rectifier les tares inhérentes à ces juridictions. En plus, leur coût est bien moindre[941]. Quant au caractère pédagogique du procès destiné d'abord à la population africaine et son aboutissement à travers le prononcé d'une peine d'emprisonnement à perpétuité, beaucoup l'ont salué. Cela est d'autant plus compréhensible qu'à l'heure actuelle, il existe encore en Afrique des dirigeants qui continuent de commettre des crimes internationaux dans une relative impunité.

En attendant la mise en place d'une juridiction continentale pénale fonctionnelle, il est plus facile pour l'Union africaine d'instituer ce type de tribunal hybride chaque fois que nécessaire. Les victimes ne peuvent que s'en réjouir et cette joie a été constatée lors de l'annonce de la condamnation de Monsieur Hissein HABRE. Les parties civiles, qui ont longtemps souffert de l'absence de mécanisme juridictionnel pour juger l'ancien Chef d'État, ont tiré un large profit de cette mise en œuvre facilitée de la responsabilité pénale du sieur Habré.

Le Statut des Chambres et la décision de condamnation de l'ancien Chef d'État tchadien contribuent, par ailleurs, au développement de l'ordre pénal international. Les normes contenues dans ledit statut participent largement à la consolidation des règles existantes en matière de répression pénale internationale. Même si elles ont été largement inspirées des tribunaux pénaux internationaux qui les ont précédés ainsi que du droit international conventionnel et coutumier, elles se sont adaptées au contexte et à l'idéal de

---

[941] Le budget global du TPIR s'élevait en 2002-2003 à 177,73 millions de dollars et en 2000-2001 à 180 millions de dollars. Disponible sur http://www.aidh.org/rwand/hirond14.htm. Le budget annuel du TPIY avoisine les 335 millions de dollars canadiens. Disponible sur http://www.radio-canada.ca/nouvelles/dossiers/justiceinternationale/TPIY.html

répression effective visé. En reprenant *in fine* certaines définitions contenues dans les statuts des TPI ou de la CPI ou encore celles dégagées par les conventions internationales, elles ont pu contribuer à l'harmonisation et au renforcement des incriminations en droit international pénal. En guise d'illustration, dans la définition du crime contre l'humanité, les caractères de l'attaque sont alternatifs, comme pour le TPIY et le TPIR, et non cumulatifs[942]. Mais plus que ces TPI et à l'instar du TSSL, la définition inclut dans les crimes contre l'humanité la prostitution forcée, la stérilisation forcée ou toute autre forme de violence sexuelle de gravité comparable. En outre, à l'instar les Panels du Timor oriental et contrairement à la CPI, en lieu et place d'attaque armée contre une population civile, le Statut des Chambres parle d'« attaque généralisée ou systématique lancée contre toute population civile »[943].

Dans la caractérisation des crimes de guerre, les Chambres n'ont pas suivi la jurisprudence du TSSL de laquelle il ressort que la nature d'un conflit n'est pas déterminante pour l'application de l'article 3 commun aux Conventions de Genève et de l'article 4 des Protocoles additionnels. Le TSSL a interprété sa compétence *ratione materiae* de manière extensive et estimé ne pas être lié par la nature interne ou internationale du conflit pour appliquer les articles précités[944]. Les Chambres s'alignent donc sur la jurisprudence des autres juridictions internationales consistant à lier l'application des textes sus-évoqués au type de conflit dont la qualification préalable est déterminante.

Concernant le refus de comparution de l'accusé, les juges ont dorénavant ouvert la possibilité d'une comparution forcée à travers une ordonnance du Président de la juridiction de jugement. En outre, en décidant implicitement que l'accusé n'a pas la possibilité de rejeter la commission d'office d'avocats, les juges ont perpétué la jurisprudence du TSSL en la matière. Ceux-ci ont considéré que le principe relatif aux droits de la défense « n'est pas absolu mais relatif »[945] et qu'il peut être restreint si son exercice fait sérieusement et durablement obstacle à la bonne marche du procès et à une issue rapide.

Quant à la détermination des peines, les Chambres se sont particularisées en prévoyant expressément un quantum sur lequel les juges peuvent se fonder.

La possibilité que les Chambres africaines extraordinaires offrent d'être facilement reproduites ailleurs en Afrique nous fait penser que cette nouvelle vague de tribunaux hybrides continuera à faire son chemin. Leur flexibilité est un atout considérable pour la répression des crimes internationaux dans le contexte africain. La preuve est qu'en Centrafrique, une Cour pénale spéciale a été mise en place le 3 juin 2015 pour une durée de cinq ans, afin de juger les

---

942 Pour le TSSL, ils sont cumulatifs (attaque généralisée et systématique).

943 Statut de Rome, Article 7 et Règlement 2000/15 de l'ATNUTO, Article 5 par. 2.

944 TSSL, 15 mai 2004, Decision on preliminary motion on lack of jurisdiction materiae : nature of the armed conflict.

945 TSSL, 8 june 2004, Decision on the Application of Samuel Hinga NORMAN for Self Representation under Article 17(4)(d) of the Statute of the Special Court, Prosecutor v. Sam Hinga NORMAN, Moinina FOFANA, Allieu KONDEWA, No. SCSL-04-14-T.

crimes de génocide, crimes de guerre et crimes contre l'humanité commis dans ce pays depuis le 1er janvier 2003.

Cette logique d' « *ad-hocisme* » s'impose de plus en plus. À ce propos, Robert KOLB disait que « le particularisme, les actes taillés sur mesure, en un mot la "complexification", sont l'un des traits saillants de l'instant. L'humanité est en marche dans une période de crise et d'incertitude ; le droit en porte témoignage »[946].

[946] Robert KOLB, Op. cit., p. 68.

Conclusion de la seconde partie

La répression effective des crimes internationaux reprochés à Monsieur Hissein HABRE n'a été rendue possible qu'avec l'avènement des Chambres africaines extraordinaires. La mise sur pied de cette juridiction traduit autant un rejet de l'impérialisme judiciaire occidental que la nécessité d'une mise en place d'un dispositif pénal africain.

L'Union africaine s'est effectivement opposée à « l'utilisation abusive »[947] de la compétence universelle par les juridictions occidentales. Elle a non seulement refusé toute coopération judiciaire, mais elle a aussi mené une contre-offensive politico-diplomatique pour faire entendre sa voix. Quant à la CPI, ses divergences avec l'Union africaine ont été étalées au grand jour. L'image que les Africains ont de cette juridiction, étant celle d'une justice sélective, un divorce semble être inévitable. Certains États africains ont d'ailleurs décidé de se retirer du Traité de Rome[948].

Dans cette grisaille, l'institution des Chambres africaines est apparue comme un acte majeur qui traduit une volonté manifeste des Africains de prendre leur destin en main. Mais la décision la plus importante a été l'adoption d'un mécanisme pénal propre capable de faire face à des situations similaires à celle de Monsieur Hissein HABRE. C'est ainsi qu'en plus de créer un organe africain de codification du droit international et d'harmoniser les textes nationaux prévoyant la compétence universelle, l'Union africaine a décidé d'attribuer une compétence pénale à la CAJDH. Pour ce faire, l'institution d'une Section de droit pénal international a été décidée. Cette formation de la CAJDH apparaît, entre autres, comme une alternative crédible à la CPI tant décriée.

En attendant la fin de ce processus complexe de mise en place d'une Cour dotée d'une compétence pénale et pour relever le défi du jugement de Monsieur Hissein HABRE, l'Union africaine a mis en place les Chambres africaines extraordinaires qui ont une structure particulière.

En effet, celles-ci, qui ont une compétence circonscrite, se caractérisent par une « hybridité » organique et fonctionnelle. Leur composition ainsi que le droit applicable révèlent effectivement une juxtaposition d'éléments

---

[947] Union africaine, Décision sur le rapport relatif à l'utilisation abusive du principe de compétence universelle, Op. cit.

[948] Trois États (Afrique du sud, Gambie et Burundi) avaient engagé un processus de retrait de la CPI. Le Burundi a mené ce processus à terme, tandis que les deux autres pays l'ont interrompu.

nationaux et internationaux et de normes internes et internationales tant pour le droit procédural que substantiel.

Cette superposition est apparue nécessaire, car ses compétences *ratione loci*, *ratione temporis*, *ratione materiae* et *ratione personae* en font une juridiction spéciale adaptée à un contexte spécifique. Ces différentes compétences délimitent aussi le champ d'intervention de cette juridiction nationale internationalisée instituée principalement pour juger l'ancien président de la République tchadienne.

Le procès tant attendu, qui a finalement démarré par l'arrestation et l'inculpation de ce dernier, s'est soldé par la condamnation de l'ancien Chef d'État à une peine d'emprisonnement à vie. Cette décision est fondée sur des principes juridiques internationaux comme la responsabilité pénale individuelle du Chef d'État et la responsabilité pénale du supérieur hiérarchique. Ces deux principes, classiques en droit international pénal avec une jurisprudence abondante, ont des régimes juridiques propres mais ont tous cet avantage d'atteindre les individus situés sur la marche la plus élevée de la hiérarchie civile et militaire. De par leur position, ceux-ci parviennent à échapper à la responsabilité par commission directe, mais pas à celle indirecte pour les crimes internationaux commis sous leur magistère.

Dans la motivation de leur décision relative à la matérialité et à l'imputabilité des crimes internationaux reprochés au sieur Habré, les juges ont aisément, d'une part, pu établir l'existence d'un système criminel organisé durant le règne de Habré et l'adhésion de ce dernier à la réalisation d'un objectif criminel commun. D'autre part, ils ont fait remarquer l'existence d'un lien de subordination entre Habré et les auteurs ou complices de crimes de guerre et l'omission de celui-ci de prévenir ou de réprimer lesdits crimes dont il avait connaissance. À travers leurs considérants, les Chambres ont pu établir la matérialité et l'imputabilité des crimes internationaux imputables à Monsieur Hissein HABRE et ont prononcé une sanction exemplaire.

La condamnation de ce dernier revêt un intérêt évident. Le processus ayant abouti à cela a néanmoins été marqué par des anicroches plus ou moins sérieuses. Si le silence de l'accusé et l'enchevêtrement victimes-témoins ont eu une incidence moindre, il n'en est pas de même des irrégularités de forme et erreurs de fond. Ces dernières constituent un contrecoup sérieux, même si au final, la condamnation de l'ancien Chef d'État est définitivement acquise. Dans tous les cas, cette décision est le reflet de la dynamique nouvelle dans la lutte contre l'impunité en Afrique. Le type de juridiction qui en est à l'origine apparaît dorénavant comme une piste prometteuse, en attendant l'installation d'une Cour africaine ayant une compétence pénale continentale. L'alternative aux déficiences de la répression pénale des crimes internationaux en Afrique semble être trouvée dans ce modèle de répression pénale facilement reproductible. Comme les juridictions pénales internationalisées, les Chambres africaines extraordinaires reflètent l'une des évolutions les plus pertinentes du droit international pénal.

Conclusion générale

L'affaire Hissein HABRE est un feuilleton juridico-politique marqué par de multiples épisodes. Tant au niveau interne qu'international, la question de son jugement a suscité des procédures qui n'ont pas toutes connu un succès.

En effet, la justice sénégalaise, saisie en premier par les victimes soutenues par des ONG, a entamé une procédure qui a rapidement été annulée. Ainsi, l'inculpation et le placement en résidence surveillée de l'ancien président de la République tchadienne, par le Doyen des juges d'instruction du Tribunal régional hors classe de Dakar, ont été jugés sans fondement légal par les juridictions supérieures sénégalaises. Celles-ci ayant considéré que la législation sénégalaise, à cette époque, ne reconnaissait pas une compétence universelle aux juridictions internes, et que certaines incriminations, comme la torture, avaient été édictées postérieurement aux faits reprochés à l'ancien Chef d'État.

La justice belge, sollicitée grâce à une législation favorable et engagée, a vu son enthousiasme freiné par le sentiment anti-impérialiste des dirigeants africains. En effet, ces derniers voyaient en cette justice « étrangère » la perpétuation d'un système ciblant injustement les Africains. C'est pour cette raison que les nombreuses demandes d'extradition adressées au Sénégal n'ont pas abouti et pour mieux faire face à la communauté internationale, cet État a porté le dossier devant ses pairs africains qui ont adopté cette affaire comme étant la leur. Pour manifester cette volonté de ne pas livrer leur ancien homologue à une justice située au-delà de la Méditerranée, les dirigeants du continent ont dû trouver une « solution africaine ».

Malgré leurs échecs, les deux procédures judiciaires sénégalaise et belge ont permis de mettre l'affaire Habré au-devant de la scène, contrant ainsi la volonté de l'ancien Chef d'État de se faire oublier dans son exil doré. Néanmoins, leur plus grand mérite aura été de susciter des recours supranationaux et de parvenir, avec l'impact des décisions rendues, à l'institution d'une juridiction *ad hoc* à caractère international que sont les Chambres africaines extraordinaires.

La rencontre des volontés des victimes et de l'Union africaine, qui s'est traduite par l'avènement desdites Chambres, a permis d'éviter qu'une instance étrangère, comme la Belgique, ne s'empare de l'affaire. Il aurait même été inapproprié de sortir les crimes de Habré de leur contexte africain pour les soumettre à une instance extérieure n'appliquant que les règles internationales. L'Union africaine a donc mis en application son devoir d'assister les États à mettre en place le mécanisme de répression pénale le plus approprié. De justice étrangère et incomprise, ce type de répression passe alors, aux yeux de la population africaine, comme une justice légitime et acceptée.

Cette juridiction, née d'un compromis, a pu entreprendre des poursuites et organiser un procès historique qui a donné lieu à la condamnation à perpétuité de l'ancien président de la République du Tchad.

À l'instar des juridictions pénales internationalisées qui sont caractérisées par une perméabilité telle qu'elles prévoient des compétences spécifiques (matérielle, temporelle, personnelle ...), cette juridiction *ad hoc* a baigné dans le contexte et l'idéal de répression effective visé. La célérité et l'efficacité de ce tribunal contrastent avec une longue période d'incertitudes et de tergiversations. C'est pour cette raison que lorsque Monsieur Hissein HABRE a été arrêté en juillet 2013, le « *Toronto Globe and Mail* » a salué « une des campagnes les plus patientes et tenaces au monde en faveur de la justice »[949], tandis que le « *New York Times* » a fait comprendre que « l'affaire s'est révélée inhabituelle du fait de la ténacité de ses victimes et de Human Rights Watch, pour tenter de l'amener devant la justice »[950].

Justice transitoire de par sa nature et de par la personne visée, les Chambres africaines, à l'instar des juridictions pénales internationalisées, sont sans conteste d'un nouveau type dans le champ de la justice pénale régionale. De nos jours, le souci de préservation et de garantie des droits de l'Homme les plus fondamentaux s'est accru dans les relations internationales surtout que l'homme continue d'être un loup pour l'homme. L'effectivité de cette protection, en droit interne et en droit international, est pourtant souvent contrariée par la volonté des États de systématiquement préserver leur souveraineté en matière pénale. C'est ainsi que les juridictions internationalisées, comme les Chambres africaines extraordinaires, constituent un mécanisme judiciaire approprié.

Devant celles-ci, l'accusé n'a pas collaboré et a préféré s'enfermer dans un mutisme total. Il a tenté de les défier, en refusant de comparaître et en les obligeant à y remédier par la comparution forcée. Ses avocats sont entrés dans le même jeu, obligeant une fois de plus les juges à recourir à la commission d'office. C'est par la suite que le procès a pu se dérouler et permettre de révéler, devant le prétoire, les nombreuses exactions reprochées à l'ancien Chef d'État tchadien. Celui-ci, qui s'est emmuré dans un silence, emportera probablement sa version dans sa tombe. Cela n'a pas empêché les juges de statuer sur les crimes à lui imputés. Ainsi, les Chambres ont, par un jugement en première instance du 30 mai 2015 confirmé en appel le 27 avril 2017, définitivement scellé le sort de l'ancien Président tchadien.

---

[949] https://www.hrw.org/sites/default/files/news_attachments/habre_qa_fr_mai_2016.pdf
[950] Ibid.

En retenant la double responsabilité de Monsieur Hissein HABRE, à savoir la responsabilité pénale individuelle, construite autour de l'entreprise criminelle commune, et la responsabilité du supérieur hiérarchique, les juges ont pu déclarer l'ancien Chef d'État atteint et convaincu des exactions graves commises au Tchad entre 1982 et 1990.

Au-delà de la réponse à la problématique de la répression des crimes internationaux commis avant l'entrée en vigueur du Statut de Rome, les Chambres africaines extraordinaires augurent de la possibilité de créer d'autres tribunaux pénaux internationaux malgré l'existence de la CPI, pour juger de hauts responsables étatiques pour des crimes internationaux.

L'aboutissement de l'affaire Hissein HABRE a aussi permis de savoir que l'Afrique, dont les chefs d'État et de gouvernement ont récemment décidé de garantir aux dirigeants et hauts responsables en exercice l'immunité pour toute implication dans des crimes internationaux[951], est apte à développer un modèle africain de justice pénale internationale, et parer au retour en arrière dans la lutte contre l'impunité au niveau continental. Les Chambres africaines extraordinaires ont pu pallier les insuffisances des mécanismes répressifs internes et internationaux.

En outre, elles permettent de diversifier l'action pénale au niveau régional et offrent l'avantage d'être facilement reproduites, même partiellement, partout en Afrique où le besoin se fera sentir. L'institution de la Cour pénale spéciale en Centrafrique en 2015 semble confirmer cet état de fait.

Par ailleurs, l'établissement des Chambres africaines extraordinaires au Sénégal a un caractère symbolique. Cet État, qui est la première nation à ratifier le Statut de la CPI, a aussi été le premier pays à condamner un ancien dirigeant étranger pour des crimes internationaux commis pendant son mandat. Cela a sans doute comblé Koffi ANNAN[952] qui disait antérieurement, lorsqu'il était Secrétaire général de l'ONU, que « ... notre lutte commune peut faire en sorte qu'aucun gouvernant, qu'aucun État, aucune junte et aucune armée ne puissent nulle part porter atteinte aux droits de l'homme avec impunité. C'est alors et seulement que les innocents pris dans des guerres et conflits lointains sauront qu'eux aussi peuvent dormir à l'abri sous le manteau de la justice ; qu'eux aussi ont des droits et que ceux qui violent ces droits seront punis »[953].

---

[951] Décision prise lors du 23e sommet ordinaire de l'Union africaine tenu en Guinée équatoriale du 20 au 27 juin 2014.

[952] Koffi ANNAN est décédé le 18 août 2018, bien après la condamnation de Habré.

[953] Propos contenus dans le discours précité prononcé lors de la signature du Traité de Rome instituant la CPI, le 17 juillet 1998.

BIBLIOGRAPHIE

OUVRAGES GÉNÉRAUX

Académie de Droit International de La Haye / Hague Academy of International Law, Recueil des Cours de l'Académie de Droit International de La Haye, Vol. 248, Leiden, Martinus Nijhoff, 1995, 400 p.

ALLAND Denis et RIALS Stéphane (Dir.), Dictionnaire de la culture juridique, Paris, PUF, 2003, 1 640 p.

BEIGNIER Bernard et BLERY Corinne, Manuel d'introduction au droit, Paris, PUF, 2004, 320 p.

BENTHAM Jeremy, Introduction aux principes de morale et de législation, trad. Centre Bentham, Coll. Analyse et philosophie, Paris, Vrin, 2011, 368 p.

CANAL-FORGUES Éric et RAMBAUD Patrick, Droit international public, 3e éd., Paris, Flammarion, 2016, 502 p.

CARREAU Dominique et MARELLA Fabrizio, Droit international, 11e éd., Paris, Pedone, 2012, 734 p.

CARREAU Dominique, Droit international, 9e éd., Paris, Pedone, 2007, 621 p.

COMBACAU Jean et SUR Serge, Droit international public, 12e éd., Paris, Montchrestien, 2016, 838 p.

COMBACAU Jean et SUR Serge, Droit international public, 9e éd., Paris, Montchrestien, 2010, 820 p.

COMBACAU Jean et SUR Serge, Droit international public, 6e éd., Paris, Montchrestien, 2004, 810 p.

COMBACAU Jean et SUR Serge, Droit international public, 4e éd., Paris, Montchrestien, 1999, 949 p.

CORNU Gérard, Vocabulaire juridique, 9e éd., Quadrige, Paris, PUF, 2011, 1 024 p.

CORNU Gérard, Vocabulaire juridique, 8e éd., Quadrige, Paris, PUF, 2007, 986 p.

DAILLIER Patrick, FORTEAU Mathias, Quoc DINH Nguyen et PELLET Alain, Droit international public, 8e éd., Paris, LGDJ, 2009, 1 722 p.

DAILLIER Patrick et PELLET Alain, Droit international public, 5e éd., Paris, LGDJ, 1994, 1 317 p.

DAVID Éric, Éléments de droit pénal international et européen, Bruxelles, Bruylant, 2009, 1 566 p.
De FROUVILLE Olivier, DECAUX Emmanuel, Droit international public, 11e éd., Paris, Dalloz, 2018, 646 p.
DUPUY Pierre-Marie et KERBRAT Yann, Droit international public, 13e éd., Paris, Dalloz, 2016, 1 000 p.
Guillen, Lexique des termes juridiques, 14e éd., Dalloz, Broché, 2003, 619 p.
KOLB Robert, Théorie du droit international, 2e éd., Bruxelles, Bruylant, 2013, 830 p.
Le Petit Larousse illustré, Le dictionnaire de référence pour toute la famille, Collectif Larousse, 2007, 1 855 p.
MORELLI Gaetano, Notions de droit international public, Paris, Pedone, 2014, 296 p.
SALMON Jean, Dictionnaire de droit international public, Bruxelles, Bruylant, 2001, 1 200 p.
SCELLE Georges, Manuel de droit international public, Paris, Montchrestien, 1948, 1 008 p.
SCELLE Georges, Précis du droit des gens - Principes et systématique, Paris, Sirey, 1932, 312 p.
TOURME-JOUANNET Emmanuelle, Le droit international, Paris, PUF, 2013, 126 p.
TRAVERSAC Anne-Sophie, Droit international public, 2e éd., Bréal, 2018, 170 p.
VERHOEVEN Joe, Droit international public, Bruxelles, Larcier, 2000, 856 p.
VIRALLY Michel, La pensée juridique, 1960, rééd., Paris, Panthéon Assas, 2010, 225 p.
VIRALLY Michel, Le Droit international en devenir, essais écrits au fil des ans, Paris, PUF, 1990, 502 p.
ZARKA Jean Claude, Droit international public, Paris, Ellipses, 2015, 3e éd., 190 p.

OUVRAGES SPÉCIAUX

AMOULGAM Azé Kerté, L'Afrique et les mécanismes universels de justice pénale internationale, Paris, L'Harmattan, 2016, 130 p.
AMOULGAM Azé Kerté, L'affaire Hissène Habré : une première tentative de mise en œuvre de la compétence universelle en Afrique, Paris, L'Harmattan, 2015, 130 p.
ANDERSSON Nils et LAGOT Daniel (Dir.), La justice internationale aujourd'hui. Vraie justice ou justice à sens unique ?, Paris, L'Harmattan, 2009, 222 p.
ANGEVIN Henri, La pratique de la chambre d'accusation, Traité-formulaire, Paris, Litec, 1994, 299 p.

ASCENSIO Hervé, DECAUX Emmanuel et PELLET Alain (Dir.), Droit international pénal, 2e éd., Paris, Pedone, 2012, 1 280 p.

ASCENSIO Hervé, LAMBERT-ABDELGAWAD Elisabeth et SOREL Jean-Marc (Dir.), Les juridictions pénales internationalisées (Cambodge, Kosovo, Sierra Leone, Timor Leste), Vol. 11, Paris, SLC, 2006, 383 p.

AZAR Aida, L'exécution des décisions de la Cour internationale de Justice, Bruxelles, Bruylant, 2003, 329 p.

BAILLEUX Antoine, La compétence universelle au carrefour de la pyramide et du réseau. De l'expérience belge à l'exigence d'une justice pénale transnationale, Bruxelles, Bruylant, 2005, 220 p.

BARSAC Tessa, La Cour africaine de justice et des droits de l'homme, Coll. Perspectives internationales, Paris, Pedone, 2012, 132 p.

BASSIOUNI Cherif, Introduction au droit pénal international, Bruxelles, Bruylant, 2002, 344 p.

BASSIOUNI Cherif and WISE Edward, Aut dedere aut judicare : The duty to extradite or prosecute in International Law, Dordrecht/Boston/Londres, Martinus Nijhoff, 1995, 340 p.

BATTISTELA Dario, Théorie des relations internationales, Paris, Presses de Sciences Po, 2e éd, 2015, 720 p.

BAZELAIRE Jean-Paul, CRETIN Thierry, La justice pénale internationale : son évolution, son avenir, de Nuremberg à La Haye, Paris, PUF, 2000, 261 p.

BELLAL Annyssa, Immunités et violations graves des droits humains : vers une évolution structurelle de l'ordre juridique international ?, Bruxelles, Bruylant, 2011, 265 p.

BIAD Abdelwahab, La Cour internationale de justice et le droit international humanitaire : une lex specialis revisitée par le juge, Bruxelles, Bruylant, 2011, 256 p.

BONAFE Beatrice I., The relationship between state and individual responsibility for international crimes, Leiden/Boston, Martinus Nijhoff, 2009, 281 p.

BOSLY Henry D. et VANDERMEERSCH Damien, Génocide, crimes contre l'humanité et crimes de guerre face à la justice : Les juridictions internationales et les tribunaux nationaux, 2e éd., Bruxelles, Bruylant, 2012, 285 p.

BOUARE Mady Marie, L'affaire H. Habré et l'affaire du Joola : une justice pénale controversée ?, Paris, L'Harmattan, 2011, 124 p.

BRANCO Juan, L'ordre et le monde : Critique de la cour pénale internationale, Paris, Fayard, 2016, 245 p.

BRUGIERE Pierre-F., Les pouvoirs de l'Assemblée générale des Nations unies en matière de politique et de sécurité, Paris, Pedone, 1955, 432 p.

BUIJTENHUIJS Robert, Le Frolinat et les guerres civiles du Tchad (1977-1984), Paris, Karthala, 1987, 479 p.

BURGERS J. Herman and DANELIUS Hans, The United Nations Convention Against Torture ; À Handbook on the Convention against Torture and Other Cruel, Inhuman and Degrading Treatment or Punishment, Dordrecht, Martinus Nijhoff, 1988, 271 p.

CASSELLA Sarah et BRYAR S. Baban, La mise en œuvre de la responsabilité pénale du chef d'État, Bruxelles, Larcier, 2012, 568 p.

CASSESES Antonio, International Criminal Law, OUP, 2008, 456 p.

CASSESE Antonio, International Criminal Law, Vol. 14, N° 1, OUP, 2003, 472 p.

CASSESE Antonio et DELMAS-MARTY Mireille (Dir.), Juridictions nationales et crimes internationaux, Paris, PUF, 2002, 673 p.

CASSESE Antonio, GAETA Paolo, JONES John R. W. D. (Dir.), The Rome Statute of the International Criminal Court : A Commentary, Oxford, OUP, 2002, 2 018 p.

CHIAVARIO Mario (Dir.), La justice pénale internationale entre passé et avenir, Paris-Milan : Dalloz-Giuffrè, 2003, 399 p.

COMBACAU Jean, Le pouvoir de sanction de l'ONU, Étude théorique de la coercition non militaire, Paris, Pedone, 1974, 394 p.

CURRAT Philippe, Les crimes contre l'humanité dans le Statut de la Cour pénale internationale, Genève, Schulthess, 2006, 806 p.

DARCOURT Pierre, Le Tchad, 15 ans après - Hissène Habré, la Libye et le pétrole, Paris, Grancher, 2001, 313 p.

DAVID Éric, Code de droit international humanitaire, 7e éd., en collaboration avec TULKENS Françoise et VANDERMEERSCH Damien, Bruxelles, Bruylant, 2016, 858 p.

DAVID Éric, Code de droit international public, 6e éd., en collaboration avec Van ASSCHE Cédric, Bruxelles, Bruylant, 2016, 1 353 p.

DAVID Éric, Droit des organisations internationales, Bruxelles, Bruylant, 2016, 832 p.

DAVID Éric, Code de droit international pénal, 3e éd., en collaboration avec WEYEMBERGH Anne, Bruxelles, Bruylant, 2015, 1 019 p.

DAVID Éric, Code de droit international pénal, Bruxelles, Bruylant, 2004, 1 532 p.

DAVID Éric, Principes de droit des conflits armés, Bruxelles, Bruylant, 1994, 792 p.

DELAS Olivier, CÔTE René, CREPEAU François et LEUPRECHT Peter, Les juridictions internationales : Complémentarité ou concurrence ?, Bruxelles, Bruylant, 2005, 184 p.

DELMAS-MARTY Mireille, FOUCHARD Isabelle, FRONZA Emanuela et NEYRET Laurent, Le crime contre l'humanité, Coll. Que Sais-je ?, 2e éd., Paris, PUF, 2013, 128 p.

DELMAS-MARTY Mireille, PIETH Mark et SIEBER Ulrich (Dir.), Les chemins de l'harmonisation pénale. Harmonising criminal law, Paris, SLC, 2008, 446 p.

DELMAS-MARTY Mireille, FRONZA Emanuela et LAMBERT-ABDELGAWAD Elisabeth, Les sources du droit international pénal : L'expérience des tribunaux pénaux internationaux et le Statut de la Cour pénale internationale, SLC, 2005, 488 p.

DELMAS-MARTY Mireille, Juridictions nationales et crimes internationaux, Paris, PUF, 2002, 856 p.

Del VECCHIO Angela (Dir.), New International Tribunals and New International Proceedings, Milan, Giuffré, 2006, 365 p.

DETTER Ingrid, The Law of War, London, Cambridge University Press, 2000, 516 p.

DIANE Bernard, Juger et juger encore les crimes internationaux. Étude du principe ne bis in idem, Bruxelles, Bruylant, 2014, 312 p.

DIOP Mamadou Falilou, Droit international des droits de l'homme et droit international humanitaire. Réflexions sur la complémentarité des deux faces d'une même médaille, Paris, L'Harmattan, 2015, 238 p.

DIOUF Abdou, Mémoires, Paris, Seuil, 2014, 384 p.

DONNEDIEU De VABRES Henri, Les principes modernes du droit pénal international, Paris, Panthéon Assas, 2005, 469 p.

DROBYSZ Sonia et De FROUVILLE Olivier, Droit international pénal. Sources, incriminations, responsabilité, Paris, Pedone, 2012, 488 p.

EISEMANN Pierre Michel et DAVID Éric, Principes de droit des conflits armés, 5e éd., Bruxelles, Bruylant, 2012, 1 152 p.

EISEMANN Pierre Michel, DAVID Éric, TULKENS Françoise et VANDERMEERSCH Damien, Code de droit international humanitaire, 5e éd., Bruxelles, Bruylant, 2012, 844 p.

EISEMANN Pierre Michel, FERNANDEZ Julian et PACREAU Xavier (Dir.), Statut de Rome de la Cour pénale internationale. Commentaire article par article, Paris, Pedone, 2012, 2460 p.

EISEMANN Pierre Michel, ASCENSIO Hervé, DECAUX Emmanuel et PELLET Alain (Dir.), Droit international pénal, 2e éd. révisée, Paris, Pedone, 2012, 1 280 p.

FAUCHALD Ole Kristian and NOLLKAEMPER André (Dir.), The practice of international and national courts and the (de-) fragmentation of international law, Oxford, Hart Publishing, 2012, 382 p.

FERDINANDUSSE Ward N., Direct application of international criminal law in national courts, The Hague, TMC Asser Press, 2006, 338 p.

FERENCZ Benjamin B., An international criminal court, a step towards world peace : A documentary history and analysis, London, Rome, New York, Oceana publications, 1980, 538 p.

FOUCHARD Isabelle, DELMAS-MARTY Mireille, Groupe Larcier, Crimes internationaux : entre internationalisation du droit pénal et pénalisation du droit international, Bruxelles, Bruylant, 2014, 545 p.

FRONZA Emanuela et MANACORDA Stefano (Dir.), La justice pénale internationale dans les décisions des tribunaux ad hoc, Dalloz, Milan, Giuffré, 2003, 359 p.

GABORIAU Simone et PAULIAT Hélène (Dir.), La justice pénale internationale, Limoges, PULIM, 2002, 614 p.

GARAPON Antoine, Des crimes qu'on ne peut ni punir ni pardonner : pour une justice pénale internationale, Paris, Odile Jacob, 2002, 348 p.

GOODRICH Leland et HAMBRO Edvard, Commentaire de la Charte des Nations unies, édition française établie par André-Marie GUYNAT et revue par Edvard HAMBRO, Neuchâtel, Ed. de la Baconnière, 1962, 429 p.

GRIGNON, Julia, L'applicabilité temporelle du droit international humanitaire, Genève, Schulthess, 2014, 487 p.

GUENGUENG Souleymane, Prisonnier de Hissène Habré, L'expérience d'un survivant des geôles tchadiennes et sa quête de justice, Paris, L'Harmattan, 2012, 208 p.

GUYOMAR Geneviève, Commentaire du règlement de la Cour Internationale de Justice adopté le 14 avril 1978 : Interprétation et pratique, Paris, Pedone, 1983, 760 p.

HENCKAERTS Jean-Marie et DOSWALD-BECK Louise, Droit international humanitaire coutumier, Vol. 1, Bruxelles, Bruylant, 2006, p. XVII.

HENZELIN Marc et ROTH Robert, (Dir.), Le droit pénal à l'épreuve de l'internationalisation, Paris/Genève/Bruxelles, LGDJ/Georg Editeur/Bruylant, 2002, 355 p.

HENZELIN Marc, Le principe de l'universalité en droit pénal international : Droit et obligation pour les États de poursuivre et de juger selon le principe de l'universalité, Bruxelles/Genève/Munich, Bruylant/Helbing/Lichtenahn, 2000, 527 p.

HUESA VINAIXA Rosario et WELLENS Karel (Dir.), L'influence des sources sur l'unité et la fragmentation du droit international, Bruxelles, Bruylant, 2006, 304 p.

HUET André et KOERING-JOULIN Renée, Droit pénal international, 3e éd., Paris, PUF, 2005, 507 p.

JOUANNET Emmanuelle, RUIZ-FABRI Hélène, SOREL Jean-Marc (Dir.), Regards d'une génération sur le droit international, Paris, Pedone, 2008, 464 p.

JUROVICS Yann, Réflexions sur la spécificité du crime contre l'humanité, Paris, LGDJ, 2002, 526 p.

KITTICHAISAREE Kriangsak, International Criminal Law, Oxford, OUP, 2001, 520 p.

KOLB Robert, Ius in bello : le droit international des conflits armés : précis, 2e éd., Bâle, Helbing & Lichtenhahn 2009, 551 p.

KOLB Robert and HYDE Richard, An introduction to the international law of armed conflicts, Oxford, Portland, Hart Publishing, 2008, 348 p.
KOVANA Varsia, Précis des guerres et conflits au Tchad, Paris, L'Harmattan, 1994, 160 p.
KUTY Franklin, Justice pénale et procès équitable, Vol. 2, Bruxelles, Larcier, 2006, 635 p.
La ROSA Anne-Marie, juridictions pénales internationales : la procédure et la preuve, Paris, PUF, 2003, 507 p.
La ROSA Anne-Marie, Dictionnaire de droit international pénal, Paris, PUF, 1998, 118 p.
LEE Roy S., States' Responses to issues arising from the ICC Statute : Constitutional, Sovereignty, Judicial Cooperation and Criminal Law, Roy S. LEE ed., Transnational publisher, 2005, 313 p.
LEMKIN Raphael, Axis Rule in Occupied Europe : Laws of Occupation, Analysis of Government, Proposals for Redress, New York, Columbia University Press, 1944, 674 p.
LOMBOIS Claude, Droit pénal international, 2e éd., Paris, Dalloz, 1979, 688 p.
MAISON Raphaelle, La responsabilité individuelle pour crime d'État en droit international public, Bruxelles, Bruylant, 2004, 547 p.
MARTINEAU Anne Charlotte, Les juridictions pénales internationalisées, un nouveau modèle de justice hybride ?, Cerdin, Paris 1, Coll. Perspectives internationales n° 28, Paris, Pedone, 2007, 293 p.
MAUPAS Stéphanie, Juges, bourreaux, victimes. Voyage dans les prétoires de la justice internationale, Paris, Autrement, 2008, 192 p.
MAYAUD Yves, Quelle certitude pour le lien de causalité ?, Une certaine idée du droit, Mélanges offerts à A. Decocq, Paris, Litec, 2004, 620 p.
MEGRET Frederic, Le tribunal pénal international pour le Rwanda, Paris, Cedin, Pedone, 2002, 249 p.
MERLE Roger et VITU André, Traité de droit criminel, Problèmes généraux de la science criminelle, Droit pénal général, 7e éd., Tome I, Paris, Cujas, 1997, 1 072 p.
METTRAUX Guenaël, The law of command responsibility, Oxford, OUP, 2009, 300 p.
METTRAUX Guenaël, International Crimes and the Ad Hoc Tribunals, Oxford, OUP, 2005, 474 p.
OPPENHEIM Lassa Francis Lawrence, International Law : À Treatise, 8e ed., Hersch Lauterpacht, London, New York, Longmans, Green & Co., 1955, 1 072 p.
OTSHUDI OKONDJO WONYANGONDO Léon, L'immunité de juridiction pénale des dirigeants étrangers accusés des crimes contre l'humanité, Paris, Publibook, 2009, 254 p.
OUGUERGOUZ Fatsah, La Charte Africaine des Droits de l'Homme et des Peuples, Paris, PUF, 1993, 479 p.

PAZARTZIS Photini, La répression pénale des crimes internationaux, Paris, Pedone, 2007, 95 p.
PEYRO LLOPIS Ana, La compétence universelle en matière de crimes contre l'humanité, Coll. CREDHO n° 3, Bruxelles, Bruylant, 2003, 178 p.
POLITI Mauro and NESI Guiseppe, The International criminal court and the crime of aggression, Ashgate, 2004, 193 p.
PRADEL Jean, Droit pénal comparé, 2e éd., Paris, Dalloz, 2002, 803 p.
PRADEL Jean, Droit pénal général, 11e éd., Paris, Cujas, 1996, 419 p.
Procès des grands criminels de guerre devant le Tribunal militaire international-Nuremberg, 14 novembre 1945-1er octobre 1946, Vol. I, Nuremberg, 1 947. 236 p.
RAZESBERGER Florian, The International Criminal Court : the principle of complementarity, Frankfurt am Main, Peter LANG, 2006, 202 p.
REBUT Didier, Droit pénal international, 2e éd., Paris, Dalloz, 2014, 726 p.
RODLEY Nigel, The Treatment of Prisoners under International Law, 2nd ed., Oxford, Clarendon Press, 1999, 479 p.
ROULOT Jean François, Le crime contre l'humanité, Paris, L'Harmattan, 2003, 444 p.
RUIZ-FABRI Hélène, DELLA MORTE Gabriele, LAMBERT ABDELGAWAD Elisabeth et MARTIN-CHENUT Kathia (Dir.), La clémence saisie par le droit : amnistie, prescription et grâce en droit international et comparé, Paris, SLC, 2007, 645 p.
RUIZ-FABRI Hélène et SOREL Jean-Marc (Dir.), La saisine des juridictions internationales, Paris, Pedone, 2006, 317 p.
SALL Alioune, L'affaire Hissène Habré, Aspects judiciaires nationaux et internationaux, Paris, L'Harmattan, 2013, 96 p.
SALMON Jean, Manuel de droit diplomatique, Bruxelles, Bruylant, 1994, 680 p.
SANTULLI Carlo, Droit du contentieux international, Issy-les-Moulineaux, LGDJ, 2015, 638 p.
SCHABAS William A., An Introduction to the International Criminal Court, 3rd éd., Cambridge, Cambridge University Press, 2007, 548 p.
SHANY Yuval, Regulating jurisdictional relations between national and international courts, Oxford, OUP, 2007, 254 p.
STOVER Eric, The Witnesses. War Crimes and the Promise of justice in The Hague, HR Center, Berkeley, University of Pennsylvania Press, 2005, 248 p.
TARDIEU Aurélie, BOSLY Henry D. et VANDERMEERSCH Damien, Génocide, crimes contre l'humanité et crimes de guerre face à la justice. Les juridictions internationales et les tribunaux nationaux, Bruxelles/ Paris, Bruylant/ LGDJ, 2010. 250 p.

TAVERNIER Paul et HENCKAERTS Jean-Marie (Dir.), Droit international humanitaire coutumier : enjeux et défis contemporains, Bruxelles, Bruylant, 2008, 289 p.
TAVERNIER Paul (Dir.) et RENAUT Céline, Actualité de la jurisprudence pénale internationale à l'heure de la mise en place de la Cour pénale internationale, Bruxelles, Bruylant, 2004, 281 p.
VERHOEVEN Joe, Le droit international des immunités : contestation ou consolidation ?, Paris/ Bruxelles, LGDJ/ Larcier, 2004, 283 p.
VILLALPANDO Santiago, L'émergence de la communauté internationale dans la responsabilité des États, Paris, PUF, 2005, 526 p.
VIRALLY Michel, L'organisation mondiale, Paris, Armand Colin, 1972, 589 p.
VIRALLY Michel, L'Administration internationale de l'Allemagne : Du 8 mai 1945 au 24 avril 1947, Paris, Pedone, 1948, 180 p.
YOKARIS Angelos, La répression pénale en droit international public, Athènes/ Bruxelles, Sakkoulas/ Bruylant, 2005, 147 p.
ZAPPALA Salvatore, La justice pénale internationale, Paris, Montchrétien, 2007, 160 p.

ARTICLES

ABI-SAAB Georges, « Chapitre (10) : Les crimes de guerre », in *Droit International Pénal*, ASCENCIO Hervé, DECAUX Emmanuel et PELLET Alain, Cedin, Paris, Pedone, 2000, pp. 141-162.
ACHOU SIPOWO Alain-Guy, « Chef d'État à Khartoum et criminel de guerre au Darfour. La responsabilité pénale du fait d'un intermédiaire en droit pénal international : le cas Hassan Omar Al Bashir devant la Cour pénale internationale », in *RQDI*, Vol. 24, 2011, pp. 183-216.
ADJOVI Roland, « Une saga judiciaire autour d'un ex Chef d'État, Hissene HABRE », in *AYIL / AADI*, Vol. 19, n° 1, 2011, pp. 375-393.
ADJOVI Roland, « L'Afrique dans le développement de la justice pénale internationale », in *AYIL / AADI*, Vol. 14, 2006, pp. 1-28.
AKANDJI-KOMBÉ Jean-François et MAIA Cathérine, « La Cour pénale spéciale centrafricaine : les défis de la mise en place d'une justice pénale internationalisée en République centrafricaine ? », in *RBDI*, 2017, pp. 129-154.
ALBARET Mélanie, « Acteurs et interdépendances dans l'affaire Hissène Habré », in *Etudes internationales*, Vol. 39, n° 4, 2008, pp. 563-585.
ALLEGREZZA Silvia, « Les règles d'exclusion de la preuve testimoniale devant la Cour pénale internationale et dans la jurisprudence des Tribunaux pénaux internationaux : un aperçu critique », in *La justice pénale internationale dans les décisions des tribunaux ad hoc. Étude des Law Clinics en droit pénal international*, FRONZA Emanuela et

MANACORDA Stefano (Dir.), Paris/Milan, Dalloz/Giuffrè, 2003, pp. 240-249.
ALVAREZ José E., « Trying Hussein : Between Hubris and Hegemony », in *JICJ*, 2004, pp. 319-329.
ALVAREZ Jose E., « Nuremberg revisited : the Tadic case », in *EJIL*, Vol. 7, 1996, pp. 254-255.
ALIE Maryse, « Cour pénale internationale et juridictions nationales mixtes ou hybrides : un mariage de raison ou la raison d'un mariage ? », in *RBDI*, 2017, pp. 339-366.
AMBOS Kai, « Expanding the Focus of the "African Criminal Court" », in *The Ashgate Research Companion to International Criminal Law : Critical Perspectives*, SCHABAS William A., McDERMOTT Yvonne et HAYES Niamh (Dir.), Burlington, vt, Ashgate, 2013, pp. 499-529.
AMBOS Kai, « Joint criminal enterprise and command responsibility », in *JICJ*, Vol. 5, 2007, pp. 159-153.
AMBOS Kai, « Some Preliminary Reflections on the Mens Rea Requirements of the Crimes of the ICC Statute and of the Elements of Crime », in *Man's Inhumanity to Man. Essays on International Law in Honour of Antonio Cassese*, Lal Chand Vohrah U. A. (eds.), The Hague, 2003, pp. 11-40.
APTEL Cécile, « Justice pénale internationale : entre raison d'État et État de droit », in *RIS*, Vol. 3, n° 67, 2007, pp. 71-80.
APTEL Cécile, « La fixation des peines par les juridictions pénales internationales », in *Actualité de la jurisprudence pénale internationale à l'heure de la mise en place de la Cour pénale internationale*, TAVERNIER Paul (Dir.), Bruxelles, Bruylant, 2004, pp. 167-193.
ASCENSIO Hervé et MAISON Raphaëlle, « L'activité des Tribunaux pénaux internationaux », in *AFDI*, 2007, pp. 429- 473.
ASCENSIO Hervé et MAISON Raphaëlle, « L'activité des Tribunaux pénaux internationaux (2005) », in *AFDI*, 2005, pp. 237-269.
ASCENSIO Hervé et MAISON Raphaëlle, « L'activité des juridictions pénales internationales (2004) », in *AFDI*, Vol. 50, 2004, pp. 416-468.
ASCENSIO Hervé, « note bibliographique », « Crimes internationaux et juridictions nationales », CASSESES Antonio et DELMAS-MARTY Mireille (Dir.), in *RIDC*, Vol. 55, n°2, Avril-juin 2003, pp. 455-456.
ASCENSIO Hervé, « La notion de juridiction internationale en question », in *La juridictionnalisation du droit international*, Colloque de Lille de la SFDI, Paris, Pedone, 2003, pp. 163-202.
ASCENSIO Hervé, « La répression pénale des crimes internationaux », in *Questions internationales*, n° 4, 2003, pp. 19-25.
ASCENSIO Hervé, « L'immunité internationale du chef d'État », in *La nouvelle lettre de la FIDH*, n° 32, 12 février 2002, pp. 24-25.
ASCENSIO Hervé et MAISON Raphaëlle, « L'activité du Tribunal pénal international pour l'ex-Yougoslavie », in *AFDI*, 2002, pp. 381-406.

ASCENSIO Hervé et MAISON Raphaëlle, « L'activité des juridictions pénales internationales (2001) », in *AFDI*, 2001, pp. 241-281.

ASCENSIO Hervé et MAISON Raphaëlle, « L'activité des tribunaux pénaux internationaux (2000) », in *AFDI*, 2000, pp. 285-325.

ASCENSIO Hervé et MAISON Raphaëlle, « L'activité des Tribunaux pénaux internationaux (1999) », in *AFDI*, 1999, pp. 472-514.

ASCENSIO Hervé et MAISON Raphaëlle, « L'activité des juridictions pénales internationales (1994-1997) », in *AFDI*, 1997, pp. 368-402.

AUMAÎTRE Aurélie, « Le dossier de la procédure devant les juridictions pénales internationalisées ? », in *RBDI*, 2017, pp. 112-128.

AUMOND Florian, « La situation au Darfour déférée à la CPI. Retour sur une résolution "historique" du Conseil de sécurité », in *RGDIP*, 2008, pp. 111-134.

AZAR Aida, « Le Tribunal spécial pour le Liban : une expérience originale ? », in *RGDIP*, 2007, pp. 643-658.

AZARI Hadi, « Le critère Celibici du cumul des déclarations de culpabilité en droit pénal international », in *RSCDPC*, 2007, pp. 1-22.

BA Amady, « La Cour pénale internationale et la responsabilité de protéger », in *La responsabilité de protéger, dix ans après*, CHAUMETTE Anne-Laure et THOUVENIN Jean-Marc, Paris, Pedone, 2013, pp. 77-94.

BAKKER Christine A. E., « Le principe de complémentarité et les auto-saisines : un regard critique sur la pratique de la Cour pénale internationale », in *RGDIP*, 2008, pp. 361-378.

BANTEKAS Ilias, « The interest of the State versus the doctrine of superior responsibility », in *International Review of Red Cross*, n° 828, 2000, pp. 391-402.

BANTEKAS Ilias, « The contemporary law of superior responsibility », in *AYIL*, Vol. 93, 1999, pp. 573-595.

BAR HAIM Rosette, « Une vision du droit pénal international : L'humanisme judiciaire, régulation du droit pénal international par la codification des garanties internationales d'équité du procès pénal », in *RQDI*, H-S, 2010, pp. 341-396.

BASDEVANT Jules, « Règles générales du droit de la paix », in *RCADI*, Tome 58, 1936, pp. 471-567.

BEAUTHIER Georges-Henri, « La mise en œuvre de la compétence universelle. Les victimes face aux violations graves du droit international humanitaire : témoins ou parties à part entière ? », in *La répression internationale du génocide rwandais*, BURGOGUE-LARSEN Laurence (Dir.), Coll. CREDHO n° 4, Bruxelles, Bruylant, 2003, pp. 121-136.

BEAUVAIS Pascal et KHALIFA Ahmed F., « Chapitre (41) : Les modes collectifs de participation à l'infraction (entreprise criminelle commune, conspiracy) », in *Droit International Pénal*, ASCENCIO Hervé, DECAUX Emmanuel et PELLET Alain, Cedin, Paris, Pedone, 2000, pp. 503-516.

BENKIRANE Youssef, « Le Tribunal Spécial pour le Liban, une juridiction pénale internationale ? », in *Revue Averroès-Variations*, Septembre 2009, pp. 1-15.

BENNOUNA Mohamed, « La cour pénale internationale », in *Droit pénal international*, 2e éd., ASCENSIO Hervé, DECAUX Emmanuel et PELLET Alain, Paris, Pedone, 2012, pp. 809-824.

BENZING Markus, « The complementarity regime of the International Criminal Court : International Criminal Justice between State Sovereignty and the Fight against Impunity », in *Max Planck Yearbook of United Nations Law*, Vol. 7, 2003, pp. 591-632.

BERNARD Diane, « Un (possible) apport africain à la justice internationale pénale », in *L'Afrique face à la justice pénale internationale*, Vol. 45, n° 1, Mars 2014, pp. 51-66.

BESNIER Pascal, « La mise en œuvre de la compétence internationale. Les "acteurs" du procès. L'avocat devant le TPIR. De la difficulté de maîtriser la "mixité" de la procédure », in *La répression internationale du génocidè rwandais*, BURGOGUE-LARSEN Laurence (Dir.), Coll. CREDHO n° 4, Bruxelles, Bruylant, 2003, pp. 185-200.

BETTATI Mario, « Chapitre (8) : Les crimes contre l'humanité », in *La justice pénale internationale dans les décisions des tribunaux ad hoc. Etude des Law Clinics en droit pénal international*, FRONZA Emanuela et MANACORDA Stefano (Dir.), Paris/Milan, Dalloz/Giuffrè, 2003, pp. 103-124.

BIANCHI Andrea, « Immunity versus human rights : the Pinochet case », in *EJIL*, Vol. 10, 1999, pp. 237-277.

BILLICH Deslie, « The International Criminal Court and the African Continent : Prosecution of International Crimes in National Courts », in *Criminal Justice in International Society*, De LINT Willem, MARMO Marinella et CHAZAL Nerida (Dir.), New York, Routledge, 2014, pp. 192-220.

BING BING Jia, « The Immunity of State Officials for International Crimes Revisited », in *JICJ*, Vol. 10, n° 5, Décembre 2012, pp. 1303-1321.

BITIE Abdoul Kader, « L'africanisation de la justice pénale internationale entre motivations politiques et juridiques », in *Etudes de certains grands enjeux de la justice internationale pénale,* RQDI, Décembre 2017, pp. 143-165.

BOISVERT Anne-Marie, DUMONT Hélène et PETROV Martin, « Quand les crimes des sous- fifres engagent la responsabilité de leur chef : la doctrine de la responsabilité du supérieur hiérarchique en droit pénal international », in *Revue Canadienne de Droit Pénal/Canadian Criminal Law Review*, Vol. 9, 2004, pp. 107-147.

BOSLY Henri D., « Juridictions pénales et crimes internationaux », in *RDIDC*, n° 2, 2010, pp. 191-222.

BOTTINI Gabriel, « Universal jurisdiction after the creation of the international criminal court », in *International Law and Politics*, Vol. 36, 2004, pp. 503-562.

BOURGON Stéphane, « La doctrine de la responsabilité du commandement et la notion de lien de subordination devant le Tribunal pénal international pour l'ex-Yougoslavie », in *RQDI*, Vol. 19, Avril 2007, pp. 95-118.

BOYLE David, « L'apport des tribunaux pénaux internationalisés quant au régime du crime », in *Les juridictions pénales internationalisées (Cambodge, Kosovo, Sierra Leone, Timor Leste)*, ASCENCIO Hervé, LAMBERT-ABDELGAWAD Elisabeth et SOREL Jean-Marc (Dir.), Paris, SLC, Vol. 11, 2006, pp. 95-143.

BOYLE David, « Génocide et crime contre l'humanité : convergences et divergences », in *La justice pénale internationale dans les décisions des tribunaux ad hoc. Etude des law clinics en droit pénal international*, FRONZA Emanuela et MANACORDA Stefano (Dir.), Paris/Milan, Dalloz/Giuffrè, 2003, pp. 124-141.

BRODY Reed, « Les poursuites contre Hissène Habré : un « Pinochet africain », in *SOS Attentats / Terrorisme, victimes et responsabilité pénale internationale*, DOUCET Ghislaine (Dir.), Paris, Calmann-Lévy, 2003, pp. 307-326.

BURGORGUE-LARSEN Laurence, « Les sources du droit international pénal. Analyse comparative de la pratique judiciaire des TPI et du texte du statut portant création de la Cour pénale internationale », in *Les sources du droit international pénal. L'expérience des Tribunaux pénaux internationaux et le Statut de la Cour pénale internationale*, DELMAS-MARTY Mireille, FRONZA Emanuela, LAMBERT ABDELGAWAD Elisabeth, (Dir.), Paris, SLC, 2004, pp. 377-381.

BURGORGUE-LARSEN Laurence, « Le fait régional dans la juridictionnalisation du droit international », in *La juridictionnalisation du droit international*, Colloque de Lille de la SFDI, Paris, Pedone, 2003, pp. 203-264.

CANIVET Guy, « Les influences croisées entre juridictions nationales et internationales. Eloge de la bénévolence des juges », in *RSC*, 2005, pp. 799-1027.

CARLIZZI Gaetano, « L'hypothèse spéciale de responsabilité du supérieur hiérarchique dans le Statut du Tribunal pénal international pour l'ex-Yougoslavie », in *La justice pénale internationale dans les décisions des tribunaux ad hoc. Etude des Law Clinics en droit pénal international*, FRONZA Emanuela et MANACORDA Stefano (Dir.), Paris/Milan, Dalloz/Giuffrè, 2003, pp. 146-168.

CASSELLA Sarah et RASPAIL Hélène, « Le conflit entre droit interne et obligations internationales de l'État », in *AFDI*, Vol. 59, 2013, pp. 714-716.

CASSESE Antonio, « Quelques réflexions sur la justice pénale internationale », in *La justice pénale internationale dans les décisions des tribunaux ad hoc, Etudes des Law Clinics en droit pénal international*, FRONZA Emanuela, MANACORDA Stefano, Paris-Milan, Dalloz-Giuffrè, 2003, pp. 283-291.

CASSESE Antonio, « When May Senior State Officials be Tried for International Crimes ? Some Comments on the Congo v. Belgium Case », in *EJIL*, 2002, pp. 853-875.

CAVARE Louis, « La notion de juridiction internationale », in *AFDI*, Vol. 2, 1956, pp. 496-509.

CESONI Maria Luisa, « Le Tribunal spécial pour le Liban : de l'adhésion de principe au désenchantement ? », in *RBDI*, 2017, pp. 261-289.

CESONI Maria Luisa et SCALIA Damien, « Juridictions pénales internationales et conseil de sécurité : une justice politisée », in *RQDI*, Vol. 25, 2012. pp. 37-71.

CHANET Christine, « La Convention des Nations unies contre la torture et autres peines ou traitements cruels, inhumains ou dégradants », in *AFDI*, Vol. 30, 1984, pp. 625-636.

CHARPENTIER Jean, « Le juge national et le juge international, organes de répression des crimes internationaux », in *Libertés, justice, tolérance. Mélanges en hommage au Doyen Gérard Cohen-Jonathan,* COHEN-JONATHAN Gérard, Bruxelles, Bruylant, 2004, pp. 403-414.

CHIAVARIO Mario, « Droits de l'accusé... et autres dans la perspective de la justice pénale internationale », in *La justice pénale internationale entre passé et avenir*, CHIAVARIO Mario (Dir.), Paris-Milan, Dalloz-Giuffrè, 2003, pp. 329-333.

CHIAVARIO Mario, « Face aux espoirs réalisés et aux indéniables difficultés, une approche critique mais confiante au thème et aux problèmes de la justice pénale internationale », in *La justice pénale internationale entre passé et avenir*, CHIAVARIO Mario (Dir.), Paris-Milan, Dalloz-Giuffrè, 2003, pp. 3-8.

CISSE Abdoullah, « La responsabilité pénale des chefs d'État africains en exercice pour crimes internationaux graves », in *SOS Attentats / Terrorisme, victimes et responsabilité pénale internationale*, DOUCET Ghislaine (Dir.), Paris, Calmann-Lévy, 2003, pp. 247-254.

CIRIMWAMI Ezéchiel Amani et SMIS Stefaan, « Repenser la création fragmentée des juridictions hybrides en Afrique au profit de la Cour africaine de justice, des droits de l'homme et des peuples ? » in *RBDI*, 2017, pp. 314-338.

CIRIMWAMI Ezéchiel Amani et SMIS Stefaan, « Le régime des obligations positives de prévenir et de poursuivre à défaut d'extrader ou de remise prévues dans le texte des projets d'articles sur les crimes contre l'humanité provisoirement adoptés par la Commission du droit international », in *RQDI*, Janvier 2017, pp. 1-39.

COHEN David, « Transitional Justice in Divided Germany after 1945 », in *Retribution and Reparation in the Transition to Democracy*, ELSTER John, New York, Cambridge University Press, 2006, pp. 59-89.
CONWAY Gerard, « Ne bis in idem in international law », in *ICLR*, Vol. 3, n° 3, 2003, pp. 217-244.
CONWAY Gerard, « Ne bis in idem and international criminal tribunals », Criminal Law Forum, Vol. 14, 2003, pp. 351-383.
CORTEN Olivier, « La "complicité" dans le droit de la responsabilité internationale : un concept inutile ? », in *AFDI*, Vol. 57, 2011, pp. 57-84.
COSNARD Michel, « La compétence universelle en matière pénale », in *The Fundamental Rules of the International Legal Order. Jus Cogens and Obligations Erga Omnes [droit au juge]*, TOMUSCHAT Christian et THOUVENIN Jean-Marc (Dir.), Leiden, Martinus Nijhoff, 2006, pp. 355-372.
COSNARD Michel, « Les immunités du Chef d'État », in *Le Chef d'État et le droit international,* Colloque de Lille de la SFDI, Paris, Pedone, 2002, pp 189-268.
COSNARD Michel, « Quelques observations sur les décisions de la chambre des Lords du 25 novembre 1998 et du 24 mars 1999 dans l'affaire Pinochet », in *RGDIP*, Tome 103, Paris, Pedone, 1999, pp. 309-328.
COUSTON Mireille, « La multiplication des juridictions internationales. Sens et dynamiques », in *JDI*, 2012, pp. 5-53.
CRYER Robert, « General Principles of Liability in International Criminal Law », in *The Permanent International Criminal Court : Legal and Policy Issues*, McGOLDRICK Dominic, ROWE Peter et DONNELLY Eric (Dir.), Hart, Oxford, 2004, pp. 233-262.
DAPO Akande, « The Jurisdiction of the International Criminal Court over Nationals of Non-Parties : Legal Basis and Limits », in *JICJ*, 2003, pp. 618-650.
DAUTRICOURT Joseph Y., « Nature et fondement du droit pénal universel », in *RDPC*, 1949-1950, pp. 1023-1061.
DAVID Éric, « L'entreprise criminelle commune, un miroir aux alouettes ? », in *Hommage à Jean Picte*, RQDI, Montréal, Yvon Blais, 2016, pp. 397-434.
DAVID Éric, « Le concept de conflit armé : enjeux et ambiguïtés », in *Permanence et mutation du droit des conflits armés*, CHETAIL Vincent (Dir.), Bruxelles, Bruylant, 2013, pp. 55-71.
DAVID Eric, « La Cour pénale internationale », in *RCADI*, 2005, Vol. 313, pp. 325-454.
DAVID Éric, « La compétence universelle en droit belge », *Annales de droit de Louvain*, Vol. 64, n° 1-2, in *RDULB*, 2004, pp. 83-150.
DAVID Éric, « Que reste-t-il de la compétence universelle dans la loi du 5 août 2003 ? », in *Jura Falconis*, 40, n° 1, 2003-2004, pp. 55-72.

DAVID Éric, « La question de l'immunité des chefs d'État étrangers à la lumière des arrêts de la Cour de Cassation française du 13 mars 2001 et de la Cour internationale de Justice du 14 février 2002 », in *SOS Attentats / Terrorisme, victimes et responsabilité pénale internationale*, DOUCET Ghislaine (Dir.), Paris, Calmann-Lévy, 2003, pp. 431-452.

D'ARGENT Pierre, « Remarques sur le conflit entre normes de droit interne et de droit international », in *RBDI,* Bruxelles, Bruylant, 2012, pp. 355-372.

D'ARGENT Pierre, « L'expérience belge de la compétence universelle : beaucoup de bruit pour rien ? », in *RGDIP*, n° 3, Paris, 2004, pp. 597-632.

D'ARGENT Pierre, « Les nouvelles règles en matière d'immunités selon la Loi du 05 août 2003 », in *Annales de droit de Louvain*, Vol. 64, n° 1-2, RDULB, 2004, pp. 191-207.

DECAUX Emmanuel et TRIGEAUD Laurent, « Chapitre (44) : Les immunités pénales des agents de l'État et des organisations internationales », in *Droit International Pénal*, ASCENCIO Hervé, DECAUX Emmanuel et PELLET Alain, Cedin, Paris, Pedone, 2000, pp. 545-564.

DECAUX Emmanuel, « Les gouvernants », in *Droit international pénal*, ASCENSIO Hervé, DECAUX Emmanuel et PELLET Alain, Cedin, Paris X, Paris, Pedone, 2000, pp. 183-199.

DECAUX Emmanuel « Le statut du chef d'État déchu », in *AFDI*, 1980, pp. 101-139.

De HEMPTINNE Jérôme, « La définition de la notion de population civile dans le cadre du crime contre l'humanité. Commentaire critique de l'arrêt Martic », in *RGDIP*, 2010, pp. 93-104.

De HEMPTINNE Jérôme, « Chapitre (70) : Le rôle judiciaire du juge pénal international », in *Droit International Pénal*, ASCENCIO Hervé, DECAUX Emmanuel et PELLET Alain, Cedin, Paris, Pedone, 2000, pp. 927-932.

DELABIE Lucie, « Les nouvelles approches du droit international », in *Théories et réalités du droit international au XXIème siècle*, RQDI, Mars 2016, pp. 57-77.

De La CUESTA José Luis, « Les compétences criminelles concurrentes nationales et internationales et le principe 'ne bis in idem' », in *RIDP*, Vol. 73, 2002, pp. 673-705.

DELAPLACE Edouard, « La notion de groupe dans la jurisprudence du TPIR », in *La répression internationale du génocide rwandais*, BURGOGUE-LARSEN Laurence (Dir.), Coll. CREDHO n° 4, Bruxelles, Bruylant, 2003, pp. 269-279.

DELAPLACE Edouard, « Chapitre (15) : La torture », in *Droit International Pénal*, ASCENCIO Hervé, DECAUX Emmanuel et PELLET Alain, Cedin, Paris, Pedone, 2000, pp. 217-232.

De La PRADELLE Géraud, « Chapitre (77) : La compétence universelle », in *Droit International Pénal*, ASCENCIO Hervé, DECAUX Emmanuel et PELLET Alain, Cedin, Paris, Pedone, 2000, pp. 1007-1026.

De La SERNA I., « Le droit au silence - discours prononcé par le Procureur général I. de la Serna à l'occasion de la rentrée solennelle de la Cour d'appel de Mons le 1er septembre 2014 », in *Pli juridique*, n° 32, Juin 2015, pp. 3-10.

DELLA MORTE Gabriele, « Le champ des conflits : réflexions autour de la compétence ratione loci des Tribunaux pénaux internationaux », in *La justice pénale internationale dans les décisions des tribunaux ad hoc. Etude des Law Clinics en droit pénal international*, FRONZA Emanuela et MANACORDA Stefano (Dir.), Paris/Milan, Dalloz/Giuffrè, 2003, pp. 213-223.

DELLA MORTE Gabriele, « Les frontières de la compétence de la Cour pénale internationale : observations critiques », in *RIDP*, 2002, Vol. 73, pp. 23-57.

DELMAS-MARTY Mireille, « La CPI et les interactions entre droit international pénal et droit pénal interne à la phase d'ouverture du procès pénal », in *RSC*, n° 3, 2005. pp. 473-481.

DELMAS-MARTY Mireille, « Le droit pénal comme éthique de la mondialisation », in *RSC*, n° 1, Janvier/mars 2004, pp. 1-10.

DELMAS-MARTY Mireille, « Tribunaux internationaux et mondialisation », in *La justice pénale internationale dans les décisions des tribunaux ad hoc. Etude des Law Clinics en droit pénal international*, FRONZA Emanuela et MANACORDA Stefano (Dir.), Paris/Milan, Dalloz/Giuffrè, 2003, pp. 268-282.

DELMAS-MARTY Mireille, « The ICC and the interactions of international and nationals legal systems », in *The Rome Statute of the International Criminal Court*, CASSESE Antonio, GAETA Paolo, JONES John R. W. D. (Dir.), OUP, 2002, pp. 1885-1899.

DENIS Cathérine, « Juridictions pénales ''hybrides'', un impact durable est-il possible ? Le cas de la Cour pénale spéciale en République centrafricaine ? », in *RBDI*, 2017, pp. 155-165.

DENIS Catherine, « Le Tribunal Spécial pour la Sierra-Leone », in *RBDI*, 2004, pp. 236-287.

De VITTOR Francesca, « L'apport des Tribunaux pénaux internationaux à la définition du crime de torture », in *La justice pénale internationale dans les décisions des tribunaux ad hoc. Etude des Law Clinics en droit pénal international*, FRONZA Emanuela et MANACORDA Stefano (Dir.), Paris/Milan, Dalloz/Giuffrè, 2003, pp. 109-123.

De WAAL Alex et STANTON Gregory H., « Should President Omar al-Bashir of Sudan Be Charged and Arrested by the International Criminal Court ? », in *Genocide Studies and Prevention*, Vol. 4, n° 3, 2009, pp. 329-353.

De WET Erika, « The prohibition of torture as international norm of jus cogens and its implications for national and customary law », in *EJIL*, 2004, Vol. 15, n° 1, pp. 97-121.

DIALLO Aminata, « Le droit d'intervention de l'Union africaine au motif de ''menace grave à l'ordre légitime '' : État des lieux et perspectives de mise en œuvre », in *Revue juridique et politique des États francophones*, Numéro spécial Le droit international saisi par la communauté universitaire, n ° 1, Janvier-mars 2016, pp. 154- 181.

DICKINSON Laura A., « The Promise of Hybrid Courts », in *AJIL*, Vol. 97, n° 2, April 2003, pp. 295-310.

DIENG Moda, MURUNGU Chacha et BIEGON Japhet, « Prosecuting International Crimes in Africa », in *RQDI,* Pretoria, Pretoria University Law Press, 2011, Vol. 26, 2013, pp. 279-285.

DITTRICH Viviane E., « La Cour spéciale pour la Sierra Leone et la portée de son héritage », in *L'Afrique face à la justice pénale internationale*, Vol. 45, n° 1, Mars 2014, pp. 85-103.

DOMINICE Christian, « Quelques observations sur l'immunité de juridiction pénale de l'ancien chef d'État », in *RGDIP*, Tome 103, n° 3, Paris, Pedone, 1999, pp. 297-308.

DUPUY Pierre-Marie, « Chapitre (6) : Normes internationales pénales et droit impératif (jus cogens) », in *Droit International Pénal*, ASCENCIO Hervé, DECAUX Emmanuel et PELLET Alain, Cedin, Paris, Pedone, 2000, pp. 81-92.

DUPUY Pierre-Marie, « Le fait générateur de la responsabilité internationale des États », in *RCADI*, n° 5, 1984, pp. 9-133.

EAGLETON Clyde, « Palestine and the constitutional Law of the United Nations », in *AJIL*, Vol. 42, n° 2, April 1948, pp. 397-399.

ENDO Guillaume, « Nullum Crimen Nulla Poena Sine Lege. Principle and the ICTY and ICTR », in *RQDI*, Vol. 15, 2002, pp. 205-220.

EUDES Marina et GUEMATCHA Emmanuel, « Quels apports des Chambres extraordinaires africaines ? », in *RBDI*, 2017, pp. 193-214.

FAELI Adrien, LUKASZ Gruszczynski, WOUTER Werner, « Deference in International Courts and Tribunals, 2014 », in *RQDI*, Vol. 28, 2015, pp. 313-320.

FALKOWSKA Martyna et VERDEBOUT Agatha, « L'opposition de l'Union Africaine aux poursuites contre Omar Al Bashir - Analyse des arguments juridiques avancés pour entraver le travail de la Cour pénale internationale et leur expression sur le terrain de la coopération », in *RBDI,* Bruxelles, Bruylant, 2012, pp. 201-236.

FENET Alain, « La responsabilité pénale internationale du chef d'État », in *Revue générale de droit*, Vol. 32, n° 3, 2002, pp. 585-615.

FETZE KAMDEM Innocent, « Harmonisation, unification et uniformisation. Plaidoyer pour un discours affiné sur les moyens d'intégration juridique », in *Revue Juridique Thémis*, n° 43, 2009, pp. 605-649.

FICHET-BOYLE et MOSSE Marc, « Chapitre (80) : L'obligation de prendre les mesures internes nécessaires à la prévention et la répression des infractions », in *Droit International Pénal*, ASCENCIO Hervé, DECAUX Emmanuel et PELLET Alain, Cedin, Paris, Pedone, 2000, pp. 1055-1071.

FLAUSS Jean-François, « Droit des immunités et protection internationale des droits de l'homme », in *RSDIDE*, Zürich, Schulthess, 2000, pp. 299 à 324.

FOX Hazel, « The Resolution of the Institute of International law on the Immunities of Heads of State and Government », in *ICLQ*, Vol. 51, n° 1, 2002, pp. 119-125.

FOUCHARD Isabelle, « De l'utilité de la distinction entre les crimes supranationaux et transnationaux : traduire les processus d'incrimination complexes alliant droit international et droits pénaux internes », in *RIEJ*, 2013, Vol. 71, pp. 49-81.

FOURET Julien et PROST Mario, « La multiplication des juridictions internationales : de la nécessité de remettre quelques pendules à l'heure », in *RQDI*, Vol. 15, n° 2, 2002. pp. 117-138.

FRONZA Emanuela, MALARINO Ezequiel et SOTIS Carlo, « Le principe de précision et la justice pénale internationale », in *Les sources du droit international pénal. L'expérience des Tribunaux pénaux internationaux et le Statut de la Cour pénale internationale*, DELMAS-MARTY Mireille, FRONZA Emanuela et LAMBERT-ABDELGAWAD Elisabeth (Dir.), Paris, SLC, 2004, pp. 157-210

FRONZA Emanuela et TRICOT Juliette, « Fonction symbolique et droit pénal international : une analyse du discours des tribunaux pénaux internationaux », in *La justice pénale internationale dans les décisions des tribunaux ad hoc. Etudes des laws clinics en droit pénal international*, FRONZA Emanuela et MANACORDA Stefano (Dir.), Paris, Dalloz, 2003, pp. 292-309.

FRULLI Micaela, « Le droit international et les obstacles à la mise en œuvre de la responsabilité pénale pour crimes internationaux », in *Crimes internationaux et juridictions internationales*, CASSESE Antonio et DELMAS-MARTY Mireille (Dir.), Paris, PUF, 2002, pp. 215-253.

GAETA Paola, « The Need to Reasonably Expand National Criminal Jurisdiction over International Crimes », in *Realizing Utopia : the Future of International Law*, CASSESE Antonio (Dir.), Oxford, OUP, March 2012, pp. 596-606.

GAETA Paola, « Ratione Materiae Immunities of Former Heads of State and International Crimes: The Hissène Habré Case », in *JICJ*, Vol. 1, n° 1, April 2003, pp. 186-196.

GAETA Paola, « Les règles internationales sur les critères de compétence des juges nationaux », in *Crimes internationaux et juridictions internationales*, CASSESE Antonio et DELMAS-MARTY Mireille (Dir.), Paris, PUF, 2002, pp. 191-213.

GALLIE Martin et DUMONT Hélène, « La poursuite de dirigeants en exercice devant un forum international pour des crimes internationaux – le cas de la France, in *RQDI*, Vol. 18, 2005, pp. 39-63.

GARIBIAN Sévane, « Crimes against humanity and international legality in legal theory after Nuremberg », in *Journal of Genocide Research*, 2007, pp. 93-111.

GATTINI Andrea, « Un regard procédural sur la fragmentation du droit international », in *RGDIP*, 2006, pp. 303-336.

GOZZI Marie-Hélène, « A propos de la responsabilité des gouvernants. L'arrêt KADHAFI : la négation du droit pénal international », in *SOS Attentats / Terrorisme, victimes et responsabilité pénale internationale*, DOUCET Ghislaine (Dir.), Paris, Calmann-Lévy, 2003, pp.177-182.

GRADONI Lorenzo, « L'attestation du droit international coutumier dans la jurisprudence du Tribunal pour l'ex-Yougoslavie. 'Régularités' et 'règles' », in *Les sources du droit international pénal. L'expérience des Tribunaux pénaux internationaux et le Statut de la Cour pénale internationale*, DELMAS-MARTY Mireille, FRONZA Emanuela et LAMBERT-ABDELGAWAD Elisabeth (Dir.), Paris, SLC, 2004, pp 25-74.

GREPPI Edoardo, « La Cour pénale internationale et le droit international », in *La justice pénale internationale, entre passé et avenir*, CHIAVARIO Mario (Dir.), Paris-Milan, Dalloz-Giuffrè, 2003, pp. 81-87.

GUILLOT Armand, « Bentham et le droit international », in *Bentham juriste, l'utilitarisme juridique en question*, BOZZO-REY Malik et TUSSEAU Guillaume (Dir.), Coll. Etudes Juridiques, Paris, Economica, 2011, pp. 213-228.

HAMULI KABUMBA Yves, « Faire face au silence des textes de la Cour pénale internationale concernant les éléments contextuels des crimes contre l'humanité. Avec quelles sources ? », in *RBDI*, 2016, pp. 292-321.

HEBERT-DOLBEC Marie-Laurence et PIERET Julien, « La justice pénale internationale comme projet politique et sélectif : une exploration de plusieurs zones d'ombre de la pénalité internationale », in *La justice pénale internationale comme projet politique et sélectif*, RQDI, Septembre 2015, pp. 1-13.

HENZELIN Marc, « Ne bis in idem, un principe à géométrie variable », in *Revue Pénale Suisse*, Vol. 25, 2005, pp. 354-382.

HENZELIN Marc, « Les 'raisons de savoir' du supérieur hiérarchique qu'un crime va être commis ou a été commis par un subordonné. Examen de la jurisprudence des Tribunaux pénaux internationaux pour l'ex-Yougoslavie et le Rwanda », in *Actualité de la jurisprudence pénale internationale à l'heure de la mise en place de la Cour pénale internationale,* TAVERNIER Paul (Dir.) et RENAUT Céline, Bruxelles, Bruylant, 2004, pp. 81-125.

HENZELIN Marc, « La compétence pénale universelle : une question non résolue par l'arrêt Yerodia », in *RGDIP*, n° 4, Paris, 2002, pp. 819-854.
JADALI Safinaz, « Dix après l'adoption du Statut de Rome de 1998. Quelques remarques sur les imperfections du fonctionnement de la Cour pénale internationale », in *Lex Electronica*, Vol. 13, n° 3, 2009, pp. 1-15.
JALLOH Charles Chernor, « Universal jurisdiction, universal prescription ? A preliminary assessment of the African Union perspective on universal jurisdiction », in *Criminal Law Forum*, Vol. 21, n° 1, 2010, pp. 1-65.
JORDA Claude, « Du Tribunal pénal international pour l'ex-Yougoslavie à la Cour pénale internationale : de quelques observations et enseignements », conférence prononcée à l'Académie de droit international de la Haye le 6 juillet 2004, in *RCADI*, Vol. 307, 2004, pp. 9-24.
« Juger les criminels contre l'humanité », in *Cinquantenaire (1948-1998), Les droits de l'homme à l'aube du XXIe siècle, Paris*, La documentation française, 1998, pp. 85-92.
JUROVICS Yann, « Article 7. Le crime contre l'humanité », in *Statut de Rome de la Cour pénale internationale. Commentaire article par article*, FERNANDEZ Julian et PACREAU Xavier, Paris, Pedone, 2012, pp. 417-478.
KABORE Antoine, « Les juridictions sénégalaises avaient-elles besoin de chambres extraordinaires pour poursuivre et juger Hissein Habré ? », in *RBDI*, 2017, pp. 89-111.
KAMARA Mactar, « De l'applicabilité du droit international des droits de l'homme dans l'ordre juridique interne », in *Anuario colombiano de derecho internacional*, Vol. 4, Bogota, 2011, pp. 97-162.
KAMARA Mactar, « La promotion des droits fondamentaux dans le cadre de la Charte africaine des droits de l'homme et des peuples et du Protocole additionnel facultatif de juin 1998 », in *RTDH*, 2005, pp. 709-728.
KAMARA Mactar, « Le Statut de Rome de la Cour pénale internationale et la répression des crimes de droit international », in *Revue internationale de droit africain-EDJA*, n° 62, Juillet-août-septembre 2004, pp. 19-60.
KERBRAT Yann, « Juridictions internationales et juridictions nationales internationalisées : les tribunaux hybrides pour le Cambodge et la Sierra Leone », in *Actualité de la jurisprudence pénale internationale à l'heure de la mise en place de la Cour pénale internationale*, TAVERNIER Paul (Dir.), Bruxelles, Bruylant, 2004, pp. 263-273.
KHALIFA Ahmed Fathy, « Les conditions préalables à la responsabilité du supérieur hiérarchique devant les juridictions pénales internationales », in *RSC*, 2010, n° 4, pp. 786-804.
KIOKO Ben, « The right of intervention under the African Union's Constitutive Act : From non-interference to non-intervention », in *RICR*, Vol. 85, n° 852, 2003, pp. 807-825.
KOLB Robert, « La détermination du concept de jus cogens », in *RGDIP*, 2014, pp. 5-29.

KOLB Robert, « The Jurisprudence of the Yugoslav and Rwanda Criminal Tribunal on their Jurisdiction on international crimes (2004 - 2013) », in *BYIL,* 2014, pp. 1-56.
KOLB Robert, « Crimes contre l'humanité », in *Global Community Yearbook*, Vol. I, 2014, pp. 153-169.
KOLB Robert, « Nullité, inapplicabilité ou inexistence d'une norme coutumière contraire au "jus cogens" universel ? », in *RGDIP,* Vol. 2, 2013, pp. 281-298.
KOLB Robert, « The protection of the individual in times of war and peace », in *The Oxford handbook of the history of international law*, Fassbender, Bardo & Peters, Anne, OUP, 2012, pp. 317-337.
KOLB Robert, « Les approches doctrinales du droit international public », in *Questions internationales*, 2011, pp. 88-93.
KOLB Robert, « Les influences du droit international pénal sur le droit international public », in *AFRI*, 2011, pp. 149-169.
KOLB Robert, « Observations sur l'évolution du concept de jus cogens », in *RGDIP,* 2009, pp. 837-850.
KOLB Robert, « Réflexions sur l'efficacité du droit international », in *The Global Community, Yearbook of International Law and Jurisprudence*, 2008, pp. 329-346.
KOLB Robert, « Le degré d'internationalisation des tribunaux pénaux internationalisés », in *Les juridictions pénales internationalisées : Expériences ad hoc ou modèles pour une nouvelle justice pénale ?*, ASCENSIO Hervé, SOREL Jean-Marc, LAMBERT-ABDELGAWAD Elisabeth, Paris, SLC, 2006, pp. 47-68.
KOLB Robert, « Considérations générales sur la violence et le droit international », in *AFRI*, 2005, pp. 27-44.
KOLB Robert, « Note sur l'arrêt de la Cour constitutionnelle fédérale allemande du 12 décembre 2000 : compétence des tribunaux internes en matière de crimes internationaux et la configuration du crime de génocide », in *The Global Community, Yearbook of International Law and Jurisprudence*, 2005, pp. 293-307.
KOLB Robert, « The jurisprudence of the Yugoslav and Rwandan criminal tribunals on their jurisdiction and on international crimes (2000-2004) », in *BYIL,* 2004, pp. 269-335.
KOLB Robert, « L'application du droit international, notamment humanitaire, dans les conflits armés auxquels prennent part des entités non-étatiques », in *Commentaire article par article de la Résolution de l'Institut de droit international*, Paris, Pedone, 2003, pp. 18-48.
KOT Jean-Philippe, « Chapitre (69) : Les droits de la défense », in *Droit International Pénal*, ASCENCIO Hervé, DECAUX Emmanuel et PELLET Alain, Cedin, Paris, Pedone, 2000, pp. 909-926.
LAGOT Daniel, « Cour pénale internationale et impunité des États puissants : la cpi, une justice à sens unique ? », in *La justice*

internationale aujourd'hui. Vraie justice ou justice à sens unique ?, ANDERSSON Nils et LAGOT Daniel (Dir.), Paris, L'Harmattan, 2009, pp. 137-146.
LAMBERT-ABDELGAWAD Elisabeth et MARTIN-CHENUT Kathia, « La prescription en droit international : vers une imprescriptibilité de certains crimes ? », in *La clémence saisie par le droit. Amnistie, prescription et grâce en droit international et comparé*, RUIZ-FABRI Hélène, DELLA MORTE Gabriele, LAMBERT-ABDELGAWAD Elisabeth et MARTIN-CHENUT Kathia (Dir.), Paris, SLC, 2007, pp. 101-162.
LAMBERT-ABDELGAWAD Elisabeth, « La prolifération de tribunaux parallèles pour la dénonciation des crimes internationaux : quelle leçon de justice ? », in *RSCDPC*, n° 1, 2006, pp. 170- 182.
LAMBERT-ABDELGAWAD Elisabeth, « Les tribunaux pénaux pour l'ex-Yougoslavie et le Rwanda et l'appel aux sources du droit international des droits de l'homme », in *Les sources du droit international pénal. L'expérience des Tribunaux pénaux internationaux et le Statut de la Cour pénale internationale*, DELMAS-MARTY Mireille, FRONZA Emanuela et LAMBERT-ABDELGAWAD Elisabeth (Dir.), Paris, SLC, 2004, pp. 97-134.
LANFRANCHI Marie-Pierre, « La valeur juridique en France des résolutions du Conseil de sécurité », in *AFDI*, Vol. 43, Paris, 1997, pp. 31-57.
LANGER Maximo, « The Diplomacy of Universal Jurisdiction : The Political Branches and the Transnational Prosecution of International Crimes », in *AJIL*, Vol. 105, n° 1, 2011, pp. 1-49.
La ROSA Anne-Marie, « Chapitre (72) : La preuve », in *Droit International Pénal*, ASCENCIO Hervé, DECAUX Emmanuel et PELLET Alain, Cedin, Paris, Pedone, 2000, pp. 945-968.
LATTANZI Flavia, « The International Criminal Court and National Jurisdictions », in *The Rome Statute of the International Criminal court : a challenge to impunity*, POLITI Mauro et NESI Giuiseppe (Dir.), Aldershot : Ashgate/Dartmouth, Burlington, 2001, pp. 177-196.
LAUCCI Cyril, « Projet de tribunal spécial pour la Sierra Léone : vers une troisième génération de juridictions pénales internationales » ?, in *L'Observateur des Nations unies*, n° 9, 2000, pp. 195-217.
LAUCCI Cyril, « Chapitre (65) : Les poursuites et l'enquête du Procureur », in *Droit International Pénal*, ASCENCIO Hervé, DECAUX Emmanuel et PELLET Alain, Cedin, Paris, Pedone, 2000, pp. 865-870.
LAUCCI Cyril, « Chapitre (66) : L'accusation », in *Droit International Pénal*, ASCENCIO Hervé, DECAUX Emmanuel et PELLET Alain, Cedin, Paris, Pedone, 2000, pp. 871-876.

LE GALL Elise et LENORMAND Margaux, « Les Chambres africaines extraordinaires du Sénégal ou les prémices d'une nouvelle génération de juridictions pénales internationalisées », in *RBDI*, 2017, pp. 61-88.
Le GALL Elise, « L'opportunité des poursuites du procureur international : du pouvoir arbitraire au contrôle insuffisant », in *RIDP*, Vol. 84, Eres, 2013, pp. 495-514.
LELARGE Aurélia, « Le Tribunal Spécial pour le Liban », in *AFDI*, 2007, pp. 397-428.
LORENZO Gradoni, « L'exploitation des principes généraux de droit dans la jurisprudence des Tribunaux pénaux internationaux », in *La justice pénale internationale dans les décisions des tribunaux ad hoc, Etudes des Law Clinics en droit pénal international*, FRONZA Emanuela, MANACORDA Stefano, Paris-Milan, Dalloz-Giuffrè, 2003, pp. 10-40.
LUBAN David, « A theory of crime against humanity », in *YJIL*, Vol. 29, 2004, pp. 85-167.
MAHOUVE Michel, « La répression des violations du droit international humanitaire au niveau national et international », in *RDIDC*, Bruxelles, n° 3, 2005, pp. 229-273.
MAISON Raphaëlle, « Le droit international des droits de l'homme et les juridictions pénales internationales », in *Droit international général, droits de l'homme et juridictions internationales*, COHEN-JONATHAN Gerard et FLAUSS Jean-François, (Dir.), Bruxelles, Bruylant, Coll. « Droit et justice », 2004, pp. 121-138.
MAISON Raphaëlle, « Immunités et tribunaux pénaux internationaux », in *Le droit international des immunités : contestation ou consolidation ?*, VERHOEVEN Joe (Dir.), Paris, LGDJ/Larcier, 2004, pp. 191-218.
MAISON Raphaëlle, « Les premiers cas d'application des dispositions pénales des Conventions de Genève : commentaire des affaires danoise et française », in *EJIL*, 1995, pp. 260- 273.
MANACORDA Stefano et WERLE Gerhard, « L'adaptation des systèmes pénaux nationaux au Statut de Rome : le paradigme du "Völkerstrafgesetzbuch" allemand », in *RSCDPC*, n° 3, 2003, pp. 501-516.
MANACORDA Stefano, « Les peines dans la pratique du Tribunal pénal international pour l'ex-Yougoslavie : l'affaiblissement des principes et la quête de contrepoids » in *La justice pénale internationale dans les décisions des tribunaux ad hoc. Etude des Law Clinics en droit pénal international*, FRONZA Emanuela et MANACORDA Stefano (Dir.), Paris/Milan, Dalloz/Giuffrè, 2003, pp.169-191.
MANIRAKIZA Pacifique, « L'Afrique et le système de justice pénale internationale », in *AJLS*, Vol. 3, 2009, pp. 21-52.
MANZINI Pietro, « Le rôle du principe de la légalité dans la détermination des sources du droit international pénal », in *Les sources du droit international pénal. L'expérience des Tribunaux pénaux internationaux*

et le Statut de la Cour pénale internationale, DELMAS-MARTY Mireille, FRONZA Emanuela et LAMBERT-ABDELGAWAD Elisabeth (Dir.), Paris, SLC, 2004, pp. 261-268.

MARINI Gaetano, « La responsabilité pénale individuelle devant les juridictions pénales internationales : aspects introductifs », in *La justice pénale internationale dans les décisions des tribunaux ad hoc. Etude des Law Clinics en droit pénal international*, FRONZA Emanuela et MANACORDA Stefano (Dir.), Paris/Milan, Dalloz/Giuffrè, 2003, pp. 142-145.

MARTENS Paul, « L'expérience belge de compétence universelle », in *La justice pénale internationale*, GABORIAU Simone et PAULIAT Hélène (Dir.), Limoges, PULIM, 2002, pp. 189-198.

MARTIN-CHENUT Kathia, « Chapitre (64) : Procès international et modèles de justice pénale », in *Droit International Pénal*, ASCENCIO Hervé, DECAUX Emmanuel et PELLET Alain, Cedin, Paris, Pedone, 2000, pp. 847-864.

MARTIN Fanny, « Les compétences juridictionnelles ratione personae, ratione temporis et ratione materiae du Tribunal pénal international pour le Rwanda », in *La justice pénale internationale dans les décisions des tribunaux ad hoc. Etude des Law Clinics en droit pénal international*, FRONZA Emanuela et MANACORDA Stefano (Dir.), Paris/Milan, Dalloz/Giuffrè, 2003, pp. 198-212.

MASSE Michel et ABOU-DAHER Layal, « Chapitre (78) : Les conflits de compétence entre juridictions nationales », in *Droit International Pénal*, ASCENCIO Hervé, DECAUX Emmanuel et PELLET Alain, Cedin, Paris, Pedone, 2000, pp. 1027-1038.

MAY Richard et WIERDA Marieke, « Is there a hierarchy of crimes in international law ? », in *Man's inhumanity to man. Essays on international law in honour of Antonio Cassese*, The Hague/London/new York, Kluwer Law International, 2003, pp. 511-532.

MBOKANI Jacques B., « La Cour Pénale Internationale : une cour contre les africains ou une cour attentive à la souffrance des victimes africaines ? », in *RQDI*, Vol. 26, 2013, pp. 47-100.

MBOKANI Jacques B., « La CPI à l'épreuve de la doctrine de la "Command Responsibility'' », in *RBDI*, Bruxelles, Bruylant, 2010, pp. 254-331.

MCGREGOR Lorna, « Torture and State immunity : deflecting impunity, distorting sovereignty », in *EJIL*, Vol. 18, 2007, pp. 903-919.

MEGRET Frédéric, « Cour pénale internationale et néocolonialisme : au-delà des évidences », in *L'Afrique face à la justice pénale internationale*, Vol. 45, n° 1, Mars 2014, pp. 27-50.

MEGRET Frédéric, « Les angles morts de la responsabilité pénale individuelle en droit international », in *RIEJ*, Vol. 71, n° 2, 2013, pp. 83-136.

MEGRET Frédéric, « Les crimes de guerre », in *La Corte penale internazionale: problemi e prospettive*, CARLIZZI Gaetano, Vivarium, Napoli, 2003, pp. 119-158.

MERLE Marcel, « Le contrôle exercé par les organisations internationales sur les activités des États membres », in *AFDI*, Vol. 5, Paris, 1959, pp. 411-431.

MESEKE Stephan, « La contribution de la jurisprudence des tribunaux pénaux internationaux pour l'ex-Yougoslavie et le Rwanda à la concrétisation de l'incrimination de crime contre l'humanité », in CHAVARIO Mario (Dir.), La justice pénale internationale entre passé et avenir, Paris/Milan, Dalloz/Giuffé, 2003, pp. 173-222.

METILLE Sylvain, « L'immunité des chefs d'États au XXIe siècle, les conséquences de l'affaire du mandat d'arrêt du 11 avril 2002 », in *RDISDP*, Vol. 82, n°1, Janvier-avril 2004, pp. 29-86.

MOGHADAM Tanaz, « Revitalizing Universal Jurisdiction : Lessons from Hybrids Tribunals applied to the Case of Hissène Habré », in *Colombia Human Rights Law Review*, Vol. 39, n° 1, 2007-2008, pp. 471-528.

MORISSETTE Yves-Marie, « Les caractéristiques classiquement attribuées à la Common Law », in *RIDC*, Vol. 65, n° 3, 2013, pp. 613-636.

MOUANGUE KOBILA James, « L'Afrique et les juridictions internationales pénales », in *AYIL*, 2012, pp. 13-95.

MOUSSA Abdoul Wahab, « Opérations de maintien de la paix et droit pénal international : Histoire d'une convergence ou concours de circonstance ? » in *L'Afrique et le droit international pénal*, Colloque de la SADI, Paris, Pedone, 2015, pp. 51-60.

MUBIALA Mutoy, « L'élargissement du mandat de la Cour africaine de Justice et des droits de l'homme aux affaires de droit international pénal » in *RIDP*, Vol. 85, n° 3, 2014, pp. 749-758.

MUBIALA Mutoy, « Chronique de droit pénal de l'Union africaine. Vers une justice pénale régionale en Afrique », in *RIDP*, Vol. 83, n° 3-4, 2012, pp. 547 à 557.

MURUNGU Chacha B., « Towards a Criminal Chamber in the African Court of Justice and Human Rights », in *JICJ*, Vol. 9, n° 5, November 2011, pp. 1067-1088.

NAMOUNTOUGOU Matthieu Aldjima, « La saisine du juge international des droits de l'Homme », in *Revue trimestrielle des droits de l'Homme*, n° 86, 1[er] avril 2011, pp. 261-294.

NEEL Lison, « La judiciarisation internationale des criminels de guerre : la solution aux violations graves du droit international humanitaire ? », in *Revue Criminologie*, Vol. 33, n° 2, 2000, pp. 151-181.

NGUEFEU Augustin, « Les chambres africaines extraordinaires pour la répression des crimes internationaux : embryon d'une instance juridictionnelle pénale africaine ? », in *L'Afrique et le droit international pénal*, Colloque de la SADI, Paris, Pedone, 2015, pp. 129-144.

NIANG Mandiaye, « The Senegalese Legal Framework for the Prosecution of International Crimes », in *JICJ*, Vol. 7, n° 5, November 2009, pp. 1047-1062.

O'KEEFE Roger, « Universal Jurisdiction: Clarifying the Basic Concept », in *JICJ*, Vol. 2, n° 3, 2004, pp 735-760.

OLASOLO Héctor et KISS Alejandro, « The Role of Victims in Criminal Proceedings Before the International Criminal Court », in *RIDP*, Vol. 81, 2010, pp. 125-163.

OLINGA Alain Didier, « Les droits de l'Homme peuvent-ils soustraire un ex-dictateur à la justice ? L'affaire Hissène HABRE devant la Cour de justice de la CEDEAO, Cour de justice de la Communauté économique des États de l'Afrique de l'Ouest, Hissène Habré c. Sénégal, 18 novembre 2010 », in *RTDH*, n° 87, 01er juillet 2011, pp. 735-746.

ONDO Télesphore, « La compétence universelle en Afrique : essai d'analyse », in *RDIDC*, n° 1, 2011, pp. 53-120.

ONDO Télesphore, « Réflexions sur la responsabilité pénale internationale du chef d'État africain », in *RTDH*, n° 1, 2007, pp. 153-209.

PALOMBINO Fulvio M., « Les crimes de guerre dans l'évolution du droit international des conflits armés et la jurisprudence du Tribunal pénal international pour l'ex-Yougoslavie », in *La justice pénale internationale dans les décisions des tribunaux ad hoc. Etude des Law Clinics en droit pénal international*, FRONZA Emanuela et MANACORDA Stefano (Dir.), Paris/Milan, Dalloz/Giuffrè, 2003, pp. 82-93.

PEJIC Jelena, « Accountability for international crimes: from conjecture to reality », in *IRRC*, Vol. 84, n° 845, March 2002, pp. 13-33.

PELLET Allain, « Chapitre 7 : Présentation de la 1ère partie : Essai de classification et principe de légalité », in *Droit international pénal*, ASCENSIO Hervé, DECAUX Emmanuel, PELLET Allain (Dir.), Paris, Pedone, 2000, pp. 93-101.

PERILLEUX Jonas, « L'interprétation des notions de "conflit armé interne" et de "violence aveugle" dans le cadre de la protection subsidiaire : le droit international humanitaire est-il une référence obligatoire ? », in *RBDI*, Vol. 42, n° 1, 2009, pp. 113-143.

PESQUIE Brigitte, « La qualification des faits par le Tribunal Pénal International pour le Rwanda », in *La justice pénale internationale dans les décisions des tribunaux ad hoc, Etudes des Law clinics en droit pénal international*, FRONZA Emanuela et MANACORDA Stefano (Dir.), Paris/Milan, Dalloz/Giuffrè, 2003, pp. 58-68.

PHOTINI Pazartzis, « Tribunaux pénaux internationalisés : une nouvelle approche de la justice pénale (inter)nationale ? », in *AFDI*, Vol. 49, 2003, pp. 641-661.

POISSONNIER Ghislain, « Les chambres extraordinaires au sein des tribunaux cambodgiens. Une nouvelle forme de justice internationale », in *JDI*, n° 1, 2007, pp. 85-102.

PRADEL Jean, « Vers la mondialisation du droit pénal », in *Mélanges Jean-Claude Soyer, L'honnête homme et le droit*, Paris, LGDJ, 2000, pp. 317-330.

PRATT Valéry et VINUALES Jorge, « Rétroactivité et non-rétroactivité en droit international - Essai de clarification conceptuelle à partir de l'expérience du Procès de Nuremberg », in *AFDI*, Vol. 59, 2013, pp. 327-358.

PROUVEZE Rémy, « Chapitre (40) : Les modes individuels de participation à l'infraction (action, coaction, complicité) », in *Droit International Pénal*, ASCENCIO Hervé, DECAUX Emmanuel et PELLET Alain, Cedin, Paris, Pedone, 2000, pp. 489-502.

RAIMONDO Fabian, « Les principes généraux de droit dans la jurisprudence des tribunaux pénaux ad hoc : une approche fonctionnelle », in *Les sources du droit international pénal. L'expérience des Tribunaux pénaux internationaux et le Statut de la Cour pénale internationale*, DELMAS-MARTY Mireille, FRONZA Emanuela et LAMBERT-ABDELGAWAD Elisabeth (Dir.), Paris, SLC, 2004, pp. 75-96.

RELVA Hugo, « The Implementation of the Rome Statute in Latin American States », in *LJIL*, Vol. 16, n° 2, 2003, pp. 331-366.

RENAUT Céline, « La place des crimes de guerre dans la jurisprudence des tribunaux pénaux internationaux », in *Actualité de la jurisprudence pénale internationale : à l'heure de la mise en place de la Cour pénale internationale*, TAVERNIER Paul (Dir.), Coll. CREDHO, Bruxelles, Bruylant, 2004, pp. 21-35.

REZAI Shaghaji Danial, « Les crimes de jus cogens, le refus de l'immunité des hauts représentants des États étrangers et l'exercice de la compétence universelle », in *RQDI*, Vol. 28, 2015, pp. 143-171.

RIOS RODRIGUEZ Jacobo, « La restriction de la compétence universelle des juridictions nationales : les exemples belge et espagnol », in *RGDIP*, 2010, pp. 563-595.

RIVELLO Roberto, « Les principes généraux de droit et le droit international pénal », in *La justice pénale internationale entre passé et avenir*, CHIAVARIO Mario (Dir.), Paris/Milan, Dalloz/Giuffrè, 2003, pp. 342-359.

ROBERT Marie-Pierre, « La responsabilité du supérieur hiérarchique basée sur la négligence en droit pénal international », in *Les Cahiers de droit*, Vol. 49, n ° 3, Septembre 2008, pp. 333-517.

ROBINSON Darryl, « The Rome Statute and its impact on national law », in *The Rome Statute of the international criminal* court : À Commentary, CASSESE Antonio, GAETA Paola et JONES John R. W. D. (Dir.), Vol. 2, OUP, 2002, pp. 1849-1862.

ROMANO Cesare et BOUTRUCHE Théo, « Tribunaux pénaux internationalisés : état des lieux d'une justice hybride », in *RGDIP*, n° 1, 2003, pp. 109-124.

ROSSATANGA-RIGNAULT Guy, « La Cour pénale internationale et l'Afrique 10 ans après : des péchés et quelques voies de salut », in *Cours nouveau. Revue africaine trimestrielle de stratégie et de prospective*, n° 9-10, 2013, pp. 181-200.

ROTH Robert, « Tribunal spécial sur le Liban : retour sur une expérience ? », in *RBDI*, 2017, pp. 290-313.

RUEDA Isabelle, « Réflexions sur la notion d'internationalité en droit », in *Revue de Recherche Juridique*, 2003, pp. 107-118.

RYNGAERT Cedric et GOULD Laurent, « International criminal Justice and Jus Post Bellum - The Challenge of ICC Complementarity : A case-study of the situation in Uganda », in *RBDI,* Bruxelles, Bruylant, 2011, pp. 91-120.

SAADA Julie, « La justice pénale internationale, entre idéaux et justification », in *Revue Tiers Monde*, n° 205, 2011, pp. 47-64.

SAAS Claire, « La nécessaire adaptation du droit français au Statut de Rome », in *AJP*, n° 6/ 2007, pp. 260-263.

SALAH Mahmoud Mohamed, « Interrogations sur l'évolution du droit international pénal », in *JDI*, n° 3, 2009, pp. 731-789.

SANDS Philippe, « International Law Transformed ? From Pinochet to Congo…? », in *LJIL*, Vol. 16, n° 1, 2003, pp. 37-53.

SANSANI Inbal, « The Pinochet Precedent in Africa: Prosecution of Hissène Habré », in *Human Rights Brief*, Vol. 8, n° 2, 2001, pp. 32-35.

SASSOLI Marco, « L'arrêt yerodia : quelques remarques sur une affaire au point de collision entre les deux couches du droit international », in *RGDIP*, Vol. 4, 2002, pp. 791-807.

SASSOLI Marco, « The legal qualification of the conflicts in the former Yugoslavia: double standards or new horizons for international humanitarian law? », in *International law in the post-cold war world. Essays in memory of Li Haopei*, SIENHO Yee et WANG Tieya (Dir.), London/New York, Routledge, 2001, pp. 307-333.

SASSOLI Marco, « La première décision de la Chambre d'appel du Tribunal pénal international pour l'ex-Yougoslavie : Tadic (compétence) », in *RGDIP*, 1996, pp. 101-134.

SAVADOGO Raymond Ouigou, « Les Chambres Africaines Extraordinaires au sein des tribunaux sénégalais : Quoi de si extraordinaire ? (The Extraordinary African Chambers in the Senegalese Courts: What's So Extraordinary?) », in *Revue Etudes internationales*, Vol. 45, n° 1, 2014, pp. 105-127.

SCALIA Damien, « Constat sur le respect du principe nulla poena sine lege par les tribunaux pénaux internationaux », in *RIDC*, n° 1, 2006, pp. 185-212.

SCHABAS William. A., « Le tribunal spécial pour le Liban fait-il partie de la catégorie de certaines juridictions pénales internationales ?», in *Hommage à Katia BOUSTANY,* RQDI, HS, 2007, pp. 119-132.

SCHABAS William. A., « First Prosecutions in the International Criminal Court », in *HRLJ*, Vol. 27, 2006, pp. 25-40.

SCHABAS William A., « Droit pénal international et droit international des droits de l'homme : faux frères », in *Le droit pénal à l'épreuve de l'internationalisation*, HENZELIN Marc et ROTH Robert, (Dir.), Paris/Genève/Bruxelles, LGDJ/Georg Bruylant, 2002, pp. 165- 182.

SCHABAS William A., « L'affaire Akayesu et ses enseignements sur le droit du génocide », in *Génocide (s)*, BOUSTANY Katia et DORMY Daniel (Dir.), Bruxelles, Bruylant/éd. de l'ULB, 1999, pp. 111-130.

SCHWEBEL Stephen M., « Reflections on the Role of the International Court of Justice ? » in *Washington Law Review*, Seattle, 1986, pp. 1070.

SEROUSSI Julien, « Si loin, si proche : la légitimité de l'enquête dans les affaires de compétence universelle », in *Critique internationale*, n° 36, Juillet-septembre 2007, pp. 21-36.

SEROUSSI Julien, « L'internationalisation de la justice transitionnelle. L'affaire Hissène Habré », in *Critique internationale*, n° 30, Janvier-mars 2006, pp. 83-101.

SHAH Sangeeta, « Questions Relating to the Obligation to Prosecute or Extradite (Belgium v. Senegal) », in *Human Rights Law Review*, Vol. 13, n° 2, Oxford, June 2013, pp. 351-366.

SHARP Dustin N., « Prosecutions, Development, and Justice: The Trial of Hissein Habré », in *Harvard Human Rights Journal*, Vol. 16, 2003, pp. 147-177.

SIMMALA Di gore, « La participation de la victime à la procédure devant le Tribunal spécial pour le Liban », in *RQDI*, Vol. 25, 2012, pp. 143-174.

SINOPLI Laurence, « Droits de la défense », in *Droit international pénal*, ASCENSIO Hervé, DECAUX Emmanuel et PELLET Alain (Dir.), Paris, Pedone, 2000, pp. 781-805.

SLOAN F. Blaine, « The binding force of a recommandation of the General Assembly of the United Nations », in *BYIL*, Vol. 25, 1948, pp. 1-33.

SMITH H. A., « The binding force of League resolutions », in *BYIL*, 1935, pp. 157-159.

SOMA Abdoulaye, « La justification théorique du régionalisme africain en droit international pénal », in *Revue Burkinabè de Droit*, n° 53, 2017, pp. 95-124.

SOMA Abdoulaye, « Le régionalisme africain en droit international pénal », in *RGDIP*, Tome 120, n° 3, 2016, pp. 515-544.

SOMA Abdoulaye, « Le crime international de changement anticonstitutionnel de gouvernement », in RSDIDE, n° 3, 2016, pp. 417-441.

SOMA Abdoulaye, « L'africanisation du droit international pénal », in *L'Afrique et le droit international pénal*, Colloque de la SADI, Paris, Pedone, 2015, pp. 7-35.

SOMA Abdoulaye, « Vers une juridiction pénale régionale pour l'Afrique », in *Revue CAMES/SJP*, n°000/2014, pp. 1-15.
SOREL Jean-Marc, « Les tribunaux pénaux internationaux. Ombre et lumière d'une récente grande ambition », in *Revue Tiers Monde*, n° 205, 2011, pp. 29-46.
SOREL Jean-Marc, « Chapitre (63) : Les tribunaux mixtes ou hybrides », in *Droit International Pénal*, ASCENCIO Hervé, DECAUX Emmanuel et PELLET Alain, Cedin, Paris, Pedone, 2000, pp. 825-845.
SPIGA Valentina, « Non-retroactivity of Criminal Law: A New Chapter in the Hissène Habré Saga », in *JICJ*, Vol. 9, n° 1, OUP, March 2011, pp. 5-23.
SPINEDI Marina, « State Responsibility v. Individual Responsibility for International Crimes: Tertium Non Datur ? », in *EJIL*, Vol. 13, n° 4, 2002, pp. 895-899.
SPINELLIS Dionysios, « Global report the ne bis in idem principle in "global" instruments », in *RIDP*, Vol. 73, n° 3, 2002, pp. 1149-1162.
SPITZ Éric, « L'acte de juger », in *Revue du droit public et de la science politique en France et à l'étranger*, Tome 111, Mars-avril 1995, pp. 289-302.
STEIN Ted L., « Limits of international law immunities for senior State officials in criminal procedure », in *The fundamental rules of the international legal order. Jus Cogens and obligations erga omnes*, TOMUSCHAT Christian et THOUVENIN Jean-Marc (Dir.), Leiden/Boston, Martinus Nijhoff, 2006, pp. 249-264.
STERN Brigitte, « Pinochet face à la justice », in *Etudes*, n° 3941, Janvier 2001, pp. 7-18.
STERN Brigitte, « L'utilisation du temps en droit international pénal », in *Le droit international et le temps*, SFDI, Paris, Pedone, 2001, pp. 253-264.
SUR Serge, « Le droit international pénal entre l'État et la société internationale », in *Actualité et Droit International*, Octobre 2001, pp. 49-68.
SZUREK Sandra, « Histoire. La formation du droit international pénal », in *Droit international pénal*, ASCENSIO Hervé, DECAUX Emmanuel et PELLET Alain, Paris, Pedone, 2000, pp. 7-22.
TAXIL Bérangère, « L'applicabilité directe des traités internationaux en France et aux États-Unis », in *RIDC*, Vol. 1, 2007, pp. 157-176.
TCHIKAYA Blaise, « La Commission de l'Union africaine pour le droit international : bilan des trois premières années » in *AFDI*, Vol. 58, 2012, pp. 307-317
THEY Marine et BARSAC Tessa, « La Cour africaine de justice et des droits de l'homme », in *AFDI*, Vol. 58, 2012, pp. 966-967.
TIWANG WATIO Raphaël, « Réflexions sur les lois du 12 février 2007 portant modification du Code pénal sénégalais et mise en œuvre du Statut de la cour pénale internationale », in *AYIL*, Vol. 15, 2008, pp. 285-302.

TRIBOLO Julie, « Chapitre (79) : L'articulation des compétences des juridictions internes avec celles des juridictions internationales », in *Droit International Pénal*, ASCENCIO Hervé, DECAUX Emmanuel et PELLET Alain, Cedin, Paris, Pedone, 2000, pp. 1039-1054.

TRUCHE Pierre, « Le crime contre l'humanité. Bilan et propositions », in *Esprit*, Mai 1992, pp. 67-87.

UBEDA-SAILLARD Muriel, « Les techniques interprétatives des tribunaux pénaux internationaux », in *RGDIP*, 2011, pp. 421-434.

UBEDA-SAILLARD Muriel, CHAUMETTE Anne-Laure et FERNANDEZ Julian, « L'activité des juridictions pénales internationales (années 2012-2013) », in *AFDI*, Vol. 59, 2013. pp. 359-425.

VANDERMEERSCH Damien, « Le principe de compétence universelle à la lumière de l'expérience belge : le mouvement du balancier », in *SOS Attentats / Terrorisme, victimes et responsabilité pénale internationale*, DOUCET Ghislaine (Dir.), Paris, Calmann-Lévy, 2003, pp. 463-474.

VANDERMEERSCH Damien, « La faisabilité de la règle de la compétence universelle », in *La justice pénale internationale dans les décisions des tribunaux ad hoc. Etude des Law Clinics en droit pénal international*, FRONZA Emanuela et MANACORDA Stefano (Dir.), Paris/Milan, Dalloz/Giuffrè, 2003, pp. 224-238.

VAN STEENBERGHE Raphaël, L'arrêt de la Cour internationale de justice dans l'affaire Belgique contre Sénégal ou du principe aut dedere aut iudicare, in *RBDI*, Vol. 2, Bruxelles, Bruylant, 2012, pp. 664-705.

VASQUEZ Carlos Manuel, « The four doctrines of self-executing treaties », in *AJIL*, 1995, pp. 695-723.

VAURS-CHAUMETTE Anne-Laure, « Chapitre (39) : Les personnes pénalement responsables », in *Droit International Pénal*, ASCENCIO Hervé, DECAUX Emmanuel et PELLET Alain, Cedin, Paris, Pedone, 2000, pp. 477-487.

VENTURINI Gabriella, « La portée et les effets juridiques des attitudes et des actes unilatéraux des États », in *RCADI*, Tome 112, 1964, pp. 363-467.

VERGES Jacques, « La compétence universelle contre l'ordre international », in *Une certaine idée du droit. Mélanges André Decoq*, Paris, LexisNexis/Litec, 2004, pp. 587-591.

VERHOEVEN Joe, « Belgique contre Sénégal ou quel intérêt pour se plaindre d'autrui ? Cour internationale de Justice, 20 juillet 2012, Questions concernant l'obligation de poursuivre ou d'extrader », in *AFDI*, Vol. 59, 2013, pp. 3-16.

VERHOEVEN Joe, « Remarques sur les lois du 16 juin 1993 et du 10 février 1999 et sur la compétence universelle », in *De Genocidewet in internationaal perspectief*, WOUTERS Jan en PANKEN Heidi (Dir.) Brussel, De Boeck et Larcier, 2002, 377 p.

VERHOEVEN Joe, « Vers un ordre répressif universel ? Quelques observations », in *AFDI*, 1999, pp. 55-71.
VERHOEVEN Joe, « La notion d'applicabilité directe du droit international », in *RBDI*, n° 2, 1980, pp. 243-264.
VIANNEY-LIAUD Mélanie, « La juridiction internationalisée des Chambres extraordinaires au sein des tribunaux cambodgiens », in *RBDI*, 2017, pp. 27-60.
VIRALLY Michel, « Les actes unilatéraux des organisations internationales », in *Droit international*, Bilan et perspectives, BEDJAOUI Mohammed, Tome 1, Paris, Pedone, 1991, pp. 253-276.
VIRALLY Michel, « La valeur juridique des recommandations des organisations internationales », in *AFDI*, Vol. 2, Paris, 1956, pp. 66-96.
WATTS Arthur, The Legal Position in International Law of Heads of States, Heads of Governments and Foreign Ministers, in *RCADI*, Vol. 247, 1994, pp. 9-130.
WILLIAMS Sarah, « The Extraordinary African Chambers in the Senegalese Courts : An African Solution to an African Problem ? », in *JICJ*, Vol. 11, n° 5, 2013, pp. 1139-160.
WYLER Eric et PAPAUX Alain, « Extranéité de valeurs et de systèmes en droit international privé et en droit international public », in *L'extranéité ou le dépassement de l'ordre juridique étatique*, PAPAUX Alain et WYLER Eric (Dir.), Paris, Pedone, 1999, pp. 239-312.
YOKARIS Angelos, « Chapitre (76) : Les critères de compétence des juridictions nationales », in *Droit International Pénal*, ASCENCIO Hervé, DECAUX Emmanuel et PELLET Alain, Cedin, Paris, Pedone, 2000, pp. 997-1006.
ZAKR Nasser, « La responsabilité du supérieur hiérarchique devant les tribunaux pénaux internationaux », in *RIDP*, Vol. 73, 2002, pp. 59-80.
ZAPPALA Salvatore, « Do heads of State in office enjoy immunity from jurisdiction from international crimes ? The Ghaddafi case before the French Cour de Cassation », in *EJIL*, Vol. 12, 2001, pp. 595-612.
ZAPPALA Salvatore, « Chapitre (42) : Les crimes d'omission », in *Droit International Pénal*, ASCENCIO Hervé, DECAUX Emmanuel et PELLET Alain, Cedin, Paris, Pedone, 2000, pp. 517-528.

THESES ET MEMOIRES

BARON Elisa, La coaction en droit pénal, Thèse de doctorat en droit de l'Université Montesquieu-Bordeaux IV, soutenue le 07 décembre 2012.
HASSAN Kamal, Le statut des tribunaux ad hoc en droit international pénal, Thèse pour obtenir le grade de Docteur de l'Université François – Rabelais de Tours, soutenue le 30 juin 2015.

HOUEDJISSIN Arnaud M., Les victimes devant les juridictions pénales internationales, Thèse pour obtenir le grade de Docteur de l'Université de Grenoble, soutenue le 22 février 2011.

ONDO Télesphore, La responsabilité introuvable du Chef d'État africain : analyse comparée de la contestation du pouvoir présidentiel en Afrique noire francophone (Les exemples camerounais, gabonais, tchadien et togolais), Thèse pour le Doctorat en Droit public de l'Université de Reims Champagne-Denne, soutenue le 06 juillet 2005.

LAPORTE Anne, Essai sur les conditions de la responsabilité pénale des chefs d'État et de gouvernement en droit international public, Thèse pour obtenir le grade de Docteur de l'Université du Maine, soutenue le 28 janvier 2000.

LUGAZ Marie, Les chambres africaines extraordinaires au sein des juridictions sénégalaises : vers un nouveau modèle de justice pénale internationale ?, Mémoire de Master 2, Université Aix-Marseille, 2014.

TEXTES INTERNATIONAUX

Accord entre l'Organisation des Nations unies et le Gouvernement Royal du Cambodge pour la poursuite, conformément au droit cambodgien, des auteurs des crimes commis pendant la période du Kampuchéa démocratique, 6 juin 2003.

Accord de Londres portant statut du Tribunal Militaire International de Nuremberg, 8 août 1945.

Charte des Nations unies, signée à San Francisco le 26 juin 1945, entrée en vigueur le 24 octobre 1945.

Charte du Tribunal militaire international pour l'Extrême-Orient, 19 janvier 1946.

Conseil de sécurité des Nations unies, Résolution 1757 (2007) portant création du Tribunal spécial pour le Liban, 30 mai 2007.

Conseil de sécurité des Nations unies, Résolution 1315 (2000) portant création du Tribunal spécial pour la Sierra Leone, 14 août 2000.

Conseil de sécurité des Nations unies, Résolution 955 (1994) portant création du Tribunal pénal international pour le Rwanda, 8 novembre 1994.

Conseil de sécurité des Nations unies, Résolution 827 (1993) portant création du Tribunal pénal international pour l'ex-Yougoslavie, 25 mai 1993.

Constitution de l'Organisation Internationale du Travail, Conférence de Versailles, 28 juin 1919, plusieurs fois modifiées.

Convention contre la torture et autres peines ou traitements cruels, inhumains ou dégradants, Assemblée générale des Nations unies, Résolution 39/46 du 10 décembre 1984, entrée en vigueur le 26 juin 1987.

Convention des Nations unies sur le droit de la mer, signée à Montego Bay le 10 décembre 1982, entrée en vigueur le 16 novembre 1994.

Convention sur la prévention et la répression des infractions contre les personnes jouissant d'une protection internationale, y compris les agents diplomatiques, Assemblée générale des Nations unies, Résolution 3166 (XXVIII) du 14 décembre 1973, entrée en vigueur le 20 février 1977.

Convention sur le droit de la mer, Assemblée générale des Nations unies, Résolution 3067 (XXVIII) du 16 novembre 1973, entrée en vigueur le 16 novembre 1994.

Convention pour la répression de la capture illicite d'aéronefs, signée à La Haye le 16 décembre 1970, entrée en vigueur le 14 octobre 1971.

Convention sur les missions spéciales, Assemblée générale des Nations unies, Résolution 2530 (XXIV) du 8 décembre 1969, entrée en vigueur le 21 juin 1985.

Convention sur l'imprescriptibilité des crimes de guerre et des crimes contre l'humanité, Assemblée générale des Nations unies, Résolution 2391 (XXIII) du 26 novembre 1968, entrée en vigueur le 11 novembre 1970.

Convention de Vienne sur le droit des traités, signée à Vienne le 23 mai 1969, entrée en vigueur le 27 janvier 1980.

Convention de Vienne sur les relations diplomatiques, adoptée 18 avril 1961, entrée en vigueur le 24 avril 1964.

Convention sur la haute mer, Assemblée générale des Nations unies, Résolution 1105 (XI) du 29 avril 1958, entrée en vigueur le 30 septembre 1962.

Convention relative au statut des apatrides, signée le 28 septembre 1954, entrée en vigueur le 6 juin 1960.

Convention relative au statut des réfugiés, signée à Genève le 28 juillet 1951, entrée en vigueur le 22 avril 1954.

Convention pour la prévention et la répression du crime de génocide, Assemblée générale des Nations unies, Résolution 260/A (III) du 09 décembre 1948, entrée en vigueur le 12 janvier 1951.

Convention pour l'amélioration du sort des blessés, des malades et des naufragés des forces armées sur mer, signée à Genève le 12 août 1949, entrée en vigueur le 21 octobre 1950.

Convention relative à la protection des personnes civiles en temps de guerre, signée à Genève le 12 août 1949, entrée en vigueur le 21 octobre 1950.

Convention relative au traitement des prisonniers de guerre, signée à Genève le 27 juillet 1929, entrée en vigueur le 21 octobre 1950.

Convention pour l'amélioration du sort des blessés et des malades dans les forces armées en campagne, signée à Genève le 27 juillet 1929, entrée en vigueur le 21 octobre 1950.

Convention internationale pour la répression du faux monnayage, signée à Genève le 20 avril 1929, entrée en vigueur le 22 février 1931.

Déclaration universelle des droits de l'Homme, Assemblée générale des Nations unies, Résolution 217 A (III) du 10 décembre 1948, entrée en vigueur le 03 janvier 1976.

Pacte international relatif aux droits civils et politiques, Assemblée générale des Nations unies, Résolution 2200 A (XXI) du 16 décembre 1966, entré en vigueur le 23 mars 1976.

Loi n° 10 du Conseil de contrôle allié pour l'Allemagne pour la tenue de procès dans chaque zone de contrôle alliée, 10 décembre 1945.

Statut du Tribunal Spécial pour le Liban, Résolution 1757 du Conseil de Sécurité des Nations unies du 30 mai 2007, entrée en vigueur le 10 juin 2007.

Statut de Rome de la Cour pénale internationale, adopté le 17 Juillet 1998, entré en vigueur le 1er juillet 2002.

Statut de la Cour Internationale de Justice, intégré à la Charte des Nations unies, signé à San Francisco le 26 juin 1945, entré en vigueur le 24 octobre 1945.

Traité de Versailles, signé le 28 juin 1919, entré en vigueur le 10 janvier 1920.

TEXTES COMMUNAUTAIRES

Accord de coopération judiciaire entre la République du Sénégal et la République du Tchad pour la poursuite des crimes internationaux commis au Tchad durant la période du 7 juin 1982 au 1er décembre 1990, Dakar, 3 mai 2013.

Accord entre le Gouvernement de la République du Sénégal et l'Union africaine sur la création de Chambres africaines extraordinaires au sein des juridictions sénégalaises, Dakar, 22 août 2012.

Acte additionnel n° 10/96 du 10 mai 1996 portant Statut de la CJCEDEAO.

Charte africaine des droits de l'Homme et des peuples, adoptée par la 18e Conférence des Chefs d'État et de gouvernement, Nairobi, Juin 1981.

Communauté Economique Européenne, Décision du Conseil du 21 avril 1970, relative au remplacement des contributions financières des États membres par des ressources propres aux Communautés (70/243/CECA, CEE, Euratom).

Convention d'extradition de la Communauté économique des États de l'Afrique de l'Ouest, signée à Abuja le 6 août 1994, entrée en vigueur le 8 décembre 2005.

Convention d'application de l'Accord de Schengen du 19 juin 1990, entrée en vigueur le 26 mars 1995.

Convention interaméricaine d'extradition, signée à Caracas le 25 février 1981, Entrée en vigueur le 28 mars 1992.

Convention européenne pour la répression du terrorisme, signée à Strasbourg le 27 janvier 1977.

Convention de sauvegarde des droits de l'Homme et des Libertés fondamentales ou Convention européenne des droits de l'Homme, adoptée le 4 novembre 1950, entrée en vigueur le 3 septembre 1953.
Convention européenne d'extradition, signée à Paris, le 13 décembre 1957, entrée en vigueur le 18 avril 1960.
Protocole relatif au mécanisme de prévention, de gestion, de règlement des conflits, de maintien de la paix et de la sécurité, signé à Dakar le 21 décembre 2001.
Protocole A/SP1/12/01 sur la démocratie et la bonne gouvernance additionnel au Protocole relatif au mécanisme de prévention, de gestion, de règlement des conflits, de maintien de la paix et de la sécurité, signé à Lomé le 10 décembre 1999.
Protocole portant amendements au Protocole portant Statut de la Cour africaine de justice et des droits de l'homme, signé à Malabo le 27 juin 1994.
Statut des Chambres africaines extraordinaires au sein des juridictions sénégalaises pour la poursuite des crimes internationaux commis au Tchad durant la période du 7 juin 1982 au 1er décembre 1990, 30 janvier 2013.
Traité révisé de la CEDEAO, signé à Cotonou le 24 juillet 1993.
Traité instituant la Communauté européenne du charbon et de l'acier (CECA) signé à Paris le 18 avril 1951 et entré en vigueur le 23 juillet 1952.
Traité portant modification de certaines dispositions budgétaires des traités instituant les Communautés européennes et du traité instituant un Conseil unique et une Commission unique des Communautés européennes, Journal officiel des Communautés européennes (JOCE) 02.01.1971, n° L 2., 22 avril 1970.

RAPPORTS ET PUBLICATIONS OFFICIELS

ORGANISATION DES NATIONS UNIES

ONU, Conseil de sécurité, Soixante-cinquième session, Rapport du Secrétaire général, La situation en Afghanistan et ses conséquences pour la paix et la sécurité internationales, A/65/783–S/2011/120, 9 mars 2011.
ONU, Assemblée Générale, Comité pour l'élimination de la discrimination à l'égard des femmes, Rapport périodique du Guatemala (CEDAW/C/GUA/6), 725e et 726e séances, 18 mai 2006.
ONU, Conseil de sécurité, Rapport de la Commission internationale d'enquête sur le Darfour, Résolution 1564 (2004) du 18 septembre 2004.
ONU, Assemblée Générale, Principes de Princeton sur la compétence universelle, 4 décembre 2001, (A/56/677).
ONU, Rapport du Secrétaire général établi conformément au paragraphe 2 de la Résolution 808 (1993) du Conseil de sécurité, S/25704, 3 mai 1993.

ONU, Haut-Commissariat des Droits de l'Homme, Groupe de travail sur les disparitions forcées ou involontaires, Résolution 20 (XXXVI) du 29 février 1980.

UN, General Assembly, Security Council, Sixty-third session, Report of the Secretary-General, The situation in Afghanistan and its implications for international peace and security, A/63/372–S/2008/617, 23 september 2008.

COMITE ANTI TORTURE

CAT, Deuxième rapport périodique du Sénégal, (CAT/C/17/Add.14), 247e et 248e séances, 01er mai 1996 (CAT/C/SR. 247 et 248).

CAT, Premier rapport périodique du Sénégal, 30 octobre 1989 (CAT/C/S/Add.19).

COUR PENALE INTERNATIONALE

CPI, Bureau du Procureur, Rapport sur les activités menées en 2015 en matière d'examen préliminaire, 12 novembre 2015.

CPI, Bureau du Procureur, Rapport sur les activités menées en 2012 par le Bureau du Procureur en matière d'examen préliminaire, Novembre 2012.

CPI, Bureau du Procureur, Situation en Colombie, Rapport intérimaire, Novembre 2012.

CPI, Bureau du Procureur, Neuvième rapport du Procureur de la Cour pénale internationale au Conseil de sécurité des Nations unies, en application la Résolution 1593 (2005).

CPI, Bureau du Procureur, Premier rapport du Procureur de la Cour pénale internationale au Conseil de sécurité des Nations unies, en application de la Résolution 1593 (2005).

INSTITUT DE DROIT INTERNATIONAL

IDI, Treizième commission, Les immunités de juridiction et d'exécution du chef d'État et de gouvernement en droit international, Vancouver, 26 août 2001.

IDI, Manuel des lois de la guerre sur terre, Oxford, 9 septembre 1880.

IDI, Dix-septième commission, La compétence universelle en matière pénale à l'égard du crime de génocide, des crimes contre l'humanité et des crimes de guerre, Cracovie 2005.

UNION AFRICAINE

UA, Décision sur les relations de l'Afrique avec la Cour pénale internationale (CPI), Ext/Assembly/AU/Dec.1 (octobre 2013), par. 10(vI)).

UA, Décision concernant le Protocole portant amendements au Protocole relatif au statut de la Cour africaine de justice et des droits humains, 15-16 juillet 2012, Addis-Abeba, Ethiopie, Assembly/AU/Dec.427(XIX).

UA, Décision sur le procès de Monsieur Hissène HABRE, 30-31 janvier 2011, Addis-Abeba, Ethiopie, Assembly/AU/Dec. 332-361(xvi), Assembly/AU/Decl. 1-3(xvi), Assembly/AU/Res. 1(xvi).
UA, Décision sur la mise en œuvre de la Décision Assembly/ AU/ DEC.270 (XIV) relative à la deuxième réunion ministérielle sur le Statut de Rome de la Cour pénale internationale (CPI), 25-27 JUILLET 2010, Kampala, Ouganda, Doc. Assembly/AU/10(XV).
UA, Décision sur le rapport de la réunion des États africains parties au Statut de Rome de la Cour pénale internationale (CPI), Treizième session, 03 juillet 2009, Doc. Assembly/AU/13(XIII), Assembly/Dec. 213 (XII).
UA, Décision sur le cas Hissène HABRE, 1er-3 juillet 2009, Syrte, Libye, Assembly/ AU/ Doc. Assembly/AU/12 (XII).
UA, Décision sur le rapport relatif à l'utilisation abusive du principe de compétence universelle, 1er-3 juillet 2009, Syrte, Libye, Assembly/ AU/ Dec. 243 (XIII) Rev. 1.
UA, Décision sur le rapport de la Commission sur la réunion des États africains parties au Statut de Rome de la Cour pénale internationale (CPI), 1er-3 juillet 2009, Syrte, Libye, Assembly/ AU/ Doc. Assembly/AU/13(XIII).
UA, Décision sur la mise en œuvre de la décision relative à l'utilisation abusive du principe de compétence universelle, 1er-3 février 2009, Addis-Abeba, Ethiopie, Assembly/ AU/ Dec. 213 (XII).
UA, Conseil exécutif, quatorzième session ordinaire, 26-30 janvier 2009, Ex.CL/ 484 (XIV) rev. 1, p.
UA, Rapport du Comité d'éminents juristes africains sur l'affaire Hissène Habré, 2 juillet 2006.
UA, Rapport sur la décision de la Conférence de l'Union africaine de fusionner la Cour africaine des droits de l'homme et des peuples avec la Cour de justice de l'Union africaine, Conseil exécutif, sixième session ordinaire, 24-28 janvier 2005, Abuja, Nigeria, EX.CL/162.
UA-UE, Groupe d'experts techniques *ad hoc* sur le principe de compétence universelle, Rapport, 15 avril 2009.

AMNESTY INTERNATIONAL

Amnesty International, Tchad. L'héritage Habré, octobre 2001.
Amnesty International, La compétence universelle : 14 principes pour l'exercice effectif de la compétence universelle, Document public, EFAI, Londres, Juin 1999.
Amnesty International, Rapport annuel sur l'année civile 1990-1991.
Amnesty International, Tchad, Violations des droits de l'homme en 1988 et pendant le premier semestre 1989.
Amnesty International, Détentions et tueries arbitraires dans la République du Tchad, 1982/1983 International, septembre 1983.

HUMAN RIGHTS WATCH
Human Rights Watch, Poursuites ciblées devant les Chambres Africaines Extraordinaires : Episodes et Incidents, Mémorandum, Version préliminaire, Novembre 2012.
Human Rights Watch, Senegal Should Accept AU Commission's Proposal, 26 janvier 2011.
Human Rights Watch, Affaire Habré : Questions et réponses, Communiqué de presse, Septembre 2008.
Human Rights Watch, Hissène Habré et les juridictions sénégalaises, Note à l'attention des donateurs internationaux, n° 1, Décembre 2007.
Human Rights Watch, La compétence universelle en Europe, état des lieux, Vol. 18, n° 5 (D), Juin 2006.
Human Rights Watch, Note au Comité d'éminents juristes africains. Options envisageables pour traduire Hissène Habré en justice, Avril 2006.
Human Rights Watch, Tchad. Les victimes de Hissène Habré toujours en attente de justice, Juillet 2005.
Human Rights Watch, Le précédent Pinochet. Comment les victimes peuvent poursuivre à l'étranger les criminels des droits de l'homme, 2001.
Human Rights Watch, La plaine des morts, Le Tchad de Hissène Habré, 1982-1990, 2013.

AUTRES RAPPORTS ET PUBLICATIONS OFFICIELS
Afrimap et Open Society Initiative for West Africa, Sénégal, Le secteur de la justice et l'État de droit, Dakar, Novembre 2008.
BALL Patrick, Rapport d'expertise sur la mortalité dans les prisons de la DDS au Tchad, 1985-1988, 24 août 2014.
CADHP, 38e session ordinaire, Résolution ACHPR/Rés. 83(XXXVIII) 05 du 5 décembre 2005.
Déclaration de Brazzaville du Comité interministériel de la Conférence internationale sur la région des Grands Lacs du 22 mai 2008.
Déclaration de Johannesburg du Parlement panafricain du 15 mai 2008.
FIDH, Les droits des victimes devant les Chambres extraordinaires au sein des tribunaux cambodgiens (CETC), 2012.
Groupe d'action judiciaire de la FIDH, Pour le procès d'un dictateur, Retour sur l'affaire Hissène Habré, n° 511f, Novembre 2008.
IRIN, Analyse : Vers la création d'une cour pénale africaine ?, 14 juin 2002.
Open Society Justice Initiative, Crimes internationaux, Justice locale, 2011.
Rapport de la première Conférence de révision du Statut de Rome, 31 mai-11 juin 2010, Kampala, Ouganda.
Rapport de la Commission nationale indépendante chargée de rassembler les éléments de preuve montrant l'implication de l'État français dans la préparation et l'exécution du génocide perpétré au Rwanda en 1994, Loi organique n° 05/2005 du 14/04 /2005.

Rapport de la Commission d'Enquête Nationale du Ministère tchadien de la Justice, Les crimes et détournements de l'ex-Président Habré et de ses complices, L'Harmattan, Paris, 1992.
Rapport de Human Rights Watch et de la Fédération Internationale des Ligues de Droits de l'Homme intitulé « les crimes de Hissein Habré, Tchad 1982-1990 ».
Résolution de la Section IV, approuvée par le XIIIème Congrès International de Droit Pénal, Le Caire, 1er-7 octobre 1984.
US Senate Select Committee on Intelligence, Committee Study of the Central Intelligence Agency's Detention and Interrogation Program together with Foreword by Chairman Feinstein and Additional and Minority Views, December 9, 2014.

JURISPRUDENCE

COUR PERMANENTE DE JUSTICE INTERNATIONALE

CPJI, 15 juin 1939, Affaire de la société commerciale de Belgique, Leyde, Série A/B, n° 78.
CPJI, 13 septembre 1928, Affaire relative à l'usine de Chorzow, Leyde, Série A, n° 13.
CPJI, 16 décembre 1927, Affaire relative à l'usine de Chorzow, Série B, n° 11.
CPJI, 7 septembre 1927, affaire du Lotus (France c. Turquie).
CPJI, 30 août 1924, Concessions Mavrommatis en Palestine, série A n° 2.
CPJI, 17 août 1923, Affaire du Vapeur « Wimbledon ».

COUR INTERNATIONALE DE JUSTICE

CIJ, 2 mars 2009, Questions concernant l'obligation de poursuivre ou d'extrader, Belgique contre Senegal, Demandes en indication de mesures conservatoires
CIJ, 14 février 2002, Affaire relative au mandat d'arrêt du 11 avril 2000, République Démocratique du Congo c. Belgique.
CIJ, 25 septembre 1997, Affaire du Projet Gabcikovo-Nagymaros, Hongrie c. Slovaquie, Recueil 1997.
CIJ, 27 juin 1986, Affaire des Activités militaires et paramilitaires au Nicaragua et contre celui-ci, Recueil 1986 (Fond).
CIJ, 26 novembre 1984, Affaire des Activités militaires et paramilitaires au Nicaragua et contre celui-ci, Recueil 1984 (compétence et recevabilité).
CIJ, 24 mai 1980, Affaire du personnel diplomatique et consulaire des États-Unis à Téhéran, Recueil 1980.
CIJ, 20 décembre 1974, Affaires des essais nucléaires, Australie c. France, Nouvelle-Zélande c. France, Recueil 1974.
CIJ, 18 juillet 1966, Affaire du Sud-ouest africain, Ethiopie et Liberia c. Afrique du Sud.

CIJ, 2 décembre 1963, Cameroun septentrional (Cameroun c. Royaume-Uni).
CIJ, 21 décembre 1962, Sud-Ouest africain-Ethiopie c. Afrique du Sud, et Liberia c. Afrique du Sud, exceptions preliminaires, Recueil 1962.
CIJ, 21 mars 1959, Affaire de l'Interhandel, Suisse c. États-Unis d'Amérique-Exceptions préliminaires, Recueil 1959.
CIJ, 13 juin 1951, Victor Raul Haya De la TORRE, Recueil 1951.
CIJ, 18 juillet 1950, Affaire de l'interprétation des traités de paix conclus avec la Bulgarie, la Hongrie et la Roumanie, Recueil 1950.
CIJ, 30 mars 1950, Interprétation des traités de paix conclus avec la Bulgarie, la Hongrie et la Roumanie, Première phase, avis consultatif, Recueil 1950.
CIJ, 09 avril 1949, Affaire du Détroit de Corfou, fond, Recueil 1949.

COUR PENALE INTERNATIONALE

CPI, 15 janvier 2019, Le Procureur c. Laurent GBAGBO et Charles Blé GOUDE, ICC-02/11-01/15.
CPI, 15 juin 2009, Le Procureur c. Jean Pierre BEMBA GOMBO.
CPI, 29 janvier 2007, Le Procureur c. Thomas Lubanga DYILO.

COMITE ANTI TORTURE DE L'ONU

ONU, CAT, 30 avril 2002, Roitman ROSENMANN c. Espagne, CAT, Communication N°176/2000.
ONU, CAT, 17 novembre 1998, Observations finales : United Kingdom of Great Britain and Northern Ireland. Doc. À/54/44.
ONU, CAT, 11 juin 1996, CAT/C/SR.245.
ONU, CAT, 21 novembre 1995, CAT/C/SR.232.
ONU, CAT, 03 avril 1989, Ibrahima Gueye et autres c. France.

COMITE DES DROITS DE L'HOMME DE L'ONU

ONU, Comité des droits de l'Homme, 25 mars 1996, Ana Rosario Celis LAUREANO c. Pérou, Communication n° 540/1993, U.N. Doc. CCPR/C/56/D/540/1993 (1996).
ONU, Comité des droits de l'Homme, 25 mars 1996, Katombe L. TSHISHIMBI c. Zaïre, Communication No. 542/1993, U.N. Doc. CCPR/C/56/D/542/1993 (1996).
ONU, Comité des droits de l'Homme, 15 juillet 1994, Rafael MOJICA c. République dominicaine, Communication n° 449/1991, U.N. Doc. CCPR/C/51/D/449/1991 (1994).
ONU, Comité des droits de l'Homme, 21 juillet 1983, María del Carmen Almeida De QUINTEROS c. Uruguay, Communication n° 107/1981, U.N. Doc. CCPR/C/19/D107/1981 (1983).

TRIBUNAL PENAL INTERNATIONAL POUR L'EX-YOUGOSLAVIE

TPIY, 30 janvier 2015, Procureur c. Vujadin POPOVIC.

TPIY, 27 janvier 2014, Procureur c. Vlastimir DORDEVIC.
TPIY, 23 janvier 2014, Procureur c. Nikola SAINOVIC.
TPIY, 17 mars 2009, Procureur c. Momcilo KRAJISNIK.
TPIY, 08 octobre 2008, Procureur c. Milan MARTIC.
TPIY, 10 juillet 2008, Procureur c. Ljube BOSKOSKI et Johan TARCULOVSKI.
TPIY, 03 juillet 2008, Procureur c. Naser ORIC (arrêt).
TPIY, 22 avril 2008, Procureur c. Enver HADZIHASANOVIC.
TPIY, 3 avril 2008, Procureur c. Ramush HARADINAJ.
TPIY, 03 avril 2007, Procureur c. Radoslav BRDANIN.
TPIY, 30 juin 2006, Procureur c. Naser ORIC (jugement).
TPIY, 22 mars 2006, Procureur c. Milomir STAKIC.
TPIY, 30 novembre 2005, Procureur c. Fatmir LIMAJ.
TPIY, 16 novembre 2005, Procureur c. Sefer HALILOVIC.
TPIY, 18 juillet 2005, Procureur c. Milan BABIC.
TPIY, 31 janvier 2005, Procureur c. Pavle STRUGAR.
TPIY, 17 janvier 2005, Procureur c. Vidoje BLAGOJEVIC et Dragan JOKIC.
TPIY, 29 juillet 2004, Procureur c. Tihomir BLASKIC.
TPIY, 19 avril 2004, Procureur c. Radislav KRSTIC (arrêt)
TPIY, 25 février 2004, Procureur c. Mitar VASILJEVIC (arrêt).
TPIY, 17 septembre 2003, Procureur c. Milorad KRNOJELAC.
TPIY, 27 février 2003, Procureur c. Biljana PLAVSIC.
TPIY, 29 novembre 2002, Procureur c. Mitar VASILEVIC (jugement).
TPIY, 12 Juin 2002, Procureur c. Drogoljub KURANAC, Radomir KOVAC et Zoran VUKOVIC.
TPIY, 2 novembre 2001, Procureur c. Miroslav KVOCKA et al.
TPIY, 8 novembre 2001, Procureur c. Slobodan MILOSEVIC (Cas No IT.2.54.PT).
TPIY, 2 août 2001, Procureur c. Radislav KRSTIC (Jugement).
TPIY, 26 février 2001, Dario KORDIC et Mario CERKEZ.
TPIY, 22 février 2001, Procureur c. Dragoljub KUNARAC.
TPIY, 20 février 2001, Celebici (arrêt).
TPIY, 20 Février 2001, Procureur c. Zejnil DELALIC et consorts.
TPIY, 24 mars 2000, Procureur c. Zlatko ALEKSOVSKI.
TPIY, 03 mars 2000, Procureur c. Tihomir BLAKIC.
TPIY, 15 juillet 1999, Procureur c. Dusko TADIC, (Cas No. IT-94-1-AR72) (arrêt).
TPIY, 10 décembre 1998, Procureur c. Anto FURUNDZIJA.
TPIY, 16 novembre 1998, Celebici (jugement).
TPIY, 16 novembre 1998, Procureur c. Zejnil DELALIC et consorts.
TPIY, 07 mai 1997, Procureur c. Dusko TADIC (jugement).
TPIY, 08 juillet 1996, Procureur c. Ratko MLADIC.

TRIBUNAL PENAL INTERNATIONAL POUR LE RWANDA

TPIR, 29 septembre 2014, Procureur c. Ildéphonse NIZEYIMANA.
TPIR, 14 décembre 2011, Procureur c. Théoneste BAGOSORA.
TPIR, 12 mars 2008, Procureur c. Athanase SEROMBA (arrêt).
TPIR, 27 novembre 2007, Procureur c. Ferdinand NAHIMANA, Jean Bosco BARAYAGWIZA et Hassan NGEZE.
TPIR, 13 december 2006, Procureur c. Athanase SEROMBA (jugement).
TPIR, 07 juillet 2006, Procureur c. Sylvestre GACUMBITSI
TPIR, 23 mai 2005, Procureur c. Juvénal KAJELIJELI.
TPIR, 13 décembre 2004, Procureur c. Gérard NTAKIRUTIMANA et Elizaphan NTAKIRUTIMANA (arrêt).
TPIR, 9 juillet 2004, Procureur c. Eliezer NIYITEGEKA (arrêt).
TPIR, 25 février 2004, Procureur c. André NTAGERURA et al.
TPIR, 26 mai 2003, Procureur c. Jean Paul AKAYESU.
TPIR, 26 mai 2003, Procureur c. Georges E. RUTAGANDA (arrêt).
TPIR, 16 mai 2003, Procureur c. Eliezer NIYITEGEKA (jugement).
TPIR, 15 mai 2003, Procureur c. Laurent SEMANZA.
TPIR, 21 février 2003, Procureur c. Gérard NTAKIRUTIMANA et Elizaphan NTAKIRUTIMANA (jugement).
TPIR, 22 janvier 2003, Procureur c. Jean de Dieu KAMUHANDA.
TPIR, 13 décembre 2002, Procureur c. Ignace BAGILISHEMA.
TPIR, 03 juillet 2002, Procureur c. Ignace BAGILISHEMA (arrêt).
TPIR, 16 novembre 2001, Procureur c. Alfred MUSEMA (arrêt).
TPIR, 7 juin 2001, Procureur c. Ignace BAGILISHEMA (jugement).
TPIR, 01er juin 2001, Procureur c. Clément KAYISHEMA et Clément RUZINDANA (arrêt).
TPIR, 1 juin 2000, Procureur c. Georges RUGGIU.
TPIR, 27 janvier 2000, Procureur c. Alfred MUSEMA (jugement).
TPIR, 06 décembre 1999, Procureur c. Georges E. RUTAGANDA (jugement).
TPIR, 21 mai 1999, Procureur c. Clément KAYISHEMA et Clément RUZINDANA (jugement).
TPIR, 2 septembre 1998, Procureur c. Jean-Paul AKAYESU, 96-4-T.
TPIR, 18 juin 1997, Procureur c. Joseph KANYABASHI, (Cas No. ICTR-96-15-T).

TRIBUNAL SPECIAL POUR LA SIERRA LEONE

TSSL, 30 mai 2012, Prosecutor v. Charles Ghankay TAYLOR, SCSL-03-01-T.
TSSL, 20 juin 2007, Prosecutor v. Alex Tamba BRIMA and others.
TSSL, 8 june 2004, Prosecutor v. Sam Hinga NORMAN, Moinina FOFANA, Allieu KONDEWA, No. SCSL-04-14-T.
TSSL, 31 mai 2004, Procureur v. Charles TAYLOR (Cas No. SCSL 2003-01-i).

TSSL, 15 mai 2004, Decision on preliminary motion on lack of jurisdiction materiae : nature of the armed conflict.
TSSL, 13 mars 2004, Procureur v. Kallon et al. (CAS No. SCSL -2004-15-AR72-E).
TSSL, 13 mars 2004, Procureur v. Sam Hinga NORMAN.

CHAMBRES EXTRAORDINAIRES AU SEIN DES TRIBUNAUX CAMBODGIENS
CETC, 26 juillet 2010, Kaing Guek Eav alias Duch.

CHAMBRES AFRICAINES EXTRAORDINAIRES
CAE, 27 avril 2017, MP c. Hissein HABRE (arrêt).
CAE, 30 mai 2016, MP c. Hissein HABRE (jugement).
CAE, 13 février 2015, MP c. Hissein HABRE et autres, Ordonnance de non-lieu partiel, de mise en accusation et de renvoi devant la Chambre africaine extraordinaire d'assises
CAE, 06 février 2015, MP c. Hissein HABRE et autres, Réquisitoire définitif aux fins de mise en accusation et de renvoi de Hissein HABRE devant la Chambre Africaine Extraordinaire d'assises.
CAE, 02 juillet 2015, MP c. Hissein HABRE et autres, Réquisitoire introductif.

COUR AFRICAINE DES DROITS DE L'HOMME ET DES PEUPLES
CADHP, 15 décembre 2009, Michelot YOGOGOMBAYE c. République du Sénégal.

COUR DE JUSTICE DE LA CEDEAO
CJCEDEAO, 18 novembre 2010, Hissène Habré c. République du Sénégal.
CJCEDEAO, 08 novembre 2010, Mamadou TANDJA c. État du Niger.
CJCEDEAO, 14 mai 2010, Hissène Habré c. République du Sénégal.
CJCEDEAO, 17 novembre 2009, Hissène Habré c. République du Sénégal.
CJCEDEAO, 27 octobre 2008, Dame Hadijatou Mani Koraou c. République du Niger.
CJCEDEAO, 08 juin 2008, Chief E. Alex Tamba Brimah MANNEH c. République de Gambie.

COUR DE JUSTICE DES COMMUNAUTES EUROPENNES
CJCE, 14 décembre 1982, Procureur de la République et Comité national de défense contre l'alcoolisme c. Alex WATERKEYN et autres ; Procureur de la République c. Jean CAYARD et autres, Demandes de décision préjudicielle : Tribunal de grande instance de Paris-France, Publicité des boissons alcooliques
CJCE, 08 avril 1976, Gabrielle DEFRENNE c. Société anonyme belge de navigation aérienne Sabena, Demande de décision préjudicielle : Cour du

travail de Bruxelles-Belgique, Egalité des rémunérations entre travailleurs féminins et travailleurs masculins.

CJCE, 21 juin 1974, Jean REYNERS c. État belge, Demande de décision préjudicielle : Conseil d'État-Belgique, Droit d'établissement.

CJCE, 10 octobre 1973, Fratelli Variola S.p.A. c. Administration des finances italienne, Demande de décision préjudicielle : Tribunale civile e penale di Trieste – Italie, Droit de débarquement.

CJCE, 16 juin 1966, Firma Alfons Lütticke GmbH c. Hauptzollamt de Saarlouis, Demande de décision préjudicielle : Finanzgericht des Saarlandes – Allemagne.

CJCE, 15 juillet 1964, Flaminio COSTA c. ENEL, Demande de décision préjudicielle : Giudice conciliatore di Milano – Italie, Affaire 6/64.

CJCE, 5 février 1963, NV Algemene Transport - en Expeditie Onderneming van Gend & Loos c. Administration fiscale néerlandaise, Demande de décision préjudicielle : Tariefcommissie - Pays-Bas, Affaire 26-62.

COUR INTER-AMERICAINE DES DROITS DE L'HOMME

CIDH, 14 mars 2001, Barrios Altos c. Pérou (Fond).

CIDH, 29 juillet 1988, Velasquez Rodriguez c. Honduras, Inter-Am.Ct.H.R. (Ser. C) No. 4 (1988).

COUR EUROPEENNE DES DROITS DE L'HOMME

CEDH, 16 décembre 2008, Rossi et autres c. Italie.

CEDH, 16 mai 2002, SEGI et autres c. Allemagne et autres.

CEDH, 23 mai 2002, Gestoras Pro-Amnistia et autres c. Allemagne et autres.

CEDH, 21 Novembre 2001, Al Adsani c. Royaume Uni.

CEDH, 28 octobre 1998, Osman c. Royaume uni.

CEDH, 4 décembre 1995, Noel Narvii TAUIRA et 18 autres c. France.

CEDH, 25 février 1993, Funke c. France.

CEDH, 20 mars 1991, Cruz Varas et autres c. Suède.

CEDH, 7 juillet 1989, Soering c. Royaume-Uni.

CEDH, 06 septembre 1978, Klass et autres c. Allemagne.

COMMISSION EUROPEENNE DES DROITS DE L'HOMME

Commission européenne des droits de l'Homme, 17 décembre 1996, Saunders.

Commission européenne des droits de l'Homme, 08 février 1996, Murray c. Royaume-Uni.

Commission européenne des droits de l'Homme, 4 octobre 1983, Chypre c. Turquie.

COMMISSION INTER-AMERICAINE DES DROITS DE L'HOMME

Commission interaméricaine des droits de l'Homme, 4 avril 2001, Oscar Manuel Gramajo LOPEZ c. Guatemala, Rapport n° 58/01, communication n° 9207.

TRIBUNAL DES CONFLITS (FRANCE)

TC (France), 2 février 1950, Société de gérance et de publicité du poste de radiodiffusion « Radio-Andorre ».

TC (France), 6 juillet 2015, K. et autres.

JURIDICTIONS CONSTITUTIONNELLES

CC (Sénégal), Décision du 02 mars 2015.

CC (France), Décision du 18 mars 2009.

CC (France), Décision du 9 avril 1996, Autonomie de la Polynésie française.

CC (France), Décision n° 86.216 DC du 3 septembre 1986.

CC (France), Décision des 19 et 20 janvier 1981.

CC (France), Décision n° 76-71 DC des 29-30 décembre 1976

CC (France), Décision n° 73-51 DC du 27 décembre 1973.

CC (France), Décision n° 70-39 DC du 19 juin 1970.

Cour constitutionnelle fédérale (Allemagne), 10 mai 1957.

COURS SUPREMES

CS (Sénégal), 04 janvier 2012, Sodata c. Amatco.

CS (Mexique), 10 juin 2003, Ricardo Miguel CAVALLO.

CS (Pays-Bas), 20 novembre 2000, Romeo Hoost et autres c. Désiré Delano BOUTERSE.

CS (Israël), 29 mai 1962, État d'Israël c. Adolf Eichmann.

COURS DE CASSATION

Cass. Civ. 2e (France), 18 octobre 2018.

Cass. Civ. 1e (France), 27 février 2013.

Cass. (Belgique), 3 octobre 2012, Pas., 2012.

Cass. (Belgique), 5 octobre 2010, Pas., 2010.

Cass. Crim. (Belgique), 24 septembre 2003, George BUSH.

Cass. Crim. (Belgique), 12 février 2003, Ariel SHARON.

Cass. Crim. (France), 11 décembre 2001, n° 01-86.729, Bull. Crim n° 258.

Cass. Crim. (Sénégal), 14 du 20 mars 2001, MP c. Hissein HABRE.

Cass. Crim. (France), 13 mars 2001, Mouammar KADHAFI, n° 00-87.215, Bull. Crim. n° 64.

Cass. Crim. (France), 13 octobre 1998, n° 97.83.042, Bull. Crim n° 255.

Cass. Civ. 1e (France), 8 juillet 1997.

Cass. Crim. (France), 25 juin 1996, Bull. crim., n° 272.

Cass. Civ. 1e (France), 28 novembre 1995.

Cass. Civ. 1e (France), 2 mars 1994.

Cass. Crim. (France), 1er avril 1993, Wladislaw SOBANSKI c. Georges BOUDAREL.
Cass. Crim. (France), 6 août 1991.
Cass. Crim. (France), 3 juillet 1990, no 90-82.418, Bull. Crim. n° 275.
Cass. Crim. (France), 22 juin 1988.
Cass. Civ. 1e (France), 9 février 1988.
Cass. Crim. (France), 13 février 1984, Bull. Crim. n° 50.
Cass. Crim. (France), 19 mars 1981, Bull. Crim. 1981 n° 100.
Cass. Crim. (France), 6 novembre 1978, Bull. Crim. n° 301.
Cass. Crim. (France), 27 avril 1976, Bull. Crim n°128.
Cass. Ch. Mixte (France), 24 mai 1975.
Cass. Crim. (France), 11 juillet 1973, Bull. Crim. n° 326.
Cass. Soc. (France), du 17 mai 1973.
Cass. Crim. (France), 11 juillet 1972, Bull. Crim. n° 235.
Cass. Crim. (France), 23 avril 1971, Bull. Crim. n° 115.
Cass. Crim. (France), 22 octobre 1970, Ramel.
Cass. Crim. (France), 28 mai 1967, Bull. Crim n° 159.
Cass. Crim. (France), 4 juin 1964, Argoud.
Cass. Crim. (France), 22 décembre 1959, Bull. Crim. n° 569.
Cass. Crim. (France), 04 février 1954, Bull. Crim.1954 n° 53.
Cass. Crim. (France), 4 décembre 1952, Bull. Crim. n° 390.
Cass. Crim. (France), 16 décembre 1948, Bull. Crim. n° 291.
Cass. Crim. (France), 3 mars 1933, Bull. Crim. n° 49.
Cass. Crim. (France), 10 janvier 1920, Bull. Crim. n° 25 V. S5 n° 61.11.
Cass. Crim. (France), 30 décembre 1842, Bull. Crim n° 344.

HOUSE OF LORDS

House of Lords (Grande-Bretagne), 24 march 1999, Regina v. Bartle and the Commissioner of Police for the Metropolis and Others (Ex Parte Pinochet).
House of Lords (Grande-Bretagne), 25 november 1998, Regina v. Bartle and the Commissioner of Police for the Metropolis and Others (Ex Parte Pinochet).
House of Lords (Grande-Bretagne), 05 février 1975, Oppenheimer v. Cattermole.

CONSEIL D'ÉTAT

CE (France), 25 juin 2014, Cne de Saint-André – Assoc. « Amicale du personnel communal de Saint-André ».
CE (France), 28 décembre 2012.
CE (France), 7 novembre 2001, Tabaka.
CE Ass. (France), 9 avril 1999, Mme Bâ.
CE (France), 20 février 1989, Allain 5.
CE (France), 16 novembre 1998, Lombo.

CE (France), 6 juin 1997.
CE (France), 22 septembre 1997, Mlle Cinar.
CE (France), 5 avril 1996, Syndicat des avocats de France
CE (France), 29 septembre 1995, Association Greenpeace France.
CE (France), Ass. 20 octobre 1982, Nicolo.
CE (France), 2 mai 1973, Mme Arbousset.
CE (France), 20 octobre 1972 Kenniche.
CE (France), 15 mars 1972, Dame Veuve Sadok ALI.
CE (France), 2 mars 1962, Rubin de SERVENS.
CE (France), 5 février 1962, Dame Caraco.
CE (France), 3 mai 1957.
CE (France), 04 février 1944.

COURS D'APPEL

CA de Dakar (Sénégal), Chambre d'accusation, 25 novembre 2005, MP c. Hissein HABRE.
CA de New York (États-Unis), 7e circuit, 8 septembre 2004.
CA de Dakar (Sénégal), Chambre d'accusation, 4 juillet 2000, MP c. Hissein HABRE.
CA de Paris (France), Chambre d'accusation, 20 décembre 1991, Wladislaw SOBANSKI c. Georges BOUDAREL.
CA de Paris (France), Chambre d'accusation, 21 mai 1963, Yacoub.
CA de Paris (France), Chambre d'accusation, 29 juin 1962, Lakhdar-Toumi.
CA de New York (États-Unis), 12 juillet 1918, Loucks et al. v. Standard Oil Co. of New York).
CA d'Alger (Algérie), 22 janvier 1914, Ben Aïad c. Bey de Tunis.
CA de Paris (France), 15 mars 1872, Héritiers de l'Empereur Maximilien c. Lemaitre.

COURS D'ASSISES

C.Ass de Paris (France), 14 mars 2014, MP c. Senyamuhara SAFARI alias Pascal SIMBIKANGWA.
C.Ass de l'arrondissement administratif de Bruxelles-capitale (Belgique), 1er décembre 2009, MP c. Nkezabera.
C.Ass de l'arrondissement administratif de Bruxelles-capitale (Belgique), 4 juin 2007, MP c. Ntuyahaga.
C.Ass de l'arrondissement administratif de Bruxelles-capitale (Belgique), 29 juin 2005, MP c. Nzabonimana et Ndashyikirwa.
C.Ass de l'arrondissement administratif de Bruxelles-capitale (Belgique), 8 juin 2001, MP c. Ntezimana, Higanico, Mukangango et Mukabutera.

AUTRE JURIDICTION

Tribunal fédéral (Suisse), 02 novembre 1989, Ferdinand et Imelda MARCOS c. Office fédéral de la police.

INTERNET (dernière visite : février 2019)

http://classic.austlii.edu.au/au/journals/MurUEJL/2003/4.html (dernière visite : février 2019)
http://docplayer.fr/43367119-L-immunite-auzou-stanislas-lhermie-sylvain.html (dernière visite : février 2019)
http://fondation.unilim.fr/chaire-gcac/2015/01/22/conference-chefs-État/ (dernière visite : février 2019)
https://ihl-databases.icrc.org/applic/ihl/dih.nsf/COM/470-750112 (dernière visite : février 2019)
http://old.achpr.org/francais/_doc_target/documentation.html ?../resolutions/resolution81_fr.html (dernière visite : février 2019)
http://ssrn.com/abstract=2006370 (dernière visite : février 2019)
https://trialinternational.org/fr/latest-post/hissene-habre/ (dernière visite : février 2019)
https://www.amnesty.org/fr/documents/afr19/2494/2015/fr/ (dernière visite : février 2019)
http://www.cameroonvoice.com/news/article-news-12843.html (dernière visite : février 2019)
http://www.chambresafricaines.org/index.php/l-affaire-habre/presentation.html (dernière visite : février 2019)
http://www.cndp.fr/entrepot/index.php?id=56 (dernière visite : février 2019)
https://www.hrw.org/fr/news/2012/01/06/affaire-habre-le-president-senegalais-wade-declare-que-lancien-dictateur-tchadien (dernière visite : février 2019)
http://www.hrw.org/legacy/french/reports/2005/chad0705/chad0705fr.pdf . (dernière visite : février 2019)
http://www.hrw.org/legacy/french/backgrounder/2007/habre0107/habre0107frweb.pdf. (dernière visite : février 2019)
https://www.hrw.org/legacy/french/themes/PlainteBicharaDjibrineAhamat.pdf (dernière visite : février 2019)
https://www.hrw.org/legacy/french/themes/CEJA_Report0506fr.pdf. (dernière visite : février 2019)
https://www.intelligence.senate.gov/sites/default/files/documents/CRPT-113srpt288.pdf (dernière visite : février 2019)
https://www.ladocumentationfrancaise.fr/var/storage/rapports-publics/024000635.pdf (dernière visite : février 2019)
https://www.law.berkeley.edu/files/fall04_Martinez.pdf (dernière visite : février 2019)
https://www.lemonde.fr/afrique/article/2009/03/04/soudan-la-decision-de-la-cpi-inquiete-l-union-africaine_1163310_3212.html (dernière visite : février 2019)
https://www.lhistoire.fr/lislam-inventé-le-droit-de-la-guerre (dernière visite : février 2019)

https://www.mondialisation.ca/la-guerre-aux-enfants-en-afghanistan-au-nom-de-la-democratie-aeroportee/5331369 (dernière visite : février 2019)
https://www.nouvelobs.com/monde/20090331.OBS1374/darfour-la-ligue-arabe-soutient-omar-el-bechir.html (dernière visite : février 2019)
https://www.nouvelobs.com/monde/20000302.OBS2567/l-affaire-pinochet-un-tournant-dans-le-droit-international.html (dernière visite : février 2019)
http://www.radio-canada.ca/nouvelles/dossiers/justiceinternationale/TPIY.html (dernière visite : février 2019)
http://www.rfi.fr/afrique/20150619-cpi-justice-internationale-afrique-du-sud-zuma-bensouda-el-bechir (dernière visite : février 2019)
http://www.rfi.fr/afrique/20131016-rwanda-nouvelle-charge-president-kagame-contre-cpi (dernière visite : février 2019)
http://www.rfi.fr/afrique/20150619-cpi-justice-internationale-afrique-du-sud-zuma-bensouda-el-bechir (dernière visite : février 2019)
http://www.sfdi.org/wp-content/uploads/2018/03/RJC-2017-MARIE.pdf (dernière visite : février 2019)
http://www.sos-attentats.org/publications/brody.pdf (dernière visite : février 2019)
https://www.ucad.sn/files/Lettre%20d'explication%20du%20Colloque%20Ok.pdf (dernière visite : février 2019)
https://www.unilim.fr/iirco/2015/01/22/conference-chefs-État/ (dernière visite : février 2019)
www.international-alert.org/sites/default/files/publications/Natural_Resources_Jan_10.pdf (dernière visite : février 2019)
www.unodc.org/documents/data-and-analysis/Studies/TOC_East_Africa_2013.pdf. (dernière visite : février 2019)

TABLE DES MATIÈRES

Structures éditoriales du groupe L'Harmattan

L'Harmattan Italie
Via degli Artisti, 15
10124 Torino
harmattan.italia@gmail.com

L'Harmattan Hongrie
Kossuth l. u. 14-16.
1053 Budapest
harmattan@harmattan.hu

L'Harmattan Sénégal
10 VDN en face Mermoz
BP 45034 Dakar-Fann
senharmattan@gmail.com

L'Harmattan Cameroun
TSINGA/FECAFOOT
BP 11486 Yaoundé
inkoukam@gmail.com

L'Harmattan Burkina Faso
Achille Somé – tengnule@hotmail.fr

L'Harmattan Guinée
Almamya, rue KA 028 OKB Agency
BP 3470 Conakry
harmattanguinee@yahoo.fr

L'Harmattan RDC
185, avenue Nyangwe
Commune de Lingwala – Kinshasa
matangilamusadila@yahoo.fr

L'Harmattan Congo
67, boulevard Denis-Sassou-N'Guesso
BP 2874 Brazzaville
harmattan.congo@yahoo.fr

L'Harmattan Mali
ACI 2000 - Immeuble Mgr Jean Marie Cisse
Bureau 10
BP 145 Bamako-Mali
mali@harmattan.fr

L'Harmattan Togo
Djidjole – Lomé
Maison Amela
face EPP BATOME
ddamela@aol.com

L'Harmattan Côte d'Ivoire
Résidence Karl – Cité des Arts
Abidjan-Cocody
03 BP 1588 Abidjan
espace_harmattan.ci@hotmail.fr

Nos librairies en France

Librairie internationale
16, rue des Écoles
75005 Paris
librairie.internationale@harmattan.fr
01 40 46 79 11
www.librairieharmattan.com

Librairie des savoirs
21, rue des Écoles
75005 Paris
librairie.sh@harmattan.fr
01 46 34 13 71
www.librairieharmattansh.com

Librairie Le Lucernaire
53, rue Notre-Dame-des-Champs
75006 Paris
librairie@lucernaire.fr
01 42 22 67 13

www.ingramcontent.com/pod-product-compliance
Lightning Source LLC
LaVergne TN
LVHW011146061026
849535LV00003B/617
* 9 7 8 2 3 4 3 2 4 1 3 8 8 *